Alfred Stern

Abhandlungen und Aktenstücke zur Geschichte der preussischen

Reformzeit 1807-1815

Alfred Stern

Abhandlungen und Aktenstücke zur Geschichte der preussischen Reformzeit 1807-1815

ISBN/EAN: 9783742894595

Hergestellt in Europa, USA, Kanada, Australien, Japan

Cover: Foto ©ninafisch / pixelio.de

Manufactured and distributed by brebook publishing software (www.brebook.com)

Alfred Stern

Abhandlungen und Aktenstücke zur Geschichte der preussischen

Reformzeit 1807-1815

Abhandlungen und Aktenstücke

zur

Geschichte der preußischen Reformzeit

1807—1815.

Von

Alfred Stern.

Leipzig,
Verlag von Duncker & Humblot.
1885.

Vorwort.

Nur zögernd habe ich den Entschluß gefaßt, diese Sammlung theils früher an verschiedenen Stellen zum Abdruck gelangter, theils bisher nicht veröffentlichter Abhandlungen und Aktenstücke zu veranstalten. Meine ursprüngliche Absicht war — und ich habe sie noch nicht aufgegeben — statt zu leimen aus ganzem Holze zu schneiden, eine zusammenhängende Geschichte der preußischen Reformzeit zu schreiben, deren Größe bei jeder neuen, eindringenden Betrachtung nur um so deutlicher hervortreten wird. Verschiedene Gründe haben mich jedoch bewogen, die Verwirklichung dieses Planes bis auf weiteres zu verschieben. Einmal schien es rathsam den Fortgang eines so wichtigen Werkes, wie die „Geschichte der preußischen Politik 1807 bis 1815" es ist, abzuwarten. Auch dem Erscheinen einer lange erwarteten Biographie Scharnhorst's sollte nicht vorgegriffen werden. Dazu kam die Hoffnung, im Laufe der Jahre aus öffentlichen und Privat-Archiven noch mehr Aufschlüsse zu erhalten, als sie mir bisher schon in reichem Maße zu Theil geworden sind. So mußte ich zur Zeit z. B. auf die Einsicht der auf das preußische Schul- und Erziehungswesen in den Jahren 1807—15 bezüglichen Generalakten, ebenso des von anderen Forschern benutzten Tagebuches Hardenberg's verzichten. Anderes, wie der Nachlaß von Justus Gruner, der nach gefälligen amtlichen Mittheilungen nicht verbrannt, sondern schon seit Jahren an das Geheime Staatsarchiv zu Berlin abgeliefert worden ist, konnte daselbst, weil in seine Bestandtheile aufgelöst, trotz angestrengtester freundlicher Bemühungen auch stückweise noch nicht vorgelegt werden.

Uebrigens werden die folgenden Blätter, wie ich hoffe, den Leser davon überzeugen, von wie hohem Werthe die Ausbeute, welche ich in dem genannten Archive machen durfte, mir gewesen ist. Ich fühle mich gedrungen, wie den Herren Archivbeamten, die meine Studien in Berlin mannichfach unterstützt haben, so insbesondere Herrn Wirklichen Geheimen Ober-Regierungsrath H. von Sybel, Direktor der kgl. preußischen Staatsarchive, auch an dieser Stelle meinen herzlichen Dank auszusprechen. Die gleiche Dankespflicht erfülle ich, mit freudiger Erinnerung an die vielen Beweise ausgezeichneter Liberalität und unermüdlicher Nachhilfe, gegenüber Sr. Excellenz Herrn Alfred von Arneth, Direktor des k. k. Haus-, Hof- und Staatsarchives zu Wien, Herrn Girard de Rialle, Direktor des Archives des Ministeriums der auswärtigen Angelegenheiten zu Paris, wie gegenüber den Herren Beamten der genannten Anstalten, durch welche meine Arbeiten bedeutend gefördert worden sind. Abgesehen von diesen drei großen Archiven ist mir nicht selten von anderer Seite her in erwünschter Weise auf das zuvorkommendste Auskunft ertheilt worden, wie das gehörigen Ortes bemerkt werden wird. Nur eine Quelle, aus der ich noch habe schöpfen dürfen, glaube ich schon hier mit dem Ausdruck innigen Dankes erwähnen zu sollen. Es ist das Stein'sche Archiv in Nassau, in welches Frau Gräfin Kielmansegge, die Enkelin des Freiherrn vom Stein, mir einen Einblick zu gewähren die außerordentliche Güte hatte. Unter anderem ward mir dadurch Gelegenheit gegeben, einen kleinen Beitrag für die Entstehungsgeschichte der berühmten Verordnung vom 22. Mai 1815, wenn auch zunächst nur negativer Art, zu gewinnen. Ich durfte demgemäß keinen Anstand nehmen, die Meinung, daß auch Stein ein Antheil an der Urheberschaft dieser Verordnung gebühre, selbst gegen Ranke's verehrte Autorität, anzufechten, während ich diese Meinung bei dem ersten Erscheinen der Abhandlung über die Geschichte der preußischen Verfassungsfrage in der Historischen Zeitschrift noch festhalten zu müssen geglaubt hatte.

Ueberhaupt ist es mein ernstliches Bemühen gewesen, die früher veröffentlichten Stücke dieses Sammelbandes (II in der „Deutschen Revue" 8. Jahrgang 7. Heft, III und VII in der „Historischen Zeitschrift" 44. und 48. Band, IV und V in den „Forschungen zur

deutſchen Geſchichte" 22 [Nachtrag 23.] und 20. Band, VI Ueber-
arbeitung zweier Mittheilungen in den „Nachrichten von der K. Geſellſchaft der Wiſſenſchaften und der Georg-Auguſts-Univerſität zu
Göttingen" 1882 Nr. 1, Nachtrag No. 11) ſorgfältig zu verbeſſern
und zu ergänzen. Hie und da waren bedeutende Erweiterungen im
Texte und neue urkundliche Belege anzubringen. Einige an anderer
Stelle, wie ein paar in der „Revue historique" 24. 25. 26. Band,
mitgetheilte Aktenſtücke, ſind ohne erhebliche Zuſätze aufgenommen
worden.

Auch hinſichtlich der hier zum erſten Male veröffentlichten Depeſchen des Grafen St. Marſan, die den Hauptbeſtandtheil der aus
Paris ſtammenden Aktenſtücke bilden, habe ich das Verfahren beobachtet, in den Anmerkungen eine gewiſſe Selbſtbeſchränkung walten
zu laſſen. Gelegentliche kritiſche Noten, Verweiſung auf die Literatur,
Herbeiziehung der gleichzeitigen diplomatiſchen Berichte von öſterreichi-
ſcher Seite werden den Bedürfniſſen des Leſers genügen. Es wird
ohne weiteren Kommentar einleuchten, inwieferne ſich aus den Beob-
achtungen des Napoleoniſchen Geſandten, wenn man ſie mit der
nöthigen Vorſicht benutzt, für die Beurtheilung der Ereigniſſe und
des Verhaltens maßgebender Perſönlichkeiten im damaligen Preußen
Gewinn ziehen läßt. Soviel iſt gewiß, daß die Depeſchen St. Marſan's, nebſt den zu ihnen gehörigen und mit ihnen in denſelben
Bänden vereinigten Dokumenten, auf die franzöſiſche Geſchichtſchreibung
einen bedeutenden Einfluß ausgeübt haben. Dies wird u. a. durch
die Werke von Fain, Bignon, Thiers, Lefebvre, Lanfrey, bezeugt.
Mancher oft wiederholte Irrthum läßt ſich auf eben dieſen Urſprung
zurückführen. Man braucht nur an die Rolle zu denken, welche der
Tugendbund in mehreren der genannten Werke ſpielt.

Es konnte ſich nicht darum handeln, die erwähnten aus Paris
ſtammenden Aktenſtücke durch eine fortlaufende Darſtellung zu begleiten,
die kaum etwas anderes als ein Auszug der klaſſiſchen Abhandlung
Max Dunder's „Preußen während der franzöſiſchen Okkupation" hätte
werden können. Dagegen ſchienen kurze Ueberleitungen für das genauere Verſtändniß unerläßlich.

Was die Wiedergabe der Aktenſtücke, ſowohl der deutſchen wie
der franzöſiſchen, durch den Druck betrifft, ſo bin ich dem Heraus-

geber des ersten Theiles der „Geschichte der preußischen Politik 1807 bis 1815" darin gefolgt, die moderne Orthographie anzuwenden. Nur wo ein Stern an der Spitze eines Aktenstückes angebracht ist, findet man die unveränderte Schreibung der Vorlage. Dies gilt z. B. von den eigenhändigen Aufzeichnungen Scharnhorst's, an deren Eigenthümlichkeiten man daher keinen Anstoß nehmen möge. Neben der im allgemeinen durchgeführten modernen Orthographie ist auch die Minuskel möglichst gleichförmig angewandt. Nur bei direkten Anreden und bei stehenden Abkürzungen (z. B. M. I. et R. = Majesté Impériale et Royale) ist davon eine Ausnahme gemacht worden. Bei der Wiedergabe der Eigennamen ist Gleichförmigkeit erstrebt und nur gelegentlich ein besonders auffälliger Irrthum, wie er sich in französische Texte einschleichen konnte, ausdrücklich erwähnt worden. Wo nichts anderes bemerkt ist, sind die Aktenstücke Originale. Zur Bezeichnung von zweien der vorzüglich benutzten Archive sind häufig folgende Abkürzungen gebraucht worden: B. St. A. oder Geh. St. A. für das geheime Staatsarchiv zu Berlin, W. St. A. für das k. k. Haus-, Hof- und Staatsarchiv zu Wien.

Bern, 12. Mai 1885.

Alfred Stern.

Inhaltsverzeichnis.

Berichtigungen und Zusätze.

Seite 6 Zeile 6 von unten ist zu lesen: Napoléon statt Napéleon.

Seite 30 ff. (Anhang I) und S. 33, 34 (Anhang III) im Geh. St. A. sind, laut gefälliger Mittheilung von H. Dr. Bailleu, von der Hand des Geh. Kriegsrathes P. L. Le Coq koncipirt.

Seite 31 Zeile 20 v. oben ist zu lesen: **rendu public** statt vendu au public.

Seite 32 Zeile 8 des Textes von unten: **en eut** statt eut.

Seite 32 „ 4 „ „ „ „ **chère Excellence** statt ma c. E.

Seite 34 Zeile 2 von oben ist zu lesen: **frappé de cette idée** statt frappé.

Seite 34 Zeile 10 von oben: **la trame** statt le trame.

Seite 37 zu Anhang V: Früher abgedruckt in der „Gegenwart" 1880 No. 17.

Seite 62 Zeile 1 von oben: **zu dem** statt zu b e n.

Seite 238 Zeile 11 von oben: **général** statt générale.

Seite 308 Zeile 18 von oben ist zu lesen: **élevé** statt elevé.

Seite 320 letzte Zeile von unten: **du coeur** statt de coeur.

Seite 332 Zeile 11 des Textes von unten: **donnée** statt donné.

Seite 340 Zeile 3 und 4 v. oben: **réforme ... demandant** statt reforme ... demendant.

Seite 347 Zeile 15 von oben: **par ordre** statt par.

Seite 348 Zeile 2 des Textes von unten: **ils** statt il.

Leider ist mir, erst nachdem der Druck ganz abgeschlossen war, das Werk von Fournier: Historische Studien und Skizzen (Prag und Leipzig 1885) zugekommen. Fournier's interessante Abhandlung „Zur Geschichte des Tugendbundes" bietet eine sehr erwünschte Ergänzung der Mittheilungen über Justus Gruner und über Stein's Verhältnis zum Tugendbunde.

I.

Der Sturz des Freiherrn vom Stein im Jahre 1808 und der Tugendbund.

———— ——

Es giebt geschichtliche Ueberlieferungen, die sich mit Zähigkeit zu behaupten wissen, auch wenn die Forschung ihre Grundlosigkeit nachzuweisen sich keine Mühe hat verdrießen lassen. Zu diesen gehört die weit verbreitete Ansicht, der Minister vom Stein habe nicht vor Napoleon, sondern vor seinen preußischen Gegnern, vor den Gegnern seiner Reformen, im Jahre 1808 aus dem Amte weichen müssen. Wer die Ereignisse jener Zeit nach den urkundlichen Quellen prüft, muß zu der Ueberzeugung kommen, daß dem nicht so gewesen ist. Stein's Bleiben wurde unmöglich, sobald sich entschied, daß an eine sofortige Erhebung Oesterreichs noch nicht zu denken war und noch weniger an ein Verlassen des französischen Systemes durch den Czaren Alexander. Friedrich Wilhelm III. sah sich damit außer Stande den kriegerischen Absichten Stein's und seiner Freunde nachzugeben. Wollte er aber nicht das gefährliche Spiel wagen einen solchen Schein bestehen zu lassen, so mußte er sich nothwendig von dem Minister trennen, dessen Pläne Napoleon mit gutem Grunde aufs äußerste beargwohnte. In den Vertrag vom 8. September 1808 hatte ein geheimer Artikel aufgenommen werden müssen, der den König verpflichtete, alle Unterthanen der im Tilsiter Frieden abgetretenen Provinzen zu verabschieden[1]). Napoleon glaubte Stein dadurch zu treffen, den er für einen Westfalen hielt. Er schrieb am 10. September 1808 an den Marschall Soult: „Ich habe verlangt, daß er aus dem Ministerium gejagt werde"[2]), zwei Tage, nachdem der Moniteur den aufgefangenen, an den Fürsten Wittgenstein gerichteten Stein'schen Brief, von den heftigsten Anmerkungen begleitet, zum Abdruck gebracht

---

1) Hassel: Geschichte der preußischen Politik 1, 246, 435.

2) „J'ai demandé qu'il fut chassé du ministére, sans quoi le roi de Prusse ne rentrera pas chez lui" Correspondance de Napoléon 16, 503.

hatte. In Erfurt machte er im Gespräch mit dem Grafen Goltz einen „furchtbaren Ausfall" gegen Stein und frug, wie es komme, daß dieser bei seinen bekannten Gesinnungen ungestraft bleibe[1]). Hatte er nicht schon längst auf der Entlassung Stein's bestanden, forderte er sie in Erfurt nicht geradezu, so war daraus, nach der Meinung von Goltz, durchaus kein günstiger Schluß zu ziehen. Der Kaiser wolle das Benehmen des Königs in dieser Sache zum Prüfstein für die Absichten Preußen's machen und ihm daher die Initiative überlassen. Auch hatte Champagny, den Kaiser ergänzend, geäußert, Stein dürfe jedenfalls nicht im Amte bleiben, wenn auch der König von seinen Talenten noch Nutzen zu ziehen hätte. Daß Napoleon des preußischen Ministers selbst in Spanien nicht vergaß, zeigte sein stolzes Bulletin vom 13. November, in welchem an eine drastische Schilderung der Eroberung von Burgos die höhnische Bemerkung geknüpft war: „Leute wie Herr von Stein, welche aus Mangel an Linientruppen, die unseren Adlern keinen Widerstand leisten konnten, den sublimen Gedanken einer Massenerhebung hegen, hätten Zeugen des damit verknüpften Unheils und des geringen Werthes solcher Mittel gegenüber regulären Truppen sein müssen"[2]).

Es ließ sich keinen Augenblick verkennen, daß das Verbleiben Stein's auf seinem hohen Posten den Zorn des Uebermächtigen auf's äußerste reizen werde. Stein hatte daher gleich nach dem Bekanntwerden jenes Briefes seine Entlassung angeboten[3]). Immerhin mochte man fragen, ob der König genöthigt sein würde gänzlich auf seinen Rath zu verzichten. Champagny's Redewendung hatte diese Frage noch näher gelegt. Vielleicht bot sich der Ausweg dar, Stein vor der Welt vom Schauplatz des öffentlichen Wirkens durchaus verschwinden zu lassen, an seine Stelle einen Mann seines Vertrauens zu setzen, ihm aber im geheimen nach wie vor ein Eingreifen in die Geschäfte zu ermöglichen. In diesem Sinne hatte sich von Erfurt aus Graf Goltz ausgesprochen. In seinen Worten blieb eine gewisse

---

1) „Comment ose-t-il impunément professer pareils sentiments". Goltz an Stein, 9. Oktober 1808, bei Hassel 1, 577. Das in Nassau unter den Stein'schen Papieren befindliche Original dieses Briefes weicht hie und da von dem bei Hassel gegebenen Texte ab. Z. B. lauten dort die Worte Champagny's: „Au moins ne doit-il pas rester en place" statt „en évidence".

2) Moniteur, 21. November 1808.

3) Nichts ist irriger als die entgegenstehende Behauptung von Marwitz (Aus dem Nachlaß F. A. L. v. Marwitz 1, 298).

Unklarheit. Einmal stellte er sich vor, der neue Minister, welcher Stein vor der Welt in allen seinen Funktionen ersetzen sollte, werde sich durch seinen aus der Ferne zu ertheilenden Rath leiten lassen. Dann wieder dachte er sich Stein's verborgene Thätigkeit auf das Finanzwesen beschränkt. Stein selbst, der den Brief von Goltz am 18. Ottober mit seinen Bemerkungen dem König übermittelte, kam zu einem anderen Schlusse. Er glaubte, worin er freilich irrte, Napoleon werde durch die spanischen Dinge zu sehr in Anspruch genommen werden, als daß er Zeit finde an ihn zu denken. Genug, wenn er nur seinen hervorragenden Posten aufgebe, um als einer der Staatsräthe, wie genauer in seinem Plane vom 28. Ottober entwidelt wurde, einen sehr bedeutenden amtlichen Einfluß zu bewahren[1]). Unzweifelhaft bestimmte ihn dabei der Hinblick auf die auswärtigen Verhältnisse nicht am wenigsten. In eben diesen Tagen schrieb er dem Grafen Götzen, man dürfe nicht nachlassen alles vorzubereiten, um beim Beginne eines französisch-österreichischen Krieges die Ketten zu brechen[2]). Der König behielt sich seine Entscheidung vor bis zur Rückkehr des Czaren Alexander und des Grafen Goltz.

Alexander erschien wieder in Königsberg, verweilte daselbst vom 20.—24. Ottober, nach dem Urtheile der Gräfin von Voß „vortrefflich, gut und liebenswürdig wie immer"[3]), und eine Reihe von Zeugnissen stimmt darin überein, daß nach seiner Ansicht Stein's gänzliches Ausscheiden aus dem Dienste von Napoleon durchaus nicht gefordert wurde. Im gedrudten Tagebuche der Gräfin von Voß sucht man freilich vergeblich hierüber wie über andere bedeutende Punkte nähere Aufklärung. Es zeigt leider für diesen wichtigen Zeitraum in der Form, in welcher es veröffentlicht worden ist, sehr große Lüden, wie denn vom 23. Ottober bis zum 9. Dezember nur eine einzige Aufzeichnung (vom 10. November) zu unserer Kunde gelangt. Und doch hat die einflußreiche Oberhofmeisterin in ihrem Tagebuche, wie die derzeitige Eigenthümerin desselben die Güte gehabt hat mich brieflich wissen zu lassen, „über die Entlassung des Freiherrn vom Stein sehr viel gesagt — was sich jedoch nicht zur Veröffentlichung eignet". Hier bleibt also der Vermuthung der weiteste Spielraum offen.

---

1) Haffel 2⁸5. 567; Pertz 2, 263—265.
2) Haffel 559.
3) Neununbsechzig Jahre am preußischen Hofe. 4. Aufl. Leipzig 1876, Dunder und Humblot, S. 340.

Halten wir uns an andere auf dem Schauplatz der Ereignisse weilende Zeugen, die vermöge ihrer Stellung wohl unterrichtet sein konnten, so stoßen wir auf eine Aeußerung Gneisenau's, der zufolge Alexander bei seiner Anwesenheit in Königsberg erklärt hat, „es sei nicht nöthig, daß Minister vom Stein sich entferne und Kaiser Napoleon habe es nicht verlangt"[1]. Schön sagt in der zweiten 1844 angefertigten Redaktion seiner Selbstbiographie: „der russische Kaiser brachte die Nachricht, daß Napoleon erklärt habe, Stein könne in unserem Dienste bleiben, wenn er nur nichts mit dem auswärtigen Departement zu thun habe, er (Stein) könne am besten dafür sorgen, daß die preußische Kriegskontribution richtig bezahlt würde". Er kommt noch mehrmals darauf zurück, daß der Czar sich in diesem Sinne deutlich ausgesprochen habe[2]. Eben hierauf wird es sich beziehen, wenn Clausewitz einige Tage nach der Abreise des Czaren (27. Oktober) seiner Braut schreibt: „Dein Freund (Stein) hat zwar jetzt die Aussicht nicht ganz von uns zu scheiden und bloß seine Verhältnisse zu ändern", wobei er freilich seine individuelle Ueberzeugung nicht verhehlt, „er rechne falsch" und man werde ihn „ganz verlieren"[3]. Endlich haben wir noch einen Bericht des österreichischen Vertreters in Königsberg: „Die Ankunft des Kaisers von Rußland scheint eine Aenderung in dem vom König schon gefaßten Entschluß — dies war ein Irrthum des österreichischen Diplomaten —, Stein aus dem Ministerium zu entlassen, hervorgebracht zu haben. Der Kaiser hat dem König versichert, daß Napoleon damit zufrieden gestellt sein würde, wenn man diesem Minister die Leitung der auswärtigen Angelegenheiten entzöge, er könne die der Finanzen behalten[4]". Der Oesterreicher fügte noch hinzu: „Man behauptet sogar (ich habe es

---

1) Gneisenau an Götzen, 24. Nov. 1808. Pertz: Gneisenau 2, 443.

2) Weitere Beiträge und Nachträge zu den Papieren des Ministers von Schön. Berlin 1881. S. 50, 57, 61: vgl. über die Zeit der Abfassung der zweiten Selbstbiographie: Zu Schutz und Trutz am Grabe Schön's; von einem Ostpreußen 1876. S. 35, 367, 678.

3) Schwartz: Leben des Generals C. von Clausewitz 1, 320.

4) „Sa Majesté Impériale a assuré au roi que l'empereur Napoléon se contenterait si on ôtait à ce ministre la direction des affaires étrangères et qu'il pourrait garder celles des finances". Grubi an Stadion. Königsberg, 27. Okt. 1808. W. St. A. Man vergleiche auch, was Pertz 2, 262, ich weiß nicht nach welcher Quelle, über den Inhalt der Aeußerungen Alexander's gegenüber Stein selbst mittheilt.

aus sehr guter Quelle), daß der Kaiser Alexander dem König gerathen habe, Stein nicht nur nicht zu verabschieden, sondern bei allen Angelegenheiten von größerem Belang zu konsultiren. Dieser Rath ist ganz nach dem Geschmacke des Königs, aber er fürchtet den französischen Kaiser dadurch auf's neue zu reizen, und deshalb bleibt die endliche Entscheidung noch in der Schwebe".

Man bemerkt, indem man das Wesentliche herausgreift, den bedeutenden Widerspruch zwischen der Ansicht, welche Golg geäußert hat und der Ansicht, welche Alexander vertritt. Jener hält nach den Eindrücken, die er in Erfurt empfangen hat, dafür, Napoleon werde nur durch die baldige Entfernung Stein's von jeder öffentlichen amtlichen Thätigkeit und vom Hofe befriedigt werden. Dieser glaubt versichern zu können, Napoleon werde sich dabei beruhigen, wenn Stein nur die Leitung des Auswärtigen aufgebe. Soll man nun annehmen, Golg habe zu schwarz gesehen oder zu schwarz gemalt? Dieser Vorwurf ist ihm nicht erspart worden. Stein selbst, der ihn in seiner Autobiographie nicht mit Unrecht als „weich" charakterisirt, dem seine Gemahlin in ihren von Berlin aus geschriebenen Briefen[1]) wenig schmeichelhafte Urtheile über diesen Staatsmann zukommen ließ, mag es geglaubt und danach seine Vorschläge vom 18. und 28. Oktober eingerichtet haben. Man bedenke jedoch, daß Napoleon dem Czaren gegenüber anders gesprochen haben mag, wenn es überhaupt zu längeren Erörterungen über Stein zwischen beiden Monarchen gekommen ist, als gegenüber dem Abgesandten des preußischen Königs. Er hatte auf Alexander Rücksichten zu nehmen, die gegenüber Golg wegfielen. Dieser selbst deutet an, daß bisher schon Napoleon's Leidenschaftlichkeit nur durch das Verhältniß, in dem die russische und französische Politik zu einander standen, gezügelt worden sei[2]).

Der König konnte sich nicht entschließen die Frage in dem einen oder in dem anderen Sinne zu lösen, bis er den mündlichen Bericht des Grafen Golg gehört hatte. Am 7. November wiederholte Stein sein Entlassungsgesuch, da der König ein zweites Mal Bedenken trug eine an das Land gerichtete Proklamation, „Das Anerkenntniß ge-

---

1) Diese Briefe, die mir in Nassau vorgelegen haben, sind zahl- und inhaltsreicher als man nach den gelegentlichen Andeutungen von Pertz vermuthen sollte.

2) Golg an den König, 9. Okt. 1808. Hassel S. 281.

wiſſer Verwaltungs- und Regierungsgrundſätze" zu vollziehen[1]). Auch
diesmal ward er von Friedrich Wilhelm darauf verwiesen, die Rückkehr des Grafen Golz ſei abzuwarten.

Inzwiſchen hatte das Königspaar am 10. und 11. November
eine kurze aber bedeutungsvolle Zuſammenkunft mit Hardenberg.
Dieſer hatte ſchon längſt die Anſicht geäußert, Stein könne nicht auf
ſeinem Poſten bleiben, „ohne Napoleons Eifer zu reizen"[2]). Nun
erklärte er, ſeine Unterredung mit dem König am 12. November
durch eine Denkſchrift ergänzend, es ſei mit der politiſchen Lage der
Dinge ſchlechterdings nicht vereinbar Stein an der Spitze der Ge-
ſchäfte zu belaſſen. Die Idee ihn „als Staatsrath in Dienſtverbindung
und in der Reſidenz" zu behalten hielt er für noch weniger ausführbar. Dies werde noch weit nachtheiliger auf die Folgen, die man
vermeiden wolle, wirken als die Beibehaltung der Stelle ſelbſt. Er
befürwortete entſchieden, daß Stein ſeine öffentliche Entlaſſung erhalte und entfernt von Berlin wohne, wollte aber nicht ausgeſchloſſen
wiſſen, daß der König gelegentlich, „wo er es für nöthig finde",
Stein's ſchriftliches Gutachten fordere. Als ſpäteſten Termin der
nothwendig gewordenen Entlaſſung bezeichnete er den Abſchluß der
von Golz in Berlin geführten Unterhandlung, „weil ſonſt der widrige
Eindruck bei Napoleon immer ärger werden würde"[3]).

Ob Stein damals von der Zuſammenkunft des Königspaares mit
Hardenberg etwas erfahren hat, bleibt dunkel. Mit Hardenberg ſelbſt
ſcheint er in dieſer Zeit nicht direkt in Verbindung geſtanden zu haben.
Um ſo lebhafter war ſein brieflicher Verkehr mit Berlin und dies nicht
nur mit ſeiner Gemahlin. Ausführlich verbreitete ſich Stägemann,
welcher der Begleiter des Grafen Golz bei der Reiſe nach Erfurt
geweſen war und auf dem Rückwege von dort in Berlin verweilte,
über die Frage, ob die Erhaltung Stein's im öffentlichen Dienſte
möglich ſei oder nicht. Er verhehlte ihm ſeine ſchweren Beſorgniſſe
nicht. „Es iſt ganz gewiß, ſchrieb er u. a., daß die franzöſiſchen
Autoritäten, namentlich der Marſchall Davouſt, der General St.
Hilaire, Daru, Bignon ſich heftig gegen E. Excellenz erklären, und
die Entfernung E. Excellenz von der Perſon des Königs als uner-

---

1) Das bei Pertz 2, 270 abgedruckte, in Naſſau befindliche Original des
königlichen Schreibens trägt das Datum „6. November". Danach iſt Pertz zu
verbeſſern.

2) Haſſel 293, 294.

3) Haſſel 569.

läßliche Bedingung des Freundschaftsverhältnisses zwischen Frankreich und Preußen laut proklamiren. Ich habe darüber eine Unterredung mit dem Herrn von Goldberg gehabt, .. der mich versichert, daß dies nicht allein von ihnen erklärt werde, sondern daß sie hierin auch nur die Sicherheit E. Excellenz vor den Angriffen des Kaisers auf Ihr Vermögen, das nur dann nicht in Anspruch genommen werden dürfte, wenn E. Excellenz sich freiwillig zurückziehn, finden. Herr von Goldberg hält sich auch überzeugt, daß diese französischen Gewalthaber die Gesinnungen des Kaisers Napoleon aussprechen und daß er als ein Freund Preußens und E. Excellenz diese Entfernung anrathen müsse"[1]). Stägemann kam zu dem wenig tröstlichen Schlusse, das Bleiben Stein's werde nur dann keine üblen Folgen haben, wenn die politischen Konjunkturen Preußen günstig seien; seien sie ungünstig, so werde auch Stein's Entfernung die Vernichtung Preußens nicht hindern.

Man wird sich nicht dadurch beirren lassen, daß Frau vom Stein, welche die Vorliebe ihres Mannes für Stägemann kannte[2]), ihm schrieb, Stägemann scheine ihr nicht ein so unbegrenztes Vertrauen zu verdienen. Wie leicht mußte sie dazu verführt werden, diejenigen ohne Unterschied für übelwollend zu halten, welche Stein's Bleiben im Dienste des Staates widerriethen, auch wenn sie ihm und seinen Ideen auf's entschiedenste zugethan sein mochten. Für uns fällt sehr in's Gewicht, daß Stägemann sich auch auf das Urtheil des Herrn von Goldberg beruft, eines Mannes, der Stein von Herzen ergeben war und der ihm, wie bekannt, ein wenig später den größten Dienst leistete.

Als Golz nun in Königsberg anlangte, hörte man aus seinem Munde die Bestätigung dessen, was man zu fürchten hatte. Davoust und andere einflußreiche französische Persönlichkeiten in Berlin hatten ihm erklärt, die Räumung des Landes werde, im Widerspruch mit dem Erfurter Vertrage, nicht erfolgen, wenn Stein bis zum Ende

---

1) Stägemann an Stein. Berlin, 7. Nov. 1808 (in den Nassauer Akten, Bruchstück bei Perz 2, 279—281).

2) „sachant votre prédilection pour M. Stegeman". Frau vom Stein an Stein. Berlin, 18. Nov. 1808. Stein ist in der That von seiner „prédilection" für Stägemann zurückgekommen. Er charakterisirt ihn 1810 als einen „versatilen, pfiffigen Justizcommissar", s. Perz 2, 498. Die Angaben Schön's (Weitere Beiträge S. 50.) über den Inhalt Stägemann'scher Briefe stimmen mit dem im Texte Mitgetheilten nicht überein.

des Monats November nicht aus dem Ministerium ausgeschieden
sei [1]). Gneisenau konnte zwar die kritische Bemerkung nicht unter-
drücken: „Alles nur mündliche Äußerungen, durchaus nichts Schrift-
liches, noch weniger etwa vom französischen Kaiser selbst" [2]). Aber
es schien kein Schwanken mehr möglich zu sein. So lange der König
auch gezögert hatte: die Entlassung Stein's aus dem Dienste, und
zwar die vollkommene Entlassung ohne Vorbehalt irgend welcher amtlichen Verwendung, war nach den Worten Friedrich Wilhelms III.
„zur Nothwendigkeit geworden". Sie erfolgte am 24. November.

Man sieht, wie genau alles zusammenstimmt, von den ersten
Aeußerungen Napoleon's, nachdem der aufgefangene Stein'sche Brief
zu seiner Kenntniß gelangt war, bis zu den zuletzt angeführten
Drohungen Davoust's, von denen Goltz in Königsberg berichten mußte.
Stein in amtlicher Stellung in der Nähe des Königs belassen hieß
sich auf die Fortdauer der Occupation, auf den Bruch mit Frankreich
gefaßt machen. Wollte man diesen vermeiden, da auf Rußland nicht
zu zählen, da Oesterreich mit seinen Rüstungen noch nicht fertig war,
so mußte Stein fallen.

Und so wäre alles, was von den Umtrieben der preußischen
Gegner Stein's erzählt wird, in's Bereich der Fabel zu verweisen?
Alle die Aussprüche bedeutender Zeitgenossen, die den Personen und
Dingen nahe gestanden, wären ohne Werth?

„Sie sind das Opfer einer bestimmten weit angelegten Trame",
äußert sich Graf Reden gegenüber Stein schon am 24. September
1808 [3]). „Man hat gewaltige Kabalen gespielt, um Stein zu entfernen", schreibt Scharnhorst am 26. Oktober an Götzen [4]). So
wenig Stägemann in jenem Briefe vom 7. November einen Zweifel
daran bestehen lassen will, daß die Entfernung Stein's aus Rücksicht
auf Frankreich zur Nothwendigkeit geworden sei, so meint er doch,

---

1) „Le maréchal Davoust et plusieurs autres chefs des autorités françaises à Berlin ont assuré à M. le comte de Goltz que malgré la dernière
convention ils n'évacueraient point si M. le baron de Stein ne sortait point
du ministère avant la fin de ce mois.. Le roi le sait, mais se flattant que
ce n'est qu'une vaine menace et appréciant les grands moyens de ce ministre
il diffère toujours de le congédier". Hrubi an Stadion. Königsberg, 23. Nov.
1808. W. St. A.

2) Gneisenau an Götzen, 24. Nov. 1808, s. Pertz: Gneisenau 1, 443.

3) Pertz 2, 239.

4) Pertz: Gneisenau 1, 442.

die französischen Behörden in Berlin würden sich weniger heftig
äußern, wenn sie nicht von den Berliner „Uebel- und Schwach-
gesinnten dazu veranlaßt und aufgereizt würden". „An der Spitze
dieser hiesigen Herren steht wie gewöhnlich der Fürst Hatzfeld, der
das Heil des preußischen Staates nur in einer Premier-Ministerschaft
des Herrn von Voß und (wie die ganze in diesem Punkte vereinigte
Partei) in der Zerstörung der heillosen Prinzipien findet, die uns
von dem Halben haben entwöhnen sollen". „Man setzt Himmel
und Erde in Bewegung, dir zu schaden", berichtet Stein's Gemahlin
unter Berufung auf den Grafen Arnim aus Berlin am 9. November[1]. Zwei Tage, bevor die Entlassung Stein's erfolgte, läßt
Hrubi aus Königsberg den Minister Stadion wissen: „Über das
Schicksal des Freiherrn vom Stein ist noch immer nichts entschieden.
Bedeutend ist seine Partei am Hofe, und der König selbst ist sehr
für seine Beibehaltung. Aber auch seine Widersacher sind thätig,
wie es Hochdieselben aus den wiederholten Ausfällen in den Berliner
Blättern ersehen haben werden"[2]. An dem Tage, an welchem die
Entlassung des Ministers erfolgte, benachrichtigt Gneisenau den vertrauten Götzen: „Unsere Gegner fangen an zu siegen. Man hat sich
hier mit den Feinden des M. v. Stein in Berlin affilirt, und die
Franzosen dafür zu interessiren gewußt, daß sie auf die Entfernung
dieses Ministers dringen". In Folge dessen glaubte Götzen sagen
zu dürfen: „Stein ist gestürzt durch Cabale von innen und außen"[3].
Desgleichen urtheilte Schleiermacher, der damals in Königsberg lebte
und mehr sah und hörte als mancher andere, „nachdem der Hauptsturm schon glücklich überstanden", habe man Stein durch eine „elende
Intrigue" verloren[4]. Ein anderer Gewährsmann erscheint in Sack,
der für den Posten des Oberpräsidenten der Kur- und Neumark sowie Pommern's bestimmt, seit kurzem wieder in Berlin verweilte. Er
ging allerdings von der Ansicht aus, Stein's Bleiben im Amte werde
für ihn selbst und für den Staat ohne gefährliche Folgen sein.
Allein mochte er, von seinen Wünschen geleitet, darin auch irren, so
fallen seine Aeußerungen über die „Kalodämonisten", wie er die

---

1) „qu'on remue ciel et terre pour vous nuire".
2) Hrubi an Stadion, 22. Nov. 1808. W. St. A.
3) Götzen an Finkenstein, 9. Dezember 1808; s. Pertz: Gneisenau 1, 449.
4) Schleiermacher an Brinkmann, 11. Februar 1809; s. Dilthey:
Schleiermacher's politische Gesinnung und Wirksamkeit (Preußische Jahrbücher,
Band 10, 1862, S. 266). Aus Schleiermacher's Leben in Briefen 4, 166.

preußischen Gegner Stein's benennt, schwer in's Gewicht. So schrieb er Stein am 23. November[1]): „Es ist mir gar kein Zweifel, daß M. v. Voß an die Spitze der Geschäfte kommen will. Fast unverhohlen spricht sich das in allen Dingen aus und Grundursache ist sein Egoismus, indem er das neue System fürchtet, wobei seine jura utilia et honorifica hier und da einen Stoß leiden könnten. Er meinte auf eine Frage nach seiner Gesundheit, daß er nun wieder völlig wohl sei und dem König seine volle Thätigkeit durch die neulichen vielen Berichte gezeigt habe. Er glaubte, daß E. Excellenz unmöglich bleiben könnten, wie Graf Golz von Erfurt mitgebracht und die französischen Behörden hier so oft ihnen beiden geäußert hätten. Auf meine Frage, daß Kaiser Napoleon, wenn er dieses wolle, es bestimmt verlangen würde, wußte er nichts zu sagen als daß derselbe diesmal solches von der Condescendenz des Königs selbst zu erwarten schiene. Auch Daru hätte dies nicht bloß der öffentlichen Verhältnisse von Frankreich, sondern der inneren Reformen halber, die revolutionär wären, für nöthig gehalten. Welche unglaubliche Behauptungen! ... Obige ganze Ansicht des M. v. Voß sprach sich besonders lebhaft aus bei Gelegenheit des Gespräches über Herrn Schmalz Arretirung, worüber er mir sagte, es sei bei ihm eine Abhandlung über unser neues System gefunden und zwei Briefe des Herrn von Schön, worin er ihn dazu aufforderte solches öffentlich zu vertheidigen wie dafür die öffentliche Meinung zu gewinnen[2]). Aber darin wären erschreckliche Dinge über Aufhebung der Patrimonialgerichte ꝛc. die man nicht dürfe aufkommen lassen. Die Franzosen fänden darin selbst revolutionäre Dinge, die ihnen jetzt so nachtheilig sein könnten" ..

Noch wußte Sack nicht, daß der Würfel in Königsberg gefallen sei, als er seine früheren Mittheilungen folgender Maßen vervollständigte: ... „Es ist nun wohl mehr als zu klar, daß die Partei der Kakodämonisten dort und hier in Verbindung den Lärm gemacht hat, den wir jetzt in Rücksicht Ihrer und der guten Sache um uns erblicken. Da sie dort ihr Haupt nicht haben erheben können, so

---

1) Auch Sack's Briefe an Stein haben mir in Nassau vorgelegen. Mitunter finden sich Randnoten von Stein, die Perz hie und da ohne weiteres in den Text seiner Darstellung verwoben hat. Stein hat dann und wann die nur durch Anfangsbuchstaben bezeichneten Namen ergänzt.

2) vgl. Schön an Friedrich Wilhelm III. Aus Schön's Papieren, Bd. 1, Anlage G.

haben sie hierhin zu würden gesucht und hier sind alle Anbeter des
alten Systems, alle Geister von Einfluß zusammengetreten, um gegen
Sie und alles, was Ihnen anhängt, zu operiren und so das auf-
keimende Gute und Neue zu stürzen. Leicht haben sie die hiesigen
französischen Behörden in ihr Interesse ziehen können, theils weil
diese in den ersten Ton des Moniteur einstimmen zu müssen glauben,
theils weil sie in der allergrößten Furcht der Unruhen schweben.
Mehrere Anzeigen sind da, daß dieselben von jener Partei mit Vor-
satz aufgeregt sind. Der M. Chazot weiß es ziemlich genau, daß
man ihn in ein solch schwarzes Licht zu stellen gesucht hat und daß
dieses selbst vom Minister von Voß geschehen ist [1]). Man glaubte
von dort schon Gewißheit zu haben, daß Oberst Kleist Commandant
werden würde und daß dies nicht geschehen ist, hat sehr geärgert.
Die Partei spricht sich aus in dem, was heute über Schmalz in der
Zeitung steht und sie verhehlt es nicht, daß sie auf das Blut fechten
müssen, um das ganze neue System umzuwerfen" [2]).

In Uebereinstimmung damit meint Schön in seinem Tagebuche
(29. November 1808): „Stein fiel, fiel durch elende Menschen . . . .
Golz kam mit der vollständigsten Instruction von Berlin an, und
dieser überaus schwache Mann trat öffentlich gegen Stein auf. Ver-
lacht und verachtet deßhalb wußte er doch den Hof dadurch in
Schrecken zu setzen, daß er die von Stein zur Reformation des
Innnern allein für den König entworfenen Plane als der Macht des
Königs nachtheilig schilderte. Voß bekräftigte dies durch seine Berichte" [3]). Noch ausführlicher ist ein von Schön in seinen Aufzeichnungen von 1844 gefälltes Urtheil. Er spricht von den „Repräsentanten der alten Zeit", die sich erhoben hätten, um sich mit „Kabalen"
gegen die „damalige Königsberger Richtung" zu wenden, von dem
„Junkerthum", das sich „in seinen Fundamenten angegriffen sah",
das „weitere Fortschritte als Aufhebung des gutsherrlichen Herren-
rechts, der Patrimonial-Jurisdiktion, der anderweiten Stellung des
Adels, der Konskription" fürchtete. Er nennt gleichfalls als Führer
der Gegner Stein's „das Haupt des märkischen Junkerthums, den

---

1) Daß die Franzosen von sich aus Beschwerde wegen der Ernennung
Chazot's zum Kommandanten von Berlin führten, beweist ein Brief von Voß
an Golz, 19. November 1808. B. St. A.

2) Sack an Stein. Berlin, 26. November 1808. Sack spielt auf die
Einsendung „Berlin, 25. November 1808", im Telegraphen an, s. u.

3) Aus Schön's Papieren 2, 48.

ehemaligen Minister v. Voß", während er Goltz und Nagler „Werkzeuge" betitelt[1]). In seiner aus dem Jahre 1853 stammenden
Skizze über Scharnhorst sagt er zwar bestimmt, daß die „Entfernung
von Stein" auf „Napoleon's Verlangen" geschehen sei. Aber er
nimmt an, dies sei „durch eine Hofkabale unterstützt gewesen" und
er benutzt den Anlaß H. v. Voß als „eines der Häupter der krassen
märkischen Junkerpartei", „den größten Opponenten der neueren Zeit"
zu bezeichnen[2]). Auch der ironischen Worte, die Clausewitz am
27. November 1808 aus Königsberg an seine Braut schrieb, mag
man gedenken: „Die Rückkehr des Grafen von Goltz aus Berlin und
der gute Rath, den er, der Herr von Voß und mehrere andere ver-
diente Männer unaufgefordert gegeben haben, hat eigentlich die Entfernung Stein's veranlaßt"[3]).

Vergleicht man diese ganze zweite Reihe von Zeugnissen mit der
ersten, so wird man nicht behaupten wollen, daß diese durch jene
ausgeschlossen werden. Die französischen Machthaber fordern, sei es
ausdrücklich, sei es in nicht mißzuverstehenden Wendungen die Entfernung Stein's aus dem Staatsdienste und vom Hofe. Dies ist
es, was angesichts der allgemeinen politischen Lage seine Entlassung
für den König „zur Nothwendigkeit" macht. Da aber dieselbe Forderung auch gleichzeitig von preußischen Männern bekannten Namens
erhoben wurde, so mochte sich bei manchem der durch das Schicksal
des großen Ministers tief ergriffenen Zeitgenossen die Meinung bilden
und befestigen, sein Sturz hätte ohne jenes Entgegenwirken von
preußischer Seite vermieden werden können. Stein selbst stellt in
seiner Erinnerung beides einfach neben einander. Der in Nassau
aufbewahrten Masse von Aktenstücken, die sich auf diese Epoche seines
Lebens beziehen, hat er die Ueberschrift gegeben: „Verdrängen aus
dem Dienst durch Napoleon, d. H. Davoust, Daru — die Cabale
des H. Minister von Voß, Fürst Haßfeldt u. s. w. und die Schwäche
des Ministers Grafen v. Goltz". Und in seiner Autobiographie berichtet er, Graf Goltz habe bei seiner Zurückkunft von Berlin „die
Wünsche der französischen Behörden und ihrer einländischen Anhänger"
wegen seiner Entlassung dem König dringend vorgelegt, worauf sie
dann erfolgt sei. Dies verträgt sich mit der Annahme, daß für

---

1) Weitere Beiträge und Nachträge u. s. w. S. 50 ff.
2) Aus den Papieren Schön's 4, 582 ff.
3) Schwartz a. a. O. 1, 323. 324.

seine Entfernung in erster Linie die Rücksicht auf Frankreich maß-
gebend war und daß in allem übrigen nur ein sekundäres Moment
zu erblicken ist.

Mit diesem Ergebniß wird man sich jedoch nicht begnügen
wollen. Zugegeben, daß der Sturz des Ministers unabhängig von
den Machinationen seiner preußischen Gegner gewesen ist, so wird es
doch der Mühe werth erscheinen, diese möglichst genau zu verfolgen.
Zunächst drängt sich die Beobachtung auf, daß von einem doppelten
Schauplatz dieser Machinationen die Rede ist: Königsberg und Berlin.
Auf den ersten allein, wo der Hof damals verweilte, kann es sich
beziehen, wenn von einer „Hofkabale" gesprochen wird. Lägen uns
die Aufzeichnungen der Oberhofmeisterin, Frau von Voß, nicht in so
sehr verstümmeltem Zustande vor, so würden wir wohl über diese
Seite der Angelegenheit noch mehr erfahren als wir jetzt schon wissen.
Vermuthlich wird hier auch die wenig rühmliche Thätigkeit Nagler's
beleuchtet, der als Bundesgenosse seines Schwagers Altenstein mit
Verschlagenheit gegen Stein wirkte. Man kennt die harten Urtheile,
welche über sein damaliges Benehmen von kundigen Beobachtern gefällt worden sind. Am mildesten drückt sich noch Scharnhorst aus,
wenn er sagt, Nagler habe sich „nicht gut gegen Stein betragen" [1]).
Einige bezeichnende Stellen eines seiner Immediatberichte sind erst
kürzlich veröffentlicht worden. In ihnen zeigte er seine Beflissenheit
„für die von der Partei der Hochkonservativen ausgegebene Parole,
daß Stein ein guter Minister des Volkes, nicht des Königs sei, in
den Hofkreisen Propaganda zu machen" [2]). Nagler hat nach allem,
was wir wissen, besonders bei der Königin Louise Einfluß gehabt.
Es mag ihm förderlich gewesen sein, daß damals über eine nicht
unwichtige Frage, die den Hof lebhaft beschäftigte, ob man der Ein-
ladung des Czaren nach Petersburg folgen solle oder nicht, zwischen
Stein und der Königin eine Meinungsverschiedenheit bestand. Sie
war so bedeutend, daß Stein selbst in seiner Autobiographie sie zu
erwähnen Anlaß nahm. Wie sich dies alles im einzelnen auch verhalte, so viel ist gewiß, daß in der unmittelbaren Umgebung des
Königspaares eifrig gegen Stein gearbeitet wurde. Noch im Jahre
1810 gedenkt Stein in einem Briefe an die Prinzessin Louise bitter
„der häuslichen Umgebungen des Königs", die „mir die Verachtung,

---

1) Scharnhorst an Götzen 9. Februar 1809: s. Häusser 3, 218.
2) Hassel a. a. O. 1, 292. 293.

die ich gegen sie hege, mit einem unabläſſigen Haſſe vergelten" und um nicht von dieſen „Umgebungen" eigennütziger Abſichten bezichtigt zu werden, unterließ er es damals dem Könige gegenüber ſeinem tiefen Mitgefühl nach dem Tode der Königin Ausdruck zu geben[1]).

Ein noch größeres Intereſſe wird es haben, den anderen Schauplatz ins Auge zu faſſen, auf welchem die Gegner Stein's thätig waren. Denn es ſcheint aus mehreren der angeführten Ausſagen hervorzugehen, daß ſie ihren Angriff von Berlin aus begannen, um ihn in Königsberg durch das Zuſammenwirken mit dortigen Genoſſen fortzuſetzen. Und, was für die innere Geſchichte Preußens bedeutungsvoll werden konnte, dieſe Angriffe galten nach gewichtigen Zeugniſſen nicht etwa nur Stein, dem Führer der kühnen Patriotenpartei, welcher Aufſtände gegen die Franzoſen und baldigen Bund mit Oeſterreich plante. Sie galten ebenſowohl, wenn nicht noch weit mehr, Stein, dem Haupte der Reformpartei, die noch tiefer greifende Veränderungen des alten Preußens erſtrebte als die bereits getroffenen, die man über ſich hatte ergehen laſſen müſſen. In dieſem Lager konnte man ſich alſo wohl auch mit dem Eifer der Vaterlandsliebe darauf berufen, daß das Verbleiben Stein's in amtlicher Stellung König und Staat gefährde, weil er wegen der Beſtrebungen ſeiner auswärtigen Politik den Franzoſen verhaßt ſei. In Wahrheit ließ ſich aber dahinter der glühende Wunſch verbergen, den Ausbau des Reformwerkes zu hindern, wenn nicht gar das, was bereits errichtet war, wieder umzureißen. Es war daher wichtig, Stein nebſt ſeinen Geſinnungsgenoſſen als „Revolutionäre" darzuſtellen, die den Thron ſelbſt in's Wanken brächten. Man mochte hoffen an höchſter Stelle damit um ſo mehr Eindruck zu machen, wenn man die franzöſiſchen Machthaber der Zeit ſelbſt als argwöhniſche Feinde aller „revolutionären" Ideen der Stein'ſchen Partei anführen konnte.

An ſich haben die zahlreichen Zeugniſſe, die dieſen Gedankengang nahe legen, viel für ſich. Man braucht ſich nur der bekannten Worte zu erinnern, mit denen York den Sturz Stein's begrüßte, um ſich von der Erbitterung einen Begriff zu machen, die in gewiſſen altpreußiſchen Kreiſen gegen den kühnen Neuerer vorherrſchte: „Unſere äußeren Verhältniſſe fangen an günſtiger zu werden; auch unſere inneren nehmen eine vernünftige Wendung. Ein unſinniger Kopf

---

1) Perz 2, 522; vgl. daſelbſt 4, 594, Anm. 84 ſein hartes Urtheil über die Gräfin Voß.

ist schon zertreten; das andere Natterngeschmeiß wird sich in seinem eigenen Gifte selbst auflösen" [1]). Man wird jedoch wünschen, womöglich eine urkundliche Bestätigung der von verschiedenen Seiten erhobenen Anschuldigungen zu erhalten. Kann diese nun auch in gewissem Umfange beigebracht werden, so läßt sich doch leider nicht alles durch aktenmäßige Belege aufhellen. So bleibt es dunkel, was Schleiermacher mit den Worten hat sagen wollen, „der Hauptsturm sei schon glücklich überstanden gewesen". Daß er damit gar nicht auf die preußischen Gegner Stein's, sondern auf Napoleon habe anspielen wollen, ist nicht für gewiß anzunehmen. Schon am 6. September 1808, ehe irgend etwas von dem Auffangen des verhängnißvollen Briefes Stein's in Königsberg bekannt sein konnte, schrieb Schleiermacher von dort in solchen Ausdrücken, daß man zu der Vermuthung gedrängt wird, er habe auf einen starken inneren Widerstand, mit dem Stein kämpfen müsse, hindeuten wollen [2]). Dies würde mit der auffallenden Aeußerung des Grafen Reden von „einer weit angelegten trame" stimmen. Eine eigenthümliche Notiz, die sich, leider ohne Angabe der Quelle und des genauen Datums, bei Pertz vorfindet: „Schon am . . ten September ward Stein von sehr hoher zuverlässiger Hand gegen die vorbereitete Intrigue gewarnt", träte endlich ergänzend hinzu [3]).

Namen der „Intriguanten" werden nicht genannt. Man mag an Zastrow und Kalkreuth denken, deren Bestrebungen bekannt sind [4]), aber auch an Haßfeld und Voß, deren Thätigkeit während dieser kritischen Epoche preußischer Geschichte noch nicht hinlänglich beleuchtet worden zu sein scheint. Was den ersten betrifft, so genüge es auf seine späteren Aeußerungen hinzuweisen, die sich unten („Preußen und Frankreich" u. s. w.) mitgetheilt finden. Ein Preuße, der so verblendet war, im Anfange des Jahres 1812 die besten Männer des Landes als „Sektirer" und „Jakobiner" zu denunziren, der sich damals schaudernd der „Anfälle von Raserei" erinnerte, in denen Stein „ein poetisches Glück für Preußen erträumt habe", wird im Jahre 1808, als dieser „Rasende"

---

1) Yorck an Oppen 26. Nov. 1808; s. Droysen: Yorck (5. Aufl.) 1, 162.
2) S. Dilthey's Erläuterungen zu den dunklen Worten des Briefes von Schleiermacher an Reimer 6. Sept. 1808. Preußische Jahrbücher a. a. O. S. 270.
3) Pertz 2, 617, Anm. 92.
4) Bassewitz: Die Kurmark Brandenburg 2, 463. Pertz 2, 190. Hassel 1, 563 ff.

noch an der Spitze stand, schwerlich von milderen Gesinnungen beseelt gewesen sein. Was aber Voß angeht, so haben sich urkundliche
Zeugnisse seines Wirkens aus dem Jahre 1808 selbst zum Glück
erhalten.

Der ehemalige Minister des kur- und neumärkischen, pommer'-
schen und südpreußischen Departements H. von Voß, der sich eine
Zeit lang schmollend zurückgezogen hatte[1]), war im Mai des Jahres
1808 zum Präsidenten der Friedensvollziehungs-Kommission ernannt
und bevollmächtigt worden, die Verhandlungen mit Daru fort-
zuführen[2]). Es war auf den unmittelbaren Vorschlag Stein's hin
geschehen. Daß die politischen Gesinnungen dieses Mannes den
seinigen entgegenliefen, mußte Stein aus vielfacher Erfahrung wissen.
Wenn er ihn dennoch zur Besetzung eines wichtigen Postens empfahl,
so mögen ihn dabei Beweggründe geleitet haben, die nicht jeder
seiner Freunde durchschaute. Er mag H. von Voß als eine den
Franzosen besonders angenehme Persönlichkeit betrachtet haben. Von
diesem Unterhändler durfte er voraussetzen, daß er Konflikte, wie sie
früher vorgekommen waren, ängstlich vermeiden würde. So mochte
er hoffen die Wachsamkeit der Eroberer einzuschläfern, während er
daran ging in Königsberg mit seinen Genossen heimliche Rachepläne
zu schmieden.

H. von Voß stellte sich in der That mit den maßgebenden französischen Persönlichkeiten auf guten Fuß. Je mehr Grund aber diese
nach dem Auffangen des bekannten Stein'schen Briefes haben mußten
argwöhnisch zu bleiben, desto häufiger bekam er ihre Vorwürfe und
Klagen zu hören. Seine Berichte gingen dem König zu, mitunter
begleitet von Nummern des „Telegraphen", des berüchtigten unter
französischem Einflusse stehenden Blattes des Hofrathes Lange. Kaum
hatte Goltz, von Erfurt zurückgekehrt, Berlin verlassen, um in Königsberg mündlich Bericht zu erstatten, so ließ H. v. Voß (am 14. November 1808) ein ausführliches Schreiben an den König abgehen,
das darauf berechnet war einen tiefen Eindruck zu machen.

Zunächst hatte er zu erzählen, daß Daru sich bitterlich über die
Plünderung eines französischen Korsarenschiffes bellagt hatte, die
unter Mißhandlung der Bemannung in Memel vorgekommen sein

---

1) Ranke: Memoiren Hardenberg's 2, 390 ff. Bassewitz 2, 444.
2) Hassel 1, 173. Perz 2, 113.

sollte[1]). Daru hatte weitere Beschwerden hinzugefügt. Nach der
Meinung des H. v. Voß war die Verzögerung der Entlassung Stein's
ihre hauptsächliche Veranlassung. Aber Daru hatte noch auf andere
mehr oder weniger einflußreiche Persönlichkeiten in der Umgebung des
Königs hingedeutet, die sich durch ihren Haß gegen Frankreich aus-
zeichneten und erklärt, wenn der König diesem Zustande kein Ende
mache, so bleibe nur Krieg und die Vernichtung der französischen
oder der preußischen Macht übrig.

Der folgende Theil des Voß'schen Berichtes enthielt noch Aergeres.
Die Hitze, mit der Daru gesprochen, hatte Voß vermuthen lassen, daß
er etwas verschweige. In der That erfuhr er durch den General
St. Hilaire, daß man einen an den Fürsten Wittgenstein gerichteten
Brief der Oberhofmeisterin, Frau von Voß, aufgefangen habe, in dem
eine sehr verfängliche Wendung vorkommen sollte. Die Oberhofmeisterin sollte geschrieben haben: Den Völkern des Nordens, denen
die Energie fehle, welche die des Südens entfalteten, bliebe nur die
Hoffnung übrig, ihre Befreiung durch das Präparat eines Fabri-
kanten von Gesundheitschololade bewerkstelligt zu sehen. Darin
wollte man eine Hindeutung auf die Erhebung der Spanier und
Spuren eines gegen das Leben Napoleon's gerichteten Komplottes
finden. Es ist hier nicht der Ort auf diese oft besprochene aber in
allen Einzelheiten noch nicht hinlänglich aufgeklärte Angelegenheit näher
einzugehen. Man weiß, daß sie zur Verhaftung des Fürsten Wittgenstein in Hamburg führte, der als Adressat des aufgefangenen Stein'-
schen Briefes den Franzosen bereits verdächtig war. Frau von Voß
gedenkt in ihren Aufzeichnungen, wie deren derzeitige Besitzerin mitzutheilen die Güte hatte, der ganzen Sache mit keiner Silbe. Sie
unterließ aber nicht, sofort in Abrede zu stellen jemals einen Satz des
Inhalts geschrieben zu haben wie derjenige war, den man in einem
ihrer Briefe gefunden haben wollte. Desgleichen verwahrte sich Fürst
Wittgenstein heftig wider die gegen ihn und seine Freundin erhobene
tragikomische Anschuldigung. Er legte bei diesem Anlaß einen Brief
der Oberhofmeisterin vor, welcher u. a. die Nachbestellung von Gesundheitschololade für die Majestäten in Königsberg enthielt.

---

1) Näheres wird angegeben in einem Briefe Daru's an Voß, 13. Nov.
1808 (V. St. A. Kopie). Stein bemerkt in einer Randnote zu dieser Stelle des
Berichtes von Voß (Kopie desselben in Nassau s. u. S. 30). „Das waren reine
Lügen" und berichtigt darauf Daru's Erzählung.

Friedrich Wilhelm III. selbst hat es sogar für nöthig gefunden, die ehrenrührige Anklage entschieden zurückzuweisen[1]).

Nachdem er diese Sache vorgebracht hatte, kam H. von Voß in seinem Berichte auf einen anderen Gegenstand zu sprechen, der sich in seinen Augen kaum weniger Schrecken erregend ausnahm[2]). Im preußischen Staate sollte eine geheime Gesellschaft bestehen, die nichts geringeres beabsichtigte, als in Preußen eine Verfassung einzuführen, die nach den „philanthropischen Grundsätzen" der französischen Constituante zugeschnitten wäre. H. von Voß wollte schon seit einiger Zeit Kenntniß vom Dasein einer solchen „revolutionären Gesellschaft" haben, nun aber hatte ihm der General St. Hilaire die Sache bestätigt. Durch ihn erfuhr er auch, daß die fragliche Gesellschaft der französischen Regierung unversöhnlichen Haß geschworen habe. Schriftsteller und Beamte sollten sie begründet, in einer Versammlung ihrer Mitglieder zu Berlin sollte man sich berühmt haben, binnen zwei Monaten werde Preußen „einen konstitutionellen König" haben. Erst kürzlich waren in der Königsberger Zeitung zwei Gedichte von Süvern zum Preise Stein's erschienen. Das zweite enthielt Anspielungen auf die Stein'schen Reformen, welche den „Telegraphen" zu einer scharfen Erwiderung reizten. Sie sprach von „Schmähungen des Adels", von „eingebildetem System der Nivellirung und Anarchie, wovor der Himmel den König bewahren wolle" u. s. w. H. von Voß, der sich persönlich durch einen Ausdruck des zweiten Gedichtes verletzt glauben mochte, gab dem Könige zu bedenken, ob die Anspielungen des Telegraphen sich nicht gegen die „politischen Grundsätze" jener Gesellschaft richteten[3]). Er schauderte bei dem Gedanken an die möglichen Folgen, welche ihre geheimen Umtriebe haben könnten. Sie erschien ihm doppelt gefährlich, da sie den Franzosen den besten Vorwand geben möchte Pläne wieder aufzunehmen, deren Verwirklichung Preußen das Schicksal Polens bereiten würde[4]).

---

1) Die Korrespondenz zwischen Voß, Wittgenstein, dem König. B.St.A. vgl. Bassewitz 3, 368. Hassel 1, 514. Pertz 2, 276. 277. Die Darstellung von Pertz beruht zum Theil auf Worten Stein's. Sie bedürfte jedoch mancher Verbesserungen, jedenfalls ist die Behauptung kühn, Davoust habe einen Brief der Frau von Voß ersonnen.

2) S. Anhang I.

3) S. die beiden Süvern'schen Gedichte und die dazu gehörigen Bemerkungen bei Pertz 2, 274 ff.

4) Vgl. eine ähnliche Aeußerung des Generals Bubna vom 10. Oct. 1808, bei Hassel 1, 556.

Ein eben vorgekommenes Ereigniß bestärkte Voß in diesen seinen Befürchtungen. Der Professor Schmalz, Scharnhorst's Schwager, dessen Name durch die berüchtigte Schrift vom Jahre 1815 über politische Vereine einen so übeln Klang erhalten hat, hatte, von Schön dazu aufgefordert, im Herbste des Jahres 1808 eine „Adresse an die Preußen" entworfen, in der er das große Publikum über die Reformen des Staates aufklären wollte. Der von den Franzosen bestellte Censor, der Prediger Hauchecorne in Berlin, verweigerte die Erlaubniß des Druckes, denuncirte aber den Verfasser. Seine Papiere wurden untersucht und er wurde in Haft gehalten, seiner späteren Behauptung nach vorzüglich deßhalb, weil man von ihm Nachrichten über den Tugendbund habe erpressen wollen, der, wenn auch ohne Erfolg, mit ihm angeknüpft hatte. Er wurde zwar bald wieder in Freiheit gesetzt, aber der „Telegraph" nahm Anlaß sich auch nach seiner Freilassung, unter dem Datum „Berlin 25. November 1808", bitter über seine Schrift zu äußern. Sie sollte, was Schmalz später entschieden geleugnet hat, voll von „demagogischen Ideen" sein. „Die Wörter Volk, Versammlung des Volkes, öffentliche Freiheit, Gleichheit, Abschaffung der Privilegien, die mit so schrecklichen Lettern in den Annalen der Nationen geschrieben sind," machten — so las man im Telegraphen — „den Grund dieser Rhapsodie". Eine Mahnung wurde daran geknüpft „von dem Beispiele, welches sich in Frankreich zugetragen", Nutzen zu ziehen, eine Verurtheilung der „Thorheit, die Leiden des Krieges auf diejenigen, welche die Basis der Gesellschaft ausmachen, abzuwälzen", eine Warnung vor dem Eingriff „in die Institutionen, welche die frühere Wohlfahrt des Staates gesichert hatten", vor den „Fraktionen und dumpfen Meneen der Uebelgesinnten", die vor „weisen und rechtschaffenen Personen im Konseil des Königs", treuen Freunden des „Erhaltungssystems", „jedem Geist der Leidenschaft unzugänglich", bald verschwinden würden[1]).

Noch war dieser Artikel nicht erschienen, aber was H. von Voß

---

[1] Die Angaben bei Perz 2, 276 beruhen auf einer Randnote von der Hand Stein's zu der in Nassau befindlichen Kopie des Berichtes von H. v. Voß vom 14. November 1808, s. u. S. 31. Sollte aber Davoust selbst den Artikel abgefaßt haben? Die betreffende Nummer des Telegraphen liegt auch der Depesche von de Bombelles an Stadion vom 26. November 1808 bei. W. St. A.

bis zum 14. November über die Schmalz'sche Angelegenheit vernommen hatte, steigerte den Ausdruck seiner Besorgnisse, die er gegenüber dem Könige wie wenig später gegenüber Sack äußerte. Diesem
sagte er direkt, Stein's Fall sei unvermeidlich auch „der inneren Reformen halber", die den Franzosen „revolutionär" erschienen (s. o.
S. 12). Dem Könige legte er, ohne Namen zu nennen, in feierlicher
Beschwörung an's Herz, „eine gerechte und schnelle Strafe möge
alle diejenigen treffen, welche die Gesetze seiner souveränen Autorität
anzutasten wagen würden".

Zehn Tage nachdem H. von Voß diesen Bericht abgefaßt hatte,
konnte Graf Goltz ihm von Königsberg melden, daß die Entlassung
Stein's entschieden sei[1]). Seit einigen Wochen sei allerdings Königsberg ein Theater von unerhörten Intriguen und Kabalen, indem die
Partei Stein's, unter Berufung auf einen angeblichen Wunsch des
Volkes, auf den König zu wirken, seinen Willen „und selbst seine
Autorität" zu erschüttern suche. „Daher", bemerkte er, „die außerordentliche Unschlüssigkeit des Königs und die unendliche Mühe, die
ich habe, ihm klar zu machen, daß der Freiherr vom Stein durchaus
nicht die Mehrheit der Nation für sich hat". Goltz war jedoch des
Ergebnisses, wie es in der That noch denselben Tag eintrat, voll-
kommen sicher. Er hoffte, daß die Franzosen darüber Dinge wie
den Brief der Frau von Voß und das unentschuldbare Aktenstück von
Schmalz zu vergessen bereit sein würden. Mit der Rückkehr des
Königs nach Berlin, die er lebhaft wünschte, werde alles besser werden.
Konnte der Inhalt des Goltz'schen Briefes H. von Voß in soweit
befriedigen, so mußte es ihm sehr peinlich sein zu hören, daß die
Wahl der für die höchsten Stellen bestimmten Personen auf die Vor-
schläge Stein's hin geschehen würde. Dies vermuthete wenigstens
Goltz[2]). Er fügte freilich hinzu, man werde Männer von gemäßigter
Gesinnung wählen und „die Brandstifter, die uns einen unersetzlichen
Schaden zuzufügen drohten, bei Seite lassen". Aber in keinem Falle
blieb H. von Voß die Hoffnung, daß mit dem Sturze Stein's auch
die Rückkehr zum alten System erfolgen würde.

Er war ohnedies in gereizter Stimmung. Die Ankunft Sack's,
der zum Oberpräsidenten für die Kur- und Neumark sowie für Pom-

---

1) S. Anhang II.
2) Ueber die Einwirkung der Rathschläge Hardenberg's bei Besetzung des
Finanzministeriums durch Altenstein vgl. Hassel.

mern bestimmt war, machte ihm böse Stunden. In ihm sah er
einen Gesinnungsgenossen Stein's mit dem Vertrauen des Königs
beehrt und sich selbst hielt er dadurch für zurückgesetzt[1]). Mit der
bevorstehenden Aufhebung der Friedensvollziehungskommission mußte
seine amtliche Thätigkeit ihr Ende erreichen, während er geglaubt
haben mochte zur Leitung der Geschäfte berufen zu werden. Da
stellte er am 4. Dezember noch einmal dem Könige die ungeheure Gefahr vor, die dem Throne vom Dasein „eines revolutionären Ordens"
drohen sollte[2]). „Wesentlich demokratisch in seinen Grundsätzen ist
er eben dadurch der bestehenden französischen Regierung wesentlich
feindlich ... Die verbrecherischen gegen die königliche Autorität gerichteten Pläne dieses Ordens haben nicht verhindert, daß er vorzüglich in Königsberg große Fortschritte gemacht hat. Ohne daß das
reine und edle Herz Ew. Majestät es ahnt, hat er selbst mittelbar
auf deren eigene Entschlüsse Einfluß gewonnen". Voß berief sich
wieder auf die Entdeckungen der französischen Behörden, auf den
Marschall Davoust, den er als eine derbe, aber ehrliche Soldaten-
natur, als den „Freund Preußens" schilderte. Er mußte das brutale
Benehmen, welches der Marschall vor dem Verlassen Berlins gegenüber Sad, Chazot, Gerlach, Schleiermacher, Wolf u. a. an den Tag
gelegt hatte, in weit milderem Lichte erscheinen zu lassen als andere
Zeitgenossen, wodurch er jedoch das Urtheil des Königs nicht trüben
konnte[3]). Davoust selbst hatte mit H. v. Voß über die genannten
Männer gesprochen. Auch hatte er sein Mißtrauen gegen Blücher
geäußert, vor allem aber gegen Stein und gegen die Beamten seiner
Umgebung. In Stein's Entlassung sehe er den ersten Hoffnungs-
schimmer, er wünsche aber, daß Stein Preußen verlassen, daß der
König nach Berlin zurückkehren möge. Diesem letzten Wunsche gab
auch Voß lebhaften Ausdruck. Nur so könne man „die erschreckenden
Fortschritte dieses Fraktionsgeistes aufhalten", der den Thron selbst
bedrohe. Zur Bekräftigung seiner Worte legte er wieder eine Nummer
des „Telegraphen" bei, in der von einem unter einem „heimlichen
Oberhaupte" stehenden Bunde „angeworbener" Waffenbrüder, von Ge-

---

1) Voß an Goltz 24. Nov. 1808. B. St. A.

2) S. Anhang III.

3) S. Bassewitz 3, 376 ff. und Anhang IV: Auszug aus einer Depesche
von de Bombelles an Stadion 13. Dezember 1808. Schreiben Friedrich Wilhelms III. an Davoust 17. Dezember 1808. Schreiben Davoust's an Napoleon
31. Dezember 1808.

sellschaften, „deren Zweck Unordnung und Anarchie ist", von Projekten der „Revolution", von „Herrschaft der Anarchisten" u. s. w. die Rede war. Er bat den König, einen Blick darauf zu werfen und fügte hinzu: „Dies sind keine Chimären".

Wer das Mitgetheilte aufmerksam prüft, wird schwerlich darüber in Zweifel sein, welcher damals im preußischen Staate bestehende Verein hinter den mannichfachen geheimnißvollen Andeutungen zu suchen sei. Daß die revolutionäre Gesellschaft von Schriftstellern und Beamten begründet sei, daß sie besonders in Königsberg große Fortschritte gemacht habe u. a. m. spricht deutlich genug für den sittlichwissenschaftlichen Verein, den man allgemein unter dem Namen des Tugendbundes kennt. Auch Stein faßte die Sache so auf. Eine Randnote von seiner Hand zu jener Stelle des Voß'schen Berichtes vom 14. November, welche der „revolutionären Gesellschaft" zuerst gedenkt, lautet: „Das soll der sog. Tugendverein sein". Dem Tugendbunde werden also nicht nur antifranzösische, sondern auch demokratische Tendenzen zugeschrieben. Und zu gleicher Zeit wird Stein auf eine mehr oder weniger deutliche Weise mit der Wirksamkeit des Tugendbundes in Verbindung gebracht. Fragen wir zunächst, wie es sich mit jener ersten Annahme verhält, der zufolge der Tugendbund u. a. die Umwandlung oder gar den gewaltsamen Umsturz der Einrichtungen des preußischen Staates im Innern zum Gegenstande seiner Thätigkeit gemacht habe. So viel auch über den Tugendbund geforscht und geschrieben worden ist, so läßt sich doch auch nicht der Schatten eines Beweises für diese Behauptung beibringen. Die Geschichten des Vereines, welche auf urkundlichem Material beruhen, die ausführlichen Mittheilungen einzelner Mitglieder stehen mit ihr in Widerspruch. Selbst Schmalz hat meines Wissens niemals zu erhärten versucht, daß der Tugendbund als solcher im Jahre 1808 den Plan verfolgt habe, Preußen einen „konstitutionellen König" zu geben. Niemand wird dies unter den allgemeinen Worten der Räthe und des Censors des Stammvereines verstehen wollen: der Verein bezwecke Beförderung des Gemeinsinnes und Gemeinwohles und Unterstützung aller Regierungsmaßregeln zur Beförderung dieser öffentlichen Tugenden[1]). Das schließt nicht aus, daß nicht viele Mitglieder des Tugendbundes, mit Stein, eben jenem Zweck zu Liebe, die

---

1) Lehmann: Der Tugendbund. Berlin 1867. S. 118.

Krönung des neuen Staatsgebäudes in der Begründung von Reichsständen sahen. Eher ließ sich in einem anderen Sinne behaupten,
daß der Tugendbund als solcher die „philanthropischen Grundsätze der
ersten französischen Nationalversammlung" zu verwirklichen strebe.
Seine gedruckte Verfassung enthielt u. a. die Bestimmungen: „In
dem Verein hört jeder Unterschied des Standes und Amtes auf . .
Abliche Mitglieder müssen sich verpflichten, im öffentlichen und Privat-
leben besonders Bürgerliche, Bürgerliche aber vorzüglich Abliche zu
unterstützen und zu vertreten. Mitglieder vom Zivile vertreten bei
öffentlichen Gesprächen das Militär, dieses den Zivilstand[1])".

Daher konnten schon damals Menschen, welche die „reine Absicht" der Mitglieder verkannten, dem Vereine (abgesehen von der
französenfeindlichen Gesinnung und Betriebsamkeit) „eine politische
Tendenz" unterlegen, „die doch, wie es in dem Briefe eines Ein-
geweihten heißt, gar nicht in der Sache liegt und zu finden ist"[2]).
Mitunter wurde das Wort „Jakobiner" gehört. „In Berlin, klagte
Bardeleben im Herbste 1808, nachdem sich die Verhandlungen mit
Schmalz zerschlagen hatten, hat sich die Idee eingeschlichen, als enthalte der Verein Jakobiner, denn das Volk hat keinen andern Maß-
stab als Frankreich. Es ist der Quelle nachgespürt; sie fließt aus
einer Absichtlichkeit, die nicht sowohl sich auf Böses als auf Unkunde
der Sache gründet. Der Märkische Adel neigt sich überhaupt wenig
zur Sache"[3]). Ein Mitglied des Vereins, ein Vetter des oft genannten Grafen Reinhold von Krockow, erklärte sogar schon am
12. September 1808 seinem Freunde Baersch: „Wir müssen auf
unserer Hut sein, — wir sind vom Einfluß der in Frankreich längst
vertilgten Jacobinerei bedroht. Die alleinige Tendenz, den Adel
und das Militär unter die Füße zu treten, ist überall nur allzu sicht-
bar und wird den Staat unfehlbar in den Abgrund stürzen"[4]).
Man nehme dazu, daß Boyen, ein eifriges Mitglied des Tugendbundes, am 29. September 1808 den König gebeten hatte, einen
allgemeinen Landtag zu berufen, um ihm die Frage über Krieg und

---

1) Lehmann: Der Tugendbund, S. 156 (§ 22), 157 (§ 24).
2) Ribbentrop an Baersch 12. November 1808, s. Baersch: Beiträge zur
Geschichte des sog. Tugendbundes. Hamburg 1852. S. 21.
3) Johannes Voigt: Geschichte des sog. Tugendbundes, Berlin 1850.
S. 30. „Urkunde" statt „Unkunde" ist ein Druckfehler.
4) Baersch a. a. O., S. 31.

Frieden vorzulegen[1]). Man erinnere sich, daß Grolmann, ein anderes hervorragendes Mitglied des Vereins, zu den Unterzeichnern jener Denkschrift vom 14. Oktober 1808 gehörte, durch welche Stein von seinen Freunden aufgefordert wurde, darauf hinzuwirken, daß „das Volk in seinen zu berufenden Stellvertretern" über Annahme oder Ablehnung des preußisch-französischen Vertrags befragt werde[2]). Irgend welche Nachrichten von diesen Schritten mögen solchen zu Ohren gekommen sein, die ein Interesse daran hatten sie in einem bestimmten Sinne zu deuten, den Tugendbund für sie verantwortlich zu machen. So würde sich ein Theil der uns überraschenden Behauptung erklären.

Wie verhielt es sich aber mit der Stellung Stein's zum Tugendbunde? Erst kürzlich ist wieder mit vollem Rechte auf eine Reihe von Aeußerungen Stein's hingewiesen worden, die nichts weniger als schmeichelhaft für den Tugendbund klingen[3]). Die härteste ist diejenige aus dem Jahre 1830: „Ich habe nie Theil daran genommen, er schien mir unpraktisch und das Praktische sank in das Gemeine". Die Akten und wohlerwogene Angaben kundiger Zeitgenossen bestätigen, daß Stein dem Vereine, insofern er auf eine gewisse Selbständigkeit Anspruch machte, kein Entgegenkommen zeigte, geschweige denn, daß er etwas mit seiner Stiftung zu thun gehabt hätte. Aber eines wird man wohl nicht in Abrede stellen wollen: so lange Stein sich mit der Hoffnung trug, Preußen werde in Gemeinschaft mit Oesterreich den Kampf gegen Napoleon beginnen können und so lange er den Plan eines allgemeinen Volksaufstandes im nördlichen Deutschland mit diesem Gedanken verband, mußte er auch den Tugendbund als ein Mittel betrachten, das sich vielleicht mit andern zur Erreichung solcher Ziele werde verwerthen lassen. „Volksbewaffnung und Vorbereitung auf den zu ihrem Gelingen erforderlichen Geist" war in der That nach Boyen's Ausspruch Zweck des Tugendbundes. Hierauf bezügliche „Ausarbeitungen" haben sich unter den Akten der „Kammer zu Königsberg" vorgefunden[4]). Stein mußte es daher ohne Zweifel

---

1) Pertz: Stein 2, 250. Hassel 1, 288 meint sogar Boyen's Denkschrift sei wohl „auf eine Anregung, die in den Sitzungen des Tugendbundes gegeben wurde, zurückzuführen".

2) Pertz: Stein 2, 257.

3) Max Lehmann: Knesebeck und Schön, S. 119; vergl. auch noch Pertz 3, 128.

4) H. v. Boyen: Beiträge zur Kenntniß des Generals Scharnhorst, S. 33; vergl. Beiheft zum Militärwochenblatt 1855. S. 143 ff.

zu würdigen, wenn er durch einen Brief des Grafen Götzen (Glatz, 28. Oktober 1808) folgende Kunde erhielt: „Schon im Augenblicke meiner Ankunft wollte man theilweise losbrechen; da dies aber nur zu unglücklichen Resultaten führen konnte, so hintertrieb ich es, ließ auch hier einen Tugendverein stiften und bemühte mich alle diese verschiedenen Verbindungen [von denen vorher die Rede ist] unter eine Leitung zu bringen und zu gleichem Zwecke zu vereinigen"[1]. So erklärt sich auch ungezwungen Schön's Behauptung, Stein habe geglaubt an den Mitgliedern des Tugendvereines „Marionetten zu haben, deren Dräthe er nach Gefallen ziehen könnte"[2]. Daß dies Marionettenspiel versagte, und, wie die Dinge lagen, versagen mußte, mag endlich Stein im Jahre 1812 die bitteren Worte erpreßt haben: „Eine Gesellschaft der Tugendfreunde, die sich 1808 bildete, ist durch ihre guten Absichten achtbar, aber bis jetzt ist von ihren Werken noch nichts erschienen; sie sind in heftigem Zorn gegen die Franzosen, aber ihr Zorn kommt mir vor wie der Zorn der träumenden Schafe"[3].

Mit einem Worte: die verschiedenen Zeugnisse vertragen sich mit einander. Stein steht der Stiftung des Tugendbundes ganz fern, aber er hat eine Zeit lang geglaubt ihn benutzen zu können. Er fällt die härtesten Urtheile über den Verein und gilt doch gelegentlich als sein „Beschützer" oder „Förderer"[4]. Was Wunder, wenn den preußischen Reformgegnern und französischen Spionen die Verbindung des Ministers mit dem Tugendbunde viel enger zu sein schien als sie es in Wirklichkeit war. Es bleibt zu untersuchen, ob nicht dieser Wahn sehr viel dazu beigetragen hat nach der Entlassung Stein's von seinem Posten auch noch jenes Aechtungsdekret auf sein Haupt herabzuziehen, das ihn für vogelfrei erklärte und zum heimatlosen Flüchtling machte. Wie dem auch sei: für die französische Auffassung

---

1) Häusser: Deutsche Geschichte (3. Auflage) 3, 209.
2) Aus Schön's Papieren 1, 54. Andere Aeußerungen daselbst 4, 566. 574. 579 und „Wort eines Staatsmannes [Schön's] über den Tugendbund" als Anhang zu der Schrift von Voigt. Der Prinz von Hohenzollern-Hechingen wurde erst am 3. August 1809, also lange nach Stein's Fall, zum Obercensor des Vereines erwählt (s. Voigt 66. 92), wodurch die Behauptung Schön's berichtigt wird, Stein habe „zugegeben", daß der Prinz „an die Spitze des Vereines gestellt sei".
3) Pertz 3, 99.
4) Baersch S. 3, v. d. Marwitz 1, 291; vgl. auch Uwarow's Worte bei Schön 2, 271.

blieb Stein nicht nur ein leitendes Mitglied, sondern der Stifter des Tugendbundes. Als solchen bezeichnet ihn Clérembault, der französische Konsul in Königsberg, im Jahre 1809, und Graf St. Marsan, Napoleon's Gesandter in Berlin, nennt Stein im Jahre 1811 den „Patriarchen" der Sekte (27. Oct. 1811, s. u. „Preußen und Frankreich" u. s. w.). Dies ist bekanntlich auf die französische Geschichtsschreibung nicht ohne Einfluß geblieben.

Aber auch in Preußen haben die Gegner Stein's fortgefahren in ihm den heimlichen Führer eines Vereins zu sehen, dem sie, wie dies H. v. Voß vom Tugendbunde glaubte annehmen zu müssen, politische und nicht etwa nur für die Franzosen bedrohliche Absichten zuschrieben. So ist es zu verstehen, wenn Hardenberg von Berlin aus am 11. Juli 1811 an Stein schreibt, er habe im Innern einen schweren Stand, man predige immer die Niederhaltung der Aufwiegler (factieux), wobei man nicht verfehle Stein's Namen zu nennen, und wenn Stein am 21. Juli 1811 erwidert: „Ich fürchte sehr die Kabalen von V(oß) und seiner Anhänger und ihre Verbindung mit B(eyme) . . . Die Aufwiegler (factieux), wer sind sie, wo sind sie, was wollen sie, es ist einer der Parteinamen, die, wie wir gesehen haben, sich so schnell ablösen, und welche die Verleumdung mit Gewinn gegen diejenigen angewandt hat, die man vernichten will . . . Erinnern Sie sich nur der elenden Mittelchen, die man gebraucht hat, um mich 1808 zu Falle zu bringen und beurtheilen Sie danach das Dasein der sogenannten Fattionen"[1]). So erklären sich die o. S. 17 erwähnten Aeußerungen des Fürsten Haßfeld aus dem Jahre 1812. Es konnte nicht fehlen, daß die falsche Ueberlieferung in der Zeit der Reaktion dann und wann wieder auftauchte.

Vor allem aber, und dies giebt den Schlüssel zum Verständniß mancher Vorkommnisse späterer Zeit, in Wien war man überzeugt davon, daß Stein an der Spitze des Tugendbundes stehe, und daß dieser Bund, den man auch nach seiner Auflösung fortgesetzt wähnte, u. a. einen Umsturz der alten Regierung erstrebe. Nirgendwo war die Angst vor „geheimen Gesellschaften und Verbrüderungen" so groß

---

1) Zwei Briefe Hardenberg's an Stein nebst dessen Antworten. Mitgetheilt von P. Goldschmidt. Histor. Z. S. 1881, 46, 183—189. In seinem Briefe vom 19. Mai 1811 daselbst sagt Hardenberg mit Bezug auf die überrheinische Ansicht: „On vous regarde comme le chef d'une secte dangereuse, à laquelle on prête de grands et vastes desseins."

wie hier [1]). Stein hatte, sobald er 1809 auf seiner Flucht österreichischen Boden betrat und ein Asyl in Oesterreich erbat, geglaubt,
den Verdacht von sich abwehren zu müssen, als sei er „das Haupt
einer Faktion, die alles erneuern und alles umwälzen wolle" [2]). Damals nahm ihn Stadion gegen die Denunciationen „affiliirter Lite-
raten in Berlin", die der obersten österreichischen Polizeibehörde zugekommen waren, beim Kaiser Franz mit beredten Worten in Schutz.
Anders Metternich, dessen Mißtrauen rege zu machen nicht schwer
war. Er hatte schon im Anfang des Jahres 1810 von Wessenberg,
dem österreichischen Gesandten in Berlin, hören müssen, daß Stein
ehemals „die Bildung des berüchtigten Vereins der Tugendfreunde
so sehr begünstigte, daß er Reformen von unten herauf statt von oben
herab bewirken wollte, daß er die lebhaftesten Köpfe in eine gefährliche Verbindung brachte und die Einheit der Regierung verletzte,
indem er als Minister des Königs und des Staates sich zum Chef
einer Sekte erhob" [3]). Im März des Jahres 1811 ließ er sich,
einer Aufforderung des Kaisers zufolge, von demselben Wessenberg,
der inzwischen Berlin verlassen hatte, die Verfassung des Tugendbundes und eine Denkschrift über denselben zustellen. Sie war voll
von den gröbsten Irrthümern, die jedoch nicht erkannt wurden. Für
Metternich stand es fest, daß Stein als „einer der vorzüglichsten
Chefs" des Tugendbundes zu betrachten und daß die Grundsätze
desselben „in hohem Grade excentrisch revolutionär" seien [4]). Wessenberg's Nachfolger, de Bombelles und Zichy, unterließen es nicht den
Argwohn gegen „die Sekte" zu nähren [5]), und für Metternich haben
die Worte Stein, Tugendbund, politische Umtriebe seitdem immer in
einem inneren Zusammenhang gestanden.

1) E. Wertheimer: Geschichte Oesterreichs und Ungarns im ersten Jahr-
zehnt des 19. Jahrhunderts. 1884. S. 95.

2) „Tout ce parti commença à se réunir à s'agiter, à faire des insinuations aux autorités françaises et à me représenter à eux comme le
chef d'une faction qui voulait tout innover et tout bouleverser". Stein an
Stadion, 13. Januar 1813; s. Lentner: Karl Freiherr vom Stein in Oesterreich. 1873. S. 9.

3) Wessenberg's Denkschrift: „Preußen im Januar 1810", vom 20. Januar 1810, Beilage zu der Depesche vom 29. Januar 1810. W. St. A.
Frühere Aeußerungen Wessenberg's über Stein und den Tugendbund daselbst,
19. Mai 1809.

4) S. Anhang V, Aktenstücke auf den Tugendbund bezüglich, aus dem
k. k. Haus-, Hof- und Staatsarchiv Wien.

5) S. Onden: Oesterreich und Preußen im Befreiungskriege 1, 299—301.

Anhang I.

Aus einem Berichte des H. v. Voß an Friedrich Wilhelm III.
Berlin, 14. November 1808.

(Abschrift unter Stein's Papieren in Nassau mit Randnoten von der Hand Stein's. Koncept, Geh. St. Archiv Berlin.)

. . . . C'est avec un sentiment bien pénible que justement allarmé déjà des dangers dont ce nouvel incident [Die Angelegenheit des Briefes der Frau von Voß, f. o. S. 19.] nous menace je me vois encore obligé, Sire, de fixer votre attention sur d'autres périls. Mais je n'ose taire à V. M. que j'ai été averti, il y a déjà quelque temps, de l'existence d'une société révolutionnaire dans les états prussiens dont le but serait de donner à la Prusse une forme de gouvernement, calquée sur les principes philanthropiques de la première assemblée nationale de France[1]. Les doutes qui me restaient à cet égard ont été changés en certitude par une confidence que le général de St. Hilaire vient de me faire et d'après laquelle les autorités françaises, informées également de l'existence de cette société et de la haine, qu'elle a vouée au gouvernement français actuel, mettent tout en œuvre pour en pénétrer le mystère et faire éventer les projets.

Le rédacteur de la feuille ci-incluse du Télégraphe[2]) en relevant l'incongruité du second poème publié dans la gazette de Königsberg en l'honneur du baron de Stein a laissé tomber quelques réflexions qui paraissent dirigées contre les maximes politiques de cette même association. On la dit originairement fondée par des gens de lettres et des employés civils, et le général de St. Hilaire m'assure, que dans une réunion récente de personnes qui sont censées y appartenir ici on s'est ouvertement vanté, que dans l'espace de moins de deux mois la Prusse aurait un roi constitutionnel.

Il faudrait avoir oublié l'histoire de nos jours pour ne pas être saisi d'effroi en songeant aux suites funestes, que les sourdes menées d'une

---

1) Randnote Stein's: „Das soll der sog. Tugendverein sein."

2) Randnote Stein's: „Der getaufte Jude Lange, der Verfasser der Schmähschrift gegen die Königin, es ist ein respectabler Zeuge". — Pertz 2, 276 spricht von dem „Juden Lange".

association pareille peuvent avoir pour la tranquillité de l'état. L'impulsion une fois donnée à l'opinion générale, l'expérience nous a montré que son torrent parvient à briser tous les obstacles et entraîne loin de leurs propres mesures les hommes même les plus modérés, les plus circonspects et les plus consommés dans la politique. Dans les circonstances où se trouve aujourd'hui la monarchie prussienne, non seulement ce danger là est doublement grand, mais il en résulte un nouveau pour elle du prétexte spécieux que l'existence constatée d'une faction intérieure, ennemie de la France, offrirait à celle-ci de reprendre contre nous des projets, auxquels peut-être elle n'a renoncée qu'à regret. Ce ne furent pas d'autres motifs qui décidèrent du partage final de la Pologne. L'activité avec laquelle les autorités françaises cherchent à dévoiler le secret de la société en question prouve assez l'importance qu'elles y attachent. Il paraît probable, que c'est dans l'espoir de faire quelque découverte qui s'y rapporte, que le chariot de poste venant de Hambourg a été arrêté il y a quelques jours à Bützow et que l'on en a fouillé le conducteur et tous les passagers. Je ne sais, si l'arrestation du conseiller privé Schmalz de Halle s'y rapporterait également mais voici ce que j'ai pu apprendre jusqu'ici des causes de cet événement. Le sieur Schmalz a composé un appel au peuple prussien qui devait être vendu au public immédiatement après l'évacuation et servir à éclairer la nation sur l'esprit des nouvelles ordonnances que V. M. a fait émaner. Cet appel commençant par la phrase: „Enfin nous voilà délivrés de ces Français dont l'entretien nous a coûté un demi-million par semaine. Il est vrai qu'il en reste encore parmi nous pour continuer à nous observer mais“ etc. est rempli, dit-on, de plusieurs autres tirades assez fortes contre la France. Cette circonstance n'a pas empêché le sieur Schmalz de soumettre son écrit à la censure. Le prédicateur Hauchecorne, constitué censeur par les autorités françaises, lui a refusé son imprimatur et il semble être survenu à cette occasion entre l'auteur et lui un différend qui a déterminé Hauchecorne à dénoncer le sieur Schmalz et l'on s'est saisi de ses papiers[1].

Au nombre de ceux-ci s'est trouvé une série de tableaux très détaillés de l'administration prussienne depuis Frédéric II jusqu'à ce jour. Interpellé de dire sur l'autorisation de qui il avait écrit cet appel il a nommé le conseiller intime Schön de Königsberg.

De tous les faits que je viens d'exposer il n'en est pas un qui ne soit déjà porté à la connaissance de l'empereur des Français, je le sais.

Pourrais-je, Sire, vous dissimuler les vives appréhensions que cet état

---

1) Randnote von der Hand Stein's: „Da H. Schmalz bekanntlich nicht wahnsinnig ist, so konnten alle dergleichen Tiraden nicht in dem Entwurf der Proclamation stehen, wie sie denn auch nichts Verfängliches enthielt, daher er auch seines Hausarrests bald entlassen wurde. Davoust ließ gegen diese Adresse, von der nur ein Probe- und Correcturbogen gedruckt war, die also niemand gelesen hatte, eine selbstverfaßte Warnung in die Berliner Zeitung rücken, worin er von der Schädlichkeit der Worte „Volk“, „Rechte der Nation“ u. s. w. sprach, deren Sinn kein Mensch faßte, weil das, worauf sie sich bezog, niemand zu Gesicht gekommen war.“

des choses me fait naître? Au dehors et au dedans de votre monarchie je vois de nouveaux, d'imminents dangers à prévenir. Que V. M. permette à l'un des plus anciens et des plus zélés de ses serviteurs[1]) de lui dire avec une respectueuse franchise qu'il n'y a qu'elle seule qui le puisse. Dieu me préserve que dans une occasion où il s'agit plus que jamais du salut de l'état je songe à la flatter. C'est de pleine conviction que je l'affirme; il n'est personne dans ses conseils capable de la guider mieux qu'elle ne le sera toujours par sa propre sagesse. Que seulement votre volonté, Sire, soit ferme et immuable. Daignez prononcer hautement, en donnant sans délai à la France toutes les satisfactions, que les circonstances exigent, le système que vous avez résolu de suivre et qu'une juste et prompte punition frappe tous ceux qui oseraient violer les loix de votre autorité souveraine[2]). C'est l'unique moyen de sauver votre monarchie des atteintes du dehors, c'est le seul aussi d'étouffer dans l'intérieur l'éffervescence de l'esprit de parti qui commence à s'agiter de toute part, peut-être que dans peu il ne serait plus temps d'en user …

Anhang II.

Auszug aus einem Schreiben des Grafen Golz an Herrn v. Voß.
Königsberg, 24. November 1808.

(Geh. St. Archiv Berlin.)

… La retraite du baron de Stein me paraît pour le moment l'objet essentiel pour le salut de l'état. Chacun en juge ainsi. Lui-même déclare être sur le point de quitter, mais il diffère d'un jour à l'autre, et il paraît, qu'il veut faire agréer auparavant au roi un plan d'organisation de l'administration intérieure. Königsberg est dans ce moment et depuis plusieurs semaines un théatre d'intrigues et de cabales comme jamais peut-être il n'y eut de pareilles. Le parti de ce ministre cherche à influer sur l'esprit du roi par un prétendu vœu du peuple et ébranle ainsi sa volonté et même son autorité. De là l'extrême irrésolution du roi et la peine infinie que je rencontre à lui prouver, que le baron de Stein n'a nullement pour lui la majeure partie de la nation. Vous n'avez pas d'idée, ma chère Excellence, de l'extrême difficulté de ma position, cependant soyez certaine que la retraite de monsieur de Stein est décidée et aura lieu incessamment, peut-être même pourrai-je vous l'annoncer positivement encore

---

1) Randnote von der Hand Stein's: „Wie H. v. Voß a. 1806 im November in Osterode aufgefordert wurde, seine Erklärung abzugeben, ob er bereit sei, im eintretenden Fall seinen unglücklichen Monarchen nach Rußland zu begleiten, so verweigerte er dies und bat für diesen Fall um seinen Abschied."

2) Randnote von der Hand Stein's: „Wer ist das"?

avant le départ de la présente. Ce point en règle tout le reste s'arrangera.
Veuillez, je vous prie, en parler dans ce sens au maréchal Davoust et à
monsieur Daru et leur faire entendre combien vivement je désire, que
seulement ils ne s'impatientent pas et me laissent seulement le temps
nécessaire et qu'ils veuillent bien aussi mettre de côté de petits objets
qui ne valent pas la peine d'être relevés et qui tomberont absolument
d'eux-mêmes dès le retour du roi à Berlin, que je désire vivement
entr'autres par cette raison. La lettre de madame la comtesse de Voss
est du nombre de ces petits objets. Dans celle que j'ai écrit au maréchal
Davoust j'ai tâché de l'engager à l'ensevelir dans l'oubli comme le caque-
tage irréfléchi d'une dame fort âgée qui assure ne pas se rappeler de cette
lettre et en désavoue les expressions. Je désire et j'espère y avoir réussi.
La pièce de monsieur Schmalz est inexcusable et je n'ai pu ni voulu
la défendre, mais je le répète, tout cela finira à Berlin. A l'égard de
la nouvelle organisation qui est attendue je dois observer, que le roi me
parait décidé à ne s'y déterminer que d'après sa propre impulsion, mais
que le choix des personnes sera fait sur les indications du baron de Stein,
en faisant tomber ce choix sur des personnes connues par un esprit de
modération, de calme et de mesure et en écartant les boute-feux qui me-
naçaient de nous faire un tort irréparable. Pendant mon absence il
s'est commis tout plein d'imprudences et d'inconséquences, auxquelles les
hommes raisonnables n'étaient pas en état de remédier et qui m'ont préparé ici de très grandes difficultés . . . .

Anhang III.

Auszug aus einem Berichte des H. v. Voß an Friedrich Wilhelm III. Berlin, 4. Dec. 1808.

(Konzept Geh. St. Archiv Berlin.)

. . . Davoust hat Berlin verlassen.

Plusieurs circonstances ont précédé son départ, dont il est du plus
haut intérêt pour V. M. que je lui rende un compte fidèle. Je dois le
commencer par l'observation générale, que des découvertes multipliées ont
changé en certitude complète le soupçon, que de précédentes indications
avaient fait naitre aux autorités françaises, de l'existence d'un ordre révolutionnaire dans les états prussiens, qui essentiellement démocratique
dans les principes est par cela même essentiellement ennemi du gouvernement français actuel. Rien ne saurait ébranler leur conviction, que les
coupables projets de cet ordre contre l'autorité royale même ne l'ont pas
empêché de faire surtout à Königsberg des progrès assez marqués pour
lui valoir déjà, sans que le cœur pur et noble de V. M. s'en doute, une

influence indirecte sur ses propres déterminations. Plus profondément frappé que tout autre le maréchal Davoust attache jusqu'aux moindres incidents qui l'y confirment, (et la pénétrante activité de son esprit ne lui en laisse échapper aucun), une importance particulière. Droit et loyal, mais brusque et ombrageux à l'excès, ami de la Prusse, mais dévoué par-dessus tout à son propre souverain, juste mais habitué aux formes militaires et aussi étranger aux subtilités de la métaphysique qu'impatient de toute résistance et violent dans les résolutions qu'elle lui fait prendre, tel est, Sire, le caractère de cet homme, qui ne doutant plus aujourd'hui des sourdes intrigues, dont il a éventé le trame, croit y voir le germe d'un bouleversement non moins funeste pour le trône de V. M. que dangereux pour les intérêts de la France . . . . .

Anhang IV.

1. Auszug aus einer Depesche de Bombelles' an Graf Stadion.
Berlin, 13. Dez. 1808.

(Wien, k. k. Haus-, Hof- und Staatsarchiv.)

. . . . . Il est impossible de se faire une idée du manque total d'égards et de la grossière brutalité qui ont signalé les derniers moments de m. le maréchal Davoust dans ce pays-ci. On eût dit, qu'il avait pris à tâche de faire chérir la mémoire de la conduite de ses prédécesseurs en la comparant avec la sienne. Ses adieux ont été vraiment ceux de Médée. Il faudrait un volume pour tracer un tableau exact du nombre des personnes respectables qu'il a injuriées pendant les trois derniers jours de son commandement. Quelques traits détachés en donnent cependant une juste idée à Votre Excellence. M. le maréchal fit venir chez lui, l'une après l'autre, toutes les personnes à qui il crut devoir des marques de son mécontentement. Militaires, ministres, employés, gens de lettres, ecclésiastiques, tout comparut devant son rigoureux tribunal. Après avoir, de son autorité privée, mis aux arrêts M. Sack, il le fit appeler et lui dit sans détour que, comme probablement la cour de Berlin ferait des sottises, les Français reviendraient ici dans six mois, et qu'alors, s'ils le trouvaient encore à Berlin, ils le feraient pendre, car il ne valait pas la peine d'être fusillé. Il traita M. Gerlach, qui vint chez lui à la tête de la chambre des domaines, d'imbécile et d'esprit récalcitrant, et l'assura, qu'à la même époque, il le ferait chasser. Il n'a jamais appelé la cour de Kœnigsberg qu'une cour de furibonds et il n'a cessé de parler de prétendues liaisons secrètes entre l'Autriche et la Prusse, moyennant lesquelles on devait faire prendre les armes à ce pays-ci contre la France. Le comte Chazot, commandant actuel de Berlin, a eu une scène très vive avec m. le maréchal, mais à laquelle il a su répondre avec autant de décence que de fermeté. Tous les gens de lettres ont eu aussi leur semonce plus ou moins forte. Iffland surtout a été fort maltraité, et un discours qu'on l'a accusé d'avoir tenu au théâtre de Presbourg lui a été vivement reproché.....

2. Schreiben Friedrich Wilhelms III. an den Marschall Davoust.
Königsberg, 17. Dez. 1808.
(Kopie. Paris, Archiv des Ministeriums der auswärtigen Angelegenheiten.)

Monsieur le maréchal, duc d'Auerstædt,

J'allais vous remercier de la bonne discipline observée par les troupes françaises et de l'exactitude avec laquelle on s'en est tenu aux termes prescrits par la convention du 5. novembre pour leur retraite de mes états, quand j'ai eu connaissance de l'entrevue que vous avez eue avant votre départ de Berlin avec plusieurs de mes sujets et des deux lettres que vous avez écrites le 1er et le 2. décembre au général comte Saint-Hilaire. Je n'étais déjà que trop douloureusement affecté de l'arrestation de quelques-uns de mes serviteurs, nommément du prince de Wittgenstein, des soupçons aussi odieux qu'injustes jetés sur la grande maitresse de la reine, mon épouse, d'une foule d'inculpations pour des faits arrivés à Berlin ou dans les provinces occupées, faits dont on avait voulu rendre le gouvernement prussien responsable, tandis qu'il est de notoriété publique que, jusqu'au 6. décembre dernier, terme de l'évacuation, il est resté sans influence dans ces provinces, exclusivement soumises à l'administration française. Mais, à quoi tendent aujourd'hui les reproches amers que vous venez d'adresser à mes serviteurs et la menace que vous avez ajoutée de les punir dans le cas d'une réoccupation de mes états? Sur quoi, monsieur le maréchal, se fonde votre défiance à l'égard de la sincérité de mon intention de maintenir la bonne harmonie? Vos lettres font dépendre sa durée du renvoi de tels de mes serviteurs, de la conservation de tels autres. Vous parlez de malveillance, de haine furibonde, de perfidie envers vous! J'avoue que, si j'ai été surpris de vos reproches, de vos défiances, de vos menaces, j'ai été plus frappé encore de la manière dont vous les exprimez.

Je me tiens assuré, monsieur le maréchal, que, si l'empereur en était instruit, sa Majesté partagerait mon sentiment, et que sa propre dignité, blessée dans la mienne, désapprouverait un manque d'égards aussi extraordinaire envers un souverain, que des traités tout récents viennent de rattacher à sa cause.

Fort de sa justice, qui ne permettra pas à ce monarque de préjuger aussi défavorablement que vous l'avez fait, *le système futur de la Prusse*; fort de sa générosité, qui ne saurait vouloir aggraver mes maux, en vous autorisant à élever des doutes et des soupçons, qui tendent évidemment à compromettre mon autorité et à rompre les liens qui nous unissent, mon peuple et moi, je ne balancerais pas à rendre l'empereur et l'Europe

3*

entière juges de mes plaintes, mais je ne veux point attribuer ce qui s'est passé qu'à quelque mouvement de passion, et je préfère d'attendre encore du retour du calme des procédés plus conformes à la volonté de votre maître, à sa dignité et à la mienne. Sur ce, monsieur le maréchal, duc d'Auerstædt, je prie Dieu qu'il vous ait en sa sainte et digne garde.

Kœnigsberg, le 17. décembre 1808.

Signé: Frédéric Guillaume.

Pour copie conforme:

Signé: le maréchal duc d'Auerstædt.

Pour copie conforme: le ministre de la guerre.

comte d'Hunebourg.

3. Schreiben des Marschalls Davout an Napoleon. Erfurt, 31. Dez. 1808.

(Kopie. Paris, Archiv des Ministeriums der auswärtigen Angelegenheiten.)

Erfurt, le 31. décembre 1808.

A S. M. l'Empereur et Roi.

Sire,

J'ai l'honneur d'adresser en original à V. M. une lettre très extra-ordinaire que je viens de recevoir du roi de Prusse. Je croirais manquer à un devoir envers V. M. que d'y répondre sans un ordre formel.

J'ai rendu compte à V. M. et au ministre de la guerre de toutes mes démarches, il est possible, qu'elles ne plaisent pas au roi de Prusse. Ce n'est pas là ce que je me suis proposé, et si je commettais des erreurs, elles seraient tout à fait étrangères à ma volonté, qui est de servir V. M. de mon mieux en mettant de côté toute autre considération.

Les lettres dont il est question ont été adressées à V. M., c'est elle à en juger.

Toutes les pièces relatives au prince de Wittgenstein et à madame de Woss [sic] ont également été mises sous vos yeux. Si toute la lettre de ce souverain montre beaucoup d'humeur, la phrase où il dit que je me suis plaint de perfidie *envers moi* n'est pas écrite de bonne foi.

Jamais je n'ai dit d'absurdités pareilles. Je n'ai employé ce mot que pour caractériser la tentative pour surprendre le fort de Damm, ouvrage avancé de Stettin. la marche des troupes prussiennes avant l'époque prescrite par la convention et les passeports accordés à des bâtiments prussiens pour les faire respecter par les bâtiments anglais, vu la bonne harmonie qui existe entre la Prusse. l'Angleterre et la Suède.

Toutes les pièces relatives à ces faits ont été envoyées à V. M. et au ministre de la guerre. Je croirais faire une chose contraire à votre service. si je ne communiquais pas à V. M. même les soupçons qui peuvent n'avoir de fondement que dans mon imagination.

Au reste, le temps éclaircira toutes ces protestations de bonne foi et le système futur de la Prusse.

J'adresse à V. M. la lettre par laquelle le général Saint-Hilaire m'a fait passer cette lettre et une note qui y était jointe[1]).

Signé: le maréchal duc d'Auerstadt.

Pour copie conforme:
Le ministre de la guerre,
c. d'Hunebourg.

Anhang V.

Aktenstücke, auf den Tugendbund bezüglich, aus dem k. k. Haus- Hof- und Staatsarchive Wien.

1. Schreiben des Kaisers Franz an den Grafen Metternich.
18. Januar 1811.

Lieber Graf Metternich! Obwohl über das beiliegende Interzept[2]) im Polizeiwege die sachdienlichen Vorkehrungen schon getroffen worden sind, so finde ich doch, Ihnen dasselbe ebenfalls mitzutheilen. Sie werden mir nach genauer Würdigung der Daten, welche Moser[3]) liefert, anzeigen, ob und inwieferne seinen Behauptungen Glauben beigemessen werden kann. Vorzüglich aber haben Sie dasjenige, was er von dem s. g. Tugendverein und von der Sekte, welche Professor Fichte zu stiften bemüht sein soll, meldet, auch auf anderem Wege genauer erforschen zu lassen und mir die diesfälligen Erhebungen zu unterlegen, damit wenn wirklich von der einen oder von der anderen Seite wesentliche Nachtheile zu besorgen sein sollten, die angemessenen Gegenvorkehrungen zur rechten Zeit getroffen werden können.

Wien den 18. Jänner 1811.   Franz p. m.

---

1) Diese Aktenstücke fehlen. Vielleicht bezieht sich auf die Korrespondenz Davout's mit Friedrich Wilhelm III. folgende Stelle eines Briefes Davout's an seine Frau, Dresden, 19. März 1813 (s. Madame de Blocqueville: Le maréchal Davout. 1880. 3, 239): „J'ai trouvé à Dresde le roi de Suède détrôné .. Il s'agitait, allait aux avantpostes j'ai dû lui faire insinuer de partir, il s'est rendu à mon insinuation, mais il vient de m'envoyer un cartel. Voilà déjà le second souverain — (le roi de Prusse il y a cinq ou six ans) — qui veut arracher la vie à ton Louis; je vivrai des siècles, si je ne meurs que de leur main".

2) Es findet sich bei den Akten nicht vor. Man könnte Moser's Aufzeichnungen mit den „Bemerkungen" (S. 38) für identisch halten. Allein diese decken sich eher mit dem von Weißenberg übersandten „mémoire". Der Kaiser behielt auch Moser's Schreiben zurück (s. u. S. 41).

3) Ich habe mich vergeblich bemüht etwas über diesen Moser in Erfahrung zu bringen. Vielleicht ist es der in Perg: Stein 2, 235 erwähnte, französische Spion, der Baron Moser, der zugleich mit einigen gutgesinnten Preußen in Verbindung stand."

2. Schreiben des Freiherrn von Wessenberg an den Grafen Metternich.

J'ai l'honneur de transmettre à Votre Excellence dans le mémoire ci-joint les renseignements, qu'elle m'a demandés sur cette association secrète qui a été connue sous le nom de Tugendbund. Elle verra par la constitution de cette nouvelle secte, qu'elle n'est que l'illuminatisme renforcé, mais je dois ajouter, que même en l'russe les savants éclairés tels qu'Ancillon, Erman[1]) et autres ainsi que les hommes d'état distingués comme Hardenberg, Kircheisen n'ont cessé de manifester les sentiments les plus opposés à son égard. Quant à M. de Humboldt j'ose croire qu'il a eu trop d'esprit et de lumières pour approuver une association pareille, mais on l'a accusé d'avoir voulu renforcer son parti moyennant cette secte, surtout aussi longtemps qu'il a cru que celle-ci pouvait avoir quelque influence sur la reine.

le 13 mars 1811. Wessenberg.

3. „Einige Bemerkungen über den Tugendbund in Preußen"[2]).
(Kopie einer Kanzleihand.)

Der s. g. Tugendverein in Preußen ist das Werk einiger mystischen Köpfe, welche sich der politischen Reformation anmaßen wollten und das Ideal einer ästhetisch-moralischen Veredlung der Völker zum Aushängschild wählten. Sie stellten als Hauptaxiom auf, „daß jeder bessere Mensch dahin streben müsse, die Völker in die Leitung der Vernunft zu nehmen" (vide die Verfassungs-urkunde des Tugendbundes). Diese Ansicht ist das wahre Symptom der Krankheit unseres Zeitalters, welche vorzüglich in einem Staat wie Preußen große Fortschritte machen mußte, wo das Elend, die Zerrüttung der Staats-verwaltung und die Schwäche des Regenten der verwilderten Einbildungskraft und dem Revolutionsgeist freien Spielraum verschafft hatten.

Die vorzüglichsten Stifter des Tugendvereins waren die Professoren Schmalz, Fichte, Riesewetter, der Staatsrath Sad, ihr vorzüglichster Beschützer hingegen der Minister Stein, den sie später als ihren Chef anerkannten und verehrten. Als vorzügliche Handlanger wurden in den Bund aufgenommen der Prinz August von Preußen, der General Lestocq, der General Blücher und sein Sohn, der Minister Dohna und seine Brüder, wovon der eine Adjutant des Königs war, der General Scharnhorst, der Obrist Gneisenau, der Graf Chazot, Stadtkommandant in Berlin, der Major Schill, der Major Scheppler, der Hauptmann von Roeder, der Hofrath Eichhorn und eine Menge andere Offiziere und Beamten, die weniger bekannt wurden. Um sich des Schutzes der Königin zu versichern, hatte man auch Frau von Berg geborene Hasseler schon gegen die Statuten des Ordens aufgenommen, welche die Weiber ausschlossen,

---

1) Erman (1764—1851), Professor der Physik in Berlin; s. Allg. Deutsche Biographie.

2) Man müßte ein kleines Buch schreiben, wenn man alle Irrthümer widerlegen wollte, die sich in diesen Bemerkungen finden. Selbst die angegebenen Daten der königlichen Autorisation und Auflösung des Vereines sind falsch. Es genüge auf die Schriften von Voigt, Baersch, Lehmann zu verweisen.

und später wurden die Prinzessin Wilhelm, geborene Hessen-Homburg und die Prinzessin Radziwil als membres honoraires agregirt.

Da dieser Bund eigentlich nur vermöge der Unterstützung des Ministers Stein zu Stande kam, so ist es nöthig, noch einmal auf diesen Staatsmann zurückzukommen. Stein war vermöge seiner Talente, seiner rastlosen Thätigkeit, sowie seines Muthes allerdings der Mann, der in Preußen mehr wie irgend ein anderer Gutes hätte stiften können, allein die unumschränkte Macht, mit welcher der König ihn bekleidet hatte, brachte in ihm den Gedanken hervor, von der Rolle eines königlichen Ministers zu jener eines Staatsreformators überzugehen. Trunken von der Eitelkeit, einer neuen Staatsorganisation seinen Namen aufzudrücken, gab er allen den metaphysischen Projektenmachern Gehör, und betrachtete diese als die tauglichsten Werkzeuge zur Ausführung seines großen Planes. Er gewann sie noch lieber, als sie seinem Haß gegen die Franzosen huldigten und ihm die Möglichkeit einer Kontrerevolution in Norddeutschland anschaulich machten. Er bildete sich schon ein, der Retter Deutschlands zu werden und in dem unglücklichen König von Preußen einen neuen König der Teutschen auftreten zu lassen, und so geschah es, daß er sich weniger mit der unmittelbaren Rettung des preußischen Staates als mit Ausbreitung revolutionärer Grundsätze beschäftigte, ein Unternehmen, an welchem seine Unklugheit früher oder später scheitern mußte. Seine Verblendung ging endlich so weit, den König zur Genehmigung einer geheimen Gesellschaft zu bereden, die mehr wie irgend eine einen Staat im Staate bildete, und indem sie unter allerlei Formen und Vorwänden die Staatsverwaltung von der Person des Regenten trennte, gefährlicher als alle anderen werden mußte. Der Bund kam im Frühjahr 1808 zu Königsberg zu Stande, und wenn ich mich recht besinne, so erfolgte schon am 10. Juni desselben Jahres eine Art königlicher Autorisation.

Ueber die Tendenz und die nähere Beschaffenheit des Bundes giebt die hier beiliegende, authentische und vollständige Verfassungsurkunde die verlangte Auskunft. Ich habe sie mir nur mit großer Mühe und einiger Verschmitztheit verschaffen können, indem solche in ihrem ganzen Umfang nur den Chefs der Hauptkammern bekannt wurde und ein vollständiges Exemplar nur in den Provinzial-Bundesladen aufbewahrt werden durfte.

Ich wage Euere Excellenz um gefällige Zurücksendung derselben zu bitten, weil sie zu einer Sammlung wichtiger Aktenstücke gehört, die ich für die Geschichte der letzten Jahrhunderte angelegt habe.

Nach dem Austritt des Ministers Stein entzog auch der König dem Tugendverein seinen unmittelbaren Schutz, und er wurde ihm mehr als einmal ein Gegenstand des Schreckens. Demungeachtet getrauete er sich doch nicht, ihn förmlich aufzuheben, zumal General Scharnhorst und die ganze für den Krieg gestimmte Partei denselben als ein vorzügliches Werkzeug gegen Frankreich betrachtete. Erst im Mai 1810 wurde er auf wiederholtes Verlangen des französischen Ministers aufgelöst und zerstreut, indeß sind noch viele der vornehmsten Mitglieder in Verbindung geblieben, zumal in dem Militär, und die nunmehr unter dem Namen Zichtianer[1]) erscheinenden Sektirer sind meistens

---

1) In einer früheren Zeit (1796) sprach man von einer „geheimen Gesell-

befonders folche, die ihr Wesen unter einer wissenschaftlichen Firma verbergen wollen. Wenn diese auch in Oestreich Verbindung haben, so ist es wahrscheinlich mit den aus Preußen übergetretenen Offizieren. Noch muß ich bemerken, daß die Tugendbrüder alles aufgeboten haben, um den Prinzen von Oranien und den Obrist Knesebed unter ihre Mitglieder zu bringen, welches ihnen aber aller wiederholten Versuche ungeachtet, immer mißglückt ist.

4. Vortrag des Grafen Metternich an den Kaiser Franz.
Wien, 16. März 1811.

In schuldigster Befolgung des allerhöchsten Befehls habe ich die Gnade E. Majestät hier ehrerbietigst anverwahrt eine ebenso vollständige als vollkommen authentische Abschrift der Konstitution des im Jahre 1808 in Preußen entstandenen Vereins der Tugendfreunde und der Sekte der s. g. Fichteaner, welche bloß eine Fortsetzung dieses Vereins unter anderm Namen ist, vorzulegen[1].

Die Tendenz der Tugendbundisten scheint im Grunde sehr antifranzösisch zu sein, wie denn auch der französische Gesandte in Berlin voriges Jahr förmlich darauf angetragen hat, sie nicht länger in den königlich preußischen Staaten zu dulden[2]. Bei näherer Prüfung ihrer Grundsätze kann aber zugleich auch kein Zweifel darüber bleiben, daß diese in hohem Grade excentrisch revolutionär und ungefähr dieselben sind, welche vormals der bairische Illuminatismus aufgestellt hatte, eine Tendenz, welcher stets und zu allen Zeiten geheime Verbindungen, deren Zwecke im Beginnen die edelsten waren, ausgesetzt sind und ausgesetzt sein werden. Nach Versicherung des Freiherrn von Wessenberg, welcher als Gesandter in Berlin während der letzten Kriegsepoche häufige Gelegenheit gehabt hat, diesen Bund und dessen Streben in der Nähe kennen zu lernen, zählte derselbe damals die angesehensten preußischen Staatsmänner und Militärs und fast alle Umgebungen des Königs unter seine Mitglieder; die verstorbene Königin war dessen erklärte Beschützerin, und obgleich nach dem Statut der Tugendverein nur aus Männern bestehen sollte, waren doch aus Rücksicht gegen diese Fürstin auch mehrere der ersten Damen in denselben aufgenommen worden. Nach dem Ableben der Königin soll der Antrag bestanden haben, den damaligen Aufenthalt ihro Majestät der Kaiserin in Töplitz zu benützen, um allerhöchst dieselbe für die Sache des Bundes zu gewinnen.

Der gegenwärtig in Prag sich aufhaltende Freiherr vom Stein war während der Zeit seines Ministeriums einer der vorzüglichsten Chefs und Be-

---

schaft, die auf den Grund der kantischen Philosophie Revolutionsgrundsätze verbreite": s. Aktenstücke zur Beurtheilung der Staatsverbrechen des Südpreußischen Kriegs und Domainenrathes Zerboni. 1800. S. 14.

1) Es war die Verfassungsurkunde des Tugendbundes, die man bei Lehmann S. 147—192 abgedruckt findet.

2) Ebenso schief ist die Behauptung Metternich's (Deutsche Ausgabe der Nachgelassenen Papiere 2, 434), der längst aufgelöste Tugendbund suche (1811) den König in die Arme Rußlands zu treiben.

förderer des Tugendvereins, ebenso gehörten der jetzt in Wien anwesende, vormalige Großkanzler Beyme, der Gesandte Freiherr v. Humbold (sic) unter dessen Glieder. Von den letzteren wird jedoch behauptet, daß sie sich desselben mehr als Hülfsmittel zur Erreichung ihrer eigenen Absichten bedient haben. Sollte daher eine Gefahr von Bestrebungen zu Verbreitung des Vereins in E. Majestät Staaten zu besorgen sein, wovon meines Wissens gegenwärtig noch keine Spur vorhanden ist, so könnte der Verdacht höchstens einen oder den anderen der aus Preußen herübergekommenen Militärs treffen, welche dann in einem solchen Fall näher beobachtet werden könnten.

Mosers Angaben sind in vorigen Zeiten (sic) und können auch gegenwärtig manchmal unter gewissen Vorsichten, besonders insoweit sie sich auf das Militär beziehen, benützt werden: er ist aber, seiner Großsprechereien ungeachtet, ungleich weniger verläßlich, wenn von politischen Daten die Rede ist, und darf dabei nie vergessen werden, daß er gegen gute Bezahlung jedermann die nämlichen Dienste zu leisten immer bereit ist. Dessen mir von Eurer Majestät zur Einsicht zugefertigtes Schreiben folgt hier gehorsamst anverwahrt wieder zurück.

Wien den 16. März 1811.   Metternich.

Marginal-Note des Kaisers: Das Schreiben des Moser habe ich zurückbehalten, die Verfassungs-Akte des s. g. Tugendvereins stelle ich Ihnen aber mit dem Bedenken zu, daß, wofern im diplomatischen Wege weiterhin solche Notizen vorkommen sollten, welche auf eine Verbreitung dieser oder irgend einer anderen geheimen Gesellschaft auf meine Staaten hindeuten, Sie solche Notizen sogleich dem Baron Hager[1]) mitzutheilen haben.

Wien den 25. März 1811.

---

1) Franz Freiherr Haager von Altensteig 1750—1816, seit 1808 Vice-präsident der obersten Polizei- und Hof-Censur-Stelle; s. Wurzbach: Biographisches Lexikon des Kaiserthums Oesterreich.

II.

Aktenstücke zur Geschichte des Jahres 1809.

„Trage Fesseln wer da will, ich nicht" lauteten die heroischen Worte Blücher's im Jahre 1809, und jedermann weiß, daß die besten Männer Preußens dachten wie er. Daher ihr unablässiges Drängen zur Erhebung, zur Verbindung mit Oesterreich, sobald es keinem Zweifel mehr unterlag, daß der Kampf zwischen dieser Macht und Napoleon wieder ausbrechen würde. Daher ihre gesteigerten Anstrengungen, den König mit fortzureißen, als der Krieg begonnen und als bei Aspern sich gezeigt hatte, wie Heinrich von Kleist vom Erzherzog Karl rühmte, daß es doch einen „Ueberwinder des Unüberwindlichen" geben könne. Die neuere Forschung ist dem Verhalten Friedrich Wilhelms III., das die Patrioten fast zur Verzweiflung brachte, mehr gerecht geworden, als es den Mitlebenden möglich war. Namentlich Max Duncker hat in seiner Abhandlung „Preußen während der französischen Occupation" (Abhandlungen zur preußischen Geschichte) und in seinem Aufsatze „Friedrich Wilhelm III im Jahre 1809" (Preußische Jahrbücher Band 41) überzeugend nachgewiesen, welche schwer wiegenden Gründe den Monarchen bestimmen mußten, die kochende Leidenschaft der Kriegspartei zu dämpfen und mit seinen Entschlüssen zu zögern. Der zweite Band der „Geschichte der preußischen Politik 1807—1815" wird ohne Zweifel noch weiteres Material zur Würdigung des Verhaltens Friedrich Wilhelms III. beibringen. Immer aber wird das Auge des Zurückblickenden gerne bei jenen Entwürfen verweilen, die sich auf ein gemeinsames Vorgehen Oesterreichs und Preußens im Jahre 1809 beziehen oder die den Plan einer unabhängigen Verbindung preußischer Patrioten mit Oesterreich betreffen.

Im Folgenden theile ich einige Actenstücke mit, die in diesen Zusammenhang gehören. Sie fielen mir in die Hand, als ich damit beschäftigt war, im k. k. Haus-, Hof- und Staatsarchiv zu Wien die Berichte der österreichischen Gesandten aus Berlin während der Jahre 1807—1813 auszuziehen. Wie bekannt nahm der Freiherr von Wessenberg, als österreichischer Gesandter in Berlin, im kritischen Jahre 1809 eine sehr bedeutende Stellung ein. Er verfolgte die Vorgänge in Preußen mit gespanntester Aufmerksamkeit, stand mit den Anhängern einer kriegerischen Politik in der innigsten Verbindung und setzte alle Hebel an, um die Schilderhebung Preußens zu Wege zu bringen. Seine Depeschen, schon häufig benutzt, aber noch entfernt nicht nach Gebühr verwerthet, sind eine reiche Fundgrube für die Erkenntnis der preußischen Zustände jener Epoche. Freilich muß man einige Vorsicht anwenden, wenn man aus dieser Quelle schöpft. Der Freiherr von Wessenberg ist in mancher irrigen Vorstellung befangen, wie er denn z. B. über den Tugendbund ganz falsche Ansichten hat (s. o. S. 29, 38). Er läßt sich durch das, was er wünscht und durch das, was er fürchtet, mitunter zu unhaltbaren Behauptungen fortreißen. Er ist vor allem Oesterreicher, und das Interesse für seinen Staat steht bei ihm begreiflicherweise in erster Linie. Von Friedrich Wilhelms III. Thatkraft hat er eine sehr geringe Meinung. Er nennt ihn gelegentlich „den Kranken, der sich zu der Wahl zwischen der Medizin und dem Tode nicht entschließen kann", ohne sich völlig klar darüber zu sein, welche Sorgen den König, namentlich im Hinblick auf Rußland bedrängten.

Man muß dies alles im Auge behalten beim Studium der folgenden Denkschrift des feurigen Vertreters Oesterreichs, die als erstes Aktenstück hier ihren Platz finden mag. Sie wurde, wie sich aus einem Privatschreiben Wessenberg's vom 18. Mai 1809 ergiebt[1]), von ihm nach Königsberg, wo sich damals der Hof befand, an Scharnhorst gesandt. Scharnhorst erwiderte mit folgenden Zeilen, die sich im Originale gleichfalls bei den Akten befinden.

    * „Euer Excellenz sehr gnädiges Schreiben vom 24. März habe ich zu erhalten die Ehre gehabt. Morgen Abend werde ich einen Officier von hier abschicken, der die Antwort auf dasselbe überbringen

---

1) ...„Je vous communique le mémoire que j'avais envoyé au général Scharnhorst afin d'imbuer son souverain de la nécessité d'épouser notre cause. Le général a montré le mémoire au roi auquel il a tant plu, qu'il était au moment décidé d'entrer dans nos vues et vous verrez par la lettre originale ci-jointe de Scharnhorst, qu'il était au point de m'envoyer directement sa réponse par un officier. Cet officier n'est pas venu et le roi changea derechef si non de sentiment au moins d'humeur."

wird. Nichts wird mich glücklicher machen als Euer Excellenz Zutrauen mir werth machen zu können.

Königsberg, den 5. April 1809.

Scharnhorst."

Die Sendung des Offiziers unterblieb jedoch, und Wessenberg meinte, der König, auf welchen, wie er wisse, seine Denkschrift einen tiefen Eindruck gemacht, habe wenn nicht seine Gesinnung, so doch seine Laune geändert. Das Dokument lautet folgendermaßen nach einer Kopie, welche Wessenberg dem Minister Stadion zukommen ließ:

Betrachtungen über die politische Lage Preußens im März 1809.

„Mir scheint, der König von Preußen könne die politische Lage von Europa nur aus folgenden Gesichtspunkten betrachten:

a) Wenn Oesterreich in dem gegenwärtigen Kampfe unterliegen sollte, so ist es sehr lange um die Freiheit von Europa geschehen, und Frankreichs Uebermacht findet dann keine Opposition mehr. In diesem Falle wird Preußen in seiner dermaligen Lage fortschmachten müssen, seine Lage wird noch schrecklicher werden, theils weil seine Erschöpfung durch die Fortzahlung der Kontribution und die allmählige Zernichtung seines Handels zunehmen muß, theils weil Kaiser Napoleon dem Könige seinen persönlichen, zu deutlich ausgesprochenen Haß und dem preußischen Volke sein dermaliges Benehmen nie verzeihen, sondern gewiß in Rechnung bringen wird.

b) Preußen könne seine Selbständigkeit nur durch die Wiedereroberung seiner verlorenen Lande und durch Abwerfung des französischen Jochs wieder erhalten, und beides kann wohl durch keine Neutralität, sondern bloß durch einen glücklichen Krieg erzielt werden. Ein solcher Krieg aber ist nur in Gemeinschaft mit Oesterreich möglich und erfordert die letzten Anstrengungen. Wenn seine Majestät der König betrachten, wie wenig sie auf der einen Seite verlieren und wie viel sie auf der anderen Seite gewinnen können, so müssen sie sich überzeugen, daß diese Vereinigung mit Oesterreich dermalen kein so gewagtes Spiel sein möchte, als sie vielleicht anfangs geglaubt. Bloß von dem Erfolge der österreichischen Waffen kann Preußen eine bessere Zukunft erwarten, und es ist daher wohl billig, daß es seinerseits das mögliche dazu beitrage. Das preußische Volk ist auch hierzu bereit, denn es fühlt seine Schmach und sein Unglück, und nie konnte ein Monarch in den glücklichsten Zeiten so auf die Ergebenheit und Bereitwilligkeit des Volkes bauen, als es Preußens König jetzt im Unglücke kann.

c) Die Verhältnisse zwischen dem französischen und preußischen Hofe sind einmal von der Art, daß eine Neutralität zur vollkommenen Unmöglichkeit geworden ist. Preußen muß als Frankreichs Freund oder als sein Feind auftreten. Ergreift der König die erstere Partei, so hat er nicht nur Oesterreich und England, sondern auch sein eigen Volk und die Stimme von Europa gegen sich; im anderen Falle hingegen ist er sicher von Oesterreichs Beistand (dessen aufrichtiges Verlangen, ihm die verlorenen Provinzen wieder erobern zu helfen, ist bereits deutlich an den Tag gelegt worden), sicher von den Anstrengungen seines Volks, von Englands Unterstützung und von der Mitwirkung der meisten Völkerschaften Norddeutschlands. In diesem Falle allein kann Preußens König auch in seiner dermaligen Lage mit seinen beschränkten Hülfsmitteln eine bedeutende, eine glänzende, eine erhabene Rolle spielen. Jetzt noch kann der König ein Gewicht in die Wagschale legen, kann seine Freundschaft und Mitwirkung bei Oesterreich geltend machen und sich und seinem Volke eine neue Zukunft bahnen, eine Zukunft, in welcher neuer Ruhm und neues Glück das erlittene Unglück und den französischen Schimpf rächen müssen. Allein die Minuten entfliehen! nur in der Benutzung des Augenblicks liegt noch Preußens Rettung.

d) Preußens Wohlstand ist auf immer verloren, wenn es sich nicht von der Kontribution an Frankreich und von der Sperre seines Handels mit England befreien kann, und diese Befreiung kann nur die Theilnahme an dem von Oesterreich mit so ungeheuren Anstrengungen seiner Kräfte begonnenen Kampfe herbeiführen.

Diese Betrachtungen haben alle unmittelbaren Bezug auf Preußens individuelle Lage, allein der gegenwärtige Krieg muß zugleich noch von einem allgemeineren Gesichtspunkte betrachtet werden. Man muß in diesem Kriege keine Oesterreicher, keine Preußen erblicken, welche Frankreich angreifen wollen, sondern Deutsche — Europäer — muß man darin erblicken, welche die Uebermacht eines einzigen Staates und den Despotismus eines einzigen Herrschers nicht dulden und daher bekämpfen wollen. Nicht das französische Volk, nicht der französische Staat ist der Gegenstand des Krieges, sondern die unbegrenzte Herrschsucht des französischen Kaisers und das System, Europa in ein französisches Reich umzuwandeln, sind die Objekte, gegen welche unsere allgemeinen Kräfte aufgeboten werden müssen, wenn wir anders einer schimpflichen und ewigen Unterjochung zu entgehen entschlossen sind. Aller Parteigeist, aller alte Haß, alle gegenseitige Vorwürfe müssen jetzt schwinden vor dem gemeinschaftlichen Zwecke, wir müssen uns trennen von der Vergangenheit, um der Zukunft mit Kraft und reinem Gemüth entgegen zu gehen, wir müssen unsere künftige Ruhe, unser künftiges Glück erobern und der Welt zeigen, daß die Macht des Herrschsüchtigen nie jenen Punkt erreichet, auf welchem sie dem Haß der Unterdrückten ewig trotzen kann. Dieser Trost soll, wenn Gott will, der Menschheit noch erhalten werden.

Seiner Majestät dem Könige können nach diesen Betrachtungen in Hinsicht ihrer Theilnahme an dem gegenwärtigen Kriege nur noch von Seiten Rußlands einige Besorgnisse übrig bleiben. Allein überwiegen diese Besorgnisse wohl die Gefahren andererseits und die Vortheile, welche seine Majestät von dieser Theilnahme allein erwarten können? Kann Rußland der preußischen Monarchie aufhelfen, und wenn es hierzu vermögend wäre, würde es ihr wirklich aufhelfen wollen? Ich denke, der Traktat von Tilsit sollte hierüber keine Illusion mehr zulassen. Rußland, wird man sagen, hat dem Könige den gegenwärtigen Umfang seiner Staaten garantirt, allein was ist das für eine Garantie? Es hat dem Könige einen Staat garantirt, welcher noch ein paar Jahre lang 4 Millionen Francs an Frankreich monatlich zahlen, 10000 Mann in seinen Festungen erhalten und sich ganz von allem Handel mit dem Auslande enthalten soll! Diese Garantie kann also unmöglich die Anträge des Wiener Hofes, welche die gänzliche Wiederherstellung der preußischen Monarchie bezwecken[1]), aufwiegen. Uebrigens würden Rußlands Drohungen, wenn es zugleich von der Türkei, von Oesterreich, von Preußen und von England bekriegt würde, eben nicht viel zu bedeuten haben, zumal da im russischen Reich selbst die öffentliche Stimmung nicht für einen Krieg zu Gunsten Frankreichs ist, und überhaupt die Hülfsmittel dieser Macht zu keinem langen Kampfe dermalen geeignet sind.

Wenn auch seine Majestät der König nur 30000 Mann für den Anfang ins Feld stellen können, wobei ungefähr 20000 in Masse gegen die Elbe und Weser vordringen, die übrigen 10000 zu kleineren Unternehmungen gegen Stettin, Danzig, Stralsund hinreichen würden,

---

1) Zur Erläuterung dient die Weissenberg ertheilte General-Instruktion vom 20. Februar 1809 (W. St. A.)

so ist der preußische Staat gerettet, und die Wiedereroberung der Provinzen jenseits der Elbe gesichert. Die österreichische Hauptarmee wird den Feind hinreichend im südlichen Deutschland beschäftigen, und die geringste englische Diversion an den norddeutschen Seeküsten wird den Schrecken bis ins Innere von Holland verbreiten. Sollte dann auch Rußland offensiv agiren wollen, so würde das Armee= korps des Erzherzogs Ferdinand in Polen mit ungefähr 10000 Preußen beträchtliche Fortschritte der russischen Armee aufzuhalten vermögen, zumal da dieser Feldherr in seinem Rücken von Sachsen nichts mehr zu befürchten hätte.

Nur einen Wink des Königs, und seine Armee und sein Volk erscheint wieder mit Kraft und siegreich unter den Armeen und Völkern Europens.“

Während Wessenberg in dieser Weise auf den König zu wirken suchte, warb er eifrig Bundesgenossen unter den angesehenen preußischen Offizieren. Wie er am 23. März 1809 nach Wien berichten konnte, war auf seinen Antrieb der Oberstlieutenant von Knesebeck aus seiner ländlichen Zurückgezogenheit nach Berlin gekommen, um ihn mit seinen Rathschlägen zu unterstützen. Es war der bekannte Karl Friedrich von dem Knesebeck (1768—1848), der als Generalfeldmarschall ge= storben und dessen Name in jüngster Zeit nach Veröffentlichung der Arbeit von Max Lehmann „Knesebeck und Schön, Beiträge zur Geschichte der Freiheitskriege“ wieder so häufig genannt worden ist. Knesebeck war nach der Ansicht Wessenberg's der einzige preußische Soldat, der einigen Einfluß auf den Minister des Auswärtigen, den Grafen Golz, ausübte. Er mußte, daß der König ihn außer= ordentlich schätzte und er wähnte in ihm auch, mit wenig Grund, „einen vertrauten Freund des Generals Scharnhorst“ zu sehen. Durch Knesebeck wurde er mit dem Obersten Karl Heinrich Ludwig von Borstell (1773—1844) bekannt gemacht, dem Flügeladjutanten des Königs. Man kennt die bedeutende Rolle, welche Borstell im preußischen Heere gespielt hat. Sein patriotischer Eifer verleugnet sich auch nicht in der folgenden Denkschrift, die er auf Wessenberg's Betreiben abfaßte, um durch sie auf den König zu wirken[1]). Sie wurde Friedrich Wilhelm III. vorgelegt und gleichfalls abschriftlich an Stadion übersandt.

---

1) Onden, Oesterreich und Preußen im Befreiungskriege 1, 112 vermuthet irrthümlich, die Denkschrift rühre von Knesebeck her. Allein Wessenberg's

Memoire an den König, abgeschickt den 23. März 1809. Preußens Interesse bei dem Ausbruche des Krieges zwischen Oesterreich und Frankreich.

„Wenn die Erörterung dieser Frage jedem Preußen wichtig seyn muß, der mit voller Liebe an König und Vaterland hängt, der das Unglück lebhaft und theilnehmend fühlt, welches beide theure Gegenstände seit Jahren schwer belastet, den das Aneinanderreihen der Vergangenheit, Gegenwart und Zukunft mit Besorgnis erfüllt, ob fremder gewaltiger Wille nicht einst die so enge Verbindung der preußischen Unterthanen mit dem Herzen ihres Monarchen gewaltsam trennen werde, wenn man endlich zur ruhigen vorurtheilsfreien Ueberzeugung gelangt ist, daß alle Aufopferungen, die mit der gegenwärtigen Existenz unseres Staats verbunden sind, ihm keine gewisse Dauer zusichern, sondern nur verfügt zu sein scheinen, um in der Unmöglichkeit der dauernden Abzahlung die Mittel zum Untergang oder zur Trennung eines bedeutenden Theils der Unterthanen vom Könige zu finden, so wird es Unterthanspflicht, nicht nur diese Frage, scharf in's Auge zu fassen, zu versuchen, ob die schriftliche Bearbeitung derselben gelinge, sondern auch sie dem prüfenden Blicke des Königs zu unterwerfen. Preußens Interesse bei dem Ausbruche des Krieges scheint eine solide Feststellung zu erfordern.

1. Preußens jetziges Verhältnis zu Frankreich und die persönlichen Gesinnungen Napoleon's für die Erhaltung der preußischen Monarchie und des königlichen Hauses;

2. die Ursachen, welche Oesterreich zum Kriege bestimmen, und

3. was Preußen zu erwarten hat, wenn es dauernd neutral bleibt oder sich für oder wider Frankreich erklärt.

Depesche vom 23. März 1809 läßt keinen Zweifel übrig. Indem Wessenberg von Knesebeck spricht, fährt er fort: „Étaut sûr de ses sentiments et connaissant depuis longtemps son mérite militaire j'espère en tirer un assez grand parti, d'autant plus qu'il est l'ami intime du général Scharnhorst et que le roi, quoiqu'il lui ait accordé sur sa demande sa démission, estime infiniment ses talents. Il vient déjà de m'en faire sentir l'effet en me mettant en connexion avec l'aide de camp favori du roi M. de Borstell, que je regarde comme gagné pour notre cause et qui s'est décidé, d'après mes instances, à adresser au roi un mémoire, plein de bonnes vues et respirant une grande énergie, dont j'ai l'honneur de joindre copie. Scharnhorst appuiera ce mémoire et nous espérons un résultat d'autant plus favorable qu'il est tout-à-fait calculé sur le personnel du roi."

4*

ad 1. Preußens jetziges Verhältnis mit Frankreich und die persönlichen Gesinnungen Napoleons für die Erhaltung der preußischen Monarchie und des königlichen Hauses betreffend.

Der unglückliche Krieg, und mehr noch der sogenannte Frieden, nach welchem alle Ressourcen zur Erholung und Sammlung der preußischen Staatskräfte beispiellos dem feindselig gesinnten Freunde überlassen blieben, hat uns zu dem jetzigen Zustande der Armuth geführt.

Der Feind behielt vierzehn Monate n a ch dem Frieden von Tilsit das unglückliche Land bis an die Weichsel besetzt, behandelte die armen Einwohner im Frieden nach den härtesten Grundsätzen des neueren Krieges und entzog dem Landesherrn die Revenuen, ohne sie auf die überschwänglichen Forderungen der Kontribution abzurechnen.

Nicht der Einfluß des russischen Kaisers, noch Ideen von Milde und Gerechtigkeit oder eine günstige Veränderung der politischen Stimmung Napoleon's gegen den preußischen Staat und seinen Beherrscher, sondern die ihm selbst unerwartete Wendung, die seine Angelegenheiten in Spanien nahmen, bewogen Napoleon, die mit dem Prinzen Wilhelm in Erfurt definitiv abgeschlossene Konvention zu wollen und zögernd zu erfüllen[1]).

Durch diese Konvention hat sich Napoleon den Besitzzustand des preußischen Staates gesichert. Er behandelt ihn als ein erworbenes und von ihm verpachtetes Gut, welches er übermäßig theuer verpachtet, weil er den Untergang des Gutes und des Pächters mit festem bösen Willen beabsichtigt.

Er will dem armen Volk nicht wohl, weil es seinem Landesherrn beispiellos treu anhängt, er ist der persönliche Feind des Landesherrn, weil er weiß, daß der gerade, biedere Sinn des Königs sich weder zur persönlichen Schmeichelei, die er liebt, noch zur staatsklugen Mitwirkung zum Untergange anderer Mächte, welches er gern sehen würde, herabwürdigen kann, weil er aus Erfahrung weiß, daß der König seine bösen Pläne zu richtig durchschauet, um sich durch trügerisch dargebotene Vortheile jemals täuschen zu lassen, und daß es ihm nie gelingen wird, dem König auch im Unglück die Herzen seiner Unterthanen und die Achtung von Europa zu entziehen.

---

1) Dem Vertrage von Erfurt war bekanntlich die Pariser Konvention vom 8. September 1808 vorausgegangen: das „Memoire" verwirrt den Hergang.

Napoleon hat durch das künstliche Einfangen des spanischen Regentenstammes sich selbst vor ganz Europa die Larve abgezogen. Er wollte den Besitz Spaniens und glaubte nun mit leichter Mühe sich die Eroberung und den dauernden Besitz dieses Landes sichern zu können, wenn er sich auch figürlich zum Herrn der Person des Beherrschers und seines Stammes machte, weil das Volk ihnen anhing. Er wird, so lange er Kräfte zum Wollen besitzt, nicht ruhen, bevor er das österreichische und preußische Fürstenhaus entweder ganz eingefangen oder aus ihren Staaten vertrieben hat, weil er in ihnen einen Magnet fürchtet, der Italien und Süddeutschland an das Haus Habsburg, das nördliche Deutschland und Preußen an das Haus Hohenzollern anziehe, und seinen bösen Absichten, so lange ihre Kräfte nicht gelähmt sind, entgegenwirken wird.

ad 2. Die Ursachen, welche Oesterreich zum Krieg gegen Frankreich bestimmen. Sind in der vorbestehenden Bemerkung enthalten. Glaubte Oesterreich sich nicht hinlänglich vorbereitet, um früher nicht minder günstige Zeitumstände zum Kriege gegen Frankreich zu benutzen, so gebührt ihm dennoch das Zeugnis, daß es die Zwischenzeit mit unablässiger Thätigkeit zur Vereinigung der Mittel zu einem wirksamen Kriege verwandt hat.

Wenn übrigens in dieser Zwischenzeit die Meinung im österreichischen Kabinette über Napoleon's Absichten im großen, und gegen die österreichische Monarchie insbesondere getheilt gewesen sein mag, wenn hiernächst es Napoleon geglückt sein kann, sich zeither im österreichischen Kabinet Anhänger zu erhalten, welche durch irrigen Wahn oder Furcht den Krieg nicht wollten, so scheint die Kriegstendenz Napoleon's gegen Spanien alle Gemüther vereinigt und die allgemeine Stimmung für den Krieg gegen Frankreich zu einer Zeit entschieden zu haben, in welcher das hochherzige spanische Volk mit einer in neueren Zeiten beispiellosen Nationalkraft einen großen Theil des französischen Militärs fortwährend und langaussehend beschäftigt.

Nicht Eroberungssucht, nicht der Wille sträflicher einseitiger Vergrößerungsabsichten des Monarchen, sondern der natürliche Wunsch des österreichischen Kaiserhauses, seine und die Existenz jedes seiner Unterthanen in den Grenzen des jetzt bestehenden Staatenvereins zu erhalten, sind hiernächst für Oesterreich reine, würdige Motive zum Aufruf zum allgemeinen Kriege.

Es ist dieser folglich kein einseitig politischer, sondern ein Nationalkrieg. Auch die dauernde enge Verbindung des

französischen mit dem russischen Kabinet muß ganz Europa und
namentlich Oesterreich mit Besorgnis erfüllen.

Mehr als der Siegerstolz, mit welchem Napoleon die Kampf-
bahn der letzten für uns und Oesterreich so unglücklichen Kriege verlassen hat, mehr als die großen Vortheile, welche der wirkliche Sinn
der Friedensschlüsse von Preßburg und Tilsit ihm zugeschrieben haben,
hat er durch die seit dem letzten Friedensschlusse für ganz Europa so
nachtheilig veränderte Politik Rußlands für die Ausführung seines
großen Unterjochungsplans gewonnen. Alexander, dieser allgemein
für edel anerkannte, dieser an Mitteln zu großen Zwecken so reiche
Beherrscher überläßt seit dieser von ihm zugelassenen Unterzeichnung
uusers Elends seine so entscheidenden Kräfte zur Ausführung der
furchtbar despotischen Pläne Napoleons, nämlich seine Herrschaft bis
an die russische Grenze auszudehnen. Napoleon gebraucht ihn, den
Beherrscher, zum Mittel, sein eigenes Reich mit Gefahr zu um-
spinnen, während er ihm mit der trügerischen Glorie schmeichelt, mit
ihm den Ruhm des Stifters eines dauernden Friedens für ganz
Europa theilen zu wollen. Diese dem Interesse und der Sicherheit
Europen's so gefährliche Verbindung der occidentalischen mit der
orientalischen Obermacht, wird durch diesen Krieg wahrscheinlich erst
gehemmt, und bald darauf getrennt werden. Welche Resultate dieser
gewiß lange und letzte Kampf haben wird, ob er mit schnell wirken-
der Kraft und Glück oder mit zögernder Vorsicht und Mißgeschick im
Gefolge geführt werden wird, wer vermag dies mit kluger Gewißheit
im Buche des Schicksals zu lesen? Gewiß bleibt es jedoch, daß der
jetzige Moment des mit dem spanischen Volke nur zur Hälfte entschiedenen Kampfes dem Hause Oesterreich zum lauten, dringendsten
Kriegesruf dienen, und daß der Blick aller von Napoleon schwer be-
drückten und öffentlich bedrohten Völker nicht nur mit Vertrauen und
Hoffnung, sondern auch mit der regesten, thätigsten Theilnahme auf
diesen letzten Kampf der Macht gegen Macht gerichtet sein muß.

ad 3. Was Preußen zu erwarten haben dürfte, wenn es
dauernd neutral bleibt oder sich späterhin für oder wider Frankreich
erklärt.

So sehr es in jeder Hinsicht dem gegenwärtigen Verhältnisse
Preußens angemessen zu sein scheint, bei einem zwischen Oesterreich
und Frankreich ausbrechenden Kriege vor der Hand neutral zu
bleiben, so dürfte es ihm doch schwer, ja bald unmöglich werden,
dieses System im Laufe der Kriegsereignisse dauernd beizubehalten,

weil Oesterreich unausbleiblich beim Ausbruche des Krieges im nördlichen Deutschland und im Herzogthume Warschau Fortschritte machen
wird, welche die inneren und äußeren Grenzen des preußischen Staats
mit Krieg umfassen und dadurch ehemals preußische Provinzen von
der ihnen aufgedrungenen französischen Regierung befreien werden,
welche mit lauter, einmüthiger Stimme den König von Preußen, als
ihren rechtmäßigen Landesherrn, zurückrufen werden.

Werden die kräftigen und gutmüthigen Bitten von 2 Millionen
jenseits der Elbe auch im schwersten Unglücke treu gebliebener Unterthanen vom geliebten Landesherrn, dem sie treue Unterthanen blieben,
wie sie es nicht mehr sein sollten, mit dem ungewissen Resultat des
Krieges vertröstet oder gar ganz abgewiesen werden können?

Eben diese Fortschritte der österreichischen Waffen machen nicht
nur eine Kommunitätsstraße vom Herzogthum Warschau nach Böhmen
und Sachsen auf dem kürzesten Wege durch Schlesien nothwendig,
sondern auch das Zugestehen einer solchen Forderung um so un-
verweigerlicher, weil diese Militärstraße zum Gebrauche der französischen,
polnisch-sächsischen Truppen schon existirt.

Werden die vielen Ursachen, welche Napoleon zur Unzufriedenheit
gegenwärtig schon besitzt und in seinem Herzen bis zur Zeit der
Rache verschließt, durch einen solchen zugelassenen Durchzug feindlicher
Truppen nicht zum größten Unwillen angehäuft werden?

Es ist kaum denkbar, daß Oesterreich nach der Besitznahme des
Herzogthums Warschau und der seit dem Tilsiter Frieden von der
preußischen Monarchie abgerissenen Provinzen jenseits der Elbe sich
es gefallen lassen kann noch wird, einen Staat im Rücken zu lassen,
der ihm und seinem Zwecke bedeutend nützen oder
schaden kann.

Wird Oesterreich die Neutralität eines Landes fortdauernd zulassen, welches seine Festungen im Innern und seine Grenzen mit
30000 Mann feindlicher Truppen besetzt hat, die eine stipulirte
Kommunikation unter sich erhalten und theils konventions-
mäßig, theils der Lage nach von Preußen genähret, folglich weder
von den Oesterreichern genommen noch unschädlich gemacht, ihnen
aber bei entstehenden Unglücksfällen strategisch sehr nachtheilig
werden können? Es scheint hieraus hervorzugehen, als müßten beruhigende Erklärungen des Königs über die Unmöglichkeit einer
zu ergreifenden Partei gegen Oesterreich und über seine thätige
Mitwirkung in gewissen Fällen und zu einer bestimmten

Zeit so schleunig als möglich gegeben werden, um nicht bei Oester-
reich ein Mißtrauen zu erzeugen, welches die künftige und schnelle
Eröffnung des Krieges hindern und alle Operationen während dem
Kriege selbst hemmen dürfte.

Sollten wir uns hierbei nicht an den Nachtheil schmerzhaft erinnern müssen, mit welchem die zögernde langsame Erklärung Sachsens
und Hessens unsere Operationen im Jahre 1806 hemmten?

Es scheint als müßte Preußen wünschen, reich an Mitteln zum
Kriege zu sein, als müßte es eilen, deren zu bekommen, und die
gute Sache, welche Oesterreich für sich, uns und Europa verficht,
recht bald aufs kräftigste durch unsern Beitritt zum Kriege unterstützen
zu können.

Gewährt uns denn die Neutralität gegenwärtige
Vortheile? während sie uns nicht von drückendem Unterhalt der
10000 Feinde in unsern Festungen, in denen wir eine Schlange im
Busen nähren, und nicht von der überschwänglichen Kontribution
befreien kann, welche dem armen Lande das Mark auszieht und dem
Feinde Mittel zu unserm Untergange zuführt, die wir zu seiner Be-
kämpfung verwenden könnten.

Werden wir denn diese dauernd ungeheure monatliche Kon-
tributionsabgabe im Lande aufbringen können, ohne zu den gewalt-
samsten, dem Herzen des Königs so fremden Eintreibungsmitteln
Zuflucht nehmen zu müssen? und doch wird der König, soll die
Kontribution noch fernerhin aufgebracht werden, bei der Unmöglichkeit
einer Anleihe im Auslande während des Krieges, seinen Unterthanen
noch schwerer drückende Lasten auferlegen müssen, die ihm ihre Herzen
entziehen, während sie sich zur Führung eines Krieges gegen den
Bedrücker, den Usurpator ihrer und ihres Königs
Rechte willig und mit Enthusiasmus zu jeder noch so schweren
Aufopferung verstehen würden.

Oder wird uns die Neutralität dauernde Vortheile für unsere
künftige Existenz gewähren, während wir überzeugt sein müssen, daß
der Untergang der preußischen Monarchie und ihres Regentenstammes
von Napoleon unwiderruflich beschlossen ist, und wir uns die Erhaltung dieses theuren Vereins nun erkämpfen können? Gesetzt
auch, es würde Preußen erlaubt, dauernd neutral zu bleiben, angenommen, die österreichische Obermacht erkämpfe ohne Preußens
Zutritt einen für sich vortheilhaften Frieden, oder das Bedürfnis
beider kämpfenden Mächte diktire den Frieden gemeinschaftlich, darf

Preußen hoffen, daß es dann noch zu den Vortheilen zugelassen
werden wird, welche dann beide unter sich theilen, und die
uns jetzt dargeboten werden, darf Preußen dann auf eine
vortheilhafte sichere politische Existenz von außen und auf Achtung,
Glück und Wohlstand im Innern rechnen, darf es hoffen, daß jemals
ein glücklicherer Zeitpunkt als der jetzige eintreten wird, unsere
schwankende Existenz zu heben und zu führen?

Angenommen Napoleon diktirt den Frieden, was hat Preußen
alsdann von seiner Liebe und Milde zu hoffen? Die laute Anklage
von ganz Europa und gemeinschaftlichen Untergang mit Oesterreich,
den weder Rußlands Einfluß und Macht, noch Englands Bereitwilligkeit zum Frieden dann abzuwenden mächtig genug sein werden.

Die geographische Lage des preußischen Staats und die Umstände
werden den Zeitpunkt bald natürlich herbeiführen, wo der König sich
aufgefordert finden wird, für oder wider Frankreich sich erklären zu
müssen, dann wird der verehrte Monarch eines zwar armen, aber im
Unglück besser gewordenen Volkes die Erklärung seiner würdig,
nach seinem Herzen und in dem Vertrauen abgeben können, daß
jeder streitbare Arm seiner Unterthanen sich gern heben wird, um
durch den Kampf für König und Vaterland sich beide zu erkämpfen
und zu erhalten."

Inzwischen glaubte Knesebeck dem Erzherzog Karl seinen militärischen Rath nicht vorenthalten zu sollen. Das folgende von ihm
herrührende Dokument ist im Originale der Depesche Wessenberg's
vom 26. März 1809 beigefügt, um vor die Augen des Erzherzogs
zu gelangen. Ich weiß nicht, ob es diesen Zweck erfüllt hat. Sollte
es nicht der Fall gewesen sein, so wäre der Schaden nicht groß
gewesen. Denn man wird sehen, daß Knesebeck von ganz falschen
Voraussetzungen ausging und folglich auch zu ganz falschen Schlüssen
gelangen mußte.

Was wird Napoleon thun?

„Die wichtigste Frage, die man vor dem Ausbruche des Krieges
sich vorlegen muß, ist die: was wird der Gegner thun?

Es sei mir erlaubt, zur Beantwortung derselben meine Gedanken
einer weiseren Prüfung zu unterwerfen.

Der Krieg, der jetzt zwischen Frankreich und Oesterreich loszu-
brechen droht, ist der erste, in welchem Napoleon gezwungen ist, seine
Streitkräfte zu theilen. Zu einsichtsvoll, diesen Nachtheil nicht zu

fühlen, wird er alles mögliche thun, die kürzeste Verbindungslinie zwischen seinen Armeen zu unterhalten. Schon dies wird ihn daher bewegen, seine Hauptarmee gegen Oesterreich in Italien aufzustellen. Denn kürzer ist der Weg von Bayonne nach Verona als von Bayonne nach Straßburg, und der kürzeste Weg zum Ziele ist der Weg des Genies. Deshalb trat Napoleon im Jahre 1805 mit der Hauptmacht in Deutschland auf, denn näher war damals der Weg von den flandrischen Küsten bis zum Rhein als von selbigem zum Po, und aus eben diesen Ursachen wird er 1809 seine Hauptmacht in Italien zusammenziehen.

Aber auch selbst alle strategisch-politisch-geographischen Rücksichten werden ihn dazu bestimmen, sowie auch alle öffentlichen Nachrichten über den Marsch der französischen Truppen diese Meinung bereits bestätigen.

Und wahrlich! man versetze sich einen Augenblick in seine Lage, und er kann nichts anders thun. Nur in zwei Mitteln liegt jetzt sein Heil, im Zeitgewinn und in der Gewalt des Manoeuvre. Das erste ist die Aufgabe der Politik, und ach, er hat diese Aufgabe nur zu gut gelöst. Kostbare Minuten sind seit dem November vorigen Jahres verloren gegangen. Möge der Held Deutschlands, auf den ganz Europa, Mit- und Nachwelt, seine Blicke als auf seinen Befreier richtet, ihm keine mehr geben! Denn liegt des Gegners Heil im Zeitgewinn, so liegt das unsrige in der Minute.

Angenommen aber, sie würde benützt, der Krieg wäre da, die Politik also könne die Aufgabe nicht mehr lösen, so liegt die Gewalt des Manoeuvres gerade darin, daß der Krieg leiste, was die Politik bis dahin geleistet hat, nämlich: Oesterreichs überwiegende Streitkräfte durch das Manoeuvre auf der Defensive zu erhalten und zur passiven abwehrenden Masse zu verwandeln, was bestimmt sein könnte, aktiv-angreifende zu werden.

Welche Operation Napoleon's ist wohl geschickter, diesen Zweck zu erreichen als die: mit Uebermacht, also offensiv von Italien aus, auf der geraden Straße nach Wien oder selbst nach Ungarn, etwa in der Richtung des Plattensees, vorzudringen, und sogleich dem Herzen des österreichischen Kaiserthums eine tödtliche Wunde zu versetzen, die vorstehenden Armeen von ihren Hülfsquellen abzuschneiden, das große Reich in zwei Hälften zu theilen, abermals den Feuerbrand des Schreckens unter den Haufen zu werfen, und, wie immer, seine strategisch-militärischen Operationen auf das Gemüth des Gegners und seiner Bürger zu richten?

Ziehen wir diese Gründe in ruhige Erwägung, und gewiß der Gedanke wird klar in uns werden, Napoleon müsse und werde keine andere als diese Operation unternehmen. Setzen wir selbige nun aber mit einer zugleich von Tirol aus unternommenen Bewegung in Verbindung, so daß eine französische Armee von Venedig, die andere von Tirol aus gegen die österreichische in Kärnthen stehende andränge, so werden wir sicher, wie schwierig zugleich die österreichische Entgegenwirkung bei diesem französischen Angriff ist, indem die Armee in Kärnthen entweder gleich stark sein muß, um in zwei Armeen zerfallen zu können, wovon die eine gegen Italien, die andere gegen Tirol Front macht, oder wenn sie dazu nicht stark genug ist, immer e i n e französische Armee auf der Flanke behält.

Vergleichen wir nun mit dieser hier gezeigten Operation die Aufstellung der österreichischen Streitkräfte, deren Hauptstärke und Masse in Böhmen versammelt ist, also nur vielleicht 60—70000 Mann gegen den französischen Hauptschlag aufstellt, so muß uns die mögliche Gefahr, die von jener Seite droht, doppelt einleuchtend werden.

Es fragt sich also, wie ist solche am leichtesten und geschwindesten abzuwenden?

Der Held, für den diese Zeilen bestimmt sind, hat uns in seinen früheren glorreichen Operationen das beste Abwendungsmittel gezeigt, nämlich da die Macht einmal in Böhmen versammelt ist, durch ihr Vorschieben n i c h t n o c h m e h r Z e i t z u v e r l i e r e n, sondern sie gleich thätig zu benutzen und dennoch den Zweck der Verstärkung der Armee in Kärnthen zu erreichen, so daß schnell und ohne Verzug die Hauptarmee durch die Oberpfalz auf Nürnberg vordringt, durch eine plötzliche Wendung links aber die Donau passirt, 60—70000 Mann an der Donau zurückläßt, 40000 Mann in Böhmen, die durch die Truppen bei Krakau nach Maßgabe verstärkt werden können, mit dem übrigen Theil so schnell als möglich über München nach Tirol wendet, dies gefährliche Bastion in seinem Rücken anfällt und sich so die Verbindung mit der Armee in Kärnthen eröffnet. Durch ein solches Manoeuvre siegte einst schon Deutschlands Held über Jourdan und Moreau und war der Befreier der Deutschen; möge er durch dessen kühne Wiederholung der Befreier des zwar kleinsten aber kultivirtesten Welttheils werden, der mit Erwartung nach ihm, als seinem einzigen Erretter sehnsuchtsvoll hinblickt.

Aber die Minuten entfliehen, nur in ihrer plötzlichen Benutzung liegt unser Heil.   v. Knesebeck.“

Als Knejebeck diese Zeilen niederschrieb, hatte die Bewegung des österreichischen Heeres bereits begonnen, wenn auch nicht in der von ihm empfohlenen Absicht. Einen Monat danach hatte Napoleon in dem fünftägigen Donaufeldzuge die ganze Ueberlegenheit seines Genies entfaltet. Die Kunde von den Unglücksfällen der Oesterreicher gelangte jedoch nicht so schnell nach Berlin. Wessenberg fühlte sich gehoben durch den Enthusiasmus der Bevölkerung, der ihn umgab, schilderte die Begeisterung, die sich überall, namentlich wegen der Erfolge der Tiroler, äußere, erwähnte, daß pensionirte Offiziere in die österreichische Armee einzutreten wünschten und bat um Verhaltungs= maßregeln ihnen gegenüber. Eben damals reichte ihm Chasot, der Kommandant von Berlin, die folgende Denkschrift zur Uebermittelung an den Erzherzog Karl ein, die im Originale der Depesche Wessenberg's vom 27. April beiliegt. Der Graf Ludwig August Friedrich Adolf von Chasot (1763—1813), seiner Abstammung nach halb ein Franzose, halb ein Italiener, gehörte zu den glühendsten deutschen Patrioten und bezauberte die Besten seiner Zeit durch seine ge= winnende Persönlichkeit. Er machte kein Hehl daraus, daß er die Abschüttelung des Joches der Fremdherrschaft erhoffe. Als sich das Gerücht verbreitete, der Erzherzog Karl sei in Hof angelangt, gab er die Parole „Hof" und „Karl" aus[1]). Wie bekannt, begünstigte er das Unternehmen Schill's und wurde in Folge dessen von seinem Posten suspendirt und eine Zeit lang internirt. Die Idee eines „preußischen Freikorps" die er entwickelt, wenn nicht mehrerer Korps der Art, tritt in den diplomatischen Akten und in den Korrespondenzen von Stein, Gneisenau, Clausewitz, Götzen u. s. w. noch häufig in dieser oder jener Gestalt auf. Man rechnete vor= züglich auf englische Unterstützung. Doch blieben diese Entwürfe wie Chasot's Plan unausgeführt.

An seine kaiserlich-königliche Hoheit den Erzherzog Karl.

„Jedem wahrhaft deutschen Manne schlägt hoch die Brust bei dem großen Kampfe, den Oesterreich zur Rettung Teutschlands unternommen. Mit Schmerzen sieht der preußische Unterthan, dem die Teutschheit am Herzen liegt, daß der König von Preußen an diesem entscheidenden Kriege keinen Antheil nehmen dürfte. Eine Anzahl kräftiger preußischer Männer sind entschlossen, Preußen zu

---

1) Vgl. Depesche St. Marsan's vom 13. April 1809.

verlaſſen, um für die Sache Teutſchlands zu fechten. Von Oeſterreich
erwartet Teutſchland ſein Heil. Oeſterreich tragen dieſe Männer ihre
Kräfte an. Indem ſie dies thun, ſo ſind ſie ſich klar ihrer Eigen-
thümlichkeit und des Verhältniſſes bewußt, in welchem ſie nach ihrer
Ueberzeugung am zweckmäßigſten wirken könnten. Sie legen ihre
Anſichten darüber hier zuſammenhängend vor:

Wenn in Teutſchland überhaupt der Haß gegen das Franzoſen-
thum unter der Aſche glimmt, und nur eines Anſtoßes bedarf, um
militäriſches Material zu werden, ſo iſt in Norddeutſchland insbeſondere auch die Anhänglichkeit an die ehemalige Regentendynaſtie
und an den Mutterſtaat, zu dem ſie ſonſt gehörten, ein herrſchendes,
belebendes Prinzip. Mit größter Zweckmäßigkeit für Teutſchlands
Befreiung tritt daher der Kurfürſt von Heſſen, der Herzog von
Cels, ein Prinz von Hannover in den norddeutſchen Provinzen
auf. Nur die ehemaligen preußiſchen Provinzen ſehen verwaiſt nach
ihrem Königshauſe, und der preußiſche Name wird ihnen nirgends
entgegengerufen.

Die Anzahl preußiſcher Männer, die ſich mit mir vereinigt,
als deren Organ ich jetzt ſpreche, iſt bereit, als ehemalige Lands-
leute jener transalbiniſchen Provinzen für dieſelben aufzutreten, in
ihnen den militäriſchen Stoff aneinanderzureihen, und aus ſeinen
Theilen ein zum richtigen Eingreifen im großen Ganzen geordnetes
kooperirendes Glied zu bilden. Dieſe Männer beſitzen die detaillirteſte
Kenntniß aller perſönlichen und Sachverhältniſſe in jenen Provinzen.
Sie würden alſo bei der allgemeinen Wichtigkeit eines Auftretens als
preußiſche Brüder, zugleich auch noch in specie bei den mancherlei
Beziehungen, die ſie in jenen Gegenden gehabt haben, beſonders dazu
geeignet ſein.

Um mit genügend ſicherem Erfolg in jenen Gegenden auftreten zu können, um die Aufnehmung und Stellung des Materials
zu der ernſten Bedeutenheit (sic) zu bringen, welche die Sache erfodert,
ſo iſt es durchaus nothwendig, daß effektive Truppen den Anſtoß und
die erſte Sicherung geben. Ich biete mich an mit dieſen Männern ein
Freikorps zu errichten, und mit dieſem den Anſtoß zu bewirken.

Dieſes Freikorps würde unter dem Namen eines preußiſchen
Korps in öſterreichiſchem Solde auftreten, ſein erſtes Wirkungsobjekt
würden die Gegenden zwiſchen der Weſer, dem Rheine und der Ems
ſein. Es würde in dieſen Gegenden insbeſondere die Befreiung voll-
enden, die militäriſchen Kräfte zum militäriſchen Gebrauche ordnen,

und sodann zu den ihm vom österreichischen Feldherrn vorgeschriebenen ferneren strategischen Zwecke gebraucht werden.

Als Material zu dieser Formation kann ich außer den Männern, die sich schon jetzt mit mir zu diesem Zweck verbunden haben, welche dem Herrn Baron von Wessenberg Excellenz genannt, und in der preußischen Armee als distinguirte Offiziere bekannt sind, eine Anzahl von Waffen, Armaturstücke, sowohl für Infanterie als Kavallerie liefern. Mit diesem Material würde ich mich nach einem mir zur Formation anzuweisenden Punkte, vielleicht in Sachsen, ohnfern der schlesischen und kurmärkischen Grenze begeben. Bei dem Zutrauen, welches ich im Preußischen unter den kampflustigen Menschen zu besitzen mich schmeicheln darf, bin ich dort eines Zusammenlaufen von zum ersten Anfang hinlänglichen Menschen überzeugt.

Das nöthige Geld zu diesem Materialtransport, zur Anschaffung der Kleidung, der noch fehlenden Armatur und der Pferde, sowie des Soldes auf die ersten drei Monat, oder aber Lieferung von Armatur und Pferden in natura: das würde es sein, warum ich als mir zu ertheilenden Vordersatz bitten muß. Beim Ertheilen von diesem glaube ich in Zeit von 3—4 Wochen zum Inmarschsetzen bereit zu sein. Die erste Formation würde nur in 4 Eskadrons Kavallerie und 2 Bataillons Infanterie und etwa einigen in natura mir zuzutheilenden, beritten zu machenden Kanonen bestehen. Jenseit der Weser würden die ansehnlichen Waffenvorräthe, die in der Grafschaft Mark und Ostfriesland besonders unter den Einwohnern rc. existiren, eine größere Organisation begründen.

Als Bedingnis meinerseits mache ich die beliebige Anstellung und Promotion der Offiziere in meinem Korps, sowie den vorzüglichen Gebrauch in seinen norddeutschen Provinzen und der Führung der obersten Leitung der von mir zu formirenden Truppen.

Mit Offenheit habe ich im allgemeinen das Verhältnis skizzirt, in welchem ich mit achtungswerthen Menschen, denen Teutschlands Wohl tief in die Seele liegt (sic), für die allgemeine gute Sache, am nachdrücklichsten und kräftigsten thätig zu sein, mich überzeugt halte. Wenn dasselbe als zweckmäßig von Oesterreichs erhabenem Herrscher erkannt wird, so wäre es wünschenswerth, daß der Herr Baron von Wessenberg Excellenz zur Abschließung eines Kontrakts und zur Feststellung der besonderen Nuancirungen autorisirt werde, damit die Sache sodann baldmöglichst ins Leben treten könne.

Berlin, den 25. April 1809.   Graf Chasot."

III.

Die Miſſion des Oberſten von Steigenteſch nach Königsberg im Jahre 1809.

———

Die Geschichtsforschung, auch wenn sie nicht darauf verzichtet, das vertraute Gesetz in des Zufalls grausenden Wundern, den ruhenden Pol in der Erscheinungen Flucht zu suchen, hat es immer nur mit dem zu thun, was wirklich geschehen ist, niemals mit dem, was möglicher Weise hätte geschehen können. Hypothetische Betrachtungen, auf geschichtliche Stoffe angewandt, vermögen wohl die Phantasie zu beschäftigen, aber nicht ein wissenschaftliches Ergebnis zu liefern. Hier wird Behauptung gegen Behauptung stehen, ohne daß es möglich wäre, wie wenn es sich um die Lösung einer naturwissenschaftlichen Aufgabe handelte, für die eine oder für die andere Beweise beizubringen. Ein klassisches Beispiel hiefür bietet die häufig aufgeworfene Frage, was geschehen sein würde, wenn Preußen im Jahre 1809 den Muth gehabt hätte, gemeinsame Sache mit Oesterreich zu machen. Der neueste fleißige und geistreiche Biograph des Freiherrn v. Stein, J. R. Seeley weiß es ganz genau anzugeben. „In diesem Falle", sagt er, „würde man die Erfüllung alles dessen erlebt haben, was Stein geplant hatte, und einen mächtigen Befreiungskrieg noch außerdem. Inmitten einer Erhebung Deutschlands, ähnlich der Erhebung Spaniens im Jahre 1808, würde Preußen auf einmal seine allgemeine Wehrpflicht, seine Landwehr, sein nationales Parlament erlangt haben, während sein Adel seine Wiedertaufe erhalten hätte in dem Blute, welches da geflossen wäre, wo Scharnhorst und Gneisenau dem Erzherzog Karl zu Hilfe gekommen wären."

Ganz im Gegensatze zu dem zuversichtlichen Ausspruche Seeley's läßt Max Dunder, welcher am meisten dazu beigetragen hat die Politik Friedrich Wilhelm's III. im Jahre 1809 zu rechtfertigen (s. o. S. 45), der Ungewißheit und dem Zweifel einen weiten Spielraum. „Wer beklagte nicht", sagt er, „daß es den Kräften Preußens, Norddeutschlands damals versagt geblieben ist, mit den Landwehren Oesterreichs, mit den Tirolern um die Befreiung des deutschen Landes zu ringen! Aber niemand vermag zu sagen, ob ein rückhaltloses Einsetzen Preußens eine günstigere Wendung des Kampfes herbeigeführt oder mit noch härterer Unterwerfung geendet hätte."

Bei so weit von einander abweichenden Beurtheilungen desselben Gegenstandes wird man vor allen Dingen wünschen müssen, in den vollen Besitz des historischen Materials zu gelangen. Vieles ist freilich schon an's Licht gezogen worden; einiges aber ruht doch noch im Dunkel der Archive. Nur als ein Aehrenleser nach so zahlreichen Schnittern biete ich den Freunden vaterländischer Geschichte im Folgenden einige Aktenstücke dar, von denen, so viel mir bekannt ist, bisher nur Beer in seinem Werke „Zehn Jahre österreichischer Politik" Gebrauch gemacht hat[1]). Es sind die Originalberichte des österreichischen Obersten v. Steigentesch an den Minister Grafen v. Stadion, die ich den Schätzen des k. k. Haus-, Hof- und Staatsarchives zu Wien habe entnehmen dürfen.

Zum Verständnis dieser Berichte braucht nur wenig vorausgeschickt zu werden. Schon lange vor Ausbruch des Krieges von 1809 waren von österreichischer Seite Versuche gemacht worden, Preußen für den Abschluß einer Allianz zu gewinnen. Während der ersten Wochen des Krieges wurden diese Bemühungen immer dringender. Sie fanden bei den preußischen Patrioten das lebhafteste Entgegenkommen. Mit ihnen stand der österreichische Gesandte in Berlin, Freiherr v. Wessenberg, im eifrigsten Verkehr. Der Ausgang der Schlacht von Aspern steigerte vorübergehend ihre Hoffnungen, welche durch das unglückliche Ergebnis vorzeitiger Erhebungen nicht hatten niedergeschlagen werden können. Inzwischen hatte sich Friedrich Wilhelm III. einen bestimmten Plan gebildet. „Unter Voraussetzung der Sicherung von Seiten Rußlands, der Ausdauer Oesterreichs und der Vollendung der Rüstung Preußens bin ich zur Theilnahme am Kriege Oesterreichs entschlossen." Dies hatte er Mitte Mai seinen Minister Goltz wissen lassen. Er hatte ihn zugleich bevollmächtigt, mit Wessenberg eine Konvention zu vereinbaren, welche festsetzen sollte, was Preußen beim Abschlusse des Friedens zu erwarten hätte. Goltz forderte in letzter Linie Sicherheit dafür, daß Preußen bei einem günstigen Erfolge seine alten Provinzen, eventuell für einen Verzicht auf Warschau

---

[1]) Er setzt S. 393 irrthümlicherweise die Ankunft Steigentesch's in Königsberg auf den 18. Juni.

eine angemessene Entschädigung erhalten werde. Die Verhandlungen über diese Konvention machten aber Schwierigkeiten. Zuerst war Wessenberg ganz ohne Instruktion und Vollmacht. Sodann wurde er von Stadion bedeutet, sich auf Einzelheiten nicht einzulassen, sondern höchstens in allgemeinen Ausdrücken zu versprechen, daß beide Höfe ihre Interessen als gegenseitige betrachten und nur nach getroffenem Einverständnis über den Frieden verhandeln würden.

Stadion wollte sich die Hände nicht im voraus binden und keine Minute der so kostbaren Zeit durch diplomatische Verhandlungen verlieren. Er hielt unter dem Drange der Umstände ein vorausgehendes politisches Uebereinkommen für unnöthig und wünschte so rasch wie möglich eine genaue militärische Abkunft zu treffen. Er wurde durch die Sendung des Prinzen von Oranien sehr bedeutend in der Hoffnung bestärkt, daß das zweite auch ohne das erste möglich sein werde. Der Prinz war beauftragt worden, dem Kaiser Franz persönlich mitzutheilen, daß der Entschluß des Königs gefaßt sei, und an welche Bedingungen seine Ausführung geknüpft werde. Auch sollte er eine Verabredung über den Operationsplan einleiten und ohne Zweifel die Zusage übermitteln, daß nach Eröffnung des Kampfes die oberste Leitung der preußischen Truppen dem Erzherzog Karl überlassen bleiben würde[1]. Der Prinz fügte von sich aus hinzu, daß der König jedenfalls fünf bis sechs Wochen Zeit gebrauchen werde, um seine Truppen auf den Kriegsfuß zu bringen; aber er gab zu verstehen, „daß die darauf bezüglichen Befehle schon ertheilt worden seien". Dies war mehr als er zu sagen berechtigt war. Der Minister Golz brauchte sich nicht nur „den Anschein zu geben", sondern konnte allen Ernstes erklären, daß der Prinz in seinen Eröffnungen zu weit gegangen sei[2]. Stadion andrerseits schöpfte aus

---

[1] Es geht aus der Weisung Stadion's an Wessenberg vom 6. Juni 1809 (in der Correspondance inédite de Napoléon Bonaparte 7, 410 irrig datirt „le 9 Juin") hervor. Vgl. übrigens Duncker, Preuß. Jahrb. a. a. O. S. 148.

[2] Wessenberg an Stadion, 16. Juni 1809: „Le comte de Goltz fit semblant de croire que monseigneur le prince d'Orange était allé trop loin dans ses ouvertures." Vgl. die Stellen aus den Tagebüchern von J. v. Gentz (1873) 1, 80. 115. 123. 124. 193. Gentz hat die Korrespondenz, die der König mit Oranien führte, gesehen und zieht daraus den Schluß: „qu'on a indignement trompé le prince d'Orange". Er sagt indessen kein Wort davon, vermuthlich weil es ihm unbekannt war, daß der König die Ausführung seines Beschlusses an gewisse Bedingungen geknüpft hatte. Ob von diesen in jenem Briefwechsel noch die Rede ist, vermag ich freilich nicht zu sagen, da er mir nicht vorliegt.

ihnen so viel Zuversicht, daß er an dem günstigsten Erfolge nicht
länger zweifelte. Der vorausgehende Abschluß eines ausführlichen
Vertrages, eine bindende politische Verpflichtung schien nicht mehr gefordert zu werden. Mochten Goltz und Wessenberg immerhin weiter
verhandeln, die Hauptsache, welche nunmehr erreichbar schien, war
eine rasche Verständigung über das Zusammenwirken der Streitkräfte
beider Staaten.

Ob Stadion sich nicht in etwas täuschte, ob er, ohne sich zu
täuschen, den König nicht durch einen Akt, der Aufsehen erregen
mußte, gewaltsam fortreißen wollte? Mag das eine oder das andere
der Fall gewesen sein: er entschloß sich, unter voller Billigung des
Kaisers, einen österreichischen Offizier in Uniform nach Königsberg
zu senden. Noch waren die Bedingungen, die Friedrich Wilhelm III.
aufgestellt hatte, nicht sämmtlich erfüllt, noch war namentlich die
„Sicherung von Seiten Rußlands" nichts weniger als gewiß. Aber
der militärische Abgesandte Stadion's sollte die Frage, ob Preußen
am Kriege theilnehmen werde, gar nicht mehr berühren, sondern nur
die Frage, „in welcher Weise" es theilnehmen werde. Seine Instruktion wies ihn an, auf alle Anfragen zu antworten, alle Zweifel zu
lösen, die nöthigen Anweisungen zu geben, um den guten Willen des
Königs anzuspornen. Die Thatsache, daß Preußen mit Oesterreich
gemeinsame Sache machen werde, hatte er als feststehend anzunehmen.
Vom Erfolge seiner Mission, von der unverzüglichen Vereinigung der
Streitkräfte beider Staaten sollte Wessenberg den Abschluß des ge-
wünschten Vertrages abhängig machen.

Der Offizier, welcher mit Briefen des Kaisers, des Erzherzogs
Karl, des Prinzen von Oranien an den König versehen, das österreichische Hauptquartier verließ, war der Oberst Baron August v.
Steigentesch. Steigentesch war im Jahre 1774 in Hildesheim geboren und schon mit fünfzehn Jahren in österreichische Kriegsdienste
getreten. Mit achtundzwanzig Jahren Stabsoffizier, wurde er 1804
in diplomatischer Mission an den Landgrafen von Hessen-Kassel geschickt. In seinem späteren Leben, nach dem Jahre 1809, wechselten
diplomatische und militärische Thätigkeit gleichfalls mit einander ab.
Auch als Schriftsteller machte er sich bekannt, und namentlich sein
Ruhm als dramatischer Dichter hat sich über seinen Tod hinaus erhalten. Die Vollziehung des Auftrages, den Stadion ihm 1809
ertheilte, erforderte unstreitig großen Takt. Daß man ihn mit einer
so wichtigen Aufgabe betraut hatte, mußte seinem Ehrgeize schmeicheln.

Es haben sich noch zwei der Briefe erhalten, die er von der Reise aus an Stadion gelangen ließ, von Glatz (9. Juni) und von Landsberg a. d. Warthe (12. Juni) datirt. Was er von den kriegerischen Vorbereitungen sieht, erfüllt ihn mit frohen Hoffnungen, und vor allem die Thätigkeit des Grafen Götzen nöthigt ihm die höchste Achtung ab. Die politische Konstellation flößt ihm dagegen noch große Besorgnisse ein. „Finanzminister v. Altenstein", meldet er am 9. Juni, „schreibt heute an Graf Götzen, daß er bereit sein solle, da der König endlich entschlossen zu sein scheine, und daß er nur noch bestimmtere Versicherungen des österreichischen Hofes abwarte, um sich ganz zu entschließen. Euere Excellenz sehen aus diesem Briefe den ängstlichen Geist der Regierung, die jede energische Maßregel durch einen Zusatz lähmt und zitternd den Augenblick des Ausbruchs so lange als möglich zu entfernen sucht, den der König, der fest an sein unglückliches Schicksal glaubt, für den Augenblick seiner Zerstörung zu halten scheint." Auch mit der herrschenden Stimmung war er nicht sonderlich zufrieden. „Die allgemeine Stimmung, so entschieden man für den Krieg ist, ist uns nichts weniger als günstig. Man ist hier (in Glatz) und also auch gewiß in Königsberg sehr genau von dem, was bei uns vorfällt, unterrichtet. Man läßt der Armee volle Gerechtigkeit widerfahren, aber man tadelt eben so laut ihre Anführung und das, was darauf Einfluß hat, und die Schlacht von Aspern hat die ungünstige Stimmung vermehrt. Die allgemeine Erwartung von den Folgen dieser Schlacht ist getäuscht, und die Hoffnung, daß eine einzige Schlacht dem französischen Kaiser alle seine Vortheile entreißen und selbst seine eigene Macht auf lange Zeit erschüttern würde, ist hierdurch widerlegt.... Die Wiedereroberung von Tirol, das ganz ruhig seinem Schicksal überlassen wird, macht einen fürchterlichen Eindruck auf die öffentliche Meinung, da alle deutschen Völker, die sich unter günstigen Umständen an uns anschließen würden, ein gleiches Schicksal befürchten, und ich beschwöre Euere Excellenz, allen ihren Einfluß anzuwenden, etwas mehr Thätigkeit und Leben in unsere Handlungsart zu bringen, denn durch das systematische Stillstehen aller Fabius Cunctator geht der schönste Theil der Monarchie und wir selbst in allen übrigen Theilen von Europa in der öffentlichen Meinung zu Grunde."

Am 15. Juni langte Steigentesch in Königsberg an. Von dort aus schickte er die folgenden Berichte an Weffenberg, durch dessen Hand sie dem Adressaten Stadion übermittelt wurden. Hören wir nunmehr den österreichischen Sendling selbst reden:

„Hochgeborner Reichsgraf!

Nachdem ich gestern Nachmittag hier angekommen war, schrieb ich an den General Köleritz, der mich heute um 10 Uhr zu dem Könige bestellte. Ich übergab seiner Majestät die Briefe seiner Majestät des Kaisers, des Erzherzogs und des Prinzen von Oranien. Der König erbrach bloß den letzten und sagte ganz kurz: „Das ist auch einer von den passionirten Herrn, die zwar eine sehr lobenswerthe Passion für die gute Sache haben, aber das ganze Land wimmelt von solchen Passionen, die es zu Grunde gerichtet haben, und es ist meine Pflicht, ihnen Ruhe und Kälte entgegenzusetzen; doch ich würde vielleicht eben so denken wie sie, wenn ich nicht höhere Pflichten hätte. Welche Aufträge haben Sie eigentlich?" Ich antwortete, daß das Schreiben seiner Majestät des Kaisers die Absicht meiner Sendung enthielte. Der König fiel rasch ein und sagte bitter: „Ich weiß es schon, es soll vermuthlich sein, damit ich die Ehre habe zugleich mit Österreich zu Grunde zu gehn? Besonders jetzt, da Rußland seine Partie genommen zu haben scheint, von dem doch noch die einzige mögliche Hülfe zu erwarten war." Ich bemerkte seiner Majestät, daß der Zweck meiner Sendung weit davon entfernt wäre, Hülfe für Österreich zu begehren, da allein an den Tagen vom 21. und 22. die Armee und ihr Heerführer gezeigt hätten, daß sie im Stande wären, die Gefahr, die der österreichischen Monarchie droht, nachdrücklich zurückzuweisen, daß bei dem Stande der Armee (den ich ihm hierbei überreichte), bei dem Vertrauen auf sich und ihren Anführer, bei der allgemeinen Stimmung des Volks, das diesen Krieg zu dem, was er eigentlich ist, zu einem Nationalkriege gemacht und allgemein die Waffen ergriffen hat, und bei unseren übrigen großen Hülfsquellen wir hinlänglich im Stande wären, der Gefahr, die uns allein droht, zu widerstehen; aber ich wagte es, seine Majestät auf einen Grundsatz aufmerksam zu machen, den sie selbst längst anerkannt und geäußert hätten, nämlich daß dieser Krieg nicht die Sache des Einzelnen, sondern des Allgemeinen sei, um das Eigenthum der Könige wie der Unterthanen, die noch an einer guten und gesetzmäßigen Regierung hängen, zu schützen, daß ganze Staaten wie einzelne Menschen Augenblicke haben, die ihre Zukunft bestimmen, und daß ich bloß hieher geschickt worden sei, seine Majestät auf diesen Augenblick aufmerksam zu machen, in welchem wir alle Kräfte des Feindes und seiner Alliirten in dem Herzen der österreichischen Monarchie festhalten und beschäftigen, und der Norden von Deutschland, wo besonders die altpreußischen Provinzen ihren Beherrscher zurückerwarten, allen Operationen offen läge, und daß hiezu weniger Vorbereitung gehöre, da jedes Vorrücken die Zahl der Armee und der Unterthanen seiner Majestät, so wie der offene Handel die Hülfsquellen des Staats vermehren würde.

„Aber", sagte der König, „Österreich muß doch aus Erfahrung wissen, wie viel Zeit man bedarf, um sich wieder zu erholen. Wir sind erschöpft, wie Sie sich gar keine Vorstellung davon machen, und wie es Österreich nie war, und doch hoffe ich, daß ich nicht so viel Zeit dazu brauchen werde, als Österreich bedurfte, da ich es um Hülfe ersuchte. Wir können dereinst handeln, aber jetzt noch nicht, jetzt wahrhaftig noch nicht. Was Ihnen auch ein paar junge unruhige Köpfe gesagt haben mögen, glauben Sie mir, es ist der beste Wille bei diesen Menschen, aber niemand kennt den Zustand des Landes wie ich ihn kenne." — Ich bemerkte dem Könige, daß er nur die Gnade haben möge, diesem 'dereinst' eine nähere Bestimmung zu geben, daß der große Schlag, der zum zweitenmal über das Glück der französischen Waffen entscheiden müsse, nahe sei, da die einzige Subsistenzlinie des Feindes ihm nicht erlauben könne, seine jetzige Stellung zu 'behaupten, daß er entweder über die Donau gehn, oder seine Operationslinie in das Herz von Ungarn ausdehnen müsse, daß in jedem dieser Fälle alles zu seinem Empfange bereit sei, daß sich ein glücklicher Erfolg kaum bezweifeln ließe, daß an das Mißlingen dieser feindlichen Operation die Offensivpläne seiner kaiserlichen Hoheit geknüpft wären, und daß seine k. Hoheit bei diesen Plänen, die dann ganz Deutschland umfassen müßten, mit dem Entschlusse, den Hülfsmitteln und der Mitwirkung seiner Majestät bekannt zu sein wünschten, um ihre Operationen, von denen das Wohl von Europa und die allgemeine Sicherheit abhänge, damit verbinden zu können, daß aber der Gang der Begebenheiten rasch sei und ein schneller Entschluß dazu gehöre, so große Zwecke schnell zu erreichen.

Der König versprach, mir über die Punkte, die der Brief seiner Majestät enthielte, und was ich ihm sonst noch vorzulegen hätte, bald eine bestimmte Antwort zu geben. Er sprach hierauf viel von der letzten Schlacht, er glaubte, daß wir das Schicksal von Europa in Händen gehabt hätten, wenn wir über die Donau gegangen wären, „und", setzte er hinzu, „ich habe es immer gesagt, diese Franzosen wissen alles besser zu benutzen; das ist es, was wir Deutsche nie verstanden haben". Ich erwiderte seiner Majestät, daß s. k. Hoheit, wie höchstdieselben mir es selbst vor meiner Abreise zu sagen geruhten, erst seit acht Tagen alle Mittel eines Überganges erhalten hätten, daß bei einem Feldzuge, dessen Anfang nicht glücklich war, der Ersatz für den Verlust eines Theils unserer Pontons erst aus der Ferne herbeigeschafft werden mußte, daß diese der Armee nur in der Ferne folgen, und daß es unmöglich war, sie früher kommen zu lassen, da man den Sieg erst benutzen kann, wenn man seiner gewiß ist, daß aber unsere jetzige Lage, das Vertrauen der Armee in ihren Heerführer und in ihre eigene Kraft, und der zerstörte Glauben an die Unüberwindlichkeit unsers Gegners, die bei Aspern untergegangen ist, uns einen gewissen glücklichen Ausgang der nächsten Begebenheiten versprächen, und daß dieser dann desto zerstörender und entscheidender in seinen Folgen sein würde. Der König sprach noch über unsere Angelegenheiten in Polen, die er etwas bitter tadelte, und zeigte mir auf der Landkarte, — dem einzigen Schauplatze der preußischen Triumphe, wo sie überall mit ziemlich richtigen Beweisen vordringen — wie leicht es gewesen, und noch sei, diesen zusammengelaufenen Haufen von Insurgenten zu zerstören, und selbst Danzig zu nehmen, wo, wie der König behauptet, über 400 Kanonen liegen, die die Franzosen, der schlimmen Wege und der Hindernisse wegen, die man ihnen von preußischer Seite in den Weg legte, nicht hätten fortbringen können; dann gab er mir den beiliegenden Auszug der Posener Zeitung über die Schlacht von Aspern, und bedauerte, daß man so wenig Details über diesen Sieg wüßte, so daß die öffentliche Meinung selbst darüber ungewiß würde, da die Franzosen dieses Stillschweigen auf alle mögliche Art benutzten. Er entließ mich hierauf mit den Worten, daß er mich noch mehr zu sehen hoffe, und ich ging zu dem Großkanzler Beyme, den ich bereits im Wagen fand, um zum Könige zu fahren, der mich ersuchte, den andern Tag früh zu ihm zu kommen, und mir empfahl, sobald als möglich mit dem geheimen Legationsrath Nagler zu sprechen, der jetzt die meisten Geschäfte besonders dieser Art leite und selbst das persön= liche Zutrauen des Königs besäße. Dieser, der jetzt in der Abwesenheit des Grafen Golz die Leitung der auswärtigen Geschäfte und überhaupt einen be= deutenderen Wirkungskreis hat, als von dem ich vor meiner Abreise unter= richtet war, empfing mich wie einen alten Bekannten, aber er versicherte sogleich, daß ich ihm noch willkommener ohne Uniform und unter einem andern Namen gewesen wäre[1]). Ich sagte ihm, daß meine Sendung kein Geheimniß sein solle, und daß sie bloß eine Aufforderung an den König, so wie an jeden rechtlichen Mann sei, die gute Sache, für die er so viele und große Opfer mit bewunderungswürdiger Standhaftigkeit gebracht habe, zu unterstützen.

„Sie kennen den König nicht", sagte Nagler, „ich muß Sie mit seinem Charakter bekannt machen. Er ist unentschlossen, aber hat er einmal einen Entschluß gefaßt, so bringt ihn nichts wieder von diesem Entschlusse ab. So sieht er jetzt die Nothwendigkeit des Krieges ein, ohne sich dazu entschließen zu können. Aber hier ist ein Bund von guten Köpfen, die an der Spitze der Geschäfte stehen, die den Krieg als das einzige Mittel uns zu retten ansehen, und folglich wird der König, der seine Überzeugung und Eindrücke meistens von außen empfängt, ihn auch bald ernstlich wollen. Scharnhorst und Gneise= nau werden Ihnen mehr hierüber sagen", und er bestimmte mir nun ein paar Orte, wo wir uns, wenn es nöthig wäre, jeden Tag finden und das weitere auseinandersetzen könnten. Ich bat ihn nur, diese ganze Sache nicht den langen Weg diplomatischer Weitläufigkeiten gehn zu lassen, da hier der Augen= blick alles entscheiden muß. Er fiel mir in die Rede und sagte: „oder viel= leicht schon entschieden hat, denn es muß etwas vorgefallen sein, so können die Dinge nicht bleiben". Hier hielt er — auf was ich nicht vorbereitet war — eine Lobrede auf die ungestüme Tapferkeit der Franzosen, die die Be= gebenheiten herbeiführten, ohne sich oder sehr selten von ihnen leiten zu lassen. Ich hatte ihm nichts darauf zu antworten, als daß die ruhige Tapferkeit unserer Truppen diesen Ungestüm etwas gebrochen hätte, und daß der aus= dauernde Muth und die Treue unserer Truppen, die zwölfjähriges Unglück nicht erschüttern konnte, mehr werth sei, und daß man sicherer auf ein solches Volk rechnen könne als auf ein anderes, das jedes Unglück niederdrückt, und daß ich ihn bäte, die Franzosen nach den Jahren von 1796 und 99 zu be= urtheilen, um uns ganz schätzen zu lernen. Da ich dies mit Wärme vortrug, so bat er mich um Verzeihung, wenn etwas Beleidigendes in seinen Worten gelegen haben sollte, die bloß die herzliche Ergießung eines Freundes seien, daß er in diesem Augenblicke geglaubt habe, noch in Ansbach mit mir zu sprechen (wo ich ihn vor einigen Jahren kennen lernte), und daß er gleich wieder mit dem kaiserlichen Obersten sprechen würde. Hierauf klagte er, daß man nicht früh genug aufrichtig mit ihnen gewesen sei. Der Graf Finken=

---

1) Nagler beklagte sich auch gegenüber dem Grafen Golz darüber, daß Steigentesch's Auftreten rücksichtslos gewesen sei; s. Duncker, Preuß. Jahr= bücher a. a. O. S. 152.

stein[1]) habe immer um Aufklärung gebeten, die man ihm verweigert habe, und dies zu einer Zeit, die noch zu größeren Hoffnungen berechtigt hätte, und man leichter gemeinschaftliche Maaßregeln hätte nehmen können. Ich antwortete ihm, daß, so viel ich wüßte, man gehofft habe, der Fürst Schwarzenberg würde noch früh genug nach Petersburg kommen, um den König dort zu finden, um ihn selbst mit unseren Hülfsmitteln und unseren Planen bekannt zu machen[2]), daß der Baron Wessenberg gleich bei seinem Abgange von Wien den Auftrag gehabt habe, eine Unterhandlung anzuknüpfen, und daß es nicht die Schuld dieses Ministers sei, wenn sie nicht früher angefangen und bisher größere Fortschritte gemacht habe, so wie ihm die Antworten und Mittheilungen des Grafen Golz an unseren ehemaligen chargé d'affaires hier nicht unbekannt sein würden, die immer in ausweichenden Formen, ohne einen bestimmten Entschluß, bestanden hätten, und daß meine Hierhersendung bloß eine Folge dieser Unbestimmtheit, so wie der günstigen Gesinnungen des Königs, die uns der Prinz von Oranien mitgetheilt habe, sei, da wir durch diese die Hoffnung erhalten hätten, einen bestimmten günstigen Entschluß seiner Majestät und seine Wirkungen zu erfahren. Er zuckte die Achseln und versprach dieß dem Könige mitzutheilen. Nun kam er zu meinem Erstaunen auf Schill und wunderte sich, in einem Tone des Vorwurfs, daß wir diesen nicht mehr unterstützt und gleichsam als zu unserem Dienst gehörig betrachtet hätten, und als ich ihm meine Verwunderung bezeigte, wie man einen Mann, den der König öffentlich als einen Meineidigen erklärt habe, in unsere Dienste hätte nehmen können, so setzte er lächelnd hinzu: „Es hätte ja nur einer freundschaftlichen Anfrage des Kaisers an den König gekostet, und ich bin gewiß, der letztere würde nichts dagegen gehabt haben." Er ging nun alle Vortheile durch, die durch ihn im Norden Deutschlands hätten entstehen können, klagte über den wenigen Anhang, den er dort gefunden habe, bedauerte sein Schicksal und schloß mit den Worten: „Glauben Sie mir, die Deutschen sind nicht werth, daß man für sie sorgt. Sie lassen sich weder für das Gute noch für das Schlechte begeistern"; und so schieden wir von einander. So gern ich auch glaube, daß Nagler mich hier prüfen wollte, ob wir wirklich keinen Theil an dem Betragen Schill's hätten, wie der Verdacht damals auf dem Baron Wessenberg ruhte[3]), so belehrt mich doch alles, welchen Werth man auf diesen unglücklichen Abenteurer setzte, und wie nachtheilig sein Schicksal auf die Stimmung des Königs und des Ministeriums wirkt. Sie betrachteten ihn als einen Versuch, den Geist der Norddeutschen zu prüfen, und da dieser Haufen ohne Namen, ohne Geld, von dem Könige selbst geächtet, von keiner Macht anerkannt und unterstützt, keinen Anhang oder wenigstens nur einen sehr unbedeutenden fand, so hat der König in seinem jetzigen Kleinmuth die Schwäche, sich auf die nämliche Linie mit Schill zu stellen und sich von seinen Unternehmungen auf Norddeutschland eben so wenig Erfolg zu versprechen. Auf

---

1) Preußischer Gesandter in Wien.

2) S. Beer a. a. O. S. 348.

3) Eine Depesche Wessenberg's an Stadion vom 30. Mai 1809 bestätigt dies.

dieſe Anſicht bezogen ſich auch wahrſcheinlich die letzten Worte des Geheim=
raths Nagler.

Die wichtigſte Nachricht, die ich von ihm erhielt, und die mir ſpäterhin
auch alle Umgebungen des Königs beſtätigten, iſt unſtreitig dieſe, daß der
König vor drei Tagen den ganzen Inſurrektionsplan für das ruſſiſche Polen,
von Wibicki, dem Bevollmächtigten der polniſchen Regierung, ſelbſt entworfen,
erhalten und ihn am nämlichen Tage dem ruſſiſchen Kaiſer zugeſchickt hat.
Wie wichtig dies Ereigniß für unſere Verhältniſſe mit Rußland und beſonders
wegen[1]) des letztern Antrags über das Herzogthum Warſchau[2]) ſein muß,
werden Euer Excellenz ſchneller als ich überſehen. Ich habe die Ehre, Euer
Excellenz hier die engliſche Zeitung, die den Bericht über die Niederlage des
Marſchall Soult in Portugal enthält, beizulegen. Der engliſche Konſul
Truſina, der hier jetzt als Privatmann lebt, hat eine hinlängliche Vollmacht,
ihnen hier alle mögliche Unterſtützung anzubieten, wenn man ihn nur hören
will, und er hat mir ſehr angelegen, dies zur Sprache zu bringen. Er ver=
ſichert mich, daß jedes Schiff in der Oſtſee zu dieſem Behuſe Gewehre an
Bord hat, daß auf der äußeren Rhede von Gothenburg Transportſchiffe mit
Munition aller Art liegen, die hier ablaben können, und daß das Waffendepot
von Helgoland ganz zur Diſpoſition des Königs ſei, wenn man nur darauf
rechnen könne, den König zu einem feſten Entſchluſſe zu bewegen, an dem der
Konſul aber ſelbſt verzweifelt. England ſcheint hier ſelbſt freigibiger als gegen
jede andere Macht handeln und große Opfer bringen zu wollen, da die aus=
gedehnte Küſte von Preußen und die Kauffahrteiflotte dieſer Küſten, die vor
dem Kriege nach der engliſchen die zahlreichſte in Europa und meiſtens nur
mit engliſchen Waaren befrachtet war, für ihren Handel zu wichtig ſind, um
ſich nicht jedes Opfer gefallen zu laſſen. Übrigens hat er mir verſprochen,
mich von jedem Schritte, den er thut, zu unterrichten, mir alle Nachrichten, die
er erhält, gleich mitzutheilen, und wenn von Unterſtützung die Rede ſein
ſollte, ſich nur auf ihn zu berufen. Ich habe dies, ſo wie meine Ankunft,
nach dem Befehle Euer Excellenz, dem Fürſten Stahremberg[3]) mitgetheilt, da
durch den Konſul die freie Verbindung mit England immer offen iſt.

Der General Scharnhorſt, der wirklich krank iſt, wohnt eine halbe
Stunde von hier auf dem Lande[4]). Er hat ſeiner Geſundheit wegen, noch
mehr aber, weil man ſeinen Abſichten entgegenarbeitete, den Vortrag im Kabi=
net abgegeben, aber die Leitung des Militärdepartements behalten. Ich gehe
morgen zu ihm. Der übrige Tag iſt unter Vorſtellungen bei den königlichen
Prinzen und Beſuchen verſchwunden. Der Prinz Wilhelm ſagte mir aufrichtig:
„Sie werden die Stimmung des Königs nicht ſo finden, wie Sie und wir alle

---

1) „wegen“ fehlt im Manuſkript.

2) Beer a. a. O. S. 351; Ranke, Denkwürdigkeiten des Staatskanzlers
Fürſten v. Harbenberg 4, 187.

3) Oeſterreichiſcher Geſandter in London.

4) Vermuthlich ſah Steigenteſch den General Scharnhorſt in Zweiden, wo=
hin dieſer Mitte Mai nach ſeiner Krankheit mit ſeiner Tochter Julie gegangen
war: ſ. Klippel, Leben Scharnhorſt's 3, 408, vgl. Perz: Gneiſenau 1, 505, Schwartz,
Clauſewitz 1, 357: „9. Juni 1809. Der General iſt auf's Land gezogen.“

es wünschen. Es ist nicht der erste schöne Augenblick, den wir ungenutzt vorüber gehen lassen, und wofür wir büßen und büßen werden."

Verzeihen Euer Excellenz, wenn Sie in meinen Berichten Mangel an Ordnung finden werden, da ich die Begebenheiten, wie sie folgen, die sich alle auf einen Zweck beziehen, niederschreibe, und so ein Tagebuch übersende, aus dem Euer Excellenz selbst sehen werden, in wie weit sich die Resultate, die ich aus dem, was ich hier höre und sehe, ziehe, den Ansichten Euer Excellenz über die hiesige Lage der Dinge nähern.

Euer Excellenz
untertänigst gehorsamster Diener

Königsberg den 16. Juni 1809. Steigentesch."

Während Steigentesch in Königsberg die ersten Versuche der Anknüpfung machte, wurde der Minister Graf Goltz in Berlin unruhig. Er hatte Grund, darüber zu erstaunen, daß zu der Zeit, da er mit Wessenberg noch über den Abschluß einer Konvention verhandelte, ein österreichischer Offizier in Königsberg erschien, um dort die letzten militärischen Verabredungen zu treffen. Er machte Wessenberg selbst gegenüber kein Hehl daraus, daß diese Mission Steigentesch's den König in große Verlegenheit setzen werde. Vielleicht, fügte er hinzu, müsse man wünschen, daß sein Aufenthalt in Königsberg sich nicht über ein paar Tage erstrecke [1]. In seiner zweiten Depesche hatte Steigentesch schon zu melden, wie sehr sich die Aussichten auf ein Gelingen seiner Mission getrübt hätten.

„Hochgeborner Reichsgraf!

Der heutige Tag hat die wenigen Hoffnungen, die ich gestern hatte, beträchtlich vermindert. Heute Morgen erhielt ich den beiliegenden Brief des Baron Wessenberg, den ein Kurier des Grafen Goltz überbrachte, und der mich auf das vorbereitete, was ich später erfuhr. Der Graf Goltz, der wie der König jedes Aufsehen fürchtet, hat seit gestern Abend durch seine Vorstellungen überall Unruhe erregt und auf meine Abreise gedrungen; hierzu kommt noch, daß der französische Konsul Clairambeau [2] und der russische Resident Dubril noch gestern Noten übergaben, in denen sie die Mittheilung meiner Anträge und die Antwort des Königs darauf verlangten, da die Traktaten, die den König an diese Mächte binden, ihm diese Mittheilung zur Pflicht machen. Diese Stürme, die von allen Seiten erwachten, waren zu stark, um die Unbestimmtheit des Königs nicht noch unbestimmter und schwankender zu machen. Er sah den Herzog von Valmy [3] (ein Gespenst, vor dem hier alles zittert) schon in Berlin und an die Oder vorrücken. Er ließ noch in der Nacht den Geheimrath Nagler und den Obersten Gneisenau, einen der bravsten und ge-

---

1) Wessenberg an Stadion, 16. Juni 1809.

2) Siehe über Clairembault Näheres unten „Preußen und Frankreich 1809—1813".

3) Kellermann.

bildetsten Offiziere der Armee, rufen, und der König befahl Nagler, mir so
schonend als möglich zu verstehen zu geben, meine Abreise zu beschleunigen,
und dies durch eine treue Schilderung der unglücklichen Lage des Königs zu
entschuldigen. Vergebens stellte Gneisenau vor, daß ein König, der den Ent=
schluß fassen will, Frankreich zu bekämpfen, nicht vor der Note eines französi=
schen Konsuls erschrecken müsse (hier hatte indessen Cubrils Note tiefer gewirkt),
wie beleidigend auch der schonendste Antrag dieser Art für die, die mich ge=
schickt hätten, sein müsse, und wie wenig Vertrauen man dadurch auf das
Versprechen des Königs, sich mit seiner ganzen Kraft an die Plane Österreichs
und der guten Sache anzuschließen, erwerben würde. Aber Nagler, der
andere Ansichten hat, der sich hier in seiner Stelle gefällt, in der er immer
dem Ohre des Königs nahe ist, und täglich dadurch mehr Vertrauen gewinnt,
der deswegen den Grafen Goltz in Berlin fest= und durch verzögerte Antworten
hinhält, um ihn von der Person des Königs entfernt zu halten, stellte dem
Könige vor, wie gern die Franzosen jeden Vorwand ergreifen würden, ihr
Plünderungssystem, als Sicherheitsmaßregel gegen ihn, auf die Provinzen an
der Elbe auszudehnen, und wie leicht es den vereinten französisch=holländisch=
westphälisch=dänischen Truppen sein würde, diese Maaßregel auszuführen, so
daß der König bei seinem ersten Entschlusse blieb. Gneisenau erzählte mir
dies, als ich in den Wagen stieg, um der Königin vorgestellt zu werden; in=
dessen, da ich meine Instruktion über diesen Punkt erhalten hatte, so setzte ich
meinen Weg fort, ohne mir, nach der Vorschrift Eurer Excellenz, bei der Köni=
gin von dem Vorgefallenen etwas merken zu lassen, die sehr richtig von der
Gefahr der alten Dynastieen und von der Nothwendigkeit sprach, diesem Zer=
störungsgeiste, der das wenige, was noch erhalten ist, zu verschlingen drohe,
endlich einen Damm entgegenzusetzen. Ich antwortete ihrer Majestät, daß
ich wünschte, diese Grundsätze hier allgemein anerkannt zu sehen, und sie
im Namen der guten Sache bäte, durch ihren allvermögenden Einfluß sie
hier geltend zu machen. Sie sagte, daß wohl kein Mensch an ihrem noch an
dem guten Willen des Königs zweifeln könne, daß man aber sorgfältig erst
seine Mittel berechnen müsse, ehe man einen Kampf wie diesen, wo zwischen
Siegen und Vernichtetwerden kein Mittelweg sei, unternähme, daß sie glaubten,
bald im Stande zu sein, mitwirken zu können, und daß sie dann im Glück
und Unglück treue Theilnehmer sein würden, daß sie sich nicht verhehlen
könnten, daß die Leidenschaftlichkeit und Persönlichkeit des französischen
Kaisers, die sich zu laut gegen sie erklärt hätten, ihren gewissen Untergang
beschlossen habe, und sie recht gut einsähe, daß sie nur durch festes Anschließen
an Österreich diesem entgehen könnten. Ich antwortete, daß dies der sehnlichste
Wunsch Österreichs sei, das diesen Krieg für seine Selbstständigkeit, so wie für
die der wenigen Staaten, die sie noch zu erhalten gewußt hätten, unternommen
habe, und daß ein Staat wie dieser nicht offener und redlicher handeln könne,
als wenn er nach zwei glänzenden Siegen, wie die von Aspern, dem preußi=
schen Hofe die Hand zur gemeinschaftlichen Hülfe böte, daß dies der Augen=
blick sei, wo sie zugleich mit der Eroberung des nördlichen Deutschlands durch
jede Bewegung gegen Frankfurt, oder durch Sachsen nach Franken, auf die
Verbindungslinie des Feindes rücken könnten, und dies allein schon hinläng=
lich wäre, die wenigen Eroberungen des französischen Kaisers in diesem Feld=

zuge ihm mit einemmale zu entreißen, und daß ich sie beschwöre, ja diesen Augenblick nicht vorübergehen zu lassen, den Preußen vielleicht zu spät bereuen würde unbenutzt gelassen zu haben. In diesem Augenblicke trat der König ein, der sich mit der verlegensten Höflichkeit um alle Gesundheiten des Erzhauses bekümmerte und sehr besorgt um die seiner k. Hoheit des Generalissimus zu sein schien, über die ich ihm alle Besorgnisse benahm. Er theilte mir hierauf seine Freude über die Artikel der Hamburger Zeitung mit, die den neuen Aufstand der Tiroler und den Rückzug des General Duroc von Innsbruck nach Kufstein enthielten, und daß der General Chasteler mit 8000 Mann bei Lindau die Wirtemberger und Baiern zurückgedrängt habe. Er versicherte, Nachrichten aus München zu haben, daß der König dort wieder auf seine Sicherheit bedacht sei, und ließ sich sehr bitter über diesen neuen deutschen Königsnachwuchs aus, von dem er besonders den König von Sachsen sehr umständlich auszeichnete, und versicherte, daß er nichts unredlicheres und schlechterdenkendes als die Umgebungen dieses Herrn kenne. Ich nahm die Gelegenheit wahr, seiner Majestät zu bemerken, daß der Augenblick da sei, sich für alle Beleidigungen an Sachsen zu rächen, da die Eroberung dieses Landes so leicht, und es so reich an Hülfsquellen sei, um die Kosten jedes Feldzuges zu decken (den Punkt meiner Instruktion, daß Sachsen dadurch seine Truppen zurückrufen müßte, durfte ich gar nicht berühren, dies allein hätte ihn um alle Besinnung gebracht). „Das ist recht gut", sagte der König, „aber man muß doch etwas haben, mit dem man vorrücken und mit dem man schießen kann. Mir fehlt es an allem, nicht einmal dressirte Leute habe ich. Meine Artillerie in Schlesien, wo das meiste Geschütz ist, hat noch keinen Schuß, nicht einmal auf die Scheibe, gethan, weil ich kein Pulver habe. Das sind lauter neue ungeübte Leute, da die Artillerie vorher meistens aus Polen bestand, die nach Haus gegangen sind und jetzt leider gegen Sie dienen; wir werden dereinst alles thun, kein Mensch ist dabei interessirter als ich; aber jetzt ist der Augenblick noch nicht da. Glauben Sie mir, daß es einem König von Preußen viel kostet, wenn er gestehen muß, wie unbedeutend seine Mittel sind, und daß er an den Begebenheiten nicht den Antheil nehmen kann, den er gern nehmen möchte, und den die Nothwendigkeit von ihm fordert." Er verließ hierauf das Zimmer, und die Königin sprach mit Rührung von ihrer unglücklichen Lage, aber sie hoffe, daß durch das Zusammenrücken aller Bessern in ihrem Lande sich diese bald ändern würde. Ich ersuchte die Königin gehorsamst, seine Majestät den König nur dahin zu vermögen, irgend etwas über den Zeitpunkt zu bestimmen, in dem sie glaubten gerüstet zu sein, da das 'dereinst' des Königs und selbst das 'bald' ihrer Majestät der Königin, das nur ein näher gerücktes 'dereinst' sei, zu unbestimmt für die bestimmte Frage meines Herrn wäre. „Das fühle ich wohl", sagte die Königin, „aber man muß dem Könige nur nach und nach einen Entschluß abgewinnen, auf dem er dann aber auch unabänderlich besteht. Vertrauen Sie mir, wenn Sie auch sonst kein großes Vertrauen in unsere festen und schnellen Entschlüsse haben sollten, denn es ist ja unserer aller Sache, und bedenken Sie, daß ich Mutter von Kindern bin, denen der König suchen muß ihr Eigenthum und das Erbe ihrer Väter zu erhalten." Sie war am Ende dieser Rede so gerührt, daß Thränen ihre Augen füllten und sie mich schnell durch eine Verbeugung entließ. Auch solche Augenblicke, die der König, wie man sagt, oft erlebt, scheinen auf ihn, obwohl er mehr Hausvater als König ist, nicht mehr zu wirken, da sein besseres Gefühl dem drückenderen der Ängstlichkeit untergeordnet ist.

Der Großkanzler Beyme empfing mich, so wie ich es nach aller Beschreibung von ihm erwartet hatte, wie ein Mann, der ganz für die gute Sache lebt und unerschütterlich in seinem Entschlusse ist. Er sagte mir, daß vor 6 Wochen eigentlich schon der Augenblick gewesen sei, wo Preußen sich hätte erklären sollen, daß er gar nicht dafür wäre, jetzt das nördliche Deutschland zu erobern, sondern alle Kraft, die man sammeln könne, nach Österreich zu werfen, dies Land hier selbst preis zu geben, um nur dort den gemeinschaftlichen Feind der allgemeinen Ordnung und Ruhe zu zernichten. Daß er dies schon zweimal, und zwar das erstemal vor zwei Monaten im Staatsrathe dem Könige vorgestellt habe (dies ist buchstäblich wahr), daß nicht alle Leute, die Einfluß auf den König hätten, ganz so dächten, daß Liebe zur Ruhe und Gemächlichkeit manches Bessere hinderten, daß er in diesem Augenblicke in einen andern Minister (den Finanzminister Baron Altenstein) dränge, in der nächsten Konferenz diese Sprache nachdrücklich zu führen, da man sich vor ihm zu scheuen anfinge, daß dieser noch nicht ganz dazu entschlossen sei, daß er dann aber selbst noch einmal sprechen würde, da dieser Augenblick über ihre Zukunft entscheiden müsse, und daß ich, und jeder, der der guten Sache zugethan sei, fest auf ihn rechnen könne. Er bat mich, jeden Abend, wenn ich nichts besseres zu thun wüßte, zu ihm zu kommen, mich nicht von Menschen, die unmittelbar mit mir zu thun hätten, täuschen zu lassen, die immer ihre kleine Persönlichkeit unter dem Titel Staatswohl geltend machten, und mich hauptsächlich an den General Scharnhorst und den Obersten Gneisenau (den Inspekteur der schlesischen und pommerschen Festungen) zu halten. Da wir so übereinstimmend dachten, so hatte ich ihm bloß mit Wärme für das, was er mir gesagt und was er gethan hatte, zu danken, und ihn zu bitten, jetzt die Sache, der wir dienen, mit allem Nachdruck zu unterstützen, da die letzten Begebenheiten zu so glänzenden Hoffnungen berechtigten.

An dem General Scharnhorst fand ich einen alten Bekannten, der sich in seinen Grundsätzen und Ansichten immer treu geblieben ist. Er gestand mir aufrichtig, daß er seit der Entfernung des Ministers Stein, der das Gute aufrichtig und kräftig gewollt habe, hier an allem Gelingen des Besseren verzweifle. Da ich ihn um Aufklärung über die gegenwärtigen Hülfsmittel des Staats, und was er jetzt leisten könne, ersuchte, so bat er mich vor allen Dingen, mich nicht durch den Stand der Armee, den der König mir vielleicht mittheilen würde, täuschen zu lassen, da dieser Stand selbst wie er jetzt ist unrichtig ist und die ungeheuren Hülfsmittel nicht begreift, die der Staat besitzt, die Zahl seiner Truppen in 4 Wochen zu verdreifachen, daß er, der an der Spitze des militärischen Departements steht, mit diesen Mitteln mehr als der König bekannt sei, daß sie mehr als 150000 brodlose Menschen haben, die auf den ersten Wink zu den Waffen greifen, und daß die Zahl der Armee (Gewehre, die ihnen für so viele fehlen, abgerechnet) selbst ohne Unterstützung von außen leicht wieder, nur durch das Vorrücken im Norden, in einigen Wochen zu 100000 Mann anwachsen kann. Er zeigte mir eine Berechnung, die dem Könige vorgelegt war, nach der nur durch das Vorrücken der Truppen, das den offenen Handel wieder zur Folge hat, durch das Steigen der Seehandlungspapiere, die jetzt sehr tief stehen, und das, was der Staat an diesen Papieren gewinnt, die Kosten der ersten Rüstung gedeckt sind. Daß die Staatsschuld, die sonst auf der ganzen Monarchie lag und jetzt nur auf dem ihm gebliebenen Theile der Monarchie liegt und 30 Millionen Thaler beträgt, hinlänglich durch einen Fond von 108 Millionen Thaler, die den Werth der königlichen Güter ausmachen, die dieser Schuld zur Hypothek dienen, gedeckt sei, daß dem Könige noch ein Fond von mehr als 40 Millionen Thaler an geistlichen Gütern in Schlesien und Preußen übrig bleibt, die bereits zu diesem Zwecke bestimmt sind, daß die Erhaltung der Armee aus den Ländern, die sie besetzen, gezogen werden, und so daß, was sie jetzt kostet, zur Tilgung der Staatsschuld verwendet werden kann, die dann in längstens 3—4 Jahren getilgt ist. Er zeigte mir, daß sie Pulver und Munition aller Art sowohl für Artillerie, als für 100000 Mann auf ein ganzes Jahr vorräthig haben, daß ihre Artillerie zwar zum Theil aus ungeübten Leuten bestehe, daß man die 26 Batterien, aus denen sie besteht, aber auch anfangs nur zum Theil anwenden könne, da ihre Anzahl für die der Truppen zu unverhältnißmäßig sei, daß sie selbst mit Geschütz andern aushelfen könnten, da in Schlesien beständig eiserne Kanonen gegossen und gegen die metallenen in den Festungen ausgetauscht würden, daß Westpreußen allein 40000 Pferde von einem bekannt guten Schlage liefern kann, daß sie unbesorgt über die vom Feinde besetzten Festungen im Lande sein können, da sie die Gewißheit hätten, Danzig und Küstrin mit goldenen Schlüsseln zu öffnen, und daß bloß die Unruhen in Polen das Königreich Preußen einigen Streifereien der Insurgenten aussetzen würden, daß der jetzige Stand der Armee, der nur 44000 Mann beträgt, schon dadurch zu 70000 anwächst, wenn man jetzt die Brigaden sammelt und das, was in der Stille zu den Regimentern aufgezeichnet worden ist, zu ihnen stoßen läßt. Er versicherte aber zugleich, daß alle diese Vorstellungen nicht hinreichend seien, den Kleinmuth des Königs und seiner subalternen Vertrauten zu heben, und er zeigte mir eine Vorstellung an den König, die er und Gneisenau, der gegenwärtig war, unterzeichnet und eingereicht haben, die alles obenangeführte weitläufiger auseinandersetzt, und die Bedingung enthält, die Armee gleich und unbedingt der Disposition seiner k. Hoheit des Generalissimus zu überlassen. Sie schließt mit diesen Worten, die ich buchstäblich nachschreibe: „Wenn Euere Majestät noch länger unbestimmt in dem Entschlusse bleiben, den die Nothwendigkeit und die Sicherheit und die Ehre Ihrer Krone gleich laut fordern, so sind nur zwei Fälle möglich. Entweder siegt oder unterliegt Oesterreich. In dem ersten Falle würden E. M. die Demüthigung erfahren, Ihre verlornen Provinzen als ein Almosen aus den Händen von Oesterreich zurückzuerhalten, oder in dem zweiten, weit schrecklicheren Falle das entehrende Schicksal haben, Ihre Armee wie die Miliz einer Reichsstadt selbst ohne Widerstand entwaffnet zu sehen, und sich unbedingt dem brüdendsten Joche unterwerfen zu müssen." Der General Blücher hat, wie Scharnhorst mir sagt, in dem nämlichen Sinne geschrieben, und seinen Abschied gefordert, wenn der König noch nicht entschlossen sein sollte; dieser Brief wird heute dem Könige übergeben[1].

---

1) Pertz, Gneisenau 1, 515—519; Wigger, Blücher S. 89.

Der General Scharnhorst ist ein Mann in seinen besten Jahren, von ausgebreiteten Kenntnissen, der das Gute fest und lebhaft will, und der, als ein geborner Hannoveraner, theils aus Überzeugung, theils aus Gewohnheit, an dem Interesse Englands hängt. Als Generalquartiermeister der Armee wird er alle Befehle gut, mit unbedingtem Gehorsam und mit Einsicht ausführen. Aber der Gang seiner Ideen ist langsam wie seine Sprache, und man wird im Felde ein eigenes rasches Handeln von ihm fordern müssen, wenn man ihn richtig benutzen will. Über den Obersten Gneisenau, Inspecteur der Festungen, ist nur eine Stimme in der Armee, und wenn die Armee hier ihren Anführer wählen dürfte, so würde sie ihn und ich glaube mit Recht wählen. Voll Kenntnisse und Feuer, von treuer Anhänglichkeit an die Sache, der er mit Eifer dient, hat schon seine Vertheidigung von Kolberg, die einzige ehrenvolle der preußischen Festungen, seinen Muth, seine Kenntnisse und seine Treue bewährt. Ich habe mich bei der Schilderung dieser Charaktere etwas mehr aufgehalten, da es doch möglich wäre, daß das 'dereinst' des Königs, dereinst erscheint und diese beiden Männer dann in unmittelbare Berührung mit unseren Unternehmungen kommen würden.

Übrigens kann man nicht sagen, daß die Stimme der Wahrheit in diesem Lande nicht laut und deutlich spricht, und daß der König von Preußen das Schicksal so mancher Fürsten hat, zu denen diese Stimme nicht gelangt.

Der Finanzminister Baron Altenstein, den ich heute sprach, ist in einer Hinsicht der Montecuculi dieses Landes, denn bei jedem Antrage, den man ihm macht, zuckt er die Achseln und sagt: „Wir brauchen drei Dinge: Geld, Geld, Geld." Übrigens ist er der Schwager des Geheimraths Nagler, der mit ihm aus Ansbach hierher verpflanzt wurde, sein An- und Nachbeter, und wird nie einen Schritt thun, den ihm der andere nicht vorgezeichnet hat.

Dies sind die Bekanntschaften und Nachrichten meines heutigen Tages. So eben läßt mich Nagler auf morgen früh zu sich bitten, und ich werde also wohl den heute Nacht schon gefaßten Entschluß des Königs von ihm erfahren.

Euer Excellenz
unterthänigst gehorsamster Diener
Königsberg den 17. Juni 1809.   Steigenteisch.""

Die folgende Depesche schildert die Erlebnisse Steigenteisch's in Königsberg am 18. und 19. Juni.

„Hochgeborner Reichsgraf!

Der Geheimrath Nagler fing bei meinem heutigen Besuche damit an, mir im Vertrauen zu sagen, was jedermann mir bereits öffentlich gesagt hatte, daß der Entschluß des Königs noch nicht so reif sei, als er und alle, die das Gute wollen, es wünschen, daß der König aber bestimmt habe, so bald der Zeitpunkt, wo er wirken könne, erschienen sei, dann einen bekannten Officier in unser Hauptquartier zu senden, den man, weil er in bürgerlichen Kleidern erscheinen würde, um den Entschluß des Königs nicht vor der Zeit zu verrathen, hoffentlich deswegen nicht unfreundlicher empfangen würde, daß die Staatskräfte so geschwächt wären, daß man alle künstliche schnellwirkende Mittel zwar anwenden würde, daß es aber doch einiger Zeit noch bedürfe, diesem Zustande der gänzlichen Erschlaffung wieder einige Haltung und Stärke zu geben, daß jede bestimmte Äußerung des Königs in diesem Augenblicke, wenn sie bekannt würde, was in diesem Zeitalter der Publicität so leicht sei, alles Gute zerstören würde, das man mit Recht künftig von dem Könige er- warten könne, und daß dieses Zaubern, das man ja unter dem rechten Ge- sichtspunkte betrachten möge, nur dazu diente, um dann mit Nachdruck den Willen des Königs unterstützen zu können, der sich dann, auch im unglücklichen Falle, an Oesterreich anschließen würde. Ich antwortete ihm hierauf alles, was ich ihm, so wie dem Könige und der Königin, bereits gesagt hatte, und ich ging so weit, ihm zu sagen, daß Verbindlichkeiten, in diesem Augenblicke ein- gegangen, mehr Werth für uns haben und stärker für das feste Anschließen des Königs an die gemeinschaftliche Sache zeugen würden als später, wo ein wahrscheinlich guter Erfolg unsere Anstrengungen belohnt haben und das Schicksal von Deutschland in unsere Hände geben würde. Er meinte, daß ein unglücklicher Schlag die Kraft Frankreichs wohl auf einige Zeit lähmen, aber nicht vernichten würde, und dann ihre Hülfe noch immer von einem nicht zu berechnenden Nutzen sein würde, da selbst durch die Stimmung und Neigung des Volks das nordliche Deutschland ihnen zufallen und uns nur durch Preußen künftig unterstützen würde. Ich wandte ihm ein, daß wenn die Begebenheiten einmal so weit vorgerückt wären, Hannover wohl nicht zu den Provinzen ge- hörte, die bloß aus Anhänglichkeit on Preußen handeln würden, daß dann der Kurfürst von Hessen und der Herzog von Braunschweig, durch uns in ihre Staaten wieder eingesetzt, eine kräftige Mitwirkung in Norddeutschland ver- sprächen, da ihr ganzes Wohl von diesem Kampfe abhinge, und daß wir uns von dem preußischen Monarchen, den unverschuldetes Unglück so wie fast alle rechtmäßigen Fürsten in der letzten Zeit gebeugt habe, versprochen hätten, daß ihn die Aussicht begeistern würde, in vier Wochen wieder Herr seiner alten Staaten sein zu können und seine Stelle, die ihm gebührt, wieder unter den großen Mächten in Europa einzunehmen. Nagler zuckte die Achseln und sagte: „Wenn ich König wäre, so ständen schon 60000 Mann über der Elbe; aber es giebt leider rechtliche Menschen, die das Gute mit Eifer wollen, die aber keiner Begeisterung fähig sind. Dies ist der Charakter des Königs, der durch Unglück aller Art so tief gebeugt ist, daß ihn selbst die Hoffnung, daß es besser werden könne, verlassen hat. Indessen hoffen Sie alles von uns, die wir ihn um- geben; wir werden so anhaltend in ihn dringen, daß er nicht widerstehen kann.“

Nun fuhr er fort, mir als Freund zu vertrauen, daß mein Erscheinen hier überall Aufsehen erregt habe, daß besonders der russische Resident in den König dringe, meine längere Anwesenheit abzulehnen, und daß gewisse gesetz- widrige Bewegungen einiger Hitzköpfe in der Armee mich leicht in die un- angenehme Lage versetzen könnten, mir den Schein zu geben, als ob ich ihren strafbaren Planen die Hand böte, und so durch meine Nähe auf schwächere Köpfe wirkten, obwohl der König überzeugt wäre, daß S. Majestät der Kaiser nie Anträgen gewisser Art Gehör geben würden. Ich gab ihm mein Erstaunen über diese Äußerung zu erkennen, die mich eben so sehr überraschte als den König diese Bewegungen, von denen er sprach, überrascht haben konnten. „Das hängt alles“, fuhr Nagler fort, „mit einem gefährlichen Menschen zusammen, der jetzt in Ihrer Monarchie lebt, mit diesem Baron

Stein, der durch seine Plane die Monarchie vollends zu Grunde richten wollte, wie er sich selbst durch seine Unvorsichtigkeit zu Grunde gerichtet hat." Ich versicherte ihn, daß ich den Baron Stein weder kenne, noch wüßte, daß er bei uns lebe [1]), daß mir diese Gegenstände durchaus fremd seien, und ich ihn daher ersuchte, wenn es eine Mittheilung sein sollte, sich hierüber bestimmter zu erklären. Er antwortete, daß er dies noch nicht könne, da er hoffe, daß diese Menschen, die manches Verdienst um den Staat hätten und bloß durch ihr warmes Blut sündigten, wieder zu ihrer Pflicht zurückkehren würden. Diese ganze Stelle galt dem General Blücher, der, wie ich später erfuhr, den König etwas rauh in seinem Briefe behandelt hat und unter anderm darin sagt, daß ihm, um die Schande, die den Staat erwartet, nicht zu theilen, nichts anderes übrig bliebe, als seinen Abschied zu nehmen, um einem anderen Staate seine letzte Kraft anzubieten. Auch soll er den Grafen Götzen in einem Briefe zu dem nämlichen und noch unvorsichtigeren Schritten aufgefordert haben, und dieser Brief soll in den Händen des Königs sein. Nagler kam dann auf mich zurück. Er beschwor mich, durch einen längeren Aufenthalt die Besorgnisse des Königs nicht zu vermehren, der jetzt, so lang er unvorbereitet ist, jeden Anlaß gern vermeiden möchte, den die Franzosen gleich ergreifen würden, sich an ihm zu rächen und seine vorliegenden Provinzen so wie die Hauptstadt zu besetzen. Und als ich ihn fragte, wer denn eigentlich diese Provinzen in diesem Augenblicke besetzen sollte, so kam er zum zweitenmale mit der unglücklichen Erscheinung des Herzogs von Balmy und versicherte mich treuherzig, daß sie zwar erst bestimmte Nachrichten von seiner Stärke erwarteten, daß wenn diese 16 Bataillons aber nicht bei Erfurt ständen, an die sich wahrscheinlich alle Westphalen, Holländer und Dänen bereits angeschlossen hätten, ich vielleicht die Stimmung des Königs günstiger und ruhiger gefunden haben würde. Zudem steige das Mißtrauen der Franzosen mit jedem Tage. Sie hätten die Besatzung von Stettin von Pommern aus verstärkt, und alles zeigte an, daß sie auch die übrigen verstärken würden.

Ich ließ mich hier von meiner Lebhaftigkeit hinreißen, und indem ich die Stärke dieses Korps bezweifelte, daß alle Angaben, alle Truppen die er genannt habe dazu gerechnet, kaum auf 20000 Mann steigen ließen, so versicherte ich ihn zugleich, daß ich die Möglichkeit nicht begreife, sich von einem so elenden Haufen ungeübter Truppen (Kellermanns Korps besteht aus Konskribirten) schrecken zu lassen, und daß es kein Entschluß sei, der sich mit dem bekannten großen Charakter des Königs vertrage, erst dann den Kampf bestehen zu wollen, wenn kein Feind mehr dort zu bekämpfen wäre, und daß die Armee dies Mittel gewiß nicht wählen würde, das, was sie unverschuldet in dem letzten Kriege erduldet habe, wieder gut zu machen, so wie die unsere an den glänzenden Tagen von Aspern das Andenken an manches Vergangene verwischt hätte. Er gab mir recht, aber er sagte mir, daß in diesem Augenblicke nicht er, sondern der König durch ihn spräche, und ich antwortete ihm,

---

1) Diese Behauptung erscheint in Anbetracht des Interesses, welches man in österreichischen Regierungskreisen dem Aufenthalte Stein's schenkte, kaum glaublich. Vgl. Lentner, Karl Freiherr v. Stein in Österreich. Wien 1873, Braumüller.

daß, sobald dieß der Fall wäre, ich unbedingt jeden Wunsch S. Majestät als einen Befehl ansehen müßte, und ich ihn nur ersuchte, mir diesen Befehl S. Majestät schriftlich, so wie die Antworten auf die Briefe, die ich dem Könige überbracht habe, zu verschaffen, worauf ich dann sogleich abreisen würde. Er sagte mir, daß er dieß dem Könige vorlegen und mir die Meinung S. Majestät sogleich mittheilen würde.

Schon während dem Essen bei dem Feldmarschall Grafen Kalkreuth erhielt ich beiliegendes Schreiben im Namen des Königs[1]), dem seine Antworten an S. Majestät den Kaiser, S. kaiserliche Hoheit und den Prinzen von Oranien bei: lagen, und ich verfügte mich, wie es der König befohlen hatte, nach 5 Uhr zu S. Majestät. Der König fing damit an, zu bedauern, daß ihn die Umstände zwängen, mich nicht so oft bei sich gesehen zu haben, als er und die Königin es gewünscht hätten. „Und ich hoffe", setzte er hinzu, „Sie haben sich hier von allen Umständen so überzeugt, daß die Schilderung unserer Lage die beste Entschuldigung meiner jetzigen gezwungenen Unthätigkeit bei S. Majestät dem Kaiser sein wird." Ich nahm mir die Freiheit, S. Majestät zu sagen, daß ich mich im Gegentheil überzeugt hielte, wie kräftig und nachdrücklich bei den Mitteln, die schon vorhanden wären, seine Mitwirkung für das Ganze sein müsse, daß dieser Augenblick, der unbenutzt vorüberginge, vielleicht das Schicksal von Europa entscheide, und daß es den Kaiser, meinen Herrn, tief schmerzen würde, in dem Kampfe, den er für Unabhängigkeit und Recht über: nommen habe, von einem Fürsten nicht unterstützt zu werden, dessen erhabene Gesinnungen so bekannt wären, und der so viel erduldetes Unrecht an unserem gemeinschaftlichen Feinde zu rächen habe. „Wenn Sie sich doch nur über: zeugen wollten", fiel der König lebhaft ein, „daß ich die gute Sache unter: stütze, so viel es meine Mittel erlauben. Ich gebe meinen besten Offizieren die Erlaubniß bei Ihnen zu dienen und schwäche mich selbst dadurch auf die

---

1) „Unterzeichneter ist von S. Majestät dem Könige, seinem allergnädig: sten Herrn, beauftragt, allerhöchst ihro Antwortschreiben an S. Majestät den Kaiser von Österreich, an S. kaiserliche Hoheit den Herrn Erzherzog Generalissi: mus und an S. Durchlaucht den Herrn Fürsten von Oranien S. Hochwohl: geboren dem k. k. Obristen Herrn Freiherrn von Steigentesch einzuhän: digen. Seine königliche Majestät freuen sich, die persönliche Bekanntschaft des Herrn Obristen gemacht zu haben, und jemehr sie seinen schätzbaren Eigenschaften Gerechtigkeit widerfahren lassen, desto aufrichtiger bedauern S. Majestät, sich durch ihre Staatsverhältnisse zu dem Wunsche veranlaßt zu sehen, durch einen längern Aufenthalt S. Hochwohlgeboren des H. Obristen Baron v. Steigentesch nicht einer Verlegenheit ausgesetzt zu werden, die den persönlichen Gesinnungen des Herrn Obristen so wenig als der Absicht S. kaiser: lichen Majestät entsprechend [„entsprechend" fehlt im Manuskript] sein würde. Seine Majestät der König wünschen jedoch den Herrn Obristen Baron v. Steigentesch diesen Abend nach 5 Uhr zu sprechen, und der Unterzeichnete ent: ledigt sich dieses allerhöchsten Auftrags, indem er zugleich die Versicherung seiner aufrichtigsten Hochachtung zu erneuern die Ehre hat.

Königsberg, den 18. Juni 1809.   Nagler.

An „des k. k. Obristen ꝛc. Herrn Freiherrn von Steigentesch Hochwohlgeboren."

6*

empfindlichste Art, ich habe bei 3000 Mann von Ihren Gefangenen, die sich selbst befreit haben, verpflegen und sie auf den kürzesten Wegen zu ihren Korps führen lassen; aber wenn ich jetzt losbreche, und Sie sind während dieser Zeit unglücklich gewesen, dann habe ich Rußland zugleich vor den Kopf gestoßen, ich bin zu schwach, Sie zu retten, und uns bleibt dann nichts als der Trost, gemeinschaftlich unterzugehn." Ich antwortete dem Könige, daß ich um Erlaubnis bäte, seine Ansicht bestreiten zu dürfen, da ein unglücklicher Schlag den Krieg mit Österreich nicht endigen würde. „Gesetzt die Schlacht von Aspern wäre verloren gegangen, uns wären dann, den Erzherzog Ferdinand mit 30000 Mann in Polen nicht gerechnet, das ungeschwächte Korps des F.Z.M. Kollowrat von 25000 Mann, das sich erst nach der Schlacht an die große Armee anschloß, die eben so starke italienische Armee, das 5. Armeekorps unter dem Fürsten Reuß und das Korps des Generals Schustek bei Krems, die beide zusammen gegen 20000 Mann bilden, die nicht an der Schlacht Theil nahmen, übrig geblieben." Daß selbst in dem unglücklichsten Falle die ganze Armee, die sich schlug, nicht vernichtet worden wäre, und S. Majestät selbst gesehen haben müßten, daß selbst in den französischen Bulletins die Trümmer unserer Armee sich immer bald wieder in ein großes Ganzes zusammenfügten, und daß die zahlreichen und braven Milizen in Böhmen und Mähren, so wie die ungarische Insurrektion abgerechnet, alle diese Korps und Trümmer in Zeit von acht Tagen wieder ein Heer von 100000 Mann gebildet haben würden. „Ja", sagte der König, „nach der Schlacht von Austerlitz ist die starke Armee des Erzherzogs auch als ein Damm in Ungarn gestanden, der den Feind hätte aufhalten können, und doch ist der unglückliche Friede von Preßburg zu Stande gekommen, der auch mein Unglück nach sich gezogen hat. Kein Mensch war damals bereiter als ich, das haben S. Majestät der Kaiser recht gut gewußt, alle unsere Rüstungen, die damals noch bedeutend sein konnten, waren gemacht, man hat damals auch wie jetzt die Sprache geführt, daß an keinen Frieden zu denken sei, und einige Tage darauf ist der Friede eingeleitet und abgeschlossen worden, von dem ich die Kosten bezahlt habe. Sie werden mir es also nicht übel nehmen, wenn ich nicht ganz auf die unerschütterliche Standhaftigkeit rechne; doch würde mich dies alles nicht abhalten, wenn ich Kraft genug hätte und hinlänglich vorbereitet wäre. Indessen ich warte nur noch einen glücklichen und entscheidenden Schlag ab, und dann, wenn ich mit meinen wenigen Mitteln vorerst auch auf weniger Hindernisse stoße und nicht beim ersten Schritte fürchten muß unterzugehn, ohne Ihnen bedeutend nützen zu können, dann werde ich alle meine Kräfte der Einsicht des Erzherzogs Generalissimus übergeben, dem ich sie ganz anvertraue, und vielleicht komme ich dann nicht allein um der guten Sache beizustehen, und so willkommener würde ich dann S. Majestät dem Kaiser sein."

Er entließ mich hierauf, und schon auf der Treppe kam mir ein Kammerdiener nach, der mir sagte, daß mich ihre Majestät die Königin zu sprechen verlange. Die Königin sagte mir, wie leid dem Könige und ihr meine Abreise sei, die nur durch ihre unglückliche Lage entschuldigt würde, daß sie aber mit Zuversicht bald guten Nachrichten entgegensähe, die mich dann eben so schnell wieder hierherführen würden. „Nur ein Sieg von Ihrer Seite", setzte sie hinzu, „und alle Hindernisse sind auch in Königsberg besiegt." Mit diesen

Worten entließ sie mich, und noch spät am Abende erhielt ich ein Billet von der Oberhofmeisterin Gräfin Voß, in dem mir die Königin empfehlen ließ, ja bald der Überbringer guter Nachrichten zu sein, dann würde mir auch das 'bald' der Königin verständlich werden.

Ich fand den Geheimrath Nagler in meinem Gasthofe, der mich erwartete und mich ersuchte, meine Reise noch ein paar Tage zu verschieben, da der König den Stand der Armee, den er mir mitgeben wolle, erst von Scharnhorst gefordert habe, der mir hierüber noch einige Bemerkungen mittheilen würde, und daß vielleicht in dieser Zeit sich etwas ereignen könnte, was uns näher brächte und als ich ihn fragte, was dies sein könnte, so antwortete er: „Eine gute Nachricht. Der französische Kaiser hält etwas auf Jahrestage, und wir glauben alle, daß am 14., dem Jahrestage von Marengo und Friedland, etwas vorgefallen ist, und so wäre es möglich, daß diese Nachricht bis zum 23. hier sein könnte. Sie können denken, wie wir alle, die das Gute wollen, diesen Umstand benutzen würden, und vielleicht ließe sich selbst in der ersten Freude dem Könige ein Entschluß entreißen, den er dann auch in kälteren Augenblicken nicht zurücknehmen würde.“ Ich werde also bis zum 23. hier bleiben, und wenn sich dann keine Veränderung ergiebt, über Berlin nach Woltersdorf zurück eilen.

Königsberg den 18. Juni 1809.

So eben, den 19. kommt der Kabinetskurier Aichhammer aus Berlin, der mir die Nachricht von dem Einrücken unserer Truppen in Sachsen überbringt, die ich sogleich dem Geheimrath Nagler mitgetheilt habe. Da ich diesen Kurier gleich wieder abfertige, so eile ich, nur ein paar Nachrichten noch hinzuzufügen und dann alles andere Euer Excellenz selbst gehorsamst zu berichten, da im Schreiben einem so viele Kleinigkeiten entschlüpfen, die oft wichtig sind.

Der Oberste Gneisenau war heute mit einer Entschuldigung der Prinzessin Wilhelm bei mir, die sehr bedauerte, mich nicht oft bei sich gesehen zu haben, weil es ihr der König verboten habe, um kein Aufsehen zu erregen. Als ich Gneisenau frug [„frug“ fehlt im Manuskript], was der König denn für eine Ursache hiezu habe angeben können, so gestand er mir nach langem Weigern, daß der König ihr, der Prinzessin, gesagt habe: „Dadurch soll mich Rußland kennen lernen, wie treu ich in meinen Verpflichtungen bin, daß ich auch nicht den Schein einer andern Verabredung ohne diese Macht haben will.“ Diese Worte enthalten allein den Schlüssel zu dem Betragen des Königs und bedürfen keiner weiteren Auseinandersetzung.

In der Posener Zeitung, die ich S. kaiserlichen Hoheit beilege, werden Euer Excellenz den Grafen Zamoiski und den Fürsten Konstantin Czartoriski beide als Obersten eines Regiments finden, das sie auf ihre Kosten für die polnische Insurrektion errichten.

Euer Excellenz werden aus diesen Berichten sehen, wie wenig man auch im glücklichsten Falle von diesem Hofe erwarten kann. Man hofft sehr leicht, was man wünscht, und dies scheint mit dem Prinzen von Oranien in Hinsicht auf den Entschluß des Königs der Fall gewesen zu sein. So unbestimmt und schwankend der Charakter des Königs ist, so scheint er doch bestimmt nie ohne Rußland in die Schranken zu treten, und so sehr auch seine Umgebungen

diesen Grundsatz bekämpfen, so hat doch keine einen so bedeutenden Einfluß
auf ihn, um ihm seine (sic!) Überzeugung aufzubringen. Der Baron Stein
war, wie man sagt, der einzige, der je diese Gewalt über ihn ausübte, und
mit ihm ist in dieser Hinsicht die Stärke, die ihm der andere lieh, aus dem
Charakter des Königs gewichen. Selbst diese Umgebungen des Königs, so be=
stimmt sie auch zum Theil das Gute wollen, haben nicht Kraft genug, sich zu
dem Ungewöhnlichen unserer Zeit zu erheben, und sie suchen, wie in gewöhn=
lichen Zeiten, das von der Zukunft abzuwarten, was nur der Augenblick geben
kann. Dies ist meine Ansicht, mit der auch, so viel ich weiß, alle früheren
Berichte des Baron Wessenberg übereinstimmen. Eine Darstellung der
Menschen, die diesen Hof bilden, und was ich sonst noch höre und bemerke,
werde ich die Ehre haben Euer Excellenz selbst gehorsamst zu überreichen.
Ich bin mit tiefster Ehrfurcht

Euer Excellenz

unterthänigst gehorsamster Diener

Königsberg den 19. Juni 1809.   Steigentesch.**

Der österreichische Abgesandte blieb in der That noch ein paar
Tage in Königsberg. Am 19. Juni meldete Clausewitz, welcher durch
seine Vermittlung eine Anstellung im kaiserlichen Heere zu erhalten hoffte,
seiner Braut, der Gräfin Marie v. Brühl: „Steigentesch's Bekanntschaft
habe ich heute im Radziwill'schen Hause gemacht. Morgen esse ich mit
ihm bei Gneisenau, und dann werde ich zu ihm gehen, um ihm mein
Anliegen vorzutragen.... Steigentesch, der in mehr als einer Hin=
sicht ein Mann von Bedeutung ist und vermuthlich die Bestimmung
hatte, länger hier zu bleiben, hat die Weisung erhalten, übermorgen
von hier abzugehen. Das, denk' ich, ist genug gesagt." Am 26. Juni
berichtete er, daß er ihm ein Schreiben an den Erzherzog Karl mit=
gegeben habe, in dem er um eine Anstellung bitte, falls der König
ihm den Abschied gewähren wolle[1]). Am 29. Juni schrieb Gneisenau
dem Major v. Kehler: „Der Oberst v. Steigentesch hat hier nichts
ausgerichtet, er wurde sogar nicht einmal gut empfangen, zur Tafel
wurde er nicht eingeladen, und nach wenig Tagen erhielt er die
Weisung, wieder fortzugehen. Daß er nicht sehr erbaut war, können
Sie denken"[2]).

---

1) Schwartz a. a. O. 1, 359, 360.

2) Perg, Gneisenau 1, 519. In eben diesem Briefe fällt Gneisenau
über Nagler ein Urtheil, das von bekannten scharfen Bemerkungen Stein's,
Schön's u. a. abweicht: „Ich muß eilen, einen Irrthum zu vertilgen, in wel=
chen Sie vielleicht in Betreff Nagler's gerathen sein möchten. Er wird heftig
verunglimpft, und da sich eine so mächtige Stimme gegen ihn erhoben hatte
mit anscheinenden Zeugnissen gegen ihn, so ließ auch ich mich verleiten, Arg=

„Nicht sehr erbaut" langte Steigentesch in Berlin an. Und
dort spielte er eine Rolle, die ihm, man mag darüber denken wie
man will, wenig Ehre machte. Er theilte bekanntlich gegen das Versprechen, ihn nicht zu nennen, dem in Berlin residirenden Gesandten
des Königs Jerome, Herrn v. Linden, die Summe dessen, was er
an Stadion geschrieben, mündlich mit. Er muß es ferner gewesen
sein, durch welchen derselbe Herr v. Linden eine Kopie des Briefes
des Kaisers Franz an Friedrich Wilhelm III. wie der Instruktion
Stadion's an Wessenberg vom 6. Juni erhalten hat. Herr v. Linden
hatte nichts Eiligeres zu thun, als seinen guten Fund auf sicherem
und schnellem Wege an Napoleon gelangen zu lassen. Als im Jahre
1820 der siebente Band der „Correspondance inédite officielle et
confidentielle de Napoléon Bonaparte" erschien, wurde hier u. a.
S. 395—407 auch jene Depesche Herrn v. Linden's an den Grafen
v. Fürstenstein in Kassel veröffentlicht, in der er über die mit Herrn
v. Steigentesch geführten Gespräche Bericht erstattet. Uebrigens war
auch der französische Gesandte, Graf St. Marsan, durch H. von Linden
eingeweiht worden. Eine Uebersetzung jener französischen Depesche
Herrn v. Linden's ist in die Lebensbilder aus dem Befreiungskriege
3. Abtheilung (Jena, Frommann 1844) S. 258—266 übergegangen[1]).
Aus dieser unreinen Quelle hat bisher fast jeder geschöpft, der

---

wohn gegen ihn zu schöpfen: aber er hat mir bewiesen, daß er für die gute
Sache nimmt, aber die negativen Hindernisse eben so wenig aus dem Wege zu
räumen im Stande ist." Vgl. Hardenberg's Urtheil über Nagler, 7. September
1807, bei Ranke, Denkwürdigkeiten des Staatskanzlers Fürsten v. Hardenberg
4, 105". So günstig dies Urtheil lautete, so forderte bekanntlich Hardenberg
beim Wiedereintritt in's Ministerium dennoch entschieden Nagler's Entlassung
und setzte sie durch (a. a. O. 4, 230 ff.).

1) In demselben Werke, Abtheilung 1 S. 215, findet sich noch folgende
unglaubliche Mittheilung, von der man in Steigentesch's Depesche wie in der
Erzählung Herrn v. Linden's vergeblich eine Spur suchen würde: „Der Oberste
v. Steigentesch meldet in seinem Bericht, daß er einmal nach Mitternacht
plötzlich aufgeweckt und zum Könige berufen worden sei, den er in voller Uniform und so wie die gleichfalls völlig angekleidete Königin in der höchsten Bewegung gefunden habe. Mit Beziehung auf geheime Nachrichten über plötzliche
Dislokationen bei Blücher's Armeecorps habe der König ihn gefragt: „als
was er ihn denn betrachten und behandeln solle, ob als einen unter dem Schutze
des Völkerrechts stehenden Abgesandten? — oder als einen Emissär zur Ver-
führung seiner Truppen?" — Doch hätte sich der Monarch auf gegebene
Versicherung alsbald wieder beruhiget und Steigentesch ehrenvoll entlassen."
Eine Stelle aus dem Gespräche Nagler's mit Steigentesch am 18. Juni (s. o.

die Miſſion des Oberſten v. Steigentſch nach Königsberg in den
Kreis ſeiner Unterſuchung zu ziehen hatte. Ein flüchtiger Blick auf
das betreffende Stück der Correspondance inédite zeigt aber, wie
mangelhaft die Wiedergabe von Steigentſch's Erlebniſſen an dieſer
Stelle iſt. Schon die Namen ſind oft in unglaublicher Weiſe ent=
ſtellt. Es iſt eine Folge des nachläſſigen Druckes, wenn, um von
anderem zu ſchweigen, ſtatt Beyme, Gneiſenau, Nagler die Namen
„M. de Begine, Gudenais, M. de Nazel" zu finden ſind. Auf den=
ſelben Grund wird es ſich zurückführen laſſen, daß die Königin
Luiſe von „neun" Kindern ſpricht, denen ſie ihr Erbtheil erhalten
müſſe. Andere Abweichungen laſſen ſich nicht in dieſer Weiſe er=
klären. Es wäre unnöthig, ſie im einzelnen weiter zu verfolgen.
Bemerken wir nur zweierlei. Einmal ſoll Nagler nach dem Berichte
Herrn v. Linden's dem Oberſten bei ſeiner erſten Unterredung einen
Plan vorgelegt haben, der ſchon ſechs Monate früher dem öſterreichi=
ſchen Geſchäftsträger Hrubi mitgetheilt worden ſein ſoll: „Ce plan
ne consiste en rien moins que dans la demande de la Pologne
prussienne et autrichienne, des pays d'Anspach et de Bareuth
jusqu'au Mein, en y ajoutant une partie de la Saxe et toutes
les autres anciennes possessions prussiennes." Ganz abgeſehen
davon, daß ſich in den Depeſchen Hrubi's nichts von dieſem fabel=
haften preußiſchen Begehren findet, weiß der eigenhändige Bericht
Steigentſch's kein Wort von ſolchen Vorſchlägen zu ſagen. Sodann
ſoll der König ihn haben veranlaſſen wollen, den wahren Charakter
ſeiner Miſſion zu verleugnen und ſtatt deſſen anzugeben, daß der
Zweck ſeiner Sendung darin beſtehe, Korn in Schleſien und Pferde
in Preußen anzukaufen. Auch davon wiſſen Steigentſch's an Stadion
gerichtete Depeſchen nichts zu melden[1]). Hier äußert Nagler, freilich
mit Berufung auf einen Entſchluß des Königs, dieſer werde, ſobald der
Zeitpunkt, wo er wirken könne, erſchienen ſei, einen bekannten Offi=
zier in bürgerlichen Kleidern ins öſterreichiſche Hauptquartier ſenden.
Nach Herrn v. Linden hätte der König ſelbſt zweimal und noch in
der letzten Unterredung perſönlich eine ſolche Zuſage gemacht.

—   —

S. 81, 82) hat wohl die Grundlage für die Erfindung dieſer Anekdote abgegeben,
von der auch Armand Lefebvre (histoire des cabinets de l'Europe pendant le
consulat et l'empire 2. ed. 4, 226) Gebrauch gemacht hat.

[1]) Vielmehr verſichert nur Nagler, daß er ihm „noch willkommener ohne
Uniform und unter einem falſchen Namen geweſen wäre".

Man wird vielleicht auf diese und andere Abweichungen kein großes Gewicht legen dürfen. Sie können sich unschwer daraus erklären lassen, daß Steigentesch das eine Mal unmittelbar nach dem eben Erlebten das, was er gesehen und gehört hatte, niederschrieb, das andere Mal einige Zeit nachher unter dem Einflusse leicht geschäftiger Phantasie aus dem Gedächtnis erzählte, und daß Herr v. Linden selbst danach wieder genöthigt war, der Stärke seines eigenen Erinnerungsvermögens zu trauen[1]). Dieser durfte,- wenn man seiner Versicherung glauben darf, nicht einmal den Anschein erwecken, als nehme er an Steigentesch's Erzählungen ein sehr großes Interesse, um ihm nicht den Mund zu verschließen. Was er von ihm erfuhr, erfuhr er stückweise, zum Theil auf einsamen Spaziergängen, da er sich nicht öffentlich mit dem Fremden zeigen durfte.

Es wäre aber doch nicht unmöglich, daß Steigentesch hie und da absichtlich von der Wahrheit etwas abgewichen wäre. Je stärker er die Farben auftrug, desto tieferen Eindruck mußte er auf seinen Hörer machen. Wenn er ihm aufband, daß Nagler, selbstredend für den Fall einer österreichisch-preußischen Allianz, bestimmte und außerordentliche Forderungen gestellt habe, wenn er ihm Aeußerungen Nagler's als Aeußerungen des Königs vorführte, so verstärkte er dadurch das Gefühl des Argwohns gegen die preußische Regierung, das er auf französischer Seite voraussetzen konnte. War der König einmal, diese Berechnung hatte viel für sich, gegenüber Napoleon bloß gestellt, so konnte er nicht mehr zurück, mußte alle Bedenklichkeiten fahren lassen und sich Oesterreich in die Arme werfen. Genau in dieser Weise faßte auch Herr v. Linden die vertraulichen Enthüllungen Steigentesch's auf. Nach einem Berichte St. Marsans vom 3. Juli 1809 hatte Steigentesch beim Verlassen Berlin's sogar offen gesagt, er wolle den König der Art kompromittiren, daß er nicht mehr zurückweichen könne. Er hatte zugleich eine bedeutende Summe genannt, die Blücher, um loszuschlagen, erhalten habe.

Noch wäre zu fragen, ob Steigentesch den gewagten Schritt in höherem Auftrag gethan hat oder nicht. Herr v. Linden behauptet das erste und sieht nicht etwa in Stadion, sondern im Erzherzog Karl den Auftraggeber. „L'archiduc Charles", erzählt er, „trop faible sans doute pour s'accoutumer tranquillement à cette idée

---

1) Ganz eben so erklärt es sich, wenn Gentz, Tagebücher 1, 124 Sätze aus den Gesprächen des Königs und Steigentesch's anführt, welche sich in dieser strengen Form in den Depeschen des letzten nicht vorfinden.

de gloire dont il croit s'être couvert à Aspern, jette un regard de mépris sur le secours des Prussiens, il disait à M. de Steigentesch: mon frère le veut, il faut donc le faire; moi je ne l'aurais pas conseillé. Brusquez le roi, et s'il ne veut pas se décider, compromettez-le. Ce moyen paraît propre aux Autrichiens pour envelopper le roi dans la guerre, même malgré lui. C'est ainsi qu'une partie de cette confidence de Steigentesch s'explique." Ein Theil dieser widerspruchsvollen Behauptungen, daß es nämlich dem Erzherzog Karl gar nicht ernstlich auf die preußische Hilfe angekommen sei, ist jedenfalls erlogen[1]), vielleicht zu dem Zwecke, um Herrn v. Linden einen größeren Begriff von der Macht der isolirten österreichischen Streitkräfte beizubringen. Für den anderen Theil der obigen Eröffnung, für die Beschuldigung des Erzherzogs, Steigentesch's Verrath, oder wie man sonst seine Handlungsart nennen will, hervorgerufen zu haben, fehlt es an verstärkenden Beweisen, man müßte denn Folgendes für einen Beweis gelten lassen wollen. Als die Correspondance inédite de Napoléon erschien, bekleidete Steigentesch den Posten eines k. k. Gesandten am dänischen Hofe. Man war damals, wird erzählt, der Meinung, daß er sich auf diesem Posten nicht werde halten können. Auch erwartete man, daß er „dies Attentat auf seinen diplomatischen Takt" nicht stillschweigend werde hingehen lassen. Seine Antwort unterblieb aber, „man will wissen auf höheren Befehl". Und der König von Dänemark, der ihm wohlwollte, bemühte sich mit Erfolg, „die unangenehme Geschichte auszugleichen"[2]). In den Kreisen der preußischen Regierung selbst scheint man im Jahre 1809 keine Ahnung davon gehabt zu haben, welche Rolle der österreichische Offizier nach seiner Abreise von Königsberg gespielt hatte. Seine Mission war auch ohne dies als gescheitert zu betrachten. Die weiteren Versuche, eine Verbindung der preußischen und österreichischen Waffen herbeizuführen, blieben gleichfalls völlig fruchtlos. Erst die Vereinigung Preußens, Oesterreichs und Rußlands, wie sie Friedrich Wilhelm III. erstrebt hatte, brachte einige Jahre nachher die große Wendung in den europäischen Angelegenheiten hervor, welche 1809 die besten deutschen Patrioten auch ohne, wenn nicht gar — denn wer vermochte den Czaren Alexander zu berechnen — gegen Rußland für möglich gehalten hatten.

---

1) Man vergleiche nur Beer a. a. O. S. 388.

2) C. v. Wurzbach, Biographisches Lexikon des Kaiserthums Oesterreich, Art. Steigentesch.

IV.

Der Plan der Vernichtung Preußen's nach Champagny's angeblicher Denkschrift vom 16. November 1810.

———

Im Sommer des Jahres 1811 schien sich in Preußen ein gewaltiger Umschwung der Dinge vorzubereiten. Lange hatte man das Joch des grausamen Siegers getragen, hatte gehofft durch vorsichtiges Laviren das Dasein des Staates retten und in stiller Arbeit seine künftige Befreiung und Erhebung vorbereiten zu können. Als aber der Zusammenstoß zwischen Frankreich und Rußland näher rückte, ohne daß die Anerbietungen Preußens wegen des Abschlusses einer Allianz von Napoleon einer bestimmten Antwort gewürdigt worden wären, begann man in Berlin das Schlimmste zu fürchten. Der Kaiser wollte, so mußte man aus seinem Benehmen und aus seinen Rüstungen schließen, „Preußen hinhalten, es vollständig umgarnen, um ihm sodann mit leichter Mühe den letzten Stoß geben zu können oder günstigsten Falles die Bedingungen vorzuschreiben, unter denen er Preußen erlauben würde, alle seine Streitkräfte und Hülfsquellen für Frankreichs Zwecke zu opfern[1])". Da gewann die Meinung an Boden, daß man das Unheil nicht abwarten, vielmehr sich in Vertheidigungszustand setzen und einen Kampf auf Leben und Tod vorbereiten solle. Der König suchte in seinem Schreiben vom 16. Juli von Alexander Versprechungen über das baldige Vorrücken russischer Truppen zu erhalten. Um sich einem Handstreiche der Franzosen zu entziehen, gedachte er sich unter dem Vorwande der Revuen nach Königsberg zu begeben. Hardenberg trat entschieden auf die Seite der Kriegspartei und erklärte dem vertrauten Ompteda am 24. Juli, man werde lieber mit Ehren fallen als Frankreich helfen Fesseln zu schmieden. Scharnhorst und Gneisenau entwickelten heroische Pläne eines Massenaufstandes. Umfassende Rüstungen

1) Max Duncker, Aus der Zeit Friedrichs des Großen und Friedrich Wilhelms III. Abhandlungen zur preußischen Geschichte S. 365.

wurden angeordnet, die Krümper in großer Anzahl einberufen, ver-
schanzte Lager aufgeworfen, die Festungen armirt. Der Staatskanzler machte gegenüber dem französischen Gesandten selbst kein
Geheimnis aus den kriegerischen Vorbereitungen und äußerte, daß
man es vorziehen würde, den Degen in der Hand zu sterben, als
einen unehrenhaften Vertrag zu unterschreiben.

Man weiß, wie bald eine Aenderung der Verhältnisse vor sich
ging. Der König gab den Gedanken des bewaffneten Widerstandes
völlig auf. Mißtrauisch gegen die Erfolge eines Insurrektionskrieges,
ohne Hoffnung von Rußland Hilfe, an Oesterreich eine Stütze zu
erhalten, vom Feinde umzingelt, wich er dem Drucke der Dinge und
schloß am 24. Februar 1812 jene Konvention mit Napoleon, welche
vollständig dessen Wünschen entsprach. Unvergeßlich aber bleibt jene
Zeit der heldenmüthigen Aufwallung, in welche die plötzlichen
Rüstungen zur Abwehr eines gefürchteten Angriffes fallen. Fragt
man, wodurch diese hervorgerufen worden seien, so sieht man sich
häufig auf ein merkwürdiges Aktenstück hingewiesen, das in die
Hände der preußischen Regierung gefallen, dieser vollends die Augen
über Napoleons Pläne geöffnet habe.

Es ist dies die Denkschrift, von welcher in Häussers deutscher
Geschichte (3. Auflage 3, 537) gesagt wird: „Es deutete alles
darauf hin, daß ein Gewaltstreich gegen Preußen vorbereitet werde;
schon wurde von den geheimen Agenten berichtet, daß in einer
Denkschrift des französischen Ministers des Aus wär-
tigen die Entthronung der Hohenzollern und die Auflösung der Monarchie gefordert sei". Ranke kommt in
den Denkwürdigkeiten Hardenbergs (4, 265) auf diesen Gegenstand zu
sprechen und hegt an der Echtheit des 'Rapport du duc de
Cadore à l'Empereur Napoléon, Fontainebleau
16. de novembre 1810, sur le système à l'égard de
la Prusse' keinen Zweifel. Aus dem Aktenstücke selbst theilt er
Folgendes mit: „In einem Memoire von Champagny ist die Besorgnis
ausgesprochen worden, daß aus den populären Bewegungen religiöser
und politischer Natur, welche in Deutschland vorwalten, eine allgemeine Revolution hervorgehen könnte; eine solche würde das deutsche
Fürstenthum niederwerfen und die Idee der Nation überall empor-
bringen. Auch in Preußen herrsche unverkennbar eine ähnliche Tendenz; Hardenberg selbst stehe bei allem, was er thue, doch wieder

unter der Herrschaft von Faktionen und der Einwirkung von Männern von düsterem und dunklem, aber immer emporstrebendem Geist wie Wittgenstein. Champagny kommt zu dem Schluß, daß Preußen vernichtet werden müsse, um mit den Spolien desselben die Königreiche Sachsen und Westfalen stärker zu machen." Ohne Zweifel ist folgende Aeußerung Rankes a. a. O. S. 288 hierauf zurückzuführen: „Auch bei den französischen Ministern bemerkt man Verschiedenheiten der Meinung und der Direktion. Champagny hätte eine Vernichtung des preußischen Staates nicht ungern gesehen: Maret, Herzog von Bassano, war für die Erhaltung desselben". Max Duncker hat gleichfalls in seiner Arbeit „Preußen während der französischen Occupation" zur Verbreitung dieser Ueberlieferung beigetragen. „Die Gesichtspunkte, äußert er, welche Napoleons Verfahren diktiren, sind heute leicht zu erkennen . . . Wir kennen seinen Trieb, Preußen zu vernichten; auch Champagny votirte nunmehr schon am 16. November 1810 für volle Vernichtung"[1]).

Der Beweis wird, denke ich, nicht schwer zu erbringen sein, daß dieses Votum Champagny's eine Fälschung ist, und daß also wenigstens aus einem Aktenstücke dieser Art, die Absicht, Preußen vollständig zu vernichten, welche auf französischer Seite Ende des Jahres 1810 bestanden haben soll, nicht gefolgert werden kann. Mit Studien im Archive des Ministeriums der auswärtigen Angelegenheiten in Paris beschäftigt, war ich sehr erstaunt in der auf Preußen bezüglichen diplomatischen Korrespondenz unter dem wohlbekannten Datum 'Fontainebleau le 16. Nov. 1810' ein Aktenstück, wie es bei Ranke im Auszug vorkommt, zu finden, dessen Ueberschrift jedoch sofort ein Bedenken rege machen mußte[2]). Das von anderer Hand hinzugefügte Beiwort Prétendu kennzeichnet, was sich für einen dem Kaiser

---

1) Abhandlungen zur preußischen Geschichte S. 382 mit Beziehung auf Bogdanowitsch, Geschichte des Feldzuges im Jahre 1812: s. darüber unten. Vielleicht hat man auch in den Worten Schön's eine Beziehung auf die fraglichen Aktenstücke zu finden: „Auf die aus Paris erhaltene Nachricht, daß die Auflösung des preußischen Staates von Napoleon beschlossen sei, gab der König Scharnhorst den Auftrag nach Petersburg abzureisen", obwohl die Zeitbestimmung nicht zutrifft. S. Aus Schön's Papieren 4, 581.

2) S. die am Schlusse dieses Aufsatzes abgedruckten Aktenstücke: Anhang I und II.

erſtatteten Bericht Champagny's ausgiebt, als eine Fälſchung. Ebenſo verhält es ſich mit den darauf folgenden „Inſtruktionen für den Grafen St. Marſan". Und aus den Depeſchen von St. Marſan ſelbſt ergiebt ſich mit voller Klarheit, daß wir es hier mit einem groben Betruge zu thun haben.

Am 30. Januar 1812 machte er Maret, dem Herzog von Baſ= ſano, Miniſter der auswärtigen Angelegenheiten, folgende Mittheilung: Il y a eu une circonstance qui a donné beau jeu à nos ennemis et qui était bien propre à semer le trouble et la défiance et même à amener un changement total dans le sys- tème que la Prusse était disposée à adopter. Peu après mon retour ici du congé que S. M. I. et R. avait daigné m'accorder[1]), il fut offert au gouvernement prus- sien moyennant un sacrifice de six mille francs la communication d'un prétendu rapport que M. le duc de Cadore aurait soumis à sa Majesté l'empereur, la conclusion duquel était le plan de la destruction du gouvernement prussien et en même temps de prétendues instructions que j'au- rais reçues de tenir le ministère dans la persua- sion que S. M. I. et R. avait de bonnes dispositions pour ce pays jusqu'au moment où il aurait con- venu d'éclater.

Ces pièces apocryphes étaient semées de tant de circon- stances vraies et probables qu'elles n'ont pu à moins de pro- duire un grand effet et d'inspirer une grande méfiance; si elles n'ont pas amené un changement total de système, c'est que le baron de Hardenberg avait cependant douté d'après quelques phrases de l'authenticité de ces pièces et qu'il lui semblait d'ailleurs, que ma conduite et mes discours étaient étrangement en contradiction avec ces données.

Il y a déjà quelque temps que le hasard m'avait fait découvrir cette circonstance. Je n'en ai pas parlé à V. E. jusqu'ici parceque je voulais auparavant m'en assurer et con- naître plus de détails. Je n'en puis plus douter aujourd'hui

---

1) St. Marſan kehrte zu Anfang des Jahres 1811 von einem längeren Urlaub auf ſeinen Poſten nach Berlin zurück ſ. unten „Preußen und Frankreich 1809—1813."

et je sais même que le gouvernement prussien avait découvert depuis quelque temps, que ces pièces étaient fausses.

Je ne cacherai pas à V. E. le nom de la personne qu'on m'assure avoir fait cette communication, et je la nomme avec d'autant moins de regret qu'elle n'existe plus et que les soupçons ne pourront tomber par là sur des innocents. C'est de feu M. Esménard dont il s'agit; les mêmes pièces ont dû être communiquées à Vienne et à quelques autres cours d'Allemagne, il est possible que V. E. en ait déjà eu connaissance.

Monate vergiengen, der franzöſiſch-preußiſche Vertrag wurde abgeſchloſſen, die Fürſtenzuſammenkunft in Dreſden fand ſtatt, der ruſſiſche Feldzug nahm ſeinen Anfang. Schon ließ der Mißerfolg des Unternehmens ſich nicht mehr bezweifeln, als St. Marſan am 23. Oktober 1812 aufs neue in ſeinen Depeſchen jene Angelegenheit zu berühren Anlaß fand. Er ließ den Herzog von Baſſano vertraulich Folgendes wiſſen: Monseigneur, Pendant le séjour que j'ai fait à Dresde j'ai eu l'honneur de dire à V. E. que j'avais l'espoir d'avoir la copie du prétendu rapport, fait par M. le duc de Cadore à S. M. l'empereur au sujet de la Prusse, et des instructions qui avaient dû m'être données en conséquence, pièces qui avaient été vendues à la Prusse par feu M. Esménard et qui avaient jeté l'alarme dans ce cabinet et provoqué les mesures prises dans le courant de 1811 et qui ont mis cette monarchie à deux doigts de sa perte.

Le baron de Hardenberg vient en effet de me les confier, écrites de la main de M. de Krusemarck, et j'en ai tiré une copie que j'ai l'honneur d'adresser ci-jointe à V. E.

Il est sûr que le contenu de ces pièces a dû alarmer, et le baron de Hardenberg me disait, que j'y aurais trouvé l'explication des craintes que l'on avait eues. Bien des détails qui s'y trouvent et le style sont certainement faits pour croire qu'elles n'étaient pas apocryphes. Cependant, il y a aussi quelques données fausses et c'est en partie ce qui a tenu le jugement du roi et du baron de Hardenberg en suspens. Ces pièces ne sont pas même connues du comte de Goltz, ministre des affaires étrangères.

Da St. Marſan mit voller Beſtimmtheit den Namen des

Fälschers nennt und von ihm, als von keiner unbekannten Persönlichkeit spricht, so wird man ohne große Mühe einiges Nähere über diesen Mann angeben können.

Joseph Alphonse Esménard, ein Provençale, geboren im Jahre 1770, hatte in seiner Jugend eine Zeit lang in St. Domingo und Amerika gelebt und war im Jahre 1790 in Paris als politischer Schriftsteller aufgetreten. Seine Vertheidigung des noch übrig gebliebenen Schattens eines Königthums trug ihm 1792 die Verbannung ein. Er hielt sich längere Zeit in England, Holland, Deutschland, Italien auf, machte sich in Konstantinopel in den diplomatischen Kreisen zu thun und bot darauf in Venedig dem Grafen von Provence seine Dienste an. Im Jahre 1797 kehrte er nach Paris zurück, um dort als Journalist zu arbeiten, aber der Staatsstreich vom 18. Fructidor setzte ihn neuen Verfolgungen aus. Er mußte Frankreich wiederum verlassen. Erst nach dem 18. Brumaire öffneten sich ihm wieder die Grenzen seines Vaterlandes. Doch zögerte er nicht, bald darauf den General Leclerc nach St. Domingo zu begleiten. Von dieser Expedition nach Paris zurückgelehrt und zum Chef des Bureau der Theater im Ministerium des Inneren ernannt, blieb er eine Zeit lang ansässig, bis ihn der Admiral Villaret-Joyeuse mit sich nach Martinique nahm. Im Jahre 1805 wieder in der Heimat angelangt, veröffentlichte er sein Gedicht la navigation, dessen Schilderungen des Meeres sich auf eigene Anschauungen stützten. Er verfaßte mehrere Operntexte, Gedichte, prosaische Artikel verschiedenen Inhalts, wurde zum Censor, zum Chef der dritten Abtheilung der allgemeinen Polizei ernannt und 1810 zum Mitgliede des Institutes erwählt. Der Abdruck, wenn nicht gar die Autorschaft einer Satire, die sich gegen den russischen Obersten Czernischew, den Adjutanten und Agenten des Czaren Alexander richtete, zog ihm ein Verbannungsdekret Napoleons zu, da dieser mit Rußland noch nicht brechen wollte. Esménard begab sich nach Italien, wo er am 25. Juni 1811 in Folge eines Sturzes aus dem Wagen starb[1]).

Esménard scheint in seinem vielbewegten Leben manches nicht immer reinliche Geschäft übernommen zu haben. Er hinterließ kein

1) Biographie universelle. Bignon: Histoire de France etc. (Ed. Bruxelles 1838) 4, 69. Sbornik Imperatorskago Russkago Istoritscheskago Obschtschestwa. (Sammlung der k. russischen historischen Gesellschaft) Petersburg 1877. S. 93, 99.

Vermögen, vermuthlich hatte er sich auf Nebenverdienste angewiesen gesehen, von denen er nicht laut sprechen durfte. Wir wissen aus den Memoiren des Grafen Senft, daß er sich für gutes Geld als diplomatischer Spion verwenden ließ, wie deren jene Zeit des Napoleonischen Despotismus viele hervorgebracht hat. Graf Senfft, der sächsische Gesandte in Paris, durch seine Frau mit dem Freiherrn vom Stein verwandt, hatte dessen Schwester Marianne nach Kräften Beistand geleistet, als sie, unter dem Verdachte die Insurrektion im Königreich Westfalen begünstigt zu haben, 1809 gefangen nach Paris gebracht wurde. M. Esménard, erzählt Graf Senfft, poëte de beaucoup de talent, mais homme de plaisir, sans principes, qui s'était fait par besoin intriguant et instrument de la police et qui s'attachait aux pas des étrangers de marque et des membres du corps diplomatique, offrit à M. de Senfft ses services dans cette affaire, et en reçut quelques centaines de louis sous prétexte de prévenir par leur emploi les rapports défavorables de la police westphalienne qui auraient pu donner à l'affaire une tournure plus odieuse[1]).

Esménard war, wie man sieht, wohl der Mann dazu, den Versuch zu machen, sich durch eine jede Fälschung ein Stück Geld zu verdienen, und seine Beziehungen zur Diplomatie, seine Kenntnis der politischen Vorgänge und Stimmungen ermöglichten es ihm, ein Machwerk, wie es seinen Zwecken dienen sollte, zu Stande zu bringen. Nicht genug damit, es an die preußische Regierung loszuschlagen, ließ er es sich auch an anderen Stellen bezahlen. St. Marsan meint, an einigen anderen deutschen Höfen und auch in Wien habe man Kunde von den fraglichen Aktenstücken erhalten. Ich vermag darüber aus eigener Kenntnis nichts mitzutheilen. Hingegen ergeben die vor mehreren Jahren veröffentlichten Depeschen Czernischew's, daß auch dieser ein Opfer des Betruges wurde. Er sandte den gefälschten Bericht und einen Auszug aus den gefälschten Instruktionen, mit Angabe des Datums, nach Petersburg und legte seinem Funde, den er durch einen zuverlässigen Kanal aus dem französischen Geheimarchiv des Auswärtigen erhalten haben wollte, große Wichtigkeit bei[2]). Ohne Zweifel hat Bogdanowitsch, der in seiner Geschichte des Feldzuges im Jahre 1812 (Deutsche

---

1) Mémoires du comte de Senfft, Leipzig, Veit et Co. 1863, S. 59.
2) S. Anhang III.

7 *

Ueberſetzung von Baumgarten 1863 Band 1, 55) den „Bericht des
Herzogs von Cadore vom 16. November 1810 aus dem Archive des
Miniſteriums der auswärtigen Angelegenheiten" anführt, das von
Czerniſchew überſandte Exemplar benutzt. Uebrigens blieb das Ge=
heimniß der Mittheilungen Esménard's nicht ſo ſtrenge gewahrt, wie
man nach St. Marſan's Worten muthmaßen ſollte. Wenigſtens
theilte Ompteda ſchon am erſten Februar 1812 dem Grafen Münſter
mit: On sçait d'ailleurs que dans un rapport de Champagni
adressé à Napoléon le premier a été d'avis, qu'il fallait plutôt
s'assûrer de la Prusse par la voye des armes, que d'en faire
un allié équivoque[1]).

Hat Hardenberg, hat der König den Eröffnungen, die ihnen
durch Esménard zukamen, blindlings geglaubt? St. Marſan meint,
nach Hardenberg's eigenen Mittheilungen, es bezweifeln zu dürfen.
Und in der That: Bei einiger Ueberlegung mußten ſich dem Leſer
des angeblichen Berichtes Champagny's und der angeblich von ihm
ausgefertigten Inſtruktionen für den Geſandten in Berlin ſtarke
Zweifel an der Echtheit der Urkunden aufdrängen. Zwar was über
die geheime Thätigkeit der „revolutionären Faktion", ihren Einfluß
auf die Univerſitäten, ihren Zuſammenhang mit hochſtehenden Männern
geſagt wurde, mochte man auf Rechnung einer lebhaften und arg=
wöhniſchen Phantaſie ſetzen, welche franzöſiſche und auch öſterreichiſche
Diplomaten der Zeit oft genug irre geführt[2]), und die auch in den
Werken berühmter Hiſtoriker bis auf Thiers und Lanfrey wunderliche
Blüthen getrieben hat. Die Rolle, welche der Fürſt Wittgenſtein hier
ſpielen muß, ließ ſich allenfalls erklären, wenn man ſich die Ange=
legenheit des aufgefangenen Stein'ſchen Briefes ins Gedächtnis zurück=
rief. Einige auffällige Ausdrücke mochte man der Leichtfertigkeit oder
der Unkenntnis des vermeintlichen Autors zu gute halten. Schwerer
mußte es ſein zu glauben, daß Napoleon's Miniſter gewiſſe Sätze
geſchrieben haben ſollte, wie denjenigen, in welchem von den Heirats=
abſichten des eben verwittweten Königs die Rede war. Vor allem
aber ſtimmte vieles von dem Inhalte der Aktenſtücke ganz und gar nicht
zu der Zeit, in der ſie verfaßt ſein ſollten. Sie tragen das Datum
des ſechszehnten Novembers 1810. Aber ſie ſetzen die

---

1) Politiſcher Nachlaß des hannoverſchen Staats= und Cabinets=Miniſters
Ludwig von Ompteda 3, 202.

2) S. o. S. 28, 29.

Kenntniß von Ereignissen voraus, die erst später als dies Datum eingetreten sind. Il résulte de cet exposé, heißt es gegen Ende des Berichtes, que l'alliance offerte par la cour de Berlin, inutile avec la paix, devient onéreuse dans la supposition de la guerre avec la Russie. Das erste Anerbieten der preußischen Allianz erfolgte aber am 22. März 1811[1]). Es wird der Reunion der Hansastädte gedacht, die erst im December 1810 proklamirt wurde. Es ist in den Instruktionen von der Notabelnversammlung welche Hardenberg nach Berlin berief, die Rede. Allein diese Versammlung wurde erst am 23. Februar 1811 eröffnet, und die 'mécontents', mit denen der französische Gesandte in Verbindung treten soll, sind gleichfalls erst in diese Zeit zu versetzen[2]). Es würde nicht schwer sein, die gemachten Bemerkungen um weitere zu vermehren (vgl. u. S. 109 Anm. 1, S. 111 Anm. 1 u. 2). Czernischew hält allerdings, wenn schon zögernd, an der Echtheit der Denkschrift fest, obwohl es auch ihm leicht hätte sein müssen bei etwas mehr als flüchtigem Studium zu bemerken, daß hier gelegentlich von Ereignissen die Rede war, zu denen das Datum des 16. November 1810 schlechterdings nicht paßte, weil sie einer späteren Zeit angehörten. Konnte dies aber dem Könige, konnte es Hardenberg entgehen? Freilich läßt Czernischew im Frühling 1811, als er selbst Berlin passirte, um sich nach Paris zu begeben, Friedrich Wilhelm III. sagen: „que dans toutes les circonstances possibles, la Prusse ne pouvait être que la première victime dans le cas d'une rupture entre la Russie et la France et qu'alors elle était sûre de se voir effacer sur la carte de l'Europe"[3]) Und in dem gefälschten Berichte finden sich die entsprechenden Worte: „L'espérance d'effacer la Prusse de toutes les cartes germaniques doublera le zèle et les sacrifices des alliés naturels de la France". Aber kann das nicht eine zufällige Uebereinstimmung sein? War die Lage der Dinge nicht überhaupt danach angethan, den König mit Befürchtungen zu

---

1) Depesche St. Marsan's vom 24. März 1811.

2) Vielleicht war Esménard auf die eine oder andere Art eine Depesche St. Marsan's (vom 19. Februar 1811) in die Hand gefallen, in der von Bauernunruhen in Schlesien die Rede war. Vgl. über diese Sache u. a. F. v Raumer, Lebenserinnerungen 1, 144.

3) Sbornik ꝛc. S. 104.

erfüllen, wie er sie hier ausſprach? Bedurfte er dazu des Glaubens an die Echtheit der Esménard'ſchen Fabrikate? Mußte ihm nicht gegenwärtig ſein, daß kein Dokument mit dem Datum des 16. Novembers 1810 von der Reunion der Hanſaſtädte, vom Anerbieten der preußiſchen Allianz, von der Verſammlung der preußiſchen Notabeln reden konnte[1])?

Sehr glaublich wird es erſcheinen, daß der König und Hardenberg an der Echtheit der ihnen zugekommenen Aktenſtücke Zweifel hegten, noch ſtärkere Zweifel vielleicht, als Hardenberg ſpäter für gut hielt St. Marſan wiſſen zu laſſen. Denn immerhin konnte es von Nutzen ſein, zum Zwecke der nachfolgenden Erklärung der preußiſchen Rüſtungen des Sommers 1811 jene Dokumente vorzuſchieben. Man legte durch dieſe Eröffnung gegenüber dem Imperator ein gewiſſes Vertrauen an den Tag, man mochte hoffen ſeinen Argwohn einzuſchläfern und ſich wegen des Vergangenen vor ihm gänzlich zu rechtfertigen.

Wie ſich dies auch verhalte: die Entdeckung des gröblichen Betruges mußte der kaiſerlichen Regierung von Intereſſe ſein. Bei franzöſiſchen Schriftſtellern findet man hie und da die Thatſache verſchwiegen oder den Betrug bei ſeinem Namen genannt. Schon im zehnten Theile von Bignon's Histoire de France, der 1838 erſchien, wird die Fälſchung aufgedeckt, und es iſt auffallend, daß die deutſche Geſchichtsforſchung dieſe Stelle überſehen hat[2]). Neuerdings hat Ernouf in ſeinem Werke Maret duc de Bassano (Paris, Charpentier 1878 S. 312) die Sache gleichfalls erwähnt mit Hinzu-

---

1) H. v. Treitſchke, der in der dritten Auflage der Deutſchen Geſchichte die irrigen Behauptungen der erſten 1,357 verbeſſert, geht doch über dieſe Fragen, die ſich aufdrängen, hinweg. Er ſagt mit Bezug auf die gefälſchte Denkſchrift „Hardenberg hielt ſie für echt," ohne der chronologiſchen Unmöglichkeiten zu gedenken, die Hardenberg gänzlich überſehen haben müßte.

2) Bignon 10, 131: Un de ces courtiers diplomatiques, comme il s'en rencontre auprès de toutes les ambassades, porteurs de paroles qui n'ont pas été dites, de messages qu'on ne leur a pas donnés, et trafiquant de secrets qu'ils n'ont pas, avait remis au gouvernement prussien un prétendu rapport qui, selon lui, aurait été fait à l'empereur Napoléon par son ministre des relations extérieures, rapport dont les conclusions auraient été, que l'intérêt de la France commandait le renversement de la maison royale de Prusse et la destruction de cette monarchie. Der Verfaſſer fügt hinzu: Cet homme est mort, mais nous taisons son nom par égard pour sa famille.

fügung der Bemerkung, daß Esménard die Aktenstücke dem preußischen Gesandten in Paris verkauft und daß er echte Materialien benutzt habe [1]). In Zukunft wird man auch in deutschen Geschichtswerken Champagny's geheime Denkschrift, in welcher der Plan der Vernichtung Preußens entwickelt sein sollte, in's Bereich der Fabel verweisen, ohne daß deßhalb über die zeitweiligen Absichten Napoleon's das letzte Wort gesprochen wäre.

---

1) Ernouf. Maret S. 312: Un homme de beaucoup d'esprit et de peu de moralité, chef de bureau, journaliste, censeur et quelque peu poëte E., avait vendu en 1810 à l'ambassadeur prussien un prétendu rapport secret du duc de Cadore. encore ministre à cette époque, concluant à l'entière destruction de la monarchie prussienne. Ce rapport avait été véritablement rédigé sur des communications surprises dans les bureaux des relations extérieures. La conclusion seule était apocryphe, et le tout assez habilement coordonné pour que le cabinet prussien s'y trompât. Ranke hat diese Stelle in der zweiten Auflage seines Hardenberg (Sämmtliche Werke Band 48, S. 190) angeführt, jedoch in seiner Darstellung nichts geändert.

Anhang I.

Prétendu[1]) Rapport fait à Sa Majesté Impériale et Royale.
(Paris, Archiv des Ministeriums der auswärtigen Angelegenheiten.)

Fontainebleau, le 16. novembre 1810.

Sire,

Après avoir mis sous les yeux de Votre Majesté les dernières communications de la cour de Berlin et les réponses que par vos ordres j'ai adressées au ministre de sa Majesté prussienne, je m'empresse de résumer dans le rapport particulier que Votre Majesté m'a fait l'honneur de me demander, les principes sur lesquels il parait convenable d'établir nos rapports ultérieurs avec la Prusse et de diriger la conduite de M. le comte de St. Marsan à Berlin.

Quelque ressentiment que la ruine de la puissance prussienne ait nécessairement entraîné dans le cabinet et dans la nation, il n'est pas impossible que le désir de conserver ce qui lui reste, le besoin de raffermir une existence ébranlée jusque dans ses fondements, sa terreur d'une alliance aussi onéreuse que celle de la Russie, aussi funeste que celle de l'Angleterre, engagent aujourd'hui la cour de Berlin à des démarches sincères auprès de son vainqueur. Votre Majesté ne veut ni les repousser immédiatement ni leur accorder une entière confiance.

L'état présent de la Prusse, malgré son extrême faiblesse mérite une attention particulière. A la vérité, le ministre qui a entrepris de relever les débris de cette monarchie factice, n'a ni la force de caractère, ni l'étendue d'esprit, ni l'activité de zèle qui seraient nécessaires pour suppléer à l'inertie du roi. Ce prince, depuis la mort de la reine, parait plongé dans une langueur morale, dont on s'efforce vainement de le tirer. M. de Hardenberg gouverne sous son nom, mais il est gouverné lui même par une faction, dont il croit être le chef et dont il n'est que le dangereux instrument. Cette faction domine déjà dans le nord de l'Allemagne, où elle n'est comprimée que par la présence d'une armée française, et cherche à s'étendre jusqu'à Vienne et même en Bavière en

---

1) Das Wort Prétendu von anderer Hand und Tinte wie das Übrige, ebenso Prétendues S. 109 Anhang II.

dirigeant à son gré l'opinion publique. Elle s'est emparée des universités, des compagnies savantes, des associations mystiques, de toutes ces imaginations rêveuses qui mêlent à la politique les chimères des illuminés et qui, sous différents noms, ont autrefois obtenu le plus grand crédit en Prusse sous le père du roi régnant[1].

Les événements qui depuis ont changé la face de l'Europe, ont donné à cette secte une force nouvelle. Jusqu'ici, elle n'avait songé qu'à gouverner les peuples, en exerçant sur eux l'autorité des rois. Il semble qu'elle tend aujourd'hui à détruire les rois, en se rendant maîtresse de la confiance des peuples. Une vaste révolution se trame journellement en Allemagne, et la haine nationale contre la France suffit pour accréditer entre eux ses innombrables agents. Il y en a très peu, même dans les rangs élevés, qui connaissent bien l'ensemble, le but et le secret de cette singulière conspiration, mais un petit nombre d'hommes d'état dont les émissaires obscurs se cachent sous des manteaux de docteurs, de conseillers, d'écrivains philosophes, prépare dans le silence une explosion générale jusque dans les états de la confédération du Rhin et dans les cours les plus étroitement liées à la politique de la France. Des ministres, des princes même secondent des desseins que la plupart ignorent et dont ils seront les dupes et les victimes. D'après des renseignements certains, arrivés par différentes voies aux ministres de V. M., le plan consiste à fanatiser et à réunir l'Allemagne entière par une révolution plus forte que les gouvernements et dirigée contre la puissance française, sauf à bouleverser les souverainetés actuelles, et à recevoir du temps et des événements un ordre de choses qu'il est impossible de déterminer d'avance. Sans doute qu'à cette époque les chefs de ce vaste dessein, d'accord avec ceux qui s'élèveront dans ce grand mouvement, comptent bien s'emparer de l'autorité qu'ils auront créée; mais, en attendant, comme les moyens existants leur sont nécessaires, ils ne négligent rien pour remplir tous les cabinets d'hommes imbus de leurs principes, égarés par leurs fausses lumières et pour qui la France soit un éternel objet de crainte et d'aversion. MM. de Stadion en Autriche, et M. de Hardenberg en Prusse, dénoncés, à l'Europe par le Moniteur et dont le caractère politique a été publiquement flétri par leur infidélité, sont ceux qui ont donné le plus de gages aux révolutionnaires allemands.

Il est difficile de savoir exactement jusqu'où le ministre de S. M. prussienne est mêlé dans ce complot ténébreux, dont les auteurs, quels qu'ils soient, prennent leurs vœux pour leurs espérances, mais on ne peut douter qu'il n'ait des engagements avec plusieurs d'entre eux. La correspondance secrète du ministère désigne comme l'ami le plus intime de M. de Hardenberg un prince de Wittgenstein, esprit inquiet et sombre, tourmenté d'une ambition concentrée, et capable, dit-on, de conceptions assez étendues. Les pertes que sa famille a sans doute éprouvées dans

---

1) Vgl. die neuen Mittheilungen von Philippson, Geschichte des preußischen Staatswesens vom Tode Friedrichs des Großen bis zu den Freiheitskriegen Band 1.

l'érection du royaume de Westphalie et la suppression des principautés immédiates, celles que la révolution française avait déjà causées au comte de Wittgenstein, son proche parent, d'anciennes liaisons avec la cour de Hesse dont il préparait le retour à Cassel pendant la dernière guerre d'Autriche, par des intrigues plus secrètes que celles de Stein : tout doit inspirer à ce conseiller dangereux des pensées ennemies de la France et de sa politique, tout doit lui faire chercher de préférence en Angleterre et surtout en Russie un appui pour la maison de Brandebourg et pour lui même un asile, où sa haine et son ambition puissent agir en liberté. Reste à savoir jusqu'à quel point M. de Hardenberg, poussé par ce confident ou peut-être par ce rival de sa faveur, s'est avancé du côté de la Russie, tandis qu'il s'épuise en promesses et en protestations pour obtenir la confiance de V. Majesté M. le duc de Vicence, dans ses dernières dépêches (17. octobre), assure que la cour de Pétersbourg a été sondée sur un mariage et que cette négociation, conduite avec le plus grand mystère, doit avoir pour but de faire épouser au roi de Prusse la grande duchesse Anne, soeur de l'empereur Alexandre[1]. M. l'ambassadeur croit que pour se dérober à sa vigilance deux émissaires prussiens, au lieu de se rendre à Pétersbourg, se sont arrêtés à Twer, chez la grande duchesse Catherine et que cette princesse, ennemie déclarée de la France, a fait parvenir leurs propositions à l'impératrice mère. On peut présumer que la faction anglo-prussienne qui s'agite beaucoup dans le conseil de l'empereur de Russie, mais qui redoute l'influence dominante du chancelier comte de Romanzow, a jugé prudent de différer la discussion des offres de la cour de Berlin jusqu'à la conclusion de sa paix avec les Turcs. Sans doute qu'à cette époque, si la guerre de Portugal continue d'occuper une partie des forces de V. M., le cabinet de Russie prêtera plus facilement l'oreille aux propositions de la cour de Prusse. Jusque là, les propositions d'un absolu dévouement, l'offre même d'une alliance offensive doivent détourner la méfiance que V. M. pourrait lui porter et lui garantir la tranquillité, dont elle a besoin pendant quelque temps pour réparer ses finances, organiser son administration intérieure, reconstituer son armée et se ménager de nouvelles ressources par la vente des domaines royaux et des biens ecclésiastiques. Si ce plan, dont la perfidie semble justifiée par la position dépendante et précaire de la Prusse, est entré réellement dans la politique de son cabinet, ses protestations n'ont plus rien d'étonnant. On sait trop que les serments sont le langage de la crainte et de la faiblesse.

Mais en supposant contre toute vraisemblance, que ses démarches en Russie ne soient que le tâtonnement d'un ministère indécis et tremblant et que ses propositions à la France soient parfaitement sincères, il reste à examiner quels avantages la Prusse nous offre comme alliée et quels dangers elle peut nous faire courir comme ennemie.

V. M. veut maintenir rigoureusement la paix et le système continen-

---

1) Nach gefälliger Mittheilung von H. Hanotaux ist in ben Depeschen des Herzogs von Vicenza nichts hiervon zu finden.

tal, la nécessité de chasser les Anglais de la péninsule espagnole occupe ses pensées et le courage de ses fidèles soldats. Tant que ce but important ne sera pas rempli, la politique et l'amour de V. M. pour ses peuples lui conseillent d'éviter des querelles sérieuses au nord de l'Europe. A la vérité, on peut espérer que la Russie ne terminera pas de si tôt ses discussions diplomatiques avec la Porte. L'obstination fanatique du grand Seigneur et les espérances que M. Ruffin[1]) a heureusement semées dans le Divan nous garantissent quelques délais, que la politique russe n'a point prévus. Néanmoins, la faction qui veut la paix prend à Pétersbourg une influence marquée. Tout peut changer d'un jour à l'autre dans cette cour remplie d'intrigues et de corruption. Le comte Romanzow lui même n'ose point ou ne veut point combattre le besoin de la paix avec la Turquie. Il peut en résulter malgré lui un accord tacite avec l'Angleterre qui précipite la marche des négociations en Moldavie, et 24 heures suffisent pour signer la paix sur un tambour comme à Kainardgy[2]). Alors, la Russie ramènerait ses armées en Pologne et, les plaçant en echelons depuis Brody jusqu'à Memel, pourrait déclarer son rapprochement avec l'Angleterre, rompre le système continental, rouvrir la Baltique au commerce anglais, sous le prétexte de relever le change et le crédit de son papier-monnaie, et tout en protestant de son désir de maintenir la paix avec la France, forcer V. M. de renoncer au dessein d'amener la cour de Londres à se désister de ses prétentions tyranniques ou de porter de nouveau la guerre sur l'Oder ou sur la Vistule. C'est dans cette hypothèse, qui doit tôt ou tard se réaliser, qu'il faut considérer l'importance de la Prusse.

Au premier signal d'une nouvelle guerre avec la Russie les armées de V. M. passeront l'Elbe et marcheront sur Berlin ami ou ennemi. Comme allié, que peut nous offrir le roi de Prusse? Trente à quarante mille hommes mal affectionnés que les ressources du pays suffiront à peine à entretenir en le traitant comme ami. — Comme ennemi, la chance est bien différente. V. M. maitresse de Glogau, de Custrin et de Stettin n'aura pas même besoin de quitter Paris pour que la terreur chasse la cour de Berlin au delà de la Vistule. Par cela seul toutes les ressources de la marche de Brandebourg, de la Poméranie et même de la Silésie sont abandonnées aux administrations françaises, qui les traiteront en pays conquis, et cet avantage est inappréciable. Il est vrai que l'armée prussienne se grossira peut-être de quelques milliers d'hommes. La misère, le brigandage, le désespoir, la haine des Français donneront aux Russes environ 50 mille hommes de plus. Mais aussi les Saxons, les Polonais, le roi de Westphalie (dont une alliance de la France avec la

1) S. über biesen französischen Diplomaten: Zinkeisen, Geschichte des osmanischen Reiches; Lefebvre, Histoire des cabinets de l'Europe 3, 52.

2) Der Friede von Kutschuk-Kainardschi von 1774. „Noch nie ist ein weltgeschichtlicher Friede in so kurzer Zeit zu Stande gekommen wie der von Kutschuk-K." Zinkeisen 5, 958.

Prusse rend l'agrandissement impossible), verront dans la Silésie et le Brandebourg un riche dédommagement des efforts qu'ils auront faits pour Votre Majesté. Sa magnanimité connue leur garantira des récompenses, proportionnées à leurs services, et l'espérance d'effacer la Prusse de toutes les cartes germaniques doublera le zèle et les sacrifices des alliés naturels de la France.

Il résulte de cet exposé que l'alliance offerte par la cour de Berlin, inutile avec la paix, devient onéreuse dans la supposition de la guerre avec la Russie. Tant que l'état de l'Europe et la politique de l'Angleterre resteront les mêmes, V. M. ne changera ni d'alliés ni d'ennemis. Mais si le cabinet de Pétersbourg, content de forcer les Turcs à lui céder leurs provinces au delà du Danube, se rapproche de la cour de Londres, si par suite de cet événement probable, il faut que les armées de V. M. revolent des Pyrénées aux bords de la Vistule, dès lors, l'intérêt évident de la France, est d'acheter le sang et la fidélité des Polonais et des Suédois aux dépens de la Russie, comme de s'assurer aux dépens de la Prusse l'emploi de toutes les forces de la Saxe, de la Westphalie et peut-être même un corps d'auxiliaires autrichiens dans la haute Silésie. La confédération du Rhin créée par le génie de V. M. et son alliance intime avec la cour de Vienne garantissent d'ailleurs les frontières de l'empire et perpétueront la paix au centre comme au midi de l'Europe.

Cependant la cour de Pétersbourg, en laissant apercevoir l'instant plus ou moins éloigné qui doit la rendre ennemie, affecte encore un attachement fidèle à l'alliance de V. M. D'un autre côté, la situation de l'Espagne et du Portugal peut occuper encore quelque temps ses forces et sa pensée. Dans cet état de choses, il convient de suivre avec une attention continuelle tous les mouvements des puissances du nord et de mûrir les événements sans les précipiter. Déjà la grande mesure de la réunion de la Hollande est suivie de celle des villes anséatiques, arrêtée dans la sagesse de V. M. Toutes les précautions sont prises de manière à ce qu'une opération si décisive soit consommée avant que les préliminaires de paix soient seulement discutés entre la Porte et la Russie. Les frontières de l'empire une fois appuyées sur la Baltique, la Prusse sera complètement enveloppée par le territoire ou par les alliés de V. M. Des garnisons françaises continueront d'occuper ses trois meilleures forteresses dans l'intérieur du pays. Soixante-dix millions de contributions arriérées absorberont l'emploi de ses ressources et le produit de ses plus riches domaines. Ses ports seront fermés par nos douaniers à toutes les tentatives du commerce anglais. Que nous vaudrait de plus une alliance intime avec elle? Et quel danger sa haine impuissante peut elle ajouter de plus à ceux qui résulteroient pour V. M. d'une rupture prématurée avec la cour de Pétersbourg? Il m'est impossible d'y croire et de les compter pour quelque chose dans les hautes résolutions de V. M.

Je pense donc qu'il n'y a pas lieu de resserrer nos liaisons avec la Prusse, ni de rien changer à nos rapports pacifiques avec elle, tant que notre situation continuera d'être ce qu'elle est avec la Russie et tant que

les affaires n'auront pas pris une tournure plus décisive en Espagne et
en Portugal. En conséquence j'ai l'honneur de proposer à V. M. de
régler sur ces principes la conduite de son ministre à Berlin et d'ajouter
seulement à ses premières instructions l'ordre de surveiller avec une
attention scrupuleuse les rapports secrets du cabinet prussien avec celui
de Russie et la marche de cette faction ténébreuse qui parait avoir
choisi Berlin pour le foyer d'une révolution générale en Allemagne.

　　　Je suis, etc.

　　　　　　　　　　　　　(signé) Champagni [sic] duc de Cadore.

Anhang II.

(Paris, Archiv des Ministeriums der auswärtigen Angelegenheiten.)

Prétendues Instructions pour Mr. le Comte de Saint-Marsan, Envoyé extraordinaire et Ministre plénipotentiaire de S. M. I. et R. à la Cour de Prusse.

16. novembre 1810.

§ 1.

J'ai eu l'honneur de développer à M. le comte de St. Marsan dans
une conversation confidentielle les motifs particuliers, qu'a S. M. de soupçonner le cabinet prussien et quelques personnages éminents de la cour
de Russie de relations contraires à sa politique et aux intérêts de son
empire. M. le comte de St. Marsan a donné lui même des avis importants
sur ces liaisons qui sortent du cercle des communications diplomatiques
et des rapports de bon voisinage; on est fondé à croire que le cabinet
de Berlin ne s'est pas adressé au chancelier comte Romanzow ni à
l'empereur Alexandre, mais que pour éviter à Pétersbourg la surveillance
de l'ambassadeur de S. M. un ou deux agents prussiens se sont rendus
plusieurs fois à Twer auprès de la grande duchesse Catherine, épouse du
prince Georges d'Oldembourg; ce prince, que la cour de Russie a inutile-
ment tenté de porter l'année dernière sur le trône de Suède[1], est ennemi
déclaré de la France. Sa femme partage ce sentiment, si même elle
ne l'a pas inspiré. C'est par cette voie que le cabinet prussien doit
communiquer avec l'impératrice mère et qu'il peut faire agir indirectement
l'influence de cette princesse sur l'empereur, son fils, et sur une partie
de son conseil. Il est extrêmement vraisemblable, qu'on a profité du
moment où M. le comte de St. Marsan était à Paris, pour envoyer de
Pétersbourg à Berlin le jeune comte de Lieven, fils de l'ancienne gou-
vernante des grandes duchesses, pour suivre cette intrigue mystérieuse.

---

1) Wahrscheinlich eine Verwechselung mit dem Herzog von Oldenburg, s.
Lefebvre: Histoire des cabinets de l'Europe etc. 2. édition 5, 65; der
Ausdruck 'l'année dernière' würde aber nur in ein Aktenstück passen, das dem
Jahre 1811 angehörte.

Soit qu'il s'agisse d'un mariage projeté entre le roi de Prusse et la grande duchesse Anne qui vient d'entrer dans sa dix-septième année, soit qu'on traite éventuellement de mesures à prendre dans le cas d'une rupture avec la France, il est d'un égal intérêt de pénétrer le secret de ces négociations. S. M. ordonne donc à M. le comte de St. Marsan de ne rien négliger pour en être exactement informé. Par qui les communications ont elles été provoquées? par qui sont elles suivies? quel en est le but? quels en sont les agents? Quelles ont été réellement les propositions faites de part et d'autre? Il suffit d'indiquer ces différentes questions au zèle éclairé de M. le comte de St. Marsan. S. M. l'autorise à employer tous les moyens qui ont été mis à sa disposition pour obtenir sur ce point des renseignements certains et détaillés, qui mettent à portée de reconnaitre la franchise ou la duplicité de M. de Krusemarck.

§ 2.

En exigeant de la cour de Berlin l'exécution de toutes les mesures prescrites par le système continental et veillant à ce qu'il ne se commette aucune fraude importante dans les ports de Poméranie et de Prusse, M. de St. Marsan fera visiter par un agent secret les villes de Königsberg et de Memel. Un homme adroit et fidèle établi comme négociant dans cette dernière serait convenablement placé pour observer ce qui se passe en Courlande et même en Livonie où les Anglais ont des intelligences multipliées sous le double rapport de la fraude et de la politique. Il importe de surveiller ces communications clandestines et d'en connaitre les agents.

§ 3.

Dans la situation actuelle de l'Europe et tant qu'une partie aussi considérable des armées françaises sera retenue en Espagne et en Portugal, S. M. désire de conserver son alliance avec la Russie et de maintenir la paix en Allemagne. M. le comte de St. Marsan continuera donc de traiter la cour de Prusse avec tous les égards d'usage et de répondre à ses promesses de fidélité par des protestations générales de bienveillance. Dès qu'il se sera rendu à Berlin, il renouvellera l'assurance que la réunion des villes anséatiques et du territoire compris entre l'Ems et la Trave au domaine de l'Empire ne sera suivie d'aucune atteinte portée au territoire prussien. Il dissipera les inquiétudes que pourrait exciter à Berlin l'augmentation des forces commandées par son E. le maréchal prince d'Ekmühl dans le nord de l'Allemagne, l'arrivée de ce prince à Hambourg et l'envoi prochain d'un parc d'artillerie en Saxe. Pour éloigner toute méfiance, M. le comte de St. Marsan fera sentir dans cette occasion que S. M. n'use point rigoureusement des droits qui lui sont acquis envers la Prusse par la victoire et par les traités, qu'elle respecte le malheur des peuples et la douleur du roi, et qu'elle n'a point pressé, comme elle pouvait le faire, les paiements arriérés de la contribution de guerre. Il aura soin de montrer dans les facilités accordées à cet égard, la preuve d'un désir sincère d'entretenir la bonne harmonie entre les deux états et d'éloigner tout sujet réciproque de discussions et de plaintes. En même temps, M. le comte de St. Marsan veillera soigneusement à ce que les nouvelles ressources, que la cour de Berlin tente de se créer, ne soient employées ni à augmenter son armée, ni à consolider sa position, ni à former une caisse de réserve à Königsberg, mais qu'elles se bornent à l'étendue de ses besoins pour acquitter ses dettes envers la France, ne perdant jamais de vue que dans le cas d'une guerre avec la Russie la situation géographique de la Prusse la force d'être notre alliée ou notre ennemie; que dans le premier cas, et pour s'assurer de sa fidélité, tous les moyens militaires et de finances doivent être réunis dans nos mains, et que, dans le second cas, il convient de l'épuiser et pour ainsi dire de la désarmer d'avance.

§ 4.

Enfin, S. M. recommande particulièrement à M. le comte de St. Marsan d'observer avec soin la marche de la faction révolutionnaire allemande qui paraît avoir choisi Berlin pour le foyer de ses intrigues et le centre de ses préparatifs. Il suivra toutes les opérations de l'assemblée convoquée à Berlin par M. de Hardenberg pour approuver ses nouvelles ordonnances et affermir la nouvelle organisation que ce ministre a voulu donner à la Prusse. M. le comte de St. Marsan pourra facilement former quelques liaisons avec les mécontents de la Silésie et du cercle de Stolpe. Il s'en servira d'abord pour découvrir ce qui se passe dans les comités particuliers et dans les réunions secrètes de cette assemblée. Il tâchera de pénétrer jusqu'à quel point sont avancés les desseins que l'on suppose aux meneurs de la faction révolutionnaire et s'ils ont dès à présent conçu l'audacieuse pensée de jeter les bases d'une convention germanique. Il surveillera la politique tortueuse de M. de Hardenberg et de ses entours, ses engagements secrets, s'il en a à vie, les chefs de cette assemblée, son influence sur les écrivains connus par leur haine contre la France, dont plusieurs tel que Fichte, de Coeln, Archenholtz etc. sont actuellement réunis à Berlin et correspondent à Vienne avec Hormmeyer[1]), Wilhelm et Frédéric Schlegel, Schneider[2]), Collin et quelques autres. On a la preuve acquise que ces correspondances en apparence littéraires et philosophiques couvrent un objet politique et s'étendent dans toutes les parties de l'Allemagne; que l'abbé et le comte de Stadion en Autriche, M. de Stein en Bohême, quelques personnes attachées à l'ancien électeur de Hesse, des professeurs d'Jéna, de Göttingue, de

---

1) So statt Hormayr. Was Archenholtz betrifft, so lebte er in der Nähe von Hamburg. J. v. Cölln war aus Preußen geflüchtet, sein Proceß wurde am 6. Februar 1811 niedergeschlagen s. Allgemeine deutsche Biographie.

2) Vermuthlich Anton Schneider, 1809 als Vorarlbergischer Generalcommissär rühmlich thätig. Aus der Gefangenschaft entlassen, kam er erst Anfang Februar d. J. 1811 nach Wien. Vgl. C. v. Wurzbach, Biographisches Lexikon des Kaiserthums Oesterreich.

Landshut, de Munich, d'Ehrangen[1]), d'Heidelberg sont mêlés dans ces intrigues, soit comme instruments, soit comme moteurs, et qu'elles ne tendent rien moins qu'à préparer en Allemagne à la première occasion favorable une insurrection générale contre les Français. A la vérité, on n'aperçoit encore aucune proportion entre le but et les moyens, mais il est facile de prévoir quels seraient les effets de l'opinion publique, profondément corrompue et dès longtemps armée contre la France, dans le cas d'une nouvelle guerre contre la Russie et la Prusse, et surtout à l'apparence du moindre revers. Cette partie des instructions de M. le comte de St. Marsan n'est donc pas la moins délicate, il aura besoin pour la remplir de toute l'activité de son zèle et de toute l'étendue de son esprit; mais ses découvertes à cet égard seront également utiles au véritable intérêt de l'ordre social et au service particulier de S. M.

(Signé) Champagny duc de Cadore.

Anhang III.

Czernischew an den Kanzler Rumänzow.

(Sbornik J. Russkago Istoritscheskago Obschtschestwa 1877, S. 187.)

Paris 5./17. Juli 1811.

Monseigneur, Je profite du départ de Mr. Boutiagin pour avoir l'honneur d'envoyer à V. Excellence une pièce fort intéressante que je me suis procurée. C'est un rapport adressé par le duc de Cadore à l'empereur Napoléon sur la situation politique actuelle de la Prusse et sur la conduite, que d'après différentes considérations et suivant l'opinion de ce ministre, le gouvernement français avait à adopter vis-à-vis de cette puissance. Cette pièce est du 16. novembre dernier, elle m'a été donnée, comme étant puisée dans les archives secrètes du ministère des relations extérieures, et le canal par lequel je l'ai eue, ne me donne nulle raison de douter de son existence: au surplus, comme elle avance différents faits, V. Exc. possède plus que personne les moyens de la vérifier. Un très petit nombre d'individus connaissent ici ce rapport, et s'il est réellement vrai, son contenu est sans contredit pour nous de la plus grande importance, dans tous les cas cette pièce présente beaucoup d'intérêt, parcequ'elle développe très bien le système politique de la France et expose avec beaucoup de justesse la fermentation qui existe dans les esprits de tous les Allemands, ainsi que leur animosité et ressentiment contre leurs oppresseurs. Ce rapport ayant été fait quelque temps après mon départ de Fontainebleau, en se rappelant tous les discours, que l'empereur Napoléon m'a tenus à cette époque, il est impossible de ne

---

1) So statt Erlangen.

pas convenir qu'ils viennent tous à l'appui de ce qu'il avance. Il paraît cependant que l'empereur Napoléon a eu vent, que le contenu de cette pièce avait transpiré et que pour détruire les impressions qu'une telle connaissance avait pu produire sur le gouvernement prussien et l'empêcher en même temps de prendre des mesures contraires à sa politique, sa Majesté a cru devoir adopter une conduite différente de celle qu'il avait tenue jusqu'à présent à l'égard de cette puissance, sans que pour cela le fond de ses intentions, ni de son système soit changé en rien. C'est pourquoi l'on voit depuis quelque temps le ministère français mettre des formes un peu plus aimables dans ses relations avec le cabinet de Berlin et, sans lui accorder toutefois aucune de ses demandes, ni alléger son sort le moins du monde, le nourrir d'assurances sur les sentiments de Napoléon pour la Prusse. Dernièrement encore le duc de Bassano, entretenant le général Krusemarck sur les dispositions dans lesquelles se trouve l'empereur Napoléon, son maitre, à l'égard de son gouvernement, lui dit, qu'un des voeux les plus chers de sa Majesté était de se trouver dans le cas de prouver à la Prusse toute son amitié et tous ses bons sentiments. La pensée de Napoléon ayant irrévocablement désigné les états prussiens pour première victime dans le cas d'une guerre avec la Russie, de pareils discours ne peuvent avoir pour but que d'induire en erreur le cabinet prussien, lui faire concevoir un espoir trompeur et l'empêcher de se tourner avec toutes ses forces vers la seule puissance, dont puisse dépendre son salut.

V.

Zur Geschichte der Mission Scharnhorst's nach Wien im Jahre 1811.

8*

Eine der merkwürdigsten Episoden in dem bewegten Leben Scharnhorst's ist jene geheime Mission, die ihn Ende des Jahres 1811 in einem höchst kritischen Augenblicke der Geschichte Preußens nach Wien führte. Die Lebensbeschreibung Scharnhorst's von G. H. Klippel, welche einem späteren Biographen überhaupt noch genug zur Ergänzung und Berichtigung übrig gelassen hat, geht über das Ereigniß ziemlich flüchtig hinweg. Die werthvollsten Nachrichten finden sich in den Aktenstücken, welche aus dem Nachlasse Ludwigs von Ompteda veröffentlicht worden sind. Max Duncker hat die Sache außerdem in seiner grundlegenden Abhandlung „Preußen während der französischen Occupation" neuerdings beleuchtet, indem er die im königlichen geheimen Staatsarchive zu Berlin aufbewahrten Depeschen Scharnhorst's herbeigezogen hat. Es sei mir erlaubt im Folgenden einige Ergänzungen mitzutheilen, die ich den Akten des k. k. Haus-, Hof- und Staatsarchives zu Wien entnehme.

Sie werden vielleicht deßhalb nicht für werthlos gelten, weil sich einige eigenhändige Aufzeichnungen Scharnhorst's selbst darunter befinden, welche der Forschung bis jetzt entgangen waren[1]). Und doch verdient alles, was diese Feder, in rastloser Arbeit für das Vaterland, geschrieben hat, bekannt gemacht und mit Ehrfurcht betrachtet zu werden.

Friedrich Wilhelm III. erkannte im November 1811 auf's klarste, daß ihm keine Wahl bleibe als mit Frankreich abzuschließen, falls er nicht auf den bestimmten Beistand Oesterreichs zählen könne. Daß von Petersburg nichts zu erwarten sei, stand fest. Es frug sich, ob man in Wien bereit sein würde, verläßliche Zusagen zu machen. Der Freiherr von Jacobi, der eben erst von seiner Wiener Mission nach Berlin zurückgekehrt war, erschien nicht als der geeignete Mann einen neuen dorthin gerichteten Auftrag zu übernehmen, theils weil man fürchten mußte, dadurch ein unliebsames Aufsehen zu erregen, theils

---

1) Papiers concernant la mission de Mr. Ackermann-Scharnhorst à Vienne en 1811. Ein Konvolut. W. St. A.

weil sein Alter und seine Gesundheitsverhältnisse ihm hinderlich waren. Die Wahl fiel auf Scharnhorst, den kurze Zeit vorher eine geheime Sendung an den Hof des Czaren geführt hatte, und welcher wie kein anderer in die militärischen und politischen Verhältnisse Preußens eingeweiht war. Er sollte unter dem Namen eines Geheimrathes Adermann durch Schlesien nach Wien reisen und dort eine Erklärung darüber fordern, welche Partei zu ergreifen man Preußen rathe und inwieferne es auf Hilfe zu rechnen habe, falls es beim Ausbruche des Krieges von Frankreich bedroht werde. Nicht einmal der preußische Gesandte in Wien, Wilhelm von Humboldt, den die Leiter der österreichischen Politik sehr mißtrauisch betrachteten, sollte etwas von Scharnhorst's Sendung erfahren[1]). Seine Papiere gingen durch die Hände der Zwischenträger, der Agenten Englands in Wien und Berlin, des Grafen Ernst Hardenberg und Ludwigs von Ompteda. Hatte der König anfangs die Persönlichkeit Scharnhorst's für zu „marquant" gehalten, so wurden von österreichischer Seite andere Bedenken gegen die Absendung dieses Geheimboten geltend gemacht. Man weiß, mit welcher Aengstlichkeit die „Faktion", die „Sekte" des Tugendbundes von den österreichischen Politikern betrachtet wurde. Gleich den Franzosen ließen sie sich durch sehr irrige Vorstellungen vom Wesen und von der Ausdehnung dieses sittlich = patriotischen Vereines beherrschen (s. o. S. 28, 29). Scharnhorst galt nun fälschlich als eines der Häupter dieser gefürchteten Faktion oder Sekte.

Am 19. November 1811 unmittelbar vor Scharnhorst's Abreise schlug der österreichische Gesandte in Berlin, Graf Zichy, Lärm, indem er Metternich von der bevorstehenden Ankunft des Generals benachrichtigte. Wie er von Jacobi erfahren haben wollte, hatte man einen Augenblick daran gedacht Gneisenau mit der Mission zu betrauen. „Ich kenne den Mann persönlich nicht", fügte er hinzu, „aber ich weiß aus guter Quelle, daß er eines der Häupter des Tugendbundes ist, was mir niemals Zutrauen einflößen kann. Heute erfahre ich, daß der König sich für Scharnhorst entschieden hat. Ich muß Ew. Excellenz benachrichtigen, daß jener aus mancherlei Gründen diesem noch vorzuziehen gewesen wäre. Scharnhorst ist zwar sehr unterrichtet und fähig, aber eigensinnig, kleinlich, und deshalb von der ganzen Armee gehaßt, langsam, unentschlossen, die Dinge gehen

---

1) Politischer Nachlaß Ludwigs von Ompteda, veröffentlicht durch J. v. Ompteda, Jena 1869. 2, 204.

mit ihm nicht vorwärts[1]). Er ist außerdem eines der Häupter dieser gefährlichen Secte, die ich soeben genannt habe und die den Thron umgiebt" . . .

Dieses unglaublich schiefe Urtheil hatte jedenfalls die Wirkung, das äußerste Mißtrauen des Kaisers Franz und Metternich's gegen den preußischen Sendling zu erregen. In einer ostensibeln Weisung an Zichy, welche dieser dem Staatskanzler vorlegen sollte, sprach sich Metternich darüber in starken Worten aus. In einer vertraulichen Beilage äußerte er sich noch deutlicher. Er verbat sich die Sendung Scharnhorst's, als „eines der Häupter der Secte" mit dürren Worten. „Wir können", sagte er, „offenherzig nur mit einem Preußen sprechen, der die kritische Lage seines Vaterlandes klar erkennt, der diejenige Oesterreichs zu begreifen fähig ist und der den excentrischen Ansichten einer Clique fern steht, die der preußischen Monarchie schon zahllose Leiden zugefügt hat[2])." Es bedurfte erst eines Briefes des Staats-kanzlers an Metternich, einer ausführlichen Berichtigung jener irrigen Vorstellungen über Wesen und Anhängerschaft des Tugendbundes, endlich der Bemühungen des Grafen Hardenberg in Wien, um Scharnhorst überhaupt nur die Erfüllung seiner ersten Aufgabe zu ermöglichen. Immerhin blieb Metternich die Möglichkeit gewahrt, die Zurückhaltung, die er für wünschenswerth halten mochte gegenüber dem preußischen Abgesandten festzuhalten, durch die Bedenken zu entschuldigen, welche dessen Persönlichkeit rege gemacht habe.

---

1) [Scharnhorst] _un homme très instruit et capable, mais obstiné dans ses opinions, minutieux et par là même hai de l'armée entière, lent, indécis, les affaires n'avancent guère avec lui. Il est indépendemment un des chefs de cette secte dangereuse, que je viens de nommer et qui environne le trône. Cette circonstance m'a fait soupçonner que, puisque successivement deux in-dividus aussi marquants de cette association ont pu se mettre en avant, il n'est aucunement invraisemblable que le chancelier, voyant la situation bien délicate dans laquelle certaines dénuées mesures l'ont plongé, s'est ouvert à l'un ou à l'autre de ces messieurs et que les résultats en ont été de con-seiller cette démarche etc." W. St. A.

2) „Le choix de cette individu prouve indubitablement, ainsi que vous le remarquez, que le chancelier appelle dans ce moment la secte à son se-cours. Nous trouvons dans ce fait une raison de plus de ne pas traiter avec M. de Scharnhorst, nous ne pouvons parler à cœur ouvert qu'à un Prussien pénétré da la situation critique de sa patrie, fait pour apprécier celle de l'Autriche et étranger aux vues excentriques d'une clique qui déjà a causé des malheurs sans nombre à la monarchie prussienne." Metternich an Zichy. 25. November 1811. W. St. A.

In der That aber fand sich die österreichische Regierung nicht in der Lage, eine befriedigende Antwort auf die Fragen zu geben, die ihr gestellt wurden. Das Heer war desorganisirt, die Finanzen waren im Zustande völliger Verwirrung, die Verhandlungen mit den Ungarn boten Schwierigkeiten, und die gegen die Türkei gerichteten Eroberungspläne Rußlands erweckten bei dem bedrohten Nachbarn ein nicht ganz unberechtigtes Mißtrauen. Allein noch mehr. Wir sind heute durch den zweiten Band des Werkes „Aus Metternich's nach= gelassenen Papieren" darüber wohl unterrichtet, daß der österreichische Minister eben damals allen Ernstes auf eine preußische Provinz spekulirte. Schon am 17. Januar 1811 hatte er seinem Kaiser er= klärt, es sei wünschenswerth, wenn ein Königreich Polen wieder= hergestellt und die Beibehaltung des ganzen Galizien unmöglich werde, außer Illyrien und Oberösterreich „einen Theil von Schlesien" als Kompensation zu erlangen. Er hatte hinzugefügt: „diese Kompensation jedoch nur bedingungsweise und im Falle der Zer= stückelung Preußens, eine meines Erachtens unausbleibliche Folge des nächsten Krieges." Am 28. November 1811 erwog er in einem neuen dem Kaiser erstatteten Vortrage die bevorstehende Möglichkeit einer „Auflösung des gesammten preußischen Staatenverbandes". Bei deren Eintritt dürfe man es nicht dulden, Schlesien, „eine uns nicht nur bequem gelegene, sondern im Falle der Wiederherstellung des Königreichs Polen fast unumgänglich nöthige Provinz" in die Hände einer Oesterreichs Interessen fremden Macht fallen zu lassen. Fürst Schwarzenberg sollte daher „im Falle einer zu ergreifenden aktiven Partei" den Auftrag erhalten, Napoleon bestimmte Anerbietungen zu machen, wenn dieser, von Illyrien zu schweigen, „Aussichten auf Schlesien" eröffne. Schwarzenberg konnte bereits am 17. December 1811 berichten, daß Napoleon sich für jeden Fall sehr günstig hin= sichtlich Schlesiens geäußert hatte, wonach Metternich der Meinung war die schlesische Frage „auf den Zeitpunkt des Friedens" zu ver= schieben[1]).

Hält man sich dies alles vor Augen, so versteht man, warum Scharnhorst's Mission ganz vergeblich sein mußte. Es war undenkbar, daß man in Wien dem preußischen Staate einen bestimmten Rückhalt leihen oder gar das Versprechen einer Allianz, einer bewaffneten Intervention geben sollte. Genug, wenn man Zeit gewann, wenn

---

1) Aus Metternich's nachgelassenen Papieren 2, 419. 435. 436. 439. 443.

Friedrich Wilhelm III. bewogen werden konnte die Ausführung des verzweifelten Entschlusses noch zu verschieben, dem er in dem eigenhändigen Zusatze zu Scharnhorst's Instruktion Ausdruck gegeben hatte: „Sollte der Wiener Hof in keinen der von mir gemachten Vorschläge eingehen, so bleibt für Preußen kein anderer Ausweg übrig als die französische Partei zu ergreifen." In dieser Richtung bewegten sich die geheimen Verhandlungen Metternich's mit Scharnhorst. Bei seiner ersten Zusammenkunft mit dem Minister mußte der General schon bemerken, daß von Oesterreich nichts zu hoffen sei. Er bemühte sich nichtsdestominder seinen Aufträgen gerecht zu werden. Der mündlichen und schriftlichen Auseinandersetzung vom 3. December (Dunker S. 418) ließ er drei Tage später eine Denkschrift folgen, welche seine Ideen nochmals entwickelte. Sie befindet sich nebst einem Begleitbriefe im Originale unter den Akten des Wiener Archives, und beide Dokumente verdienen mitgetheilt zu werden:

„Euer Excellenz darf ich nicht unangezeigt lassen, daß die Lage Preußens so dringend ist, daß man in Berlin sehnlich nach Nachricht von hier aussiehet. Zugleich lege ich Hochdenenselben hier ein Promemoria ganz gehorsamst vor, in welchen ich die Ansichten meines gnädigsten Königs über die Lage zusammenfasse, und die militärischen Verhältnisse, welche bei der Parteinehmung Preußens von Frankreich für die übrigen Staaten entstehen, darzustellen suche, wobei ich mir jedoch noch einige Eröfnungen mündlich zu thun vorbehalte.

Ich weiß wol, daß ich Ew. Excellenz in diesen Promemoria in so fern es aufs Allgemeine Bezug hat, nichts vorlege, was von Hochdenenselben nicht schon bemerkt wäre, ich habe nur in demselben ganz besonders die militärischen Ansichten in eine Art von Uebersicht zu bringen mich bemühet.

Indem ich mich Ew. Excellenz gnädiger Nachsicht empfehle bin ich mit tiefster Verehrung

Ew. Excellenz

Wien, den 6. December 1811.

gehorsamster Diener
v. Scharnhorst."

* Promemoria.

Se. Majestät der König hält sich überzeugt, daß die beiden Kaiserthümer Oesterreich und Rußland gegen Frankreich einen unglücklichen Krieg führen werden, wenn sie einzeln mit Preußen verbunden sind, und daß ein solcher Krieg nicht allein die Vernichtung Preußens, sondern auch die gänzliche Schwächung und unbedingte Abhängigkeit der Kaiserstaaten herbeiführen werde.

Diese Ueberzeugung leitete die Schritte Sr. Majestät im Jahr 1809 und jetzt sind dieselben mehr als jemals der Meinung, daß die Erhaltung der drei erwähnten Staaten von einer festen Vertheidigungsverbindung abhänge, bei der Preußen sich dennoch in Allem fügen müsse, was Frankreich verlange, so lange diese Forderungen nicht zur unmittelbaren Desarmirung führten.

Zufolge dieser Ansichten glaubt der König, daß Er, wenn Se. Majestät der Kaiser von Oesterreich nicht eine Verbindung mit Preußen in defensiver Hinsicht eingehen könnte, und also nicht der zwischen Preußen und Rußland angeknüpften Allianz beizutreten geneigt wäre, es sich, seiner Familie und dem Staate schuldig sey, die französische Partei zu ergreifen, so schwer ihm dieser Schritt auch in anderer Hinsicht würde.

Daß dieser Schritt des Königs die politische Lage der übrigen Europäischen Staaten sehr verändern würde, glaube ich hier noch als einen zur Sache gehörenden Gegenstand darlegen zu dürfen.

Ohne Preußens Allianz haben die französischen Armeen, wenn sie beim Ausbruch des Krieges gegen den Nimen vorrücken wolln, drei kleine Armeen auf ihren Flanken. Die eine von Colberg, die andere von Pillau, und die dritte von Schlesien aus. Jede hat ein verschanztes Lager und völlig dotirte Festungen in Rücken, ohne Preußens Allianz haben die französischen Armeen, wenn sie bis zur russischen Grenze vorrücken, höchst wahrscheinlich einen Volks-aufstand von der Oder bis an den Rhein zu bekämpfen, der sich an die Preußischen Festungen und Insurgenten-Detaschements anschließen würde. Ohne Preußens Allianz würde endlich England kein großes Interesse an den Krieg auf dem festen Lande haben, und nicht durch Landungen, materielle Streit-mittel und Geld sehr wirksam seyn können, diese und andere Hindernisse er-schweren den Kaiser Napoleon, ohne die Hülfe Preußens, den Krieg über die Grenzen Rußlands zu spielen, bevor er nicht große und entscheidende Siege erfochten und Reserve-Armeen aufgestellt hat.

Mit Preußen gewint aber die Lage des Kaiser Napoleons eine ganz andere Gestalt:

1) Kann er nun seine Armeen ohne von Preußischen Truppen und Festungen aufgehalten zu werden, von den preußischen Behörden aus den Provinzen Preußens verpflegt, schnell nach dem Nimen marschiren lassen.

2) Hat er durch die großen Vorräthe von Lebensmitteln und Kleidungs-bedürfnisse in Colberg, Elbing, Königsberg u. s. w. alles für seine Armeen, was in diesen Puncten fehlen möchte.

3) Erhält er die Kriegesbedürfnisse Pulver, Blei, Bomben, Kanonkugeln, Fuhrwerke und Pferde (grade das was ihm in der großen Entfernung Frank-reichs fehlen möchte) von Preußen nach den proponirten Verbindungs-bedingungen. Unsere dreihundert und einige zwanzig Feldkanonen mit allen Zubehör ausgerüstet, unsere 100000 sehr guten Gewehre werden wir ihn auch nicht versagen dürfen, wenn er sie verlangt.

4) Neben diesen Krieges und Lebensbedürfnissen, welche die preußische Monarchie Napoleon liefern wird (wenn er durch die Allianz derselben in Stand gesetzt wird, den russischen Armeen zuvorzukommen) wird die auch nun zum großen Theil völlig freie polnische Nation ganz in seine Gewalt kommen, oder wo dies nicht der Fall ist, in einer Art von Aufstande sich befinden. Hier wird Kaiser Napoleon, nachdem die Lage es mit sich bringt, die in Preußen erhaltenen todten Streitmittel brauchen können.

Schon aus diesen ergiebt sich, daß der Kaiser Napoleon in der obigen Lage den Krieg gegen Rußland auf eine sehr vortheilhafte Art mit fremden

Mitteln führen, und höchst wahrscheinlich tief ins Innere von Rußland vor-
bringen kann. Hierdurch wird er seinen Waffen einen neuen Glanz geben, der
nicht allein für seine persönlichen Verhältnisse wichtig ist, sondern auch ihn in
den Entschlüssen zur Ausführung großer Plane befestigen, und von der andern
Seite allen Völkern des festen Landes Europa's den Gedanken an der
Möglichkeit irgend eines Widerstandes benehmen wird.

Es ist also hier, wenn man auf die Zukunft siehet, nicht von dem Kriege
Frankreichs gegen ein oder zwei Mächte die Rede, sondern von dem gegen
alle noch bestehenden. Diese Wahrheit ist zwar schon lange unzählige mal
gesagt und anerkannt, aber bisher noch nicht so lebhaft empfunden und
aufgenomen worden, daß sie unbedingt wirksam und mit Kraft ins Leben und
Handeln übergegangen wäre. Möchte man doch jetzt in der verzweifelten
Lage des Ganzen, alle gegenseitige Verletzungen vergessen, wo gefehlt vergeben,
in der Anstrengung zur Erhaltung des noch allgemein Bestehenden, das eigene
Einzelne aus dem Auge verliehren. Möchte doch endlich eine innige allgemeine Verbindung in Geist und der Wahrheit zu Stande kommen, ehe es
auf ewig zu spät ist! Wie ist es einer Macht möglich, nachher noch allein zu
stehen, wenn die Erhaltung vereint schon zweifelhaft wird!

Wien, den 6. December 1811.

v. Scharnhorst."

So beredt diese Vorstellungen waren, die gewünschte Wirkung
konnten sie doch nicht hervorbringen. Aus einem Briefchen Scharnhorst's vom 9. December, das sich unter den Wiener Altenstüden vorfindet, darf man sogar schließen, daß er bis zu diesem Datum den
Minister gar nicht wieder zu Gesicht bekommen hat. Er schrieb ihm:

* „Ew. Excellenz
darf ich nicht verschweigen, daß ich sehnlich einer gnädigen Eröfnung auf den
gehorsamst vorgelegten Antrag entgegen sehe. Meine Instruction und noch
mehr mündliche Befehle verpflichten mich um diese wiederholt zu bitten.

In tiefsten Respect

Ew. Excellenz

gehorsamster Diener

Wien den 9. Dec. 1811.   Adermann."

Es erfolgte eine zweite Konferenz, in der Metternich sich allerdings gegen den Gedanken des Abschlusses einer förmlichen Allianz
verwahrte, indessen hinzufügte, daß man den König zufriedenstellen
wolle, „soweit dies die Lage Oesterreich's erlaube". Mit Entschiedenheit
aber widerrieth er die Allianz Preußens mit Frankreich. So wenig
diese Allgemeinheiten auch sagten: Scharnhorst schöpfte doch einige
Hoffnung und gab derselben durch einen Brief an Boyen vom
16. December in jenem geheimnisvollen Jargon Ausdruck, dessen sich

die Patrioten von damals Vorsichts halber bedienen mußten[1]). Auch
Graf Hardenberg und Ompteda erschöpften sich in Bemühungen, die
Schwierigkeiten, welche Scharnhorst's Mission fand, wegzuschaffen.
Aber alles war umsonst. Die Erläuterung, welche der Staatskanzler
den Instruktionen Scharnhorst's gab, konnte nicht verdecken, daß nach
dem Willen des Königs eine Zurückweisung seitens Oesterreichs Preußen
in die Arme Napoleon's treiben müsse. Die Versicherung Metternich's,
daß Oesterreich neutral bleiben, in Paris Preußens Interesse befür=
worten und ein Observationskorps aufstellen werde, war nicht mehr,
als was ein Strohhalm einem Ertrinkenden ist. Scharnhorst sah sich
von Tag zu Tag hingehalten und drang auf seine Entlassung. Am
22. December schrieb er an Metternich:

"Wie bringend die Lage in Berlin ist, habe ich Ew. Excellenz schon
mehrere Male die Gnade gehabt zu schildern. Vorgestern habe ich abermals den
Befehl von Berlin erhalten, angelegentlichst um die Entschließung Sr. Majestät
des Kaisers über die überbrachten Anträge zu bitten. Die längere Verzögerung
einer Antwort wird, wie ich befürchte, halbe Maßregeln erzeugen oder der
Meinung, daß von hier nichts zu erwarten sey, den höchsten Grad von
Wahrscheinlichkeit geben, beide Fälle können Euer Excellenz nicht angenehm seyn.

Der Herr Graf von Hardenberg sagte mir gestern, daß Ew. Excellenz die
Gnade haben wollten, mich diesen Abend gegen 8 Uhr zu sprechen, ich dachte
bei dieser Gelegenheit ein von den Herrn Staatskanzler v. Hardenberg er=
haltenes Schreiben vom 14. dieses, in welchen einige Punkte des überbrachten
Antrags näher bestimmt werden, Euer Excellenz mündlich vorzutragen, da ich
aber dieselben verfehlte, so lege ich das Schreiben mit einigen Erläuterungen
hier gehorsamst bey[2]).

Meine längere Abwesenheit von Berlin muß sehr auffallen, und meine
Rückreise wird dringend nöthig. Von der andern Seite wird mein Abgang
von hier ohne irgend eine Erklärung auf Se. Majestät den König einen höchst
nachtheiligen Eindruck machen. Ich schlage daher gehorsamst vor, die Er=
klärung welche Ew. Excellenz beabsichtigen nach Berlin mit einem Courier
schriftlich abgehen zu lassen mir zur Einsicht bei Ihnen gütigst mitzutheilen,
damit ich sie in Berlin mündlich geben kann, wenn etwa der Courier später
als ich ankäme, oder ihn sonst ein Zufall begegnete.

Mit der ausgezeichnetsten Hochachtung und Verehrung bin ich

Ew. Excellenz   gehorsamster Diener

Wien den 22. December 1811.   Scharnhorst."

---

1) Ompteda 2, 155: "Depuis mon arrivée il fit ici mauvais temps, et
j'ai été terriblement enrhumé; mais à présent cela va déjà un peu mieux — le
temps commence à s'éclaircir. Mon ami m'a prié de prolonger mon séjour
chez lui encore quelques jours. Il est un peu dérangé, j'espère cependant
que je recevrai en partie ce que j'ai demandé."

2) Scharnhorst kopirte nur ein Stück dieses Briefes, der sich übrigens
auch vollständig in dem bezeichneten Konvolute vorfindet. S. einen Auszug bei
Dunder S. 421.

Ich lasse hierauf die erwähnten „Erläuterungen" Scharnhorst's folgen, die sich unmittelbar an den obigen Brief anschließen:

„In der mir erlaubten Vertraulichkeit glaube ich Ew. Excellenz eröfnen zu dürfen, daß die Lage des Königs sehr traurig seyn würde, wenn die offizielle Versprechung einer Hülfsleistung, auf den angenommenen Fall, nicht statt finden könnte. Hierdurch würden Se. Majestät der König in der Meinung, daß kein vereinter Widerstand mit Erfolg gegen den Kaiser Napoleon mehr möglich sey, sich aufs höchste bestärkt sehen. Nur die in Rußland geschloßene Convention, und die vorgeschlagene Verbindung des Kaisers mit Preußen hat die Hofnung, daß jetzt eine Periode der Vereinigung, in der man die gemeinschaftliche Sache wie die eigene ansehen würde, eintreten könnte, bei Er. Majestät dem Könige belebt. Siehet er sich nun in dieser, ohnehin sehr schwachen Hofnung betrogen: so bleibt ihm, da bei den geringen eigenen Widerstandsmitteln, der Entfernung der russischen Hülfe und andern Verhältnissen er nicht ohne Oesterreichs Beistand auf seine Erhaltung, bei einem mit Frankreich entstehenden Kriege, rechnen kann, nichts übrig, als zur französischen Partei überzugehen, und er darf wegen dieses Schritts, nachdem er alles versucht hat, sowol von seinem Zeitgenoßen als der Nachwelt sich der Zustimmung versichert halten, welches Schicksal ihn auch in der Folge treffen möge.

Nie verkannte der König die große Redlichkeit und immer gleiche Wolwolnheit Er. Majestät des Kaisers, allein er fürchtete schon bei meiner Abreise, daß durch einen Zusammenfluß von äußern und innern Verhältnissen der kaiserliche Monarch abgehalten werden könnte, jetzt die vorgeschlagene Verbindung einzugehen, für ihn und die allgemeine Erhaltung im Fall der Noth mit aufzutreten. Er äußerte sich hierbei, daß er es als Verhängniß der Vorsehung ansehen müße, wenn bei so vielen aufrichtigen Gesinnungen des Kaiserlich Oesterreichischen Hofes, bei einer so großen Menge von geübten und tapfern Kriegern, Waffen, Kriegsbedürfnißen und allen andern Hülfsmitteln des Krieges, dennoch keine Mitwirkung zur gemeinschaftlichen Erhaltung statt finden könne, und daß er sonach in seiner unglücklichen Lage, den unsichern Geschid sich hinzugeben beschloßen habe.

Ich muß hierbei noch als zur Sache gehörend anführen, daß der König sich selbst von einem gemeinschaftlichen Kriege keine große Resultate für Preußen verspricht. Wegen des Besitzes der Seelüste, der geografischen Lage seiner Länder und als schwächerer Theil, glaubt er in demselben, bei einem nicht leicht zu erwartenden glücklichen Ausgange das Opfer zu werden. Er hält daher die Verbindung mit den beiden Kaiserstaaten in jedem Fall eben so wichtig für diese und die gute Sache überhaupt als für sich selbst.

Ew. Excellenz werden sich aus dieser Darstellung überzeugen, daß der König nach der richtigen Ansicht die er von seiner Lage hat, die französische Partei zuverläßig ergreifen wird, wenn Er nicht das Versprechen bekömmt, im Fall eines Angriffs von Frankreich, von hier Beistand zu erhalten, wie er diese bestimmte Erklärung auch mit eigener Hand in meiner Instruktion gegeben hat.

Um von der anderen Seite zu zeigen, wie ungern Se. Majestät der König diesen Schritt thun wird, darf ich noch zu diesen traurigen Gemählde hinzufügen, daß kein gekröntes Haupt jemals eifriger an der Herstellung seiner Unglücksfälle kann gearbeitet haben. Er hat sein ganzes Privat-Vermögen, die Pretiosen seiner Familie, selbst sein Gold und Silberzeug aufgeopfert, und sich in seinen häuslichen Verhältnißen so sehr eingeschränkt, als es nur die Würde und der Anstand erlaubte, um einerseits Frankreich die auferlegten Contributionen zu entrichten, und anderseits auf den Fall der verzweifelten Nothwehr, alle Mittel des Widerstands aufzustellen. Alle diese großen Anstrengungen sind nun, wenn der König veranlaßt wird, die französische Partei zu ergreifen nicht allein ohne Nutzen, sondern sie können sogar dazu dienen, den Untergang der übrigen Staaten zu beschleunigen.

Wien den 22. Dec. 1811.

v. Scharnhorst.“

Auch diese Darlegung konnte keinen besseren Erfolg haben als die frühere. Eine neue Unterredung, die Scharnhorst mit Metternich hatte[1]), belehrte ihn, daß er die Hoffnung, die er „einige Zeit gehegt“ hatte, aufgeben müße. Einige Tage später nahm er seinen Abschied von dem österreichischen Minister, ohne von diesem eine bindende Zusage haben erlangen zu können. Friedrich Wilhelm III. hatte ganz recht gehabt, wenn er bei der Absendung Scharnhorst's sagte: „Sie werden sehen, er wird nichts mitbringen.“ Der Bote selbst aber, dem die schwierige Mission anvertraut gewesen war, hatte seine Pflicht mit gewohnter Treue erfüllt und auch in Wien den besten Eindruck hinterlaßen. Gefiel es auch Metternich noch immer ihn für den Sendling einer „Partei“ zu halten, so erklärte er doch, daß er mit dem Verhalten dieses Sendlings sehr zufrieden gewesen sei[2]). Und jedenfalls hatte er sich von der Richtigkeit des Urtheils Ludwigs von Ompteda überzeugen können, daß er es weder mit einem Hitzkopf noch mit einem revolutionären Brandstifter zu thun habe.

---

1) Sie fand laut Scharnhorst's Depeschen, wie ich gefälligen Mittheilungen von Berlin entnehme, am 23. December statt. Der 22. December bei Dunder S. 421 ist wohl ein Druckfehler.

2) Metternich an Zichy, 29. December 1811: ... „Nous avons tout lieu d'être content de la manière dont s'est conduit ici le général Scharnhorst. Je me suis appliqué à gagner sa confiance et je crois pouvoir vous assurer qu'il nous a quitté peiné de ne pas avoir réussi à nous faire entrer dans les vues de coalition que nourrit le parti qui l'a envoyé à Vienne.“ W. St. A.

VI.

Die Sitzungsprotokolle der interimistischen Landesrepräsentation Preußens 1812—1815.

Es ist eine Erscheinung, der die neuere Geschichte gewiß nicht viele ähnliche an die Seite zu setzen hat, daß die erste kleine Versammlung gewählter Repräsentanten, welche in Preußen getagt hat, später so gut wie ganz in Vergessenheit gerathen ist. Als im Jahre 1817 die Bereisung der Provinzen durch die Minister Altenstein, Beyme, Klewiz stattfand, um ein Zeugenverhör in Sachen der Verfassungsfrage vorzunehmen, wurde jene Versammlung allerdings mitunter erwähnt. Unter den Befragten waren sogar mehrere, die damals an den Berathungen theilgenommen hatten und sich auf ihre eigenen Erfahrungen berufen konnten[1]). Allein kein Mitglied jener Versammlung hat meines Wissens später öffentlich ihrer gedacht. In den zahlreichen historisch-politischen Schriften, welche vor dem Zusammentritt des vereinigten Landtages die Frage der Zulassung einer Repräsentation behandelten, spielt sie keine Rolle. Hochbedeutende Werke über deutsche und preußische Geschichte kennen sie nicht einmal dem Namen nach. Hie und da findet man nur bemerkt, daß einige Kabinetsbefehle und in die Gesetzsammlung aufgenommene Verordnungen, wie wegen der Tresorscheine vom 5. März 1813 oder wegen Veräußerung der Staatsgüter von demselben Datum, einer Mitwirkung der Nationalrepräsentanten gedenken. Dies ist der Fall bei C. W. v. Lancizolle in seinem Buche „Ueber Königthum und Landstände in Preußen. Berlin 1846," der seine dürftigen Angaben S. 189 mit den Worten schließt: „Weitere Spuren von dem Dasein dieses den Charakter eines vom Staatskanzler für nützlich erachteten Schauspiels, nicht aber einer lebensfähigen Institution an sich tragenden Scheinwesens sind mir unbekannt."

---

1) Geh. Staatsarchiv Berlin. Kommissionsakten, Nachrichten und Ansichten über Ständeverfassung.

In H. von Treitschle's Deutscher Geschichte im neunzehnten Jahrhundert, Theil 1 Seite 378 finden sich einige Bemerkungen, die eine etwas genauere Kenntniß von der Geschichte jener Versammlung bezeugen[1]). Sie sind jedoch gleichfalls sehr kurz. Es wird darauf hingewiesen, wie diese Versammlung durch Wahl der Nation, nicht durch Ernennung der Staatsgewalt, zu Stande kam, und es werden dieser Ausführung die folgenden Sätze hinzugefügt: „Der Sinn für das politische Leben begann überall im Volke zu erwachen. Die Wirksamkeit der Nationalrepräsentation blieb gleichwohl sogar noch geringfügiger als die Thätigkeit der ersten Notabelnversammlung. Ihre häufig unterbrochenen Verhandlungen bewegten sich wesentlich um die Regulirung des Kriegsschuldenwesens und brachten selbst diese Angelegenheit nicht in's Reine. Kamen andere Fragen zur Besprechung, so zeigte sich stets ein streng conservativer, den Reformen feindlicher Geist; der Staatskanzler mußte sich bald überzeugen, daß er die Ausgleichung der Grundsteuer gegen den zähen passiven Widerstand des Landadels für jetzt noch nicht durchsetzen könne. Der Eifer der Repräsentanten und ihrer Wähler erlahmte schnell; es kam so weit, daß die Stände Vorpommerns sich weigerten ihren Vertretern fernerhin Tagegelder zu zahlen. Von der Nation kaum noch bemerkt, schleppte die Versammlung ihr unfruchtbares Dasein bis zum 15. Juli 1815 dahin; ihr letztes Werk war die Verordnung über die Vergütung der Kriegsleistungen vom 1. März 1815".

Diese Worte klingen wenig aufmunternd, und nach ihnen könnte es scheinen, als würde es sich der Mühe gar nicht verlohnen der Geschichte jener Versammlung weiter nachzugehen. Auch ein erster Versuch, durch archivalische Nachforschungen mehr Licht über sie zu gewinnen konnte nicht ermuthigend wirken. Im geheimen Staatsarchive zu Berlin befindet sich, wie H. v. Treitschke a. a. O. S. 373 bemerkt, ein Manustript Riedel's, das an Ort und Stelle einzusehen mir erlaubt wurde. Die sauber geschriebene, zweiundzwanzig Blätter enthaltende Arbeit führt den Titel: „Aktenmäßige Berichterstattung über die im Jahre 1811 stattgefundene Zusammenberufung ständischer Landesdeputirten aus allen Provinzen und über die in den Jahren 1812—15 bestandene interimistische Nationalrepräsentation." Ein Brief Riedel's an den Minister des Innern vom 28. März 1841 und eine dankende Antwort, gerichtet an den „Königlichen Professor

---

1) Theil 2, 279 erwähnt die Debatte vom 7. April 1815.

und Vorsteher des Geheimen Ministerial-Archivs H. Hofrath Dr. Riedel
vom 14. Ottober desselben Jahres geben über die Entstehung jener
Berichterstattung genügenden Aufschluß. Riedel sagt in seinem Briefe:
„Ew. Excellenz beehre ich mich einen nach den Alten des geheimen
Ministerial-Archivs abgefaßten Bericht über die früheren Versuche
einer National-Repräsentation in den Jahren 1811—15 ehrfurchtsvoll
zu überreichen, da ich glaube, daß diese Geschichtserzählung unter den
gegenwärtigen Umständen für Ew. Excellenz von einigem Interesse
sein dürfte." Es war die Zeit der Regierungsanfänge Friedrich
Wilhelm's IV., die Verfassungsfrage war auf dem Landtage in Königsberg neu angeregt, Schön's Schrift „Woher und Wohin", Jacoby's
„vier Fragen" waren erschienen, die „Zeitumstände" forderten in der
That zu einem historischen Rückblick auf. Und hiebei verstand es
sich von selbst, daß Riedel nicht nur den berufenen Notabeln von
1811, sondern auch der erwähnten „interimistischen Nationalrepräsentation", die mit Unterbrechungen ihrer Thätigkeit von 1812—1815
beisammen war, seine Beachtung schenkte. Was er indessen über die
Versammlung mitzutheilen weiß, ist dürftig genug. Er hebt hervor,
daß sie an dem Geschäft der Regulirung des Schuldenwesens fortwährend theilnahm, gesteht jedoch, daß ihm über anderweite ihr ein-
geräumte Wirksamkeit nur sehr vereinzelte Nachrichten vorliegen. Als
solche führt er an, daß der Nationalrepräsentation eine Theilnahme
an den Verhandlungen des damals bestehenden Finanzkollegs gewährt
worden sei, ebenso an den Arbeiten der Centralkommission zur
Ausführung der Vermögens- und Einkommensteuer, erwähnt auch
die nach ihren Vorschlägen erlassene Verordnung wegen der Tresorscheine vom 5. März 1813 und die Edikte vom 3. Juni 1814 und
vom 1. März 1815 über die Vergütung der Kriegsleistungen. Das
ist alles, was er mittheilt. „Die Repräsentanten waren nun drei
Jahre versammelt gewesen", schließt seine Berichterstattung, „und
wurden daher hiernächst nach Hause entlassen." Sollte man nun
die Hoffnung ganz aufgeben, nähere Kunde über die Verhandlungen
jener Versammlung zu erhalten oder sollte es sich nicht der Mühe
lohnen, wenn sich schriftliche Zeugnisse derselben auffinden ließen,
diese aus der Verborgenheit an's Licht zu ziehen? Weitere im geheimen
Staatsarchive zu Berlin angestellte Nachforschungen brachten in der
That nicht wenige Materialien von bedeutendem Interesse zu Tage,
die, wenn sie diesem und jenem Forscher auch nicht ganz unbekannt
gewesen sein mögen, meines Wissens doch noch niemals für die

Geschichte der preußischen Reformzeit nach Gebühr verwerthet worden sind.

Zunächst erhielt ich im Oktober d. J. 1878 Einsicht in die den
fraglichen Gegenstand betreffenden Akten der geheimen Registratur
des Staatskanzlers[1]). Schon diese Akten sind sehr lehrreich. Man
lernt aus ihnen die Vorbereitungen kennen, welche dem Zusammentritt der Versammlung vorangingen, verschiedene Gutachten über die
Frage, wie die Wahl der „Landesrepräsentanten" in den Provinzen
geschehen sollte, Entscheidungen des Staatskanzlers über zweifelhafte
Punkte, die Wahlberichte der Regierungspräsidien u. a. m. Hier
findet sich die Korrespondenz einzelner Repräsentanten oder der Versammlung als solcher mit dem Staatskanzler, die Konzepte seiner
Antworten liegen vor, Bittschriften an den König, Entwürfe über
die Organisation und die Befugnisse der Nationalrepräsentation, sei
es der „interimistischen" sei es der „künftigen".

Eine andere Reihe von Aktenstücken, ursprünglich dem Archive
des Ministeriums des Inneren angehörig, führt die Aufschrift „Acta
generalia der Immediat-Commission zur Beywohnung der Berathungen
der National-Repräsentation-Versammlung". Der König erließ am
17. November 1813 aus dem Hauptquartier Frankfurt einen Kabinetsbefehl an den Minister von Schrötter, der an der Spitze der allgemeinen Schuldentilgungs-Kommission gestanden hatte, durch den er
ihn neben dem Justizminister von Kircheisen und den geheimen Staatsräthen Stägemann und von Schuckmann mit der Aufgabe betraute,
dem Gange und den Berathungen der Versammlung der Repräsentanten zu folgen, die Resultate derselben zu prüfen und, von Gutachten begleitet, dem Monarchen zur Entscheidung vorzulegen. Bei
dieser Immediatkommission sammelte sich ein beträchtliches Material
von Akten an, die neben vielem Gleichgiltigen doch auch nicht weniger
für das genauere Verständnis Unentbehrliches enthalten.

Bei weitem den größten Werth aber haben die Sitzungsprotokolle
der Versammlung selbst, die ursprünglich gleichfalls dem Archive des

_____

1) C. Dieterici führt sie in seinem ausgezeichneten Werke: Zur Geschichte
der Steuerreform in Preußen von 1810—1820 (Berlin 1875) S. X, XI unter
den vorzüglich durchforschten Akten nicht an. Auch sind unter den „Verhandlungen der Landesrepräsentanten", die er im Vorworte S. V erwähnt, wie aus
S. 32 und 46 hervorgeht, die Verhandlungen der Notabeln des Jahres 1811
zu verstehen.

Ministeriums des Inneren angehört haben. Es sind vierzehn Bände unter dem Titel: Protokolle der Landesrepräsentanten, die Jahre 1812—1815 umfassend. Auf meine Bitte wurden sie mir wie die erwähnten Akten der Immediatkommission im April des Jahres 1880 vorgelegt, einige Bände habe ich im Oktober 1881 in dem Lokale der Göttinger Universitätsbibliothek einsehen und ausziehen dürfen. Es wäre mir jedoch nicht möglich gewesen, mir von dem reichen Inhalt der Protokolle ein deutliches Bild zu machen, wäre mir nicht die Güte des Herrn Elsner von Gronow, Hauptmannes a. D., Landesältesten u. s. w. zu Kalinowitz in Oberschlesien zu Hilfe gekommen.

Herr Professor Röpell in Breslau machte mich darauf aufmerksam, daß Herr Elsner von Gronow zu Kalinowitz, ein Sohn des in den Sitzungsprotokollen der preußischen interimistischen Landesrepräsentation so häufig erwähnten Repräsentanten der oberschlesischen Städte, im Besitze von Kopieen jener Protokolle sei, die aus dem Nachlasse seines Vaters stammen, und Herr Elsner von Gronow selbst gab mir nicht nur über das Leben seines Vaters und die von ihm hinterlassenen fraglichen Manuskripte höchst erwünschte Auskunft, sondern hatte die außerordentliche Gefälligkeit mir einen großen Theil jener handschriftlichen Sammlungen zur bequemen Benutzung anzuvertrauen, indem er sie mir nach Bern übersandte.

Einige biographische Notizen, die ich Herrn Elsner von Gronow verdanke, mögen zuerst hier eine Stelle finden. Wilhelm Ferdinand Elsner war am 28. Januar 1786 geboren. Er hatte in Frankfurt a. O. Jurisprudenz studirt, war mit zwanzig Jahren Bergrichter in Tarnowitz und mit vierundzwanzig Jahren Landschafts-Syndikus zu Ratibor geworden. Im Jahre 1806 war er in das zweite schlesische Regiment eingetreten und hatte mit diesem den Kampf in der Grafschaft Glatz mitgemacht. Seine Thätigkeit in der interimistischen Nationalrepräsentation, in die ihn das Vertrauen der oberschlesischen Städte berufen hatte, wurde durch den Beginn der Befreiungskriege unterbrochen. Elsner setzte sein ganzes Vermögen zu, indem er nicht nur selbst ohne Sold diente, sondern noch drei freiwillige Jäger ausrüstete, weswegen ihn Gustav Freytag in seinen Bildern aus der deutschen Vergangenheit (Band 4, S. 411) mit Recht als ein hervorragendes Beispiel des aufopfernden Patriotismus jener glorreichen Tage anführt. Im achtzehnten Regimente betheiligte er sich an den Schlachten von Dresden und Kulm und erhielt das eiserne Kreuz.

Wie die Akten ausweisen, trat „Herr Elsner, Lieutenant vom 6. Re-
serve-Infanterieregiment" am 16. März 1814 in die interimistische
Nationalrepräsentation während ihrer zweiten Sitzungsperiode wieder
ein. Im Frühling des Jahres 1815 riefen ihn die Ereignisse aber
wieder in's Feld. Er brachte am 7. April noch den hochwichtigen
Antrag durch, den Staatskanzler zu bitten „die Ausarbeitung und
Ausführung der allergnädigst versprochenen Landesverfassung durch
die neuen Ereignisse nicht unterbrechen zu lassen, vielmehr die Einführung einer definitiven Landesrepräsentation nach Möglichkeit zu
beschleunigen."[1]) In der 170. Sitzung wurde sein Abschiedsschreiben
an seine Kollegen verlesen.

Einen wie großen Antheil Elsner an den Arbeiten der Versammlung genommen hat und welchen politischen Grundsätzen er
folgte, wird bei einem genaueren Studium der Protokolle vollkommen
klar. Er gehörte entschieden zu denjenigen, welchen die Einführung
des Repräsentativsystems in Preußen als der Schlußstein der großen
Reform galt. So geringe Rechte der interimistischen Nationalrepräsentation auch eingeräumt waren, so suchte er diese schwachen Anfänge
einer Volksvertretung auszunutzen, um für die Zukunft mehr zu er-
reichen. Der Freimuth seiner Rede brachte ihn dann und wann in
Konflikte, wie z. B. mit dem Minister von Schrötter. Nicht selten
aber waren es auch Kollegen, Mitglieder der Versammlung selbst,
Adlige, welche die Minderung ihrer Privilegien nicht verschmerzen,
mit den Reformen auf dem Gebiete der sozialen Gesetzgebung sich
nicht aussöhnen konnten, deren heftige Gegnerschaft er zu bekämpfen
hatte. Seine nationalökonomischen Ansichten kennzeichnen ihn als
einen Anhänger der Ideen, die von England aus vorgedrungen, damals auch in Preußen große Eroberungen gemacht hatten.

Elsner führte in der Schlacht bei Belle-Alliance die vierte Kom-
pagnie seines Regimentes und wurde an diesem Tage verwundet.
In Folge seines energischen Auftretens in der interimistischen National-
repräsentation hatte er als Beamter nicht auf die Gunst der höheren
Behörden zu rechnen. Er wurde zunächst inquisitor publicus in
Brieg, dann aber wegen seines organisatorischen Talentes bei der

---

1) S. die Debatte, welche sich daran knüpfte, unter Anhang III der Abhandlung „Die preußische Verfassungsfrage 1807—1815." H. Elsner von
Gronow hat die damals gehaltene Rede seines Vaters i. J. 1848 in der schlesischen Zeitung abdrucken lassen.

Generalkommiſſion für Schleſien angeſtellt. Aus dieſer ſchied er
aus, weil er mit dem Verfahren ihres Präſidenten nicht einverſtanden
war und wurde Landwirt, in welchem Berufe er Ausgezeichnetes
leiſtete. Die Bewegung von 1848 griff ihn ſehr an, am 6. April
des genannten Jahres machte ein Schlaganfall ſeinem Leben ein Ende.

Die aus ſeinem Nachlaſſe ſtammenden Papiere, welche ſich auf
ſeine Thätigkeit als Repräſentant der oberſchleſiſchen Städte beziehen,
ſind in mehrfacher Hinſicht lehrreich. Ein Heft mit Auszügen aus
den Geſchäftsordnungen parlamentariſcher Verſammlungen, wie des
engliſchen Parlamentes und des Kongreſſes der Vereinigten Staaten,
beweiſt, mit welchem Ernſte Elsner, und dies auch ſpäter noch —
denn manche dieſer Auszüge ſtammen aus der Zeit nach 1815 —
ſich mit der formellen Seite der Aufgaben eines Nationalrepräſentanten
vertraut zu machen ſuchte. Ein anderes Konvolut enthält eine Anzahl von Dokumenten, die ſich auf Elsner's Wahl beziehen, ſeine
Korreſpondenz mit den Behörden in Original und Konzept, Aktenſtücke, welche die Auszahlung der von den Wählern aufzubringenden
Diäten betreffen u. a. m. Charakteriſtiſch für die Theilnahme, welche
der erſten gewählten Verſammlung preußiſcher Repräſentanten entgegengebracht wurde, ſind die Entwürfe von zwei Schreiben der
ſtädtiſchen Wahlverſammlung an den König und an den Staatskanzler dd. Neiſſe 10. April 1812. Auch der Briefwechſel Elsners
mit ſeinem Stellvertreter, dem Bürgermeiſter Meridies in Falkenberg,
der ſich zum Theil erhalten hat, bietet manches von Intereſſe. Man
erhält beim Durchleſen dieſer Aktenſtücke den Eindruck, daß der Eifer
der Repräſentanten und ihrer Wähler doch nicht überall ſo ſchnell
erlahmte, wie H. von Treitſchke annimmt.

Sodann aber finden ſich Abſchriften von Protokollen der interimiſtiſchen Nationalrepräſentation vor, zum Theil von Elsner's, zum
Theil von anderer Hand, nicht ſelten mit nachträglichen Korrekturen
Elsner's verſehen, viele ſogar doppelt, andere nur im Auszug. Häufig
findet ſich am Ende die Notiz: „Dem Originale gleichgemacht", oder
„mit dem Originale gleichlautend, Elsner", oder eine ähnliche Be-
merkung. Soweit ich in der Lage war eine Vergleichung mit den
Originalprotokollen vorzunehmen, erwies ſich dies als richtig. Die
Reihe ſcheint nicht ganz vollſtändig zu ſein. Durch die wiederholte
Abweſenheit Elsner's, der gegen den Feind zu Felde zog, werden die
Lücken theilweiſe erklärlich. Es haben mir von der erſten Sitzungsperiode d. J. 1812 und 1813 zwar die erſten 85 Protokolle doppelt

und die übrigen bis zur 107. Sitzung im Auszuge vorgelegen, danach aber nur die Protokolle der 124. bis 129. Sitzung (29. Januar bis 3. Februar 1813). Von der zweiten Sitzungsperiode waren die fünf ersten Protokolle (21. Februar bis 2. März 1814) nur im Auszuge vorhanden, die übrigen aber ausführlich, mit Ausnahme derer der 46. bis 49. Sitzung, die abhanden gekommen zu sein scheinen. Einige Protokolle, wie die der 43., 44., 50. Sitzung lagen wieder in doppelter Gestalt vor, für mehrere Sitzungen scheint Elsner selbst während der Berathung sich kurze Aufzeichnungen gemacht zu haben, wie man unter seinen Papieren denn auch auf Versuche stößt eine Zeichenschrift, vermuthlich eine Art von Stenographie, anzuwenden.

Elsner wurde am 26. November 1812, in der 101. Sitzung der ersten Sitzungsperiode, zum Censor der Versammlung gewählt, während der zweiten Periode bekleidete er nach dem Protokolle der 85., 86., 92. Sitzung zeitweise das Amt eines Sekretärs. Aber abgesehen hiervon brachte er ein lebhaftes Interesse dafür mit, daß die Verhandlungen genau fixirt und in weiteren Kreisen bekannt würden. Die Protokolle ergeben, auf welche Hindernisse die Versuche stießen, das Publikum und insonderheit die Wähler mit dem Gange und den Resultaten der Debatten bekannt zu machen. In der Versammlung selbst raffte man sich während der zweiten Sitzungsperiode nur zu dem Beschlusse auf, Auszüge aus den Verhandlungen, ohne Nennung von Namen und mit bedingter Publizität drucken zu lassen. Ein solches Blatt, obwohl es einer besonderen Censur unterworfen war, schien aber einem der Repräsentanten, dem Fürsten von Hatzfeld, noch zu gefährlich, weil sein Inhalt „die Köpfe erhitzen und ein schädliches Streben, der Gesetzgebung mit dem Urtheil vorzueilen, im Publikum erregen" könnte. Man erwiderte ihm zwar, daß diese Auszüge unmittelbar nur für die Kommittenten bestimmt seien, die wohl ein unleugbares Recht hätten, durch die von ihnen gewählten und remunerirten Repräsentanten von den in der Versammlung vorkommenden Gegenständen eine wenigstens allgemeine Kenntnis zu erhalten, daß die Regierung sich von jeher über die Besorgnis erhaben gezeigt habe, daß Ideen über Angelegenheiten des Staates und der Gesetzgebung, unter dem Publikum verbreitet, nachtheilige Bewegungen im Volke hervorbringen könnten u. s. w. Aber im Laufe mehrerer Monate erschienen nur zwei Nummern jener gedruckten Auszüge, bei der Vorbereitung einer dritten Nummer erhob die Censurbehörde Schwierigkeiten, und in einer lebhaften Debatte vertraten mehrere Mitglieder

die Ansicht, man solle den Druck des Blattes überhaupt aufgeben.[1])
Sie blieben freilich in der Minorität, man beschloß zunächst sich
wegen der Censurfreiheit an den Staatskanzler wenden zu wollen,
und am 17. September 1814, als ein Schreiben Hardenberg's „betreffend die von der Versammlung auszuübende Druckfreiheit" zur
Verlesung gekommen war (s. u. Anhang I und II der folgenden
Abhandlung), stellte Elsner den vorläufigen Antrag: sämmtliche Verhandlungen der Versammlung dem Drucke zu übergeben, sofern sie dazu
das Imprimatur von dem Herrn Minister des Inneren erhielten. Diesem
Antrag scheint jedoch keine weitere Folge gegeben worden zu sein und,
außer den beiden ersten Nummern von Auszügen der Verhandlungen
jener ersten Versammlung von preußischen Repräsentanten, die heute zu
den bibliographischen Seltenheiten gehören werden, ist meines Wissens
keine weitere erschienen.

Daß Elsner jedoch den Gedanken einer Vervielfältigung der
Verhandlungen im Auge behielt, kann man aus verschiedenen unter
seinen Papieren befindlichen Blättern schließen, auf denen eine Berechnung der durchschnittlichen Zahl der Zeilen, Worte u. s. w. angestellt wird. Aeußersten Falles blieb hiefür das freilich sehr um-
ständliche Mittel einer Verbreitung der Debatten durch Abschrift
übrig. Auch daran wurde gedacht, wie der Entwurf eines Schreibens
Elsner's vom 11. April 1815 an seinen Stellvertreter beweist.
Indem er sich darauf beruft, daß er sich eifrig und rücksichtslos mit
dem beschäftigt habe, was nach seiner Ueberzeugung das Beste befördern könnte, fährt er fort: „Zahlreiche Beweise davon liegen in
den bändereichen Protokollen über die bisherigen 164 Sitzungen
dieser Versammlung, deren öffentliche, wenigstens auszugsweise, Bekanntmachung durch den Druck zu bewirken mir und den mit mir
gleichgesinnten Nationalrepräsentanten, alles Bemühens ungeachtet,

---

1) Herr v. Zastrow bemerkt u. a. man habe durch das Blatt das Thun
der Versammlung vor den Kommittenten rechtfertigen wollen, „dies wäre jedoch
gar nicht möglich, wenn wir bloß das drucken lassen könnten, was die Censurbehörde genehmigte". Noch stärker H. v. Knobelsdorff: „Wollen wir unser
eigenes Sündenbekenntniß ablegen? .... Besser ist es, eine Sache, die wir
zur vollkommenen Reife nicht bringen können, ganz unterlassen". Auch Elsner
war schließlich dieser Ansicht. Auf der anderen Seite meinte H. v. Below:
Die Nation scheine noch nicht auf der Stufe der Kultur zu stehen, daß alles
ohne Gefahr mitgetheilt werden könne. Er wollte daher wohl eine größere
Freiheit für den Druck, aber keine unbeschränkte Censurfreiheit. Sitzung vom
4. August 1814.

nicht möglich gewesen ist. Es wäre des allgemeinen Interesse und meiner Rechtfertigung wegen sehr zu wünschen, daß in den Archiven der wichtigeren oberschlesischen Städte oder wenigstens der bedeutendsten, namentlich der Stadt Neisse, ein abschriftliches Exemplar dieser Verhandlungen aufbewahrt würde, und ich bedauere nur, daß die betreffende Wahlversammlung der oberschlesischen Städte hierüber keine Bestimmungen getroffen hat, welche indeß annoch nachgeholt werden könnten durch die Erklärung der einzelnen Städte, daß sie entweder ein solches Exemplar auf ihre Kosten für sich verlangen oder daß sie darin willigen, daß dieses Exemplar auf ihre gemeinschaftlichen Kosten beschafft und in dem Archiv der Stadt Neisse aufbewahrt werde. Ein solches Exemplar würde nach der jetzigen Ausdehnung der Verhandlungen ungefähr[1]) ... Thaler kosten und die Beiträge der einzelnen Städte also unbedeutend vermehren. Ew. Wohlgeboren, als meinem Stellvertreter, überlasse ich es, bei den Städten zur Annahme dieses Vorschlags zu wirken und dabei gefälligst aufmerksam zu machen, daß dieses der einzige Weg ist, auf welchem, so lange keine vollkommene Oeffentlichkeit der Verhandlungen stattfindet, unsere Mitbürger sich eine Kenntnis von dem öffentlichen Benehmen des aus ihrer Mitte gewählten Repräsentanten und die Möglichkeit verschaffen können zu beurtheilen, ob derselbe sich des ihm geschenkten Vertrauens würdig erzeigt hat." Elsner übersandte zugleich einige Aktenstücke, u. a. die Protokolle der 154. und 155. Sitzung vom 13. und 14. März 1815, aus denen man werde ersehen können, „welcher Verleugnung aller persönlichen Rücksichten es bedurfte, um den Versuchen die freimüthigen Aeußerungen über die wichtigsten Gegenstände des Nationalwohls zu unterbrechen, mit Kraft entgegenzutreten." Ebenso legte er eine Abschrift des Protokolles der wichtigen 163. Sitzung vom 7. April 1815 und des an den Staatskanzler erlassenen Schreibens der Versammlung bei, in welchem, Elsner's Antrage gemäß, um Beschleunigung der Ausarbeitung der versprochenen Verfassung gebeten wurde. „Das letzte endlich erlangte Resultat", fügte er hinzu, „gereicht mir zur größten Beruhigung bei meinem jetzt durch die Zeitereignisse nothwendig gewordenen Austritt aus der Versammlung". Seine Absicht war, daß sein Brief nebst den Anlagen den Magistraten der oberschlesischen Städte bekannt ge-

---

1) Hier ist eine Lücke im Entwurfe des Schreibens.

macht werde, und es ihnen anheim zu stellen, den Versammlungen der Stadtverordneten, „von denen unsere Wahl ausgegangen ist", ebenfalls Mittheilung davon zu machen. Zu dem Zwecke schlug er vor, Kopieen herstellen zu lassen, die dann cirkuliren sollten. Möglich ist es, daß Elsner die in seinem Nachlaß befindlichen Kopieen zum Theil anfertigen ließ, zum Theil selbst anfertigte, von dem Gedanken geleitet, daß sie später in der angedeuteten Weise seinen Wählern zu statten kommen und die Grundlage eines dauernden Besitzes für dies und jenes Archiv der oberschlesischen Städte bilden sollten. Sein patriotischer Sinn würde sich darin auf's neue bethätigt haben. Uebrigens scheint sein Vorgehen nicht vereinzelt gewesen zu sein. Sein Sohn erinnert sich, von ihm gehört zu haben, daß sich eine weitere Abschrift der Protokolle im Besitz des Grafen Tyhrn in Reesewitz befinde.

Es wäre ein Irrthum, wenn man glauben wollte, daß diese Protokolle denselben Charakter an sich trügen, wie die stenographischen Berichte moderner gesetzgebender Körperschaften[1]). Mitunter werden freilich die Meinungsäußerungen ihrer Mitglieder in direkter Rede angeführt, in den meisten Fällen aber hat man sich damit begnügt sie in indirekter Rede und in Form eines Auszuges wiederzugeben.

Nicht selten sind auch schriftliche Vota dem Protokolle einzelner Sitzungen hinzugefügt, Entwürfe von Schreiben, welche die Versammlung an den Staatskanzler, von Adressen, die sie an den König richtet, ebenso eingelaufene Antworten, Vorträge von Vertretern der Regierung, z. B. von Scharnweber, finden sich eingeschoben. Die Mittheilung von amtlichen Gutachten, von Kommissionsberichten, von Tabellen mit zahlenmäßigen Nachweisen, von eingelaufenen Aufsätzen außerhalb der Versammlung stehender Staatsbürger, dient zur Ergänzung der Debatten. Der erste Band beginnt mit einem Schreiben der Nationalrepräsentanten an den Staatskanzler vom 25. April 1812, das ihren Wunsch zum Ausdruck bringt mit ihren Bemerkungen zu dem bevorstehenden Edikt wegen einer Vermögens- und Einkommensteuer gehört zu werden. Das Protokoll der letzten Sitzung vom 10. Juli 1815 enthält die Schlußreden des Präsidenten, des Justiz-

---

1) Bei einer Gelegenheit, als die Zuverlässigkeit des Protokolles angefochten wurde, erklärte der Sekretär, nur ein Geschwindschreiber könne dem Gange der Verhandlung folgen. „Hier, wo die Natur der vorgetragenen Gegenstände die zarteste ist, die es geben kann, wo jedes Wort Stände, Personen, Staatswürden berührt, hier versage ihm, wie er offen gestehen müsse, sein geringes Fassungsvermögen völlig".

ministers von Kircheisen, der an Stelle des verstorbenen Ministers von Schrötter den Auftrag der Auflösung ausführte, und des Fürsten von Haßfeld, der „im Namen der Versammlung" das Wort ergriff. Innerhalb dieses zeitlichen Rahmens fallen die verschiedenen Dokumente, die ein anschauliches Bild der gesammten Beschäftigung der Repräsentanten gewähren, und von denen die Sitzungsberichte selbst weitaus den größten Theil jener vierzehn Bände einnehmen.

Auf den ersten Blick könnte es nun scheinen, als wenn die rein technischen Fragen, die in diesen Bänden berührt werden, kein allgemeines historisches Interesse haben könnten. Es verspricht geringen Gewinn, sich durch Seiten lange Debatten und Gutachten durchzuarbeiten, die von der Ausgleichung der Lasten beim Marsch- und Verpflegungswesen, von der Parzellirung größerer Güter, von der Verlängerung des Indults für rückständige Zinsen handeln. Wir kümmern uns wenig darum, ob es dem verschuldeten Gutsbesitzer freistehen sollte, zur Bezahlung der rückständigen Zinsen dem Gläubiger seine Forderungen an den Staat zu cediren, und ob der Gläubiger gezwungen werden sollte, die vom Staate ausgegebenen Lieferungsscheine an Zahlungsstatt anzunehmen. Aber leugnen läßt es sich nicht: schon hiebei kommt vieles zur Sprache, was uns den Zustand des Landes, die ökonomische Lage der einzelnen Provinzen und Stände, die sich nicht selten widerstreitenden Anschauungen der abligen, bürgerlichen und bäuerlichen Vertreter, welche in dieser ersten, gewählten sog. Nationalrepräsentation Preußens zusammen saßen, viel deutlicher vor Augen führt als es die farbenreichste Schilderung eines Nachlebenden zu thun vermöchte.

Auch finden sich Gegenstände der Verhandlungen genug, bei denen die finanzielle und ökonomische Seite zurücktritt oder gar nicht in Frage steht, während die allgemeine politische Bedeutung unverkennbar ist. Schon die im Jahre 1812 ausgeschriebene Vermögens- und Einkommensteuer drohte zu tief einzugreifen, als daß sie nicht von einem höheren Standpunkte aus durch die Repräsentanten hätte gewürdigt werden sollen. Einen noch größeren Sturm rief das Gensdarmerie-Edikt vom 30. Juli 1812 hervor, das sich nach Ernst Meier's treffendem Ausdruck[1]) nicht allein als eine Kreis-Polizei-Ordnung,

---

1) Ernst Meier: Die Reform der Verwaltungs Organisation unter Stein und Hardenberg. Leipzig 1881 S. 438. Ernst Meier hat a. a. O. Seite 441, 442 auf die Ausstellungen, welche die Repräsentanten an dem Edikte machten, hingewiesen. Köpell hat in den Publikationen der Schlesischen Gesellschaft für

sondern zugleich als eine Kreis-Kommunal-Ordnung darstellte, dazu
bestimmt die Adelsmacht auf dem Lande zu schwächen, aber nicht
zu Gunsten der Selbstverwaltung, sondern zu Gunsten des bureau-
kratischen Beamtenthums. Die Frage der Militärverfassung des
Landes blieb nicht unberührt. In lebhaften Debatten wurden Vorzüge und Nachtheile verschiedener Systeme hervorgehoben, und auch
in diesem Kreise von Männern fand die Meinung begeisterte Anhänger, daß „die Pflicht das Vaterland zu vertheidigen jedem Staatsbürger obliege". Die scharfe Kritik eines tief einschneidenden Ediktes,
wie es dasjenige vom 14. September 1811 betreffend die Regulirung
der gutsherrlichen und bäuerlichen Verhältnisse gewesen war, führte
mit Nothwendigkeit zu grundsätzlichen Erörterungen über die soziale
Reform, die sich in Preußen vollzog.[1])

Allein das hauptsächlichste Interesse dieser Protokolle liegt, irre
ich nicht, darin, daß sie Zeugnisse eines Kampfes der Ideen werden,
den das Dasein dieser ersten gewählten Versammlung von preußischen
Repräsentanten zum Vorschein brachte. Die Versammlung gerieth
mit den Absichten der Regierung und mit der Wirklichkeit der Dinge
in scharfen Widerspruch. Zum Theil altständische Reminiszenzen,
zum Theil die modernen Gedanken der parlamentarischen Verfassung,
welche im achtzehnten Jahrhundert von Frankreich aus ihren Er-
oberungszug durch Europa gemacht hatten, kamen in ihr zum Durch-
bruch und veranlaßten häufig Meinungsäußerungen, die man inmitten so mancher trockenen Verhandlungen gar nicht vermuthen sollte.
Die Protokolle gewinnen dadurch eine Bedeutung, die ganz unabhängig von den sonstigen Gegenständen der Berathung ist, insoferne
man sie für eine Entwicklungsgeschichte der konstitutionellen Idee in
Preußen wird verwenden dürfen. Die folgende Abhandlung wird
die Gelegenheit dazu bieten.

Uebrigens muß ich mich begnügen die Aufmerksamkeit der Fach-
genossen auf diese bis dahin verschüttete Quelle zur Geschichte der

---

vaterländische Kultur im Jahre 1547 die Bemerkungen der Nationalrepräsentanten über das Gensdarmerie-Edikt vom 26. Sept. 1812 und ihre darauf bezügliche Eingabe vom 16. Februar 1814 mitgetheilt.

1) Vgl. die dagegen beim König eingereichte Vorstellung des Comité der
ostpreußischen und lithauischen Stände vom 7. April 1814, in der auf die
Verhandlungen der interimistischen Nationalrepräsentation Bezug genommen
wird, in dem Werke „Aus Schön's Papieren" 6, 615—622: Graf Alexander
von Dohna war der Verfasser s. S. 322.

preußischen Reformzeit gelenkt zu haben. Ich kann um so weniger daran denken sie zu erschöpfen, je häufiger ich mich auf die Benutzung der Elsner'schen Kopieen habe beschränken müssen. Eine lückenlose Arbeit über diesen Gegenstand vermag nur derjenige zu liefern, der in der Lage ist, dauernd an Ort und Stelle die Originale, nebst allen dazu gehörigen ergänzenden Akten, zur freien Verfügung zu haben. Die kgl. preußische Archivverwaltung würde ihren großen Verdiensten ein neues hinzufügen, wenn es ihr gefiele, unter die Zahl ihrer Publikationen einen Auszug aus den Sitzungsprotokollen der interimistischen Landesrepräsentation aufzunehmen, der, selbst mit den nöthigen Erläuterungen und Anhängen, bei starker Verkürzung des minder Wichtigen keinen übermäßigen Umfang erhalten würde.

VII.

Die preußische Verfassungsfrage 1807—1815.

In den folgenden Blättern verfuche ich, den Beſtrebungen nachzugehen, welche während der großen Reformzeit auf die Schaffung
einer Repräſentativverfaſſung für den Geſammtſtaat Preußen abzielten.
Was damals auf dem Gebiete der Verwaltung geleiſtet worden, iſt
in hiſtoriſchen und juriſtiſchen Arbeiten unzählige Male beſprochen
und erſt kürzlich auf Grund eingehender archivaliſcher Forſchungen
von Ernſt Meier im Zuſammenhange dargeſtellt worden. Aber den
Plänen, mit der reformirten Verwaltung eine Verfaſſung zu verbinden, die den Charakter dieſer Monarchie von Grund aus verändert
haben würde, iſt, vermuthlich vorzüglich eben deshalb, weil ſie nur
Pläne geblieben ſind, die Gunſt der Nachlebenden nicht in gleicher
Weiſe entgegengekommen. Auch die politiſche Agitation für die Einführung einer Verfaſſung, welche nach dem Regierungsantritt Friedrich
Wilhelm's IV. lebhafter aufflammte, iſt faſt ausſchließlich auf die
königliche Verordnung vom 22. Mai 1815 zurückgegangen. Aus
einzelnen gedruckten Werken lernte man zwar dies und jenes von
Wichtigkeit kennen, das ſich auf jenen Gegenſtand bezog. Hier und
da hat man auch Aufſchlüſſe aus den Archiven des Staates über ihn
erhalten. Aber im ganzen iſt unſere Kunde eine ſehr lückenhafte geblieben. Auch ich bin weit entfernt von der Hoffnung, eine vollſtändig erſchöpfende Geſchichte der preußiſchen Verfaſſungsfrage in
dem bezeichneten Zeitraum geben zu können. Die Forſchungen im
geheimen Staatsarchiv zu Berlin, aus deſſen Beſtänden man in erſter
Linie Aufklärung zu erhalten erwarten mußte, wurden dadurch er-
ſchwert, daß daſelbſt die mühevolle Sammlung und Einordnung der
für die innere Geſchichte des Staates wichtigen Akten aus der Reformzeit begonnen hatte. Auch iſt wohl mehr als ein werthvolles Stück
in jenen ſtürmiſchen, wechſelvollen Jahren verloren gegangen. Manches
hat ſich aber doch vorgefunden, das bisher nicht beachtet oder nicht

nach Gebühr gewürdigt, in Verbindung mit schon Bekanntem von Interesse erscheinen wird.

I. Die Stein'sche Epoche.

Man weiß, daß der Freiherr vom Stein schon vor der Katastrophe der Jahre 1806 und 1807 seinen Grundgedanken über die Verfassungsfrage wenigstens in negativer Form mit klaren Worten ausgesprochen hat. „Der preußische Staat", heißt es in seiner Denkschrift vom Mai 1806 (Ranke, Hardenberg 5, 369), „hat keine Staatsverfassung; die oberste Gewalt ist nicht zwischen dem Oberhaupt und den Stellvertretern der Nation getheilt. Er ist ein sehr neues Aggregat vieler einzelnen durch Erbschaft, Kauf, Eroberung zusammengebrachter Provinzen. Die Stände einiger dieser Provinzen sind örtliche Corporationen, denen eine Mitwürkung bey der Provinzialverwaltung anvertraut ist, die aber nur örtliche und nicht allgemeine Verhältnisse zu beurtheilen und darauf Einfluß zu haben im Stande sind, wenn nicht der Gang der allgemeinen Angelegenheiten gelähmt und irregeleitet werden soll." Eine der großen Aufgaben, um die es sich an dieser wie an so vielen anderen Stellen des europäischen Festlandes im 19. Jahrhundert handelte, war damit deutlich angegeben. Es galt, nachdem das korporativ-ständische System des Feudalstaates durch das unumschränkte Königthum gebrochen oder doch auf's äußerste geschwächt worden war, dieses in den Repräsentativstaat überzuführen. Insofern hat Ranke ein gutes Recht, Stein als den „intellectuellen Urheber des Repräsentativsystems in Preußen" anzusehen [1].

In seiner aus dem Juni 1807 stammenden Denkschrift „über die zweckmäßige Bildung der obersten und der Provinzial-Finanz- und Polizey-Behörden in der Preußischen Monarchie" (Pertz 1, 415 ff.), zu deren Abfassung er die ihm in Nassau gewährte unfreiwillige Muße benutzte, hat Stein die Frage einer Verfassung für den Gesammtstaat, in der „Stellvertreter der Nation" ihren Platz gefunden haben würden, nicht berührt. Aber indem er dafür sprach, „die Regierung durch die Kenntnisse und das Ansehen aller gebildeten Classen zu verstärken, sie alle durch Ueberzeugung, Theilnahme und Mitwürkung bey den Nationalangelegenheiten an den Staat zu knüpfen", gab er

---

[1] Hardenberg und die Geschichte des preußischen Staates von 1793 bis 1813 (S. W. 48, 65).

der Frage Raum, warum die Reformen, die er erstrebte, auf die Kommunal= und Provinzialangelegenheiten beschränkt bleiben, und nicht auch in gleichem Geiste eine durchgreifende Aenderung in der Behandlung der Angelegenheiten des gesammten Staatswesens eintreten sollte.

Es kam die Zeit, da Stein, als Retter in der grenzenlosen Noth zurückgerufen, den Neubau des Gemeinwesens von unten auf begann, im Bunde mit Genossen, für deren Mitarbeit er seine nachhaltige Kraft einsetzte, die Befreiung des Bauern, die Mündigkeitserklärung des Bürgers zur That machte[1]) und in einer durch zwingende Ereignisse unterbrochenen Wirksamkeit so vielem, was er nicht mehr zur That machen konnte, doch den Stempel seines Geistes aufdrückte. Fragt man, ob und in welchem Sinne während dieser Zeit an die künftige Schaffung einer „Staatsverfassung" gedacht worden sei, deren Fehlen Stein in seiner Denkschrift vom Mai 1806 hervorgehoben hatte, so wird man sich bescheiden müssen, solange nicht neues Material in den Akten entdeckt wird, darauf nur eine ziemlich unvollständige Antwort zu geben. Es ist vielleicht etwas zu viel gesagt, wenn Häusser die Behauptung aufstellt: „Es bestand im Kreise der Staatsmänner, die Preußen wiederherstellten, darüber kein Zweifel, daß gleich nach der Räumung des Landes die landständischen Einrichtungen in den einzelnen Provinzen durchgeführt und, sobald dies geschehen, zur Einführung von Reichsständen geschritten werden solle[2])." Aber allerdings wird die Thatsache allgemein zugestanden werden, daß Stein mit seinen Freunden den entschiedenen Wunsch hatte, es möge, um mit H. v. Treitschke zu

---

1) Bei der größten Ehrfurcht vor dem Andenken Stein's wird es doch gerathen sein, wenn von den Reformen, die seinen Namen tragen, die Rede ist, die Worte genauer abzuwägen, als es gewöhnlich geschieht. Es führt z. B. völlig irre, wenn H. v. Treitschke, Deutsche Geschichte im 19. Jahrhundert (3. Aufl.) 1, 284, die Städteordnung „das freie Werk seines Genius" nennt. Nüchterner, aber richtiger sagt E. Meier, dessen ausgezeichneten Forschungen wir auch über diesen Gegenstand wichtige Aufschlüsse verdanken, a. a. O. S. 147: „Insbesondere ist die persönliche Thätigkeit Stein's beim Zustandekommen der Städteordnung eine verhältnißmäßig geringe gewesen" u. s. w. [Die Redaktion der historischen Zeitschrift, in welcher diese Abhandlung zuerst erschien, hatte diese Anmerkung nebst einigen anderen unten folgenden, wie S. 152 Anm. 1, S. 156 Anm. 2 letzter Satz, S. 174 Anm. 1 die zwei letzten Sätze, die nach erneuter Prüfung dem Texte wieder zugefügt werden, ohne Befragen des Verfassers gestrichen. Vgl. dazu die „Erklärung" der Redaktion Bd. 51, S. 192.]

2) Deutsche Geschichte (3. Aufl.) 3, 146.

10*

reden, „durch den freien Entschluß der Krone der Uebergang von
der absoluten Monarchie zum Repräsentativsystem vollzogen werden"[1]).
Auch war, nach dem eigenen Zeugniß von Stein, der König „schon
damals zur Bildung von Reichsständen geneigt"[2]). Und in der
That genehmigte er die Veröffentlichung eines von Stein im September 1808 ihm vorgelegten Aufsatzes, welcher nach Erwähnung der
militärischen Reformen die bedeutungsvollen Worte enthielt: „Man
hält sich überzeugt, daß auch für die Civil-Verwaltung ein allgemeiner, die Geschäftsführung vereinfachender Plan entworfen, und
darin von einem repräsentativen System ausgegangen sey,
welches der Nation eine wirksame Theilnahme an der
Gesetzgebung zusichert, um hiedurch den Gemeinsinn und die
Liebe zum Vaterlande dauerhaft zu begründen"[3]).

Lange Zeit war unsere Kenntniß der näheren Ansicht Stein's
über diesen Gegenstand eine sehr mangelhafte, und man begnügte
sich wohl damit, aus späteren Aeußerungen des Ministers, die der
Epoche nach 1815 angehören, Rückschlüsse auf seine damalige Meinung
zu ziehen. Auch das sog. politische Testament Stein's hält sich in
zu allgemeinen Ausdrücken, als daß es möglich gewesen wäre, aus
ihm größere Klarheit über seine Verfassungspläne, insofern sie sich
auf die Gesammtvertretung beziehen sollten, zu gewinnen. Es ist
nicht nöthig, an dieser Stelle in den Streit einzutreten, der sich nach
den Veröffentlichungen aus dem Nachlasse Schön's über die Entstehung
dieses Dokumentes erhoben hat. Indem Stein es unterzeichnete,
„adoptirte er", um mit Ranke zu reden, „die liberalen Ideen", die
hier geäußert waren, wobei es gleichgiltig ist, inwieweit man ihm
Antheil an der Redaktion einräumen will, und ob er gern oder un-

---

1) Deutsche Geschichte im 19. Jahrhundert (3. Aufl.) 1, 288.

2) Pertz, Leben Stein's Bd. 6 zweite Hälfte, Beilagen S. 166.

3) Königsberger Zeitung im Verlage der Hartung'schen Buchhandlung
Nr. 78. 29. Sept. 1808 vgl. den Abdruck bei Pertz, Leben Stein's 2, 241.
Auch der Moniteur vom 15. Okt. 1808 theilte den wesentlichen Inhalt dieses
Artikels mit. Es muß daran erinnert werden, daß sich in dem Stein'schen
Entwurfe eines Aufrufes an sämmtliche Bewohner des preußischen Staates
vom 21. Okt. 1808 die Worte finden: „Wackere Männer aus Eurer Mitte sollen
angeordnet werden den Behörden jeder Provinz und Euch insgesammt
vertreten." Die Vollziehung dieser Proklamation wurde aber nicht genehmigt
s. Pertz: Leben Stein's 2, 267, 270 und Hassel: Geschichte der preußischen
Politik 1807—1815 (Publikationen aus den k. preußischen Staatsarchiven 1881)
1, 291.

gern seine Unterschrift gegeben hat[1]). Hier ist nun bekanntlich als nächstes Erforderniß an vierter Stelle des noch unerfüllten Reformprogramms angeführt: „eine allgemeine Nationalrepräsentation"[2]). Es finden sich die weiteren, oft citirten Sätze, aus denen sich so viel herauslesen läßt[3]): „Wo Repräsentation des Volks unter uns bisher Statt fand, war sie höchst unvollkommen eingerichtet. Mein Plan war daher: jeder active Staatsbürger, er besitze hundert Hufen oder eine, er treibe Landwirthschaft oder Fabrikation oder Handel, er habe ein bürgerliches Gewerbe oder sei durch geistige Bande an den Staat geknüpft, habe ein Recht zur Repräsentation. Mehrere mir hierzu eingereichte Plane sind von mir vorgelegt. Von der Ausführung oder Beseitigung eines solchen Planes hängt Wohl und Wehe unseres Staates ab, denn nur auf diesem Wege allein kann der Nationalgeist positiv erweckt und belebt werden."

Stein's politisches Testament erwähnt also „mehrere Plane" der Bildung einer allgemeinen Nationalrepräsentation, die ihm eingereicht und von ihm bereits vorgelegt worden seien. Es müßte von höchstem Interesse sein, sie sämmtlich zu kennen. Bisher ist es jedoch nur gelungen, einen einzigen vollständig aufzufinden. Es ist derjenige von Vinde vom 20. September 1808, betitelt „über die Organisation der ständischen Repräsentation", den Pertz in den „Denkschriften des Ministers Freiherrn vom Stein über deutsche Verfassungen" (Berlin 1848) hat abdrucken lassen. Bekanntlich beschäftigt sich Vinde in diesem Aufsatze nicht nur mit der Frage der Bildung von Reichsständen, für die er nur eine einzige Versammlung gelten lassen will,

---

1) H. v. Treitschke a. a. O. kommt S. 329 zu dem Schlusse: „Stein unterzeichnete ungern", was mir aus mehreren Gründen zutreffend erscheint. Vgl. weitere Beiträge und Nachträge zu den Papieren Schön's, 1881, S. 59—61. Aus den Papieren Schön's Bd. 6, S. 446.

2) Ich folge dem Texte, wie er in dem Werke „Zu Schutz und Trutz am Grabe Schön's" (Berlin, F. Dunder 1876) S. 273—280 aus einer 1848 gefertigten Reinschrift, die sich im Nachlasse Schön's vorgefunden hat, mitgetheilt worden ist, nicht einem der zahlreichen seit 1817 erfolgten Abdrücke.

3) Um ein Beispiel anzuführen: Gemeiniglich wird, was über das Recht zur Repräsentation gesagt wird, auf die Fähigkeit, zu Reichsständen zu wählen, bezogen, und daraus erklären sich zum Theil leidenschaftliche Invektiven, wie sie sich z. B. bei C. W. v. Lancizolle, über Königthum und Landstände in Preußen, 1846, finden. Der neueste englische Biograph Stein's dagegen, Seeley: Life and times of Stein, 1878, 2, 296, wirft die Frage auf, ob nicht etwa bloß an Wahlen zu Provinzialständen gedacht werden müsse.

sondern auch mit der Frage der Bildung von Landes- oder Provinzialständen, und er läßt keinen Zweifel darüber, daß nach seiner Ansicht „die Repräsentanten der Provinz zu den Reichsständen (Parlament) von den Provinzialständen erwählt werden sollen"[1]). Der
aktiven und passiven Wahlfähigkeit für die Bildung dieser Provinzialstände werden allerdings nicht unbedeutende Schranken gezogen, die
Wahlfähigkeit für einen Sitz in den Reichsständen soll aber, „weil
sonst leicht die ausgezeichnetsten Talente ausgeschlossen werden, durch
keinen Vermögensbesitz bedingt sein". Ob Vincke die Kompetenz der
Reichsstände über die Grenzen der Kontrolle, Berathung und Be-
schwerdeführung hinaus erstrecken wollte, läßt sich nicht deutlich erkennen. Indessen wie „die Stärke seiner Begabung nicht sowohl auf
der Seite der Gesetzgebung, als auf der der Verwaltung lag"[2]), so
war ihm unstreitig die Hauptsache, daß die reformirte Verwaltung,
wie er sie sich dachte, unter lebhafter Theilnahme „unabhängiger,
unbediensteter Einwohner", seinem eigenen Ausdruck nach dereinst
durch eine „constitutionelle Verfassung" gesichert werde[3]).

Wer außer Vincke zu der in Stein's politischem Testament erwähnten Sammlung von Plänen beigetragen hat, kann man bisher
nicht vollständig überblicken. Ein Entwurf von Hippel scheint nicht
in seine Hand gelangt zu sein. Hier war eine „gesetzgebende Versammlung" in Aussicht genommen, die sich aus Vertretern der
„natürlichsten neu zu erschaffenden Stände", „Gutsbesitzer" (adlige,
bürgerliche und Bauern), „Städter" (im Sinne des italienischen

---

1) Wie sich aus Perß, Denkschriften S. 92 a. E., ergiebt, hat Stein im
Juli 1818 sich entschieden dagegen geäußert. Doch stellte er hier noch die Möglichkeit hin, daß bei den Wahlen zu den Landständen der Provinz „zugleich diejenigen unter ihnen" bezeichnet würden, welche die Wähler zu Reichsständen
bestimmen wollen. Im Februar 1819 fand er aber, wie man aus S. 190
a. a. O. ersieht, § 133—146 der Humboldt'schen Denkschrift „ganz vortrefflich".
Und Humboldt hatte im § 134 gesagt: „Die vernünftige Stimme der Nation
wird viel deutlicher zu erkennen sein, wenn in der allgemeinen Versammlung
Männer zusammentreten, die zwar mit allem, was in der Provinzialversamm-
lung vorgenommen worden ist, vertraut sind, aber nicht selbst Theil daran genommen haben." Stein's Ansicht aus dem Jahre 1831 ergiebt sich aus Perß
6, 1107.

2) Ernst Meier, die Reform der Verwaltungsorganisation unter Stein
und Hardenberg, 1881, S. 152.

3) Hauptbericht an Stein vom 8. August 1808, s. C. v. Bodelschwingh,
Leben des Oberpräsidenten Freiherrn v. Vincke, 1853, S. 389.

„Commercianti"), „Volks=Lehrer und =Bildner" (im Sinne des italienischen „Dotti") zusammensetzen sollte. Dem Regenten sollte die Initiative verbleiben. „Ob der Regent", meinte Hippel, „sich nicht das Recht vorbehalten sollte, bei beharrlicher Weigerung der gesetzgebenden Versammlung, einem Gesetz die Sanktion zu geben, es durch seinen Beschluß zu sanciren oder die gesetzgebende Versammlung aufzulösen und eine andere zu berufen, weiß ich nicht, ich glaube aber, daß in einem Staate wie bei uns, wo Regent und Volk es miteinander ehrlich meinen, in der Hauptstadt des Regenten der Fall nie eintreten werde. Der Minister, in dessen Departement das vorgeschlagene Gesetz einschlüge, hätte jedes Mal als Kommissarius des Königs das Präsidium in der gesetzgebenden Versammlung, aber kein Votum. Noch ein Zweck würde dadurch erreicht, daß die Minister und durch sie der König die rechtlichsten und einsichtsvollsten Staatsbürger kennen lernte, aus denen — nicht nach Examinations=Attesten, Anciennität und Empfehlung — doch vorzüglich die Staatsbeamten gewählt werden sollten[1])."

Blieben diese Vorschläge, wie es scheint, Stein unbekannt, so beschäftigte er sich um so eifriger mit denen des Schlesiers H. von Rhediger. Einige Mittheilungen von Pertz im ersten Bande seiner Biographie Gneisenau's geben darüber werthvolle Fingerzeige[2]). Herr v. Rhediger, welcher nach Schön's Denkwürdigkeiten „auf seinen Gütern in Schlesien, nachdem er große Reisen gemacht, zurückgezogen gelebt hatte, dessen Lebensaufgabe es aber gewesen war, bei einem vorzüglichen Kopfe und vorzüglicher Bildung alles, was auf Repräsentation Bezug hatte, zu studiren und darüber nachzudenken"[3]), kam im Laufe des Jahres 1808 nach Königsberg. Ihm wurde, nach einem ohne Zweifel zu weit gehenden Ausdrucke Schön's, „die Repräsentationsordnung übergeben, und er lieferte viel und herrliche

---

1) Th. Bach: Th. G. von Hippel. Breslau, E. Trewendt, 1863, S. 119 vgl. S. 116.

2) Pertz, Leben Gneisenau's 1, 397—419. Er bezieht sich auf „gütige Mittheilungen" ohne weitere Quellenangabe.

3) Aus den Papieren des Ministers und Burggrafen von Marienburg Theodor v. Schön 1. Theil, 1875, S. 49. Stein selbst nennt Rhediger später einmal einen „rein buchgelehrten, unpraktischen, übrigens sehr schätzbaren Mann", s. Pertz, Denkschriften S. 201. Er empfahl ihn 1815 als zweiten preußischen Gesandten am Bundestage s. Pertz, Stein 4, 450. Man vgl. die Charakteristik Rhediger's bei H. Leo: Meine Jugendzeit. S. 124.

Sachen". Sein erster, noch von Schlesien aus übersandter Entwurf ist bisher meines Wissens nicht bekannt geworden. Doch erhielt man einen Einblick in seine Grundzüge aus der bei Pertz a. a. O. abgedruckten Beurtheilung durch Stein, welche das Datum des 8. Septembers 1808 trägt. Und hier treten dem Leser zum ersten Male auch die Ansichten des Ministers selbst aus dieser Zeit in größerer Deutlichkeit entgegen. Stein will eine „Theilnahme der Nation an der allgemeinen Gesetzgebung und Verwaltung" in „Reichsständen", neben diesen aber Provinzialstände mit bedeutendem Wirkungskreis. Ob der „Reichstag" aus den neuorganisirten Provinzialständen hervorgehen solle, läßt er jedoch hier im Dunkel[1]). Er will ein „Oberhaus", aus dem „reichen Adel" gebildet, die „Stellvertreter der Nation", durch „freie Wahlen der Eigenthümer" erkoren, Veröffentlichung der Diskussionen des Reichstags, aber seine Kompetenz zunächst auf das Recht der Begutachtung und des Vorschlags neuer Gesetze beschränkt[2]). Bei diesen allgemeinen, der Auslegung noch weiten Spielraum gewährenden Sätzen bleibt er stehen.

Ein zweiter „Entwurf einer Repräsentation" von Rhediger, a. a. O. durch Pertz im Auszuge bekannt gemacht, suchte auf Stein's Kritik Rücksicht zu nehmen, setzte aber an Stelle eines Ober- und Unterhauses auf sehr künstliche Weise drei Kollegien oder Bänke: der Würden und Stände, der Nationalklassen, der Regierungsklassen, aus denen der Reichstag bestehen sollte. Hierdurch wurde den Spitzen der Geistlichkeit, des Adels, der Säkularisirten eine bloße Beruf- und Interessenvertretung mit mannichfach beschränktem Wahlrecht und verwickelter Wahlart, sowie eine vom König zu ernennende Körperschaft von Staatsbeamten zugefügt. Eine Theilung des zweiten und dritten

---

1) Vgl. oben S. 150 Anm. 1. H. v. Treitschke sagt a. a. O. S. 287: „Aus diesen neuen Provinzialständen sollten endlich die preußischen Reichsstände gewählt werden." Die Worte Stein's: „Zusammensetzung der Stellvertreter aus allen Provinzen" (Pertz a. a. O. S. 399) wird man nicht in diesem Sinne auslegen können.

2) „Er will jedem besitzenden Bürger Wahlrecht geben, sonst aber die Verfassung nicht nach allgemeinen Lehrsätzen erfinden, sondern überall aus den vorhandenen Zuständen herausbilden. So viel wie möglich soll ein jeder Einfluß erhalten nach dem Maße seiner Bedeutung und seiner Leistung. Deshalb soll nach seiner Meinung die Einsetzung der Reichsstände der letzte Schritt des Systems sein und die großen Rechte der Gesetzgebung und des Budget erst dem in der Selbstverwaltung geübten Volke übertragen werden." H. v. Sybel: Am Denkmal Stein's (Vorträge und Aufsätze, 1874, S. 359).

Kollegiums in Sektionen, der Ausschluß der Oeffentlichkeit bei den Sitzungen der Kollegien und Sektionen, die Zersplitterung der ganzen reichsständischen Versammlung bei den Vorberathungen über Gesetzesentwürfe, die Bevorzugung des Staatskollegiums, neben welchem Civil- und Militärbeamte noch im Nationalkollegium sitzen sollten, u. a. m. hätte ferner dazu dienen müssen, die Verwirklichung dessen, was man allenfalls unter einer „allgemeinen Nationalrepräsentation" verstehen konnte, unmöglich zu machen.

Stein theilte, wie man von Pertz erfährt, diesen zweiten Entwurf Rhediger's sowohl Schön wie Gneisenau zur Begutachtung mit. Das Gutachten des ersten hat sich erhalten; es ist auffallend milde, empfahl jedoch, von anderen Veränderungsvorschlägen zu schweigen, die Säkularisirten und Adelssenioren auszuschließen, den Einfluß des Beamtenthums in der Repräsentation zu mindern, die Interessenvertretung abzuschwächen[1]). Indem sich Stein am 7. November 1808 über die empfangenen Vorschläge aussprach, wich er von Schön darin ab, daß er einem, wenn auch „verbesserten und veredelten" Adel, als einer „Stütze der erblichen Monarchie", eine gesonderte Repräsentation erhalten wissen wollte, dagegen stimmte er mit ihm überein in Verwerfung der Aufnahme der säkularisirten Würden und im Widerstreben gegen die Uebermacht des Beamtenthums. Die Nothwendigkeit der Beruf- und Interessenvertretung betonte er auf's schärfste — so sollte der Handelsstand nur Kaufleute, der Bauernstand keineswegs Adlige oder Rechtsgelehrte wählen dürfen — und wollte zugleich für mehrere Klassen die aktive und passive Wahlfähigkeit an gewisse Erfordernisse nach Maßgabe eines bestimmten Eigenthums geknüpft sehen. Der Regierung sollte die Möglichkeit verbleiben, durch die Ernennung neuer Standesherren die Zahl der Wähler für das Standeskollegium zu vermehren, sie sollte das Recht haben, den Reichstag jederzeit aufzulösen, dem aber die Pflicht entsprach, ihn nach Ausschreibung von Neuwahlen innerhalb sechs Monaten wieder zusammenzuberufen[2]).

---

1) Ueber Schön's Ansichten aus dem Jahre 1817 vgl. Aus Schön's Papieren 4, 398.

2) Zufolge Pertz: Leben Gneisenau's 1, 419 erhielt der Staatsrath Köhler den letzten Rhediger'schen Entwurf zur Umarbeitung nach Stein's Angaben, seine Arbeit war aber später verschollen. Ueber Rhediger's Denkschrift von 1819 s. H. v. Treitschke, Preußische Jahrbücher 29, 413. Deutsche Geschichte 2, 500.

Man sieht: noch war auch in Stein's Kopf ein bestimmter, ausgeführter Plan nicht fertig, doch lassen sich die Grundzüge seiner damaligen Ideen aus dem Mitgetheilten wohl erkennen. Es ist auffallend, daß sich in den aus Schön's Papieren gemachten Veröffentlichungen nicht nähere Mittheilungen über die mannichfachen Entwürfe einer reichsständischen Verfassung finden. Dagegen ließ man daselbst im vierten Bande S. 566 eine meines Wissens bisher noch nicht beachtete Stelle: „Schleiermacher kam nach Königsberg und wurde um seine Meinung über Repräsentation befragt", eine Stelle, für deren Erklärung der Biograph Schleiermachers, Professor Dilthey, den es am nächsten lag zu befragen, leider keine Auskunft geben konnte. Spricht man von der Geschichte der preußischen Verfassungsfrage in der Stein'schen Epoche, so wird es wohl erlaubt sein, auch an eine Aeußerung Stägemann's zu erinnern, welche zuerst von Max Lehmann bekannt gemacht worden ist[1]). Indem Stägemann den Entwurf Auerswald's für eine neue Organisation des ostpreußischen Landtags und Schön's Bemerkungen dazu kritisirt, sagt er: „Der Plan ist ein Fragment einer Staatsconstitution, welcher deshalb nicht befriedigen kann, weil es ihm an einer Basis fehlt. Ob es daher nicht nothwendig sei, den Plan so lange zu beseitigen, bis eine Repräsentation und eine Einwirkung des Volkes (durch die Repräsentanten) in die höchste Gewalt feststehe, wird dem erleuchteten Urtheil vorbehalten. Wörtlich möchte es doch, aller Protestationen ungeachtet, den Vorwurf erwecken, als gehe man damit um, Motten in den Purpur der höchsten Gewalt zu bringen, solange keine Konstitution vorhanden ist." Auch darf man wohl darauf hinweisen, daß Boyen dem Könige am 29. September 1808 eine Denkschrift überreichte, in der er die Berufung eines Landtags aus Volksvertretern der ganzen Monarchie empfahl, um durch diese die Frage über Krieg und Frieden entscheiden zu lassen, und daß Scharnhorst, Gneisenau, Nicolovius, Süvern, Schön, Grolmann, Röckner am 14. Oktober 1808 gleichfalls forderten, das Volk in seinen zu berufenden Stellvertretern zu befragen, ob die preußisch-französische Konvention ratificirt werden solle oder nicht[2]). Das Drängen der Kriegspartei begünstigte die konstitutionellen Pläne. Alles in allem wird man von dieser Zeit sagen dürfen, wie einer,

---

1) Knesebeck und Schön, 1875, S. 304.
2) Hassel: Geschichte der preußischen Politik 1807—15. 1, 288. Pertz: Leben Stein's 2, 250—257. s. o. S. 25, 26.

der sie an hervorragender Stelle miterlebte, gesagt hat: „Die Idee
der Nationalrepräsentation wurde lebendig[1])."

Die Altenstein-Dohna'sche Epoche.

Stein war gefallen, und über seinen Fall frohlockten diejenigen
nicht am wenigsten, die, gleich Herrn von Voß in einem „konstitutionellen Könige Preußens" das größte Schreckbild sahen (s. o. Abhandlung I). Stein's Erbschaft übernahmen die Altenstein und Dohna. Es
ist hier nicht der Ort, über dies „Ministerium kleiner Mittel und kleiner
Künste", wie Häusser es nennt, eingehend zu reden. Hier handelt es sich
nur darum, zu verfolgen, wie sich die Frage der Einführung einer
repräsentativen Verfassung für den Gesammtstaat unter ihm gestaltete.
Altenstein selbst hatte in dem umfangreichen Gutachten über die
Leitung der Staatsregierung nach dem Frieden, das er 1807 im
Auftrage Hardenberg's abgefaßt hatte, die Zuziehung von „Nationalrepräsentanten" befürwortet. Aber wie sehr würde man irren, wenn
man unter diesen eine Versammlung von Reichsständen verstehen
wollte, die als eine selbständige Institution im Sinne Stein's zu
betrachten wären. Zwar berührte sich Altenstein's Vorschlag gleichfalls mit Stein'schen Ideen. Der so häufig ausgesprochene, in Ostpreußen vorübergehend verwirklichte Gedanke Stein's, die bureau-
kratische Verwaltungsmaschinerie durch die Einfügung ständischer
Repräsentanten zu beleben, wurde von Altenstein eigenthümlich ohne
Rücksicht auf die alten Landstände verarbeitet[2]). Allein wie man
sich hüten muß, was Stein in dieser Richtung geplant und ausgeführt hat, mit seinen reichsständischen Entwürfen zu vermengen, so
darf man die Altenstein'schen „Volksrepräsentanten" nicht in einer
mißverständlichen Bedeutung auffassen. Sie sollten, nach Hardenberg's Ausdruck, „keinen besonderen konstitutiven Körper" bilden.

Es soll jedoch nicht gesagt werden, daß, trotz der Stockung des
so energisch begonnenen Reformwerkes, die Idee einer Verfassungsreform im Sinne des politischen Testamentes Stein's unmittelbar
nach seiner Entfernung gänzlich in Vergessenheit gerathen wäre. Er
selbst ließ es an seiner Mahnung nicht fehlen (Stein an Beyme,

---

1) Aus den Papieren Schön's 2, 48.
2) Ranke: Hardenberg, S. W. 48, 65. 380. Vgl. Ernst Meier a. a. O.
S. 240 ff., bes. S. 270—272. Deutsche Revue 1882 April, „Ein preußischer
Staatsmann" (Aus Altenstein's Papieren).

2. Januar 1809 s. Bassewitz 2, 632). Vielleicht darf man in diesem Zusammenhange auch auf einen Brief hinweisen, den Stein am 26. Dezember 1808 an Schön gerichtet hat. Hier findet sich folgende Notiz, die durch archivalische Nachforschungen leider nicht weiter aufgeklärt werden konnte: „E. H. werden sich freuen, wenn in einer Vorstellung an den König von den Glogau'schen Ständen, die sie bei seiner Zurückkunft überreichen werden, gesagt wird: „„daß Höchstdieselben ... bewogen werden ... uns alle durch eine neue, den jetzigen Umständen angemessene, vor der ganzen Nation geprüfte und freudig angenommene Konstitution und durch Einführung eines Repräsentationen = Systems zu beglücken"" u. s. w."[1]). Aus Pertz' Biographie Gneisenau's (1, 489) erfährt man ferner, daß dieser dem Könige im Frühjahr 1809 von Glatz aus eine Denkschrift über die Nothwendigkeit einer Verfassung übersandt habe[2]). Gneisenau war nicht der einzige, der sich in dieser Sache zur Zeit des Ministeriums Altenstein = Dohna unmittelbar an den König wandte. Eine Denkschrift des H. v. Wedell, Präsidenten der vormaligen Kammer zu Halberstadt, hat sich erhalten, vom 4. September 1809 datirt, in welcher eine „National = Repräsentation" empfohlen wird[3]). Ihr Verfasser ist für eine Theilung derselben in zwei Kammern, für eine mäßige Zahl — etwa zwei dutzend — der Repräsentanten, die aus praktischen Männern, Leuten von reifen Jahren und guten Vermögensumständen, hauptsächlich also aus Grundbesitzern und Gewerbsleuten, bestehen sollen, deren Einfluß bloß ein konsultativer sein soll. „Der furchtbare Charakter", sagt er u. a., „welcher die französische Revolution auszeichnet, hat hauptsächlich darin seinen Grund, daß unter den 600 Deputirten des dritten Standes der ersten konstituirenden Nationalversammlung sich allein 261 Advokaten befanden[4]). Diese Klasse von Staatsbürgern, die daran gewöhnt ist, nur von

---

1) Aus den Papieren Schön's 2, 67. 68.

2) In Pertz' Angaben ist eine Unklarheit. Er sagt, die Denkschrift sei nicht mehr vorhanden, behauptet jedoch, ihre Grundsätze sprächen sich in Bleistiftaufzeichnungen aus dem Jahre 1818 aus, „welchen wir", fügt er hinzu, „die obigen Grundsätze entnehmen". Ich erinnere mich nicht, in der Fortsetzung der Gneisenau'schen Biographie von Hans Delbrück weitere Aufklärungen gefunden zu haben.

3) Geh. Staatsarchiv zu Berlin, Acta betr. die bisherige ständische Verfassung in den Provinzen des preußischen Staates.

4) Es waren 272.

Streit, Verwirrung und Unfrieden zu leben, verdirbt jede repräsentative Versammlung, wird sich aber in jede eindrängen, dafern nicht das Staatsgrundgesetz sie auf eine unmerkliche Art davon ausschließt." So hatte Stein, den ohne Zweifel auch die Erinnerungen an die französischen Versammlungen schreckten, es für nöthig erklärt, Maßregeln zu ergreifen, um zu verhindern, daß „Advocaten, Pamphletisten und Schreyer in die Versammlung sich eindrängen, die mit dem Interesse des Standes, der sie gewählt hat, unbekannt, Alles ihrer Eitelkeit und ihrer Neuerungssucht aufopfern" (Pertz: Gneisenau 1, 418). Wenn Stein die Reichsstände nur vorläufig auf das Recht der Konsultative beschränken wollte, „da die Nation noch so wenig gewohnt ist, selbst zu handeln", so geht Wedell noch weiter. Er erklärt principiell: „Eine nützliche National-Repräsentation darf gegen die Regierung nur in dem Verhältnis der konsultirenden Wirksamkeit stehen. Rückt ihre Befugnis weiter, so wird sie aus dem innigsten und vertrautesten Freunde der Regierung ihr Rival." Immerhin wollte er auf eine für den Gesammtstaat giltige Repräsentation, wie beschränkt auch immer, nicht verzichten.

Auch einige Kabinetsbefehle des Königs, in denen auf die Nothwendigkeit hingewiesen wurde, die Pläne einer allgemeinen Reform des Repräsentationssystems weiter zu verfolgen, konnte man in diesem Sinn verstehen, wenn sie auch in erster Linie auf die Vorarbeit einer Reform der Provinzialstände Bezug haben mochten[1]). In der That fing Dohna an, in dieser letzten Richtung zu arbeiten, aber überaus ängstlich und unfähig bei den schwierigen Verhältnissen, die ihn umgaben, einen leitenden Gedanken zu fassen, geschweige denn zu verwirklichen. „Er war", sagt ein etwas malitiöser Berichterstatter, „in ewigen Bedenken und Zweifeln befangen und sprach mit Ergötzen von den schönen Vorarbeiten in den dicken Akten, allein während seiner ganzen Verwaltungszeit kam keine einzige große Maßregel zum Vorschein. Weil er alles auf's beste machen wollte, that er nicht einmal das Nothwendige, und man konnte bei ihm füglich Napoleon's Ausspruch anwenden: „Le meilleur est l'ennemi du bien." Von allen Seiten hörte Dohna (z. B. über die Mängel der Communal- und ständischen Verfassung) klagen, so daß er zuletzt mitklagte und von Verbessern sprach; obgleich er nicht einsah, was eigentlich fehle

---

1) Kabinetsbefehle vom 4. März und 10. Juli 1809, Geh. Staatsarchiv a. a. O. Vgl. H. v. Treitschke S. 331, 332.

und wie oder wo zu beſſern ſei. Sieben Plane darüber lagen ſchon in den Alten vergraben; gegen alle hatte der Miniſter große Bedenken, er meinte, man komme in dem Maße der Wahrheit näher, als man Meinungen aufſtapele. Deßhalb berief er den Präſidenten Borſche aus Stargard: dieſer ſollte, als ehemaliger königlich weſtfäliſcher Präfect, einen Plan zur Einführung der Gensdarmerie entwerfen und das achte Gutachten über ſtändiſche und Communalverfaſſung abgeben. Das letzte fiel wieder nicht nach Dohna's Wunſch aus, auch war es in der That viel zu franzöſiſch und weſtfäliſch abgefaßt[1])."

Was der Entwicklung der zunächſt in Angriff genommenen Aufgabe vor allem hinderlich ſein mußte, war der Widerſtand der Privilegirten, die mit Recht in dem bloßen Worte „verbeſſertes Repräſentativſyſtem", mochte man es in dieſem oder in jenem Sinne auffaſſen, mochte man es auf die einzelnen Theile oder auf das Ganze des Staates beziehen, eine Bedrohung ihrer althergebrachten Stellung ſahen. Wie einer von ihnen in einem längeren, bei den Alten befindlichen Aufſatz erklärte, müſſe man die Theilnahme der niederen Stände an einer repräſentativen Verfaſſung jedenfalls ausſchließen. „Es bleibt daher nichts anderes übrig, als die Sorge für die Angelegenheiten des Ruſticale in denen Händen zu laſſen, in welchen ſie bisher geweſen ſind, in den Händen der Gutsherrſchaften. Mir iſt gar wohl bekannt, welche Meinung über dieſen Gegenſtand im Schwange geht; aber was auch ſog. Staatsphiloſophen, unberufene Declamatoren und mit dem wahren Zuſtande des gemeinen Landbewohners völlig unbekannte Schriftſteller ſagen mögen, ſo iſt, da doch auch bei der größtmöglichen Freiheit des Bauernſtandes nicht alle Verhältniſſe zwiſchen ihm und den Herrſchaften aufgelöſt werden können, das Wohl der Rittergutsbeſitzer in vielen Hinſichten von dem Wohle ihrer Hinterſaſſen abhängig. Um deßhalb darf man, ohne eben ſanguiniſche Hoffnungen zu hegen, wohl annehmen, daß erſtere in dieſer ihrer ſtaatsbürgerlichen Poſition Gründe genug auffinden dürften, nichts zu beſchließen, noch zu thun, was zum Nachtheil der

---

1) F. v. Raumer, Lebenserinnerungen, 1861. 1, 111. 112. Aus einem Schreiben Dohna's an Hardenberg vom 17. October 1810 (Geh. Staatsarchiv a. a. O.) ergiebt ſich, daß Borſche's Gutachten ſich in der That keineswegs auf die Einführung von Reichsſtänden, ſondern nur auf die Organiſation der Provinzial- und Kreisſtände bezog. Vgl. auch Perz: Leben Stein's 2, 509.

letzteren gereichen könnte [1])." Von eben diesen Tendenzen hatten auch die durch die Städteordnung zum politischen Handeln berufenen Bürger zu fürchten, daher es denn vorkam, daß sie den König beschworen, auf ritterschaftliche Proteste gegen eine „Abänderung der bisherigen ständischen Verfassung" nicht einzugehen [2]). Die Regierung suchte sich allerdings Freiheit des Handelns zu bewahren. Wenn der kurmärkische Landtag die allgemeine Forderung erhob, man solle nicht versäumen, „die Stände bei der beabsichtigten Verbesserung des ständischen Repräsentativsystems zuzuziehen", so wurde diese Mittheilung durch die Randnote, als Direktive für die Antwort, begleitet: „Der Plan der Veränderung sei noch nicht gewiß, es scheine Ew. Excellenz nicht angemessen, die jetzigen Stände der Provinzen über eine in die höchste Gesetzgebung eingreifende Angelegenheit zu hören, in welcher dieselben eben in ihrer Eigenschaft als Stände als Parthei auftreten würden [3])." Aber dem Widerstande der Privilegirten konnte das Ministerium Altenstein-Dohna keine nachhaltige Kraft entgegensetzen.

Ließ sich unter diesen Umständen erwarten, daß die Stein'schen Pläne reichsständischer Verfassung fortgeführt wurden? Reichsstände hatten den Schlußstein des erneuerten Staatsgebäudes bilden sollen, nun aber blieben die Pfeiler, die das Gewölbe tragen sollten, großentheils morsch und unvollendet. „Der Adel", klagte Sack in einem an Stein gerichteten Briefe, „besonders der Churmärkische verderbte thut alles, um das Vernünftige und Wohlthätige Ihres großen Planes zur Reorganisation unseres Staats zu hemmen." Er wird „Himmel und Erde in Bewegung setzen, sich in seinem alten Egoismus zu bewahren". „Darum will er durchaus keine neue Repräsentation. Er hat den Herrn Minister des Innern vermocht, alle vernünftigen Pläne der Herren Friese und Borsche zu reponiren und die ganze Sache zwei Jahre auszusetzen. Er will durchaus alle Lasten von sich werfen und die andern Stände allein darunter seufzen lassen [4])."

1) Geh. Staatsarchiv a. a. O., Aufsatz des Hauptmanns v. Briesen nebst dazu gehörigen Bemerkungen 1809.

2) Die Repräsentanten und Bevollmächtigten der Städte Hinterpommerns an den König, Stargard, 28. Sept. 1809, Geh. Staatsarchiv a. a. O. Vgl. H. v. Treitschke S. 332.

3) Marginalnote zu einem Berichte Sack's an Dohna, 19. Sept. 1809, B. St.-A.

4) Sack an Stein, 31. August 1810 (Stein'sches Archiv in Nassau).

Dazu kam eine weitverbreitete, in damaliger Zeit, die an Karikaturen des Konstitutionalismus so reich war, wohl begreifliche Abneigung gegen jede Art von Konstitution. Altenstein wollte, wie Wilhelm v. Humboldt an Schön berichtete, keine Konstitution[1]). Dohna hielt die Einführung einer solchen für ganz unzeitgemäß (f. u. S. 164). Die Kraft zu wirken, hatte schon vorher der Kammerherr v. Troschke gemeint, der sich mit einem Entwurf zu einer ständischen Verfassung für Schlesien abgegeben hatte, werde dem Souverän durch „Constitutionen und verbindende Erklärungen für künftige Zeiten" eingeengt. „Constitutionen zeigen eine gewisse Furcht an, die der Staats=Chef nie äußern muß. Demnächst bindet er sich durch sie, daß er zum Besten des Ganzen nicht einmal so weit gehen kann, als er es für gut findet; er hemmt also selbst die Entwicklung, wenn er sich für gebunden hält, die Constitution zu halten, und will er sie nicht halten, so bedarf er keiner."[2]) Und doch ließ sich die Einführung eines wahrhaften Repräsentativsystems in oberster Instanz nicht denken, wenn nicht für die Zusammensetzung und Wirksamkeit der „Repräsentanten" gewisse, noch so bescheidene Normen in verbindlicher Form festgesetzt wurden, die wohl oder übel als Grundlinien einer Verfassung des Gesammtstaates hätten angesehen werden dürfen.

Die Hardenberg'sche Epoche.

Das Ministerium Altenstein verschwand, und Hardenberg erhielt als Staatskanzler die Leitung der Geschäfte. Von seinen Ansichten und Neigungen mußte für die nächste Zeit die Entwicklung der Verfassungsfrage, die wir nach allem Vorangegangenen die reichsständische Frage nennen dürfen, bedeutend abhängen. Hardenberg hatte in seiner Rigaer Denkschrift von 1807 der „Herstellung des Zusammenhanges der Nation mit der Staatsverwaltung" eine besondere Betrachtung gewidmet und mit Berufung auf das erwähnte, von ihm benutzte Gutachten Altenstein's gesagt: „Die Idee einer Nationalrepräsentation, so wie sie von dem Herrn v. Altenstein gefaßt ist, ohne Abbruch der monarchischen Verfassung, ist schön und zweckmäßig." Er hatte hinzugefügt: „Der Begriff gefährlicher Nationalversammlungen paßt nicht auf sie. Durch die Amalgamirung der

---

1) Aus den Papieren Th. v. Schön's 2, 252.

2) Schreiben des Kammerherrn v. Troschke an den König, 14. Febr 1809, nebst seinem Entwurfe, B. St.=A.

Repräsentanten mit den einzelnen Verwaltungsbehörden wird sie den Nutzen gewähren, ohne den Nachtheil zu haben." Er hatte die Behörden aufgezählt, denen „Repräsentanten" beizugeben seien, unter denen sich auch das „Ministerium neben dem Könige" befand. „Bei dem Ministerium könnten drei Repräsentanten den Beisitz haben. Ihnen müßte der freie Zutritt zu der Person des Königs, auch allein, stets offen stehen." Sie sollten nur „eine Konsultativstimme" haben. Den „Repräsentanten der Nation eine jährliche allgemeine Darstellung der Lage der Finanzen und des Staatsaufwandes mit seinen Quellen vorzulegen" wurde für nützlich erachtet, wie auch, ihnen „die Subrepartition in den meisten Fällen zu überlassen".

Man sieht: auch Hardenberg's „Repräsentanten der Nation" haben mit Stein's, Vinde's, Schön's und selbst Rhediger's „Reichsständen", wie auch mit Hippel's „gesetzgebender Versammlung" keine Aehnlichkeit[1]). Sie sind Berather und Helfer der Verwaltungsbehörden, aber mit diesen „amalgamirt". Eine eigene Körperschaft sollen sie durchaus nicht bilden. Ein Grundzug der Hardenberg'schen Anschauung kommt hierin zum Ausdruck. Der Mann, welcher seinen eigenen Worten nach „demokratische Grundsätze in einer monarchischen Regierung" als „die angemessene Form für den gegenwärtigen Zeitgeist" betrachtete, huldigte allerdings auf wirthschaftlichem Gebiete einem viel weiter gehenden Liberalismus als Stein, war aber von Hause aus viel weniger freigebig, wenn es sich darum handelte, eine Aenderung der Staatsverfassung zu Ungunsten der Rechte der bestehenden Regierungsgewalt herbeizuführen[2]).

Als Hardenberg im Jahre 1810 wieder an die Spitze der Verwaltung trat, fühlte er das Bedürfnis, sich wenigstens mit allen Arbeiten, die sich auf die Einführung des Repräsentativsystems in irgend welcher Form bezogen, gründlich bekannt zu machen, um so mehr da seine eigenen Ideen über Repräsentation, wie die Folge zeigte, auch einer Erweiterung fähig waren. Seiner Aufforderung, ihm die bezüglichen Akten zu übersenden, entsprach Dohna, der zu-

---

1) Ranke a. a. O. 380, 411.

2) Sehr richtig bemerkt W. v. Humboldt 1819: „Daß mit jeder Einführung einer ständischen Verfassung eine Entäußerung eines Theils der königlichen Rechte verbunden ist, läßt sich nicht ableugnen". S. Pertz: Denkschriften S. 104. Wie sich aus S. 178 ebendaselbst ergiebt, hielt Stein zu jener Zeit den Paragraphen, in welchem Humboldt diese Meinung geäußert hatte, für „ganz vortrefflich gedacht und gesagt".

nächst das Ministerium des Inneren behalten hatte, mit einem vom 22. August 1810 datirten Begleitbrief, der seinem wesentlichen Inhalte nach mitgetheilt zu werden verdient.

„Das geneigte Schreiben E. E. vom 20. hujus, in welchem dieselbe von mir sämmtliche Verhandlungen über das einzuführende neue Repräsentationssystem eiligst verlangen, habe ich heute nach 11 Uhr Mittags zu erhalten die Ehre gehabt. Ich säume daher nicht, E. E. anliegend ein vol. acta über die Bildung des Reichstags, ein Schreiben des Geheimraths v. Klewiz vom 2. 9. vorigen Jahres nebst drei Beilagen, eine Mappe mit der Aufschrift Entwurf und Bemerkungen betreffend die Bildung der Kreis- und Provinzialstände ganz ergebenst zu übersenden[1]), und halte mich verpflichtet, dieselben mit folgenden Erläuterungen und Bemerkungen zu begleiten. Die Verhandlungen über die Bildung des Reichstags enthalten einige Entwürfe, welche weit entfernt sind, die gehörige Reife zu haben. Der Zeitpunkt seit dato 1808 war ohnehin in vielfacher Beziehung durchaus nicht geeignet, auch nur auf die entfernteste Weise an die Bildung eines Reichstags zu denken. Die Reichsconstitutionen, in den Arbeitszimmern der Geschäftsleute ersonnen, können, wie die Natur der Sache es ergiebt, nie etwas taugen. Nur wenn die Nation zu einer Constitution reif ist, kann eine dem Geist und den Bedürfnissen der Nation, ... wenn Männer von Genie und großem, edlem, umfassendem Sinn sich der Sache bemeistern, ganz angemessene, wahrhaft heilbringende Nationalconstitution entstehen. Nichts ist verächtlicher und verderblicher, nichts erregt mehr die Indignation aller vernünftigen Menschen in der Nation als die Spiegelfechtereien mit einer Constitution, [wie] wir jetzt so oft auf dem europäischen Continent auf eine geistlose Weise wiederholt sehen.

---

1) Leider blieben Nachforschungen, welche nach diesen Angaben im Geh. Staatsarchiv zu Berlin angestellt wurden, ohne Resultat. Von besonderem Werth müßte es sein, die Alten über die Bildung des Reichstags wieder aufzufinden. Das Werk: „Aus den Papieren Th. v. Schön's" 1, Anlagen S. 63, 2, 130. 131 belehrt uns, daß Klewiz im Jahre 1817 die Absicht hatte, „staatswirthschaftliche Beiträge zur Geschichte des preußischen Staates im Zustande der Unterdrückung und Erhebung 1806—15" herauszugeben. Drei Stücke, die er veröffentlichen wollte, darunter das politische Testament Stein's, werden aufgeführt. „Eine weitere Aufzählung der Schriftstücke, welche Klewiz auf diese Weise zu veröffentlichen gedachte", heißt es in einer Anmerkung, „gehört hier nicht mehr her." Und doch fände sich in Klewiz' Notizen vielleicht eine erwünschte Ergänzung der Dohna'schen Worte.

Nur gemüth- und geistlose Menschen, welche einmal eine leidenschaftliche Vorliebe für ein leeres Treiben mit gewissen Modeformen
haben, vermögen darauf Werth zu legen. Es giebt kein Land in
Europa, in welchem gründliche Kenntnis von Staatsverfassungen,
Sinn und Bildung für höhere Staatsangelegenheiten und überhaupt
alle Eigenschaften, welche einigermaßen tüchtigen Reichstags- und
Nationalrepräsentanten nöthig sind, verhältnißmäßig so unerhört selten
sind als in unserem Staat; ... überall, wo es auf solide Ausbildung für Staatsangelegenheiten, verbunden mit lebendiger Erfahrung,
ankommt, zeigt sich dieser Mangel. Wir sind oft in Verlegenheit,
tüchtige Präsidenten für unsere Regierungen zu finden. Dagegen giebt
es vielleicht kein Land, in welchem für das Detail der Geschäfte so
viele vortreffliche Subjecte zu finden sind. Aus dem Verfahren der
letzten drei Regenten läßt sich zum Theil diese Erscheinung recht wohl erklären.... Das absolute Hinderniß gegen die Einführung von Reichsständen entsteht aus der unglücklichen Lage, in welcher sich unser
Staat befindet. Welche Wirkung könnte es hervorbringen, wenn ein
Hause Menschen, durchaus unfähig zu Reichsständen, durchaus unfähig, klar und richtig die Dinge des Staates, insbesondere auch der
Finanzen zu durchschauen und zu beurtheilen, aber bewegt durch
viele in der Nation noch sehr lebendige Absonderungsbegriffe und
mancherlei Vorurtheile, aber leidenschaftlich gereizt durch das innere,
jedem mehr oder weniger innewohnende Gefühl des Drucks und
bittren Unglücks der Zeitumstände, unter dem Namen und mit der
furchtbaren Macht, welche Reichsstände vorzüglich in unglücklichen
und gedrückten Zeiten auf die Gemüther haben, bei uns zusammen-
träte? Die Stimmung in den Landtagsversammlungen in den Provinzen hat ein, wenngleich nur äußerst leises und kleines Vorspiel
von demjenigen gegeben, was man zu erwarten haben würde. Ueberall
war dieselbe Unfähigkeit, überall dieselbe gerügte Leidenschaftlichkeit...

„Die Formation der Reichsstände in einem Augenblick, in
welchem man zu harten Maßregeln schreiten muß, in welchem die
Umstände überhaupt höchst schwierig sind, hat stets zu revolutionären
Bewegungen und zum Verderben der regierenden Familie geführt.
Eine Versammlung von Notabeln würde durchaus nichts von dem
Guten hervorbringen, was man sich von Nationalrepräsentanten zu
versprechen pflegt, wohl aber den größten Theil der Nachtheile
herbeiführen, welche unfehlbar daraus unter den gegebenen Umständen
entstehen müssen.

„Ausführbarer und etwas weniger gefährlich möchte die ander-
weitige Bildung von Provinzial- und Kreisständen sein. In der
oben allegirten Mappe wird E. E. einen Entwurf dazu nebst Bemerkungen finden. . . . Ein Gegenstand von dieser Natur und höchster
Wichtigkeit kann nur in einem ganz vollständig organisirten Staatsrath berathen werden. Sobald ein dergleichen Staatsrath organisirt
sein wird, behalte ich mir vor, diese Angelegenheit in demselben zur
Sprache zu bringen, und demnächst, unter Mitwirkung des G. St. Rath
v. Schön und noch eines Mannes von gleichem ausgreifendem Geist
und vertraut durch vieljähriges Studium und eigne lebendige Anschauung mit den älteren und neueren Staatsverfassungen, diese
Sache anderweitig zu bearbeiten.

„Die Ausführung eines dergleichen Planes würde mir jedoch
unter den obwaltenden Umständen immer höchst gewagt und bedenklich
scheinen, schon deshalb weil man in der Kurmark, Neumark, Pommern,
Ostpreußen die ganze jetzt noch bestehende alte ständische Verfassung mit
allen ihren Ramificationen mit einem Schlage vernichten und in Schlesien
die höchste Unzufriedenheit erregen müßte. Es scheint mir aber gerade
von der höchsten Wichtigkeit zu sein, im Verlaufe der nächsten zwei
Jahre durchaus jede allgemeine und heftige Rückwirkung in unserem
Staate zu vermeiden."[1] . . .

Man bemerke bei diesen pessimistischen Auslassungen, daß Dohna
die Berufung von Notabeln für ebenso unrathsam erklärt wie die von
Nationalrepräsentanten. Auf das Prinzip der Ernennung oder der
Wahl wollte er nicht so viel Gewicht legen wie darauf, daß man
überhaupt den Zusammentritt einer allgemeinen Versammlung verhindere. Eben diese Warnung sprach er einige Wochen später nochmals aus. Er wollte nun allerdings die „Ausführung einer zweckmäßigen Organisation der Provinzial- und Kreisstände" möglichst
beschleunigen, und zwar, wie eine andere Aeußerung von ihm ergiebt,
im Sinne der „Einführung des neuen Repräsentativsystems". Aber
er schrak vor jeder Uebertragung dieses Prinzips auf die Verfassung
des Staatsganzen zurück. „Ich bin fortwährend der Meinung, daß
das höchste Heil einer Nation vorzüglich nur auf einer ihrem Geiste,
ihren Verhältnissen und den edelsten Forderungen der Staatszwecke
durchaus ganz entsprechenden Constitution gegründet sein kann, daß

---

1) Hardenberg an Dohna, 20. August 1810: Dohna an Hardenberg,
22. August 1810, Geh. St.-A. a. a. O.

aber eine dergleichen Constitution nicht aus den Arbeitszimmern der
Geschäftsleute hervorgeht, und daß gerade im gegenwärtigen Augenblick und in der besonderen Lage, in welcher sich unser Staat befindet,
die plötzliche Einführung eines Reichstags, welcher auf keine leere
Repräsentation hinausliefe, von den verderblichsten Folgen sein müßte.
Ich bin ferner fortwährend der Meinung, daß die Zusammenberufung
von Notabeln entweder ganz erfolglos sein oder die meisten Nachtheile der plötzlichen Zusammenberufung eines Reichstags haben
müßte, ohne darum allgemeines Vertrauen einzuflößen, den Gemeingeist zu bilden und zu beleben oder sonst irgend einen wesentlichen
Nutzen eines gut organisirten Reichstags zu gewähren." [1])
    Hardenberg war jedoch anderer Ansicht. Von den alten Land-
tagen, den „Pseudorepräsentanten der Nation", als welche sie dem
jungen Friedrich v. Raumer erschienen, durfte er keine unmittelbare Unterstützung für die Durchführung seines großen Finanzplanes
erwarten. Von „einer Abänderung der Verfassung und von ver-
wickelten reichstagsartigen Berathungen" sollte — und „konnte" nach
dem Urtheile des genannten, im Vertrauen des Staatskanzlers stehenden
Gewährsmannes keine Rede sein[2]). Eine Berufung von Notabeln
aber war schon bei der Zusammenkunft Hardenberg's mit dem Königspaar im Mai 1810 von ihm angerathen, er hatte sie dem französischen Gesandten als ein Mittel angekündigt, dessen man sich recht
eigentlich zur Befriedigung der Forderungen Napoleon's bedienen wolle,
er hatte sie Ende Mai, einige Tage vor seinem Wiedereintritt, nochmals
in Vorschlag gebracht[3]). Das letzte Mal hatte er sich dahin erklärt,
daß eine solche Versammlung aus den Chefpräsidenten, den Direktoren
der Administration, einigen adligen Rittergutsbesitzern, Mitgliedern
der städtischen Magistrate, Bankiers zu bestehen habe, und daß die
mit ihnen zu berathenden Maßregeln den Provinzialständen vorzulegen seien. Der Gedanke, sich zunächst an eine berufene Versammlung von Notabeln aus dem ganzen Lande statt an eine erwählte

---

1) Dohna an Hardenberg, 17. und 30. Oct. 1810, Geh. St.-A. a. a. O.
Man findet Andeutungen über den Inhalt der „seit dem August 1810 beim
Staatskanzler ruhenden Entwürfe" betreffend eine „zweckmäßige Wiederbelebung
der Provinzialstände" in einem Aktenstücke Dohna's aus dem Jahre 1812. S.
aus Schön's Papieren 6, 568.
    2) F. v. Raumer a. a. O. S. 107, 124. Ranke a. a. O. S. 153.
    3) Ranke a. a. O. S. 156, 157, 159. Hardenberg's Brief an St. Marsan,
5. Mai 1810, s. u. „Preußen und Frankreich 1809—1813".

Verſammlung von Repräſentanten zu halten, lag nicht ganz fern. In ſeinen Bemerkungen über F. v. Raumer's Schrift „Das Brittiſche Beſteuerungsſyſtem" hatte der Präſident v. Schuckmann geſagt: „Ueber die von dem Verfaſſer geprieſene Vortrefflichkeit der Brittiſchen Verfaſſung, nach welcher die Repräſentanten der Nazion die Abgaben wirklich bewilligen, nicht etwa bloß bejahen, wie häufiger vorkommt, wird wohl Niemand mit ihm ſtreiten; ſowie darüber: daß der Werth einer repräſentativen Verfaſſung darauf beruhe, daß die Rechtſchaffenen und Verſtändigſten aus allen Ständen zur Vertretung ihrer Mitbürger berufen werden. Wären nur die Mittel eben ſo leicht zu erkennen, wodurch dies am ſicherſten zu befördern ſei! Die Geſchichte liefert dazu wenig Analogie für uns. Der Fall, daß ein unumſchränkter Gebieter mit der edelſten Verläugnung, aus reiner inniger Liebe zu ſeinem Volke, dieſes zu einer repräſentativen Vertretung vor ſeinem Throne erziehen wolle, iſt ſo ſelten in der Geſchichte, als der umgekehrte häufig vorkommt, neben warnenden Beiſpielen mißbrauchenden Frevels, den Völker mit ſolchen Befugniſſen getrieben haben. Zur Zeit iſt die Mehrheit aller Stände wohl auch nicht dazu geeignet, die Fähigſten zur Berathung ihres Wohls ſogleich ſelbſt aufzufinden, wenn nicht die Regierung ſelbſt ſolche Kandidaten aufſuchte und ihr vorhielte. . . . Aus einem Zuſtande, wo noch nach älteren Vorſchriften auch unverdächtige Zuſammenkünfte und Berathungen über allgemeine Gegenſtände ängſtlich verboten werden, kann plötzlich keine zweckmäßige Wahl hervorgehen. Ein ſtumpfſinniges bloßes Bejahen, oder anmaßlicher Emanzipazionswahn, oder egoiſtiſches Widerſtreben gegen die Bedürfniſſe des Ganzen, wären die von einer ſolchen Zuſammenſetzung zu beſorgenden Alternativen."[1]) Der Unterſchied zwiſchen offiziellen Kandidaten, wie ſie hier empfohlen wurden, und zwiſchen Notabeln war nicht ſehr groß.

Das letzte Wort wollte Hardenberg jedoch mit der Berufung von Notabeln keineswegs geſprochen haben. Man darf vielleicht nicht zu viel Gewicht darauf legen, daß die Zuſammenkunft, die er am 14. September 1810 zu Hermsdorf mit Stein hatte, Einfluß auf den Gang

---

1) Bemerkungen über des Herrn Regierungsraths v. Raumer Schrift: Das Brittiſche Beſteuerungsſyſtem . . . von dem Präſidenten v. Schuckmann. Berlin und Stettin, bey Fr. Nicolai 1810 (Abdruck aus der Berlinſchen Monatsſchrift für den Februar 1810) S. 5. 6.

seiner Ideen haben konnte[1]). Von Stein wissen wir, daß er den Plan der Berufung eines „Reichstags" im Sinne behielt. Dies Wort findet sich am Rande der Denkschrift, die Stein im Sommer 1810, als ihm Hardenberg's Finanzplan zur Kritik vorgelegt worden war, abfaßte[2]). Auch Hardenberg hatte sich nunmehr das Ziel gesteckt, mit der Zeit eine repräsentative Versammlung aus Wahl, beruhend auf den „drei Grundlagen: Besitz, Einsicht, Sitten", hervorgehen zu lassen, wennschon er den Ausdruck Reichstag vermied und, soweit es sich erkennen läßt, von den Stein'schen Ideen vielfach abwich[3]). Daß eine solche Versammlung nur das Recht der Konsultative haben dürfe, stand ihm fest. Er erklärte jedoch wegen der Verhältnisse des preußischen Adels die Bildung eines Oberhauses für unthunlich. Er betonte: „Die neue Repräsentation muß unmittelbar von der Regierung allein ausgehen, sie muß wie eine gute Gabe von oben herabkommen". . . . „Die Zahl der Reichsdeputirten darf nicht zu groß sein . . . es sind mit großer Vorsicht Maßregeln zu treffen, daß sich kein hemmender Widerspruch gegen die Maßregeln der Regierung zu allgemeinem Verderben organisire . . . die Rechnungen über die Verwaltung der Einkünfte werden den Repräsentanten zur Nachricht vorgelegt; ein Regierungsblatt nach Art des Westfälischen Moniteurs ist das erste Bedürfniß der neuen Administration." Höchst bemerkenswerth war, daß er, der 1807 die hauptsächlichste Aufgabe der mit den Verwaltungsbehörden amalgamirten Repräsentanten in ihrer Theilnahme an der Administration gesucht hatte, nunmehr erklärte: „Die Repräsentation ist streng von der Administration zu scheiden, ja ihr entgegen zu setzen, damit der verschiedene Standpunkt auf

---

1) Das genaue Datum der Zusammenkunft ergiebt sich aus Nassauer Archivalien und es steht fest, daß der Ort der Zusammenkunft Hermsdorf war. S. J. und P. Goldschmidt, das Leben des Staatsraths Kunth S. 83. P. Goldschmidt, zwei Briefe Hardenberg's an Stein nebst dessen Antworten (Historische Zeitschrift Bd. 46). Es hätte daselbst S. 184 auf Pertz: Leben Stein's 2, 501 verwiesen werden können, um die Stelle nachzuweisen, wo Stein an Richelieu's Beispiel erinnert hatte.

2) Pertz a. a. O. 2, 503.

3) Pertz a. a. O. 2, 518. Bei Durchsicht Stein'scher Papiere in Nassau ergab sich, daß die von Pertz mitgetheilten Aeußerungen dem im Hardenberg's Auftrag von Raumer verfaßten, mit Randnoten des Staatskanzlers versehenen „Pro Memoria über den Finanzplan des vorigen und jetzigen Ministerii" ꝛc. (Breslau 11. Sept. 1810) angehören.

verschiedenen Wegen zur Wahrheit leite."[1] Man kann sich doch
des Eindrucks nicht erwehren, als hätten Hardenberg Reichsstände
„in den neuen Staaten französischer Formazion", wenn auch mit
wichtigen Modifilationen vorgeschwebt, jene Reichsstände, über die
Vincke als über „eitle Possenspiele" ein so hartes Urtheil gefällt hatte.
Und dies würde vollkommen dazu stimmen, daß die legislatorische
Thätigkeit, die Hardenberg auf anderen Gebieten während der ersten
Jahre nach seinem Wiedereintritt entfaltete, „die Einführung der
französisch-westfälischen Bureaukratie und Präfektur zum Zwecke hatte"[2].

Zunächst blieb alles, was sich auf Bildung einer Repräsentation
bezog, sofern darunter eine gewählte Körperschaft verstanden war,
der Zukunft vorbehalten. Vergeblich hatte ein Mann wie Sack gehofft, daß die „radikalen Mittel, ohne die kein Heil zu schaffen, mit
einer Constitution und anderen Ständen angefangen werden", da die
jetzigen zu nichts nutze seien „als alles Gute zu hemmen und ihre
Qualität zu mißbrauchen"[3]. In den „Grundzügen eines neuen
Finanzplans nach den neuesten Erwägungen", die Hardenberg im
Oktober 1810 dem Könige überreichte, war zwar „eine auf richtige
Grundsätze zu bauende consultative Repräsentation" nicht vergessen
worden. In dem Edikte über die Finanzen des Staates vom
27. Oktober 1810 wurde vom Könige die Absicht kundgethan, „der
Nation eine zweckmäßig eingerichtete Repräsentation sowohl in den
Provinzen als für das Ganze zu geben, deren Rath Wir gern
benutzen . . . werden". Aber vorher sollten nur Notabeln, also
nicht gewählte, sondern ernannte Rathgeber berufen werden[4].

---

1) Sehr gut ist dieser Widerspruch hervorgehoben von H. v. Sybel in
der Allgemeinen deutschen Biographie 10, 581 a. E., woselbst „1808" wohl
ein Druckfehler statt „1807" ist. Vielleicht war die Schrift von F. v. Raumer:
Das Brittische Besteuerungssystem 2c. Berlin, Sander, 1810 (die Vorrede datirt
vom 30. November 1809) nicht ohne Einfluß auf Hardenberg geblieben. Vgl.
daselbst S. 185: „Nur sey man der Wahrheit eingedenk, daß jede ständische
Verfassung in dem Maße ausartete, wie sie sich mit Administration und Exe-
cution befaßte."

2) Ernst Meier a. a. O. S. 172.

3) Sack an Stein 11. Sept. 1810 (Stein'sches Archiv Nassau).

4) Ranke identifizirt a. a. O. S. 173 die Notabeln mit der „consultativen
Repräsentation", von der Hardenberg's „Grundzüge" reden. Wie man aber
aus den übrigen angeführten Aeußerungen, aus den betreffenden Stellen in
den Edikten vom 27. Okt. 1810 und vom 7. Sept. 1811 schließen darf, hatte
Hardenberg im Auge, was als „interimistische Nationalrepräsentation" 1812
in's Leben trat.

Am 23. Februar 1811 wurde diese Versammlung von Notabeln durch eine oft angeführte und ausgezogene Rede des Staatskanzlers eröffnet. Es würde verlockend sein, hier ihre Geschichte einzufügen, für die sich noch einiges bisher nicht beachtetes Material verwenden läßt. Allein die Aufgabe, die wir uns gestellt haben, legt uns die Beschränkung auf, lediglich danach zu fragen, ob und inwiefern die Angelegenheit einer Verfassungsreform für den Gesammtstaat durch das Dasein und die Wirksamkeit der zusammengerufenen Beamten, abligen Gutsbesitzer, Städter und Bauern eine Förderung erfahren hat. An sich war eine in der Freiheit ihrer Berathungen sehr beschränkte und mit starker Begünstigung des Adels zusammengesetzte Versammlung nicht fähig, vergessen zu lassen, daß sie ihren Ursprung lediglich der Auswahl der Regierung verdanke. Es wäre unmöglich gewesen durch sie den Schein einer allgemeinen Repräsentation zu erwecken. Auch suchte der Staatskanzler alles zu vermeiden, was darauf hätte hindeuten können. Dies um so mehr, je stärker das ständische Interesse der Privilegirten in ihr hervortrat, gegen deren Wortführer vom Schlage der Marwitz er sogar die Anwendung Richelieu'scher Mittel für erlaubt hielt.

Der Vertreter Oesterreichs war sehr erfreut darüber, daß die Weisheit der Regierung im voraus alles gethan habe, um den bösen revolutionären Geist auszuschließen, als dessen Träger die „Sekte" des Tugendbundes und dessen vermeintliches Haupt, der geächtete Stein, seiner schwarzsichtigen Phantasie erschien. Er hatte schon im December 1810 richtig vorausgesehen, daß diese preußischen états généraux ein bloßes Schattenbild sein würden, wenn er auch darüber belehrt wurde, daß „turbulente Geister" nicht nur unter den Revolutionären zu finden waren [1]). St. Marsan konnte nach Paris berichten, daß die Versammlung, deren Verhandlungen auch die französische Regierung schon um ihres eigenen Interesses willen einigen Antheil gönnen mußte, gar nichts von einer repräsentativen Körper-

---

1) de Bombelles an Metternich, 31. Dec. 1810. Er meldet, daß der König sich die Ernennung der Berufenen vorbehalten habe . . . „cette mesure sage assure d'avance que des esprits turbulents et mal intentionnés ne seront pas mis à même d'exploiter le germe révolutionnaire qui ne laisse pas que de fermenter encore en Prusse dans beaucoup de têtes. Il est probable d'après que le pouvoir réservé à ce simulacre d'assemblée nationale ne sera pas de nature à gêner le libre exercice de l'autorité légitime." K. K. Haus-Hof- und Staatsarchiv Wien.

schaft an sich habe[1]). Und wie Gneisenau, von bitterem Unmuth über den Gang der Dinge erfüllt, die Notabeln als einen „Regierungs-apparat" bezeichnete, „womit man dem Volk die neuen Auflagen und Einrichtungen in einem milderen Lichte erscheinen lassen wollte", so nannte noch Jahre nachher Stein „die sogenannten Repräsentanten, die bei verschiedenen Veranlassungen der Staatskanzler berief, todt-geborne Surrogate vom Tüchtigen und Wahren", ja bezeichnete sie als einen „Spott des Volkes"[2]).

Man kennt jenen Brief, den der Graf Arnim von Boytzenburg, welcher selbst zu den Notabeln gehört hatte, an Stein richtete. Auch aus ihm spricht nur Mißmuth und Enttäuschung. Mit Bezug auf den hier in Frage kommenden Gegenstand schreibt er: „Man hatte dem Volke eine Constitution versprochen, die erste officielle Piece — es kann darunter nur das Edikt vom 27. Oktober 1810 verstanden werden — enthielt diese heilige Zusage. Es schien als solle sich das Steuer- und Abgaben-System in natürlicher Folge aus dieser Con-stitution entwickeln, auf ihr beruhen, von der mündig gemachten Nation sanctionirt werden. Indem das Volk mitwirkte zur Staats-verwaltung, solle es begreifen lernen, daß das Gemeinwohl Opfer verlange; es solle also diese Opfer zur Erhaltung seiner selbst willig darbieten, nicht gezwungen und auf Befehl sie geben. In dieser großen Nationalsache ist aber bis jetzt auch nicht ein Schritt geschehen. Ich gebe zu, daß die Bedürfnisse so dringend waren, daß nicht ganz systematisch verfahren werden konnte (d. h. daß die Constitution nicht vollständig der Bestimmung neuer Abgaben vorangehen konnte). Aber mehr als ein Jahr ist verflossen — und weit entfernt, daß man doch nur Vorkehrungen hierzu bemerkte, daß irgend ein Plan, eine Idee dem Publico, um die Stimmung zu prüfen, hingeworfen würde, ist keine Rede mehr, selbst von einem solchen Project. Die Nation glaubt auch nicht mehr daran, sie sagt sich: man will nur unser Geld, man will nur vermehrte Auflagen — der Roman einer Constitution ist uns nur hingeworfen worden, um uns zu ködern, um unter dieser Firma ein erhöhetes, zum Theil beschränkendes Steuersystem einzu-

1) Depesche St. Marsan's, 26. Febr. 1811.
2) Pertz: Gneisenau 2, 94. Denkschriften Stein's S. 180. Stein hat wohl, wie die Erwähnung der französischen Notabeln zeigt, zunächst die mehr-mals berufenen preußischen des Jahres 1811 im Auge gehabt, doch auch vielleicht die interimistische Nationalrepräsentation 1812—15.

führen" [1] u. s. w. So klagte der anonyme Verfasser eines Artikels in Voß' „Zeiten"; „Im preußischen Staate ist ... in dem Edikt vom 27. Oktober 1810 ... der Nation eine zweckmäßig eingerichtete Repräsentation versprochen worden. Welches Hinderniß mag aber vorhanden sein, daß man mit der Erfüllung dieses Versprechens noch immer zögert? Schon hat man zwar vorläufig bei den Berathungen mit den Landesdeputirten einige Mitglieder aus dem Bürger- und Bauernstande zugezogen, wenn man aber das Mißverhältnis ihrer Zahl gegen die aus dem Adelsstande berufenen Deputirten erwägt, so muß man bezweifeln, ob diese Zuziehung dem Zwecke derselben angemessen sein könne ... Hat man einmal die Nothwendigkeit erkannt, der Nation eine zweckmäßigere Repräsentation zu geben, warum zögert man damit so lange oder warum belehrt man nicht die Nation über etwa obwaltende Hindernisse?" [2]

Leugnen läßt sich aber doch nicht: Für die preußische Verfassungsgeschichte haben die Notabelnversammlungen von 1811, so unbefriedigend ihre Ergebnisse waren, eine gewisse Bedeutung. Wenn einige adlige Mitglieder einer Sektion in einem von ihnen eingereichten Aufsatz erklärten, sie wollten sich „vor den Augen der Nation rechtfertigen, die auf uns gerichtet sind", so war damit doch anerkannt, daß die Meinung „der Nation" berücksichtigt werden müsse [3]). Und eben weil man in den Notabeln nur eine Scheinrepräsentation der Nation sehen konnte, wurde das Gefühl der Nothwendigkeit einer des Namens würdigeren immer wach erhalten. So enthielten sich die städtischen und bäuerlichen „Deputirten" denn auch nicht, ihre darauf abzielenden Wünsche an den Staatskanzler gelangen zu lassen. Selbst

---

1) Pertz: Leben Stein's 2, 567. Leider fehlt das Datum des Briefes. Der Satz: „Aber mehr als ein Jahr ist verflossen" giebt wenigstens eine zeitliche Grenze an. Bei den Alten befindet sich eine Charakteristik mehrerer Notabeln, irre ich nicht, von der Hand Scharnweber's (Kabinetspapiere Friedrich Wilhelm's III., Berufung von Deputirten). Arnim erscheint hier als „unbefangen, aber zu gut, weshalb er schwierig bei Maßregeln ist, die irgend ein Verhältnis verletzen, selbst wenn der Nutzen und die Nothwendigkeit seinem Verstande einleuchtet".

2) Voß: die Zeiten Bd. 30. April 1812: „Betrachtungen veranlaßt durch die Verheißung einer auf Grundsätzen der Gleichheit zu errichtenden Nationalrepräsentation in dem preußischen Staate."

3) Aufsatz vom 26. März 1811, unterzeichnet von v. Gerhard, v. Köller, v. Roebel, Graf v. Götzen, Graf Larisch, v. Sydow, v. Kallreuth. Geh. St.-A., Kabinetspapiere Friedrich Wilhelm's a. a. O.

Adam Müller empfahl in einer bekannten, von H. von der Marwitz unterzeichneten Denkschrift neben Provinzialständen eine „allgemeine" wennschon „ständische Rathsversammlung", eine „ständische, theils aus den Hauptklassen des Volks erwählte, theils durch Geburt berufene centrale Rathsversammlung", wie er sich gleichfalls ausdrückt [1]). Und wie Hardenberg in seiner Eröffnungsrede an die „königliche Zusage" des Ediktes vom 27. Oktober 1810 erinnert hatte, so ließ er es nicht an Versprechungen fehlen, die geäußerten Wünsche, „wegen baldiger Constituirung einer zweckmäßigen National-Repräsentation" erfüllen zu wollen [2]). Noch vor dem Schlusse der letzten Notabelnversammlung erschien am 7. September 1811 das fernerweite Edikt über die Finanzen des Staats und das Abgabensystem. Es kündigte u. a. an, daß die schon früher in Aussicht gestellte „General-Kommission zur Regulirung der Provinzial- und Kommunal-Kriegsschulden" unverzüglich zusammentreten sollte und fuhr dann fort: „Wir wollen aber, um bei dieser General-Kommission den Wünschen Unserer getreuen Stände desto sicherer entgegenzukommen, hiemit verordnen, daß außer dem Chef und den ihm zuzugebenden Mitgliedern der gedachten Kommission, die Wir ernennen werden, von jeder Provinz zwei Mitglieder aus den Rittergutsbesitzern, zwei Mitglieder aus den Städte- und Landesbewohnern, nämlich: eins von den großen Städten, eins für die kleineren Städte und das platte Land, außerdem aber von jeder der drei Hauptstädte Berlin, Königsberg und Breslau ein Mitglied erwählt und zu dieser Kommission gestellt werden. Ueber die Art der Wahl wird der Staatskanzler nächstens das Nöthige bekannt machen, sowie bereits an der Instruktion für die Kommission gearbeitet wird. Unsere Absicht geht noch immer dahin, wie Wir in dem mehrerwähnten Edikte vom 27. Okt. v. J. zugesagt haben, der Nation eine zweckmäßig eingerichtete Repräsentation zu geben. Da die dazu erforderlichen Vorbereitungen indessen noch Zeit erfordern und Wir sehr wünschen, Uns früher und besonders in der

---

1) Dorow: Denkschriften und Briefe 1839. 3, 214—234. Klose: Leben Hardenberg's S. 300—311.

2) Gesuch der zur Wahrnehmung des Interesses des Erbpacht- und Bauernstandes anher berufenen Deputirten v. 31. März 1811. Antworten Hardenberg's auf dies Gesuch und ein anderes der „Städtedeputirten" v. 14. und 15. April 1811. Acta der geheimen Registratur des Staatskanzlers, betr. die Einberufung der Deputirten von den Ständen und Städten ꝛc. (Geh. St.-A.).

gegenwärtigen Epoche, wo wechselseitiges Vertrauen und patriotisches Zusammenwirken im höchsten Grade nothwendig sind, mit achtbaren Männern aus allen Ständen Unserer Provinzen zu umgeben, die das Vertrauen ihrer Mitbürger haben und das Unsrige verdienen; so wollen Wir, daß diejenigen Mitglieder, welche jene General-Kommission ausmachen werden, auch vorerst die National-Repräsentation konstituiren und hierzu von den Wählenden mit bevollmächtigt werden sollen."

Dies war in der That eine eigenthümliche Behandlung der schwebenden Frage. Eine ungetheilte Nationalrepräsentation, aus freier Wahl der drei Stände hervorgehend, deren Verhältnisse durch die soziale Gesetzgebung der letzten Zeit von Grund aus verändert worden waren, aber nur als eine rein provisorische Einrichtung. Die Zahl der Erwählten nicht mehr als ein paar dutzend, weit geringer als die der zuletzt berufenen Notabeln. Keine Bestimmung ihrer Kompetenz, keine Abgrenzung ihrer Aufgaben, sondern nur ein einziges Geschäft, das der Regulirung der Provinzial- und Kommunal-Kriegsschulden, genannt, welches diese provisorischen National-Repräsentanten, als Mitglieder einer Kommission, vereinigt mit den dazu von der Regierung Ernannten, an die Hand nehmen sollten. Mit einem „Reichstag", wie er Stein und Stein's Freunden vorschwebte, hatte eine solche Schöpfung wenig Aehnlichkeit. Dagegen konnte sie leicht nach den Grundsätzen gestaltet werden, die Hardenberg selbst, wenn es sich um Wahlen handeln sollte, bekannt hatte (s. o. S. 167). In dieser Richtung bewegten sich auch die Maßregeln, die den Zusammentritt der Versammlung vorbereiten sollten. Die Akten enthalten ein reiches Material von Vorschlägen für die Wahlart, von Entscheidungen und Instruktionen des Staatskanzlers, von Berichten der Regierungspräsidien, Anfragen und Adressen der Wähler u. s. w.[1]). Aus allem gewinnt man den Eindruck, daß Hardenberg das von ihm selbst angegebene Rezept befolgte, „mit großer Vorsicht Maßregeln zu treffen, daß sich kein hemmender Widerspruch gegen die Maßregeln der Regierung organisire". Allerdings waren die Wahlen frei — auf indirekte Weise wurden achtzehn Vertreter der Rittergutsbesitzer, neun Vertreter der bäuerlichen Grundeigenthümer, unter Voraussetzung eines Eigenthums von mindestens einer Hufe, ebensoviele grundbe-

---

1) Acta der geheimen Registratur des Staatskanzlers, betreffend die Einberufung der Deputirten von den Ständen und Städten (Geh. St.-A).

fisende Vertreter der Städte nach der Städteordnung gewählt, abgesehen von Berlin, Breslau, Königsberg, die je einen besonderen
Deputirten unmittelbar erkoren — aber den Regierungspräsidenten
ward eingeschärft, Landräthe und Magistrate, welche das Wahlgeschäft
zu leiten hatten, darauf aufmerksam zu machen, „daß nur unbeschol-
tene, einsichtsvolle, mit gehöriger Kenntnis ihrer Provinz ausgerüstete,
dem königlichen Hause und ihrem Vaterlande notorisch treu ergebene,
vorurtheilslose Männer zu Nationalrepräsentanten gewählt werden
dürften" [1]. Jede Instruktion, außer über das Kriegsschuldenwesen
der Kommittenten, wird verboten, „und der Repräsentant, der sie
dennoch geltend machen wollte, soll von allen Berathungen ausgeschlossen werden". Natur und Würde eines Repräsentanten erfordere,
daß er keinem anderen Führer als seiner Ueberzeugung folge und
keinen anderen Richter als sein Gewissen habe; dieser Grundsatz sei
in allen Staaten, in denen Repräsentation stattfinde, anerkannt. Es
kommt vor, daß der Staatskanzler beim Empfang der Wahlberichte
gegen diese und jene Wahl Einspruch erhebt.

Der Mittheilung des Resultates der neumärkischen Wahlen findet
sich die Marginalnotiz angefügt: „Dem Regierungspräsidium zu antworten, daß gegen die Wahlen im ganzen nichts zu erinnern sei,
wiewohl seine Excellenz den Landrath von Knobelsdorff unter den Gewählten zu sehen gewünscht hätte, den sein heller Verstand, seine
Rechtlichkeit und völlige Vorurtheilsfreiheit ganz vorzüglich dazu eig-
neten." Mit Aengstlichkeit wurde darüber gewacht, daß keine innige
Verbindung zwischen den Wählern und zwischen den Gewählten stattfinde, welche den Repräsentanten eine größere Macht gegeben haben
würde, als die Regierung ihnen einräumen wollte. Die Deputirten
der Rittergutsbesitzer von Oberschlesien schlugen dem Staatskanzler
am 7. April 1812 die Errichtung eines Centralressorts für Schlesien
in Breslau vor, damit die Repräsentanten „auf eine leichte, mit Zutrauen verknüpfte Art" von den Bedürfnissen und Wünschen der

1) Instruktion an die Regierungspräsidien vom 11. Febr. 1812. Die Zahlen
erklären sich daraus, daß der Regierungsbezirk Breslau wegen der Größe der
Bevölkerung getheilt wurde. Den drei großen Städten ward noch Elbing und
Stettin zugefügt. Irrthümlich sagt H. v. Treitschke a. a. O. S. 378, die achtzehn
Ritter seien unmittelbar von den Kreistagen gewählt worden. Ich weiß
nicht, auf welche Verhandlung der interimistischen Landesrepräsentation er hin-
deutet, wenn er von den vergeblichen Versuchen Hardenberg's spricht „die Ausgleichung der Grundsteuer durchzusetzen."

Provinz unterrichtet werden könnten. Sie wurden abschlägig beschieden; es hätten, hieß es in der Antwort des Staatskanzlers vom 14. Mai, nur solche Männer gewählt werden sollen, welche die vollständigste Kenntnis von den Verhältnissen und Bedürfnissen der Provinz besäßen; im Falle man besonderer Aufklärung bedürfe, seien private Anfragen an einzelne Unterrichtete oder an die öffentlichen Behörden erlaubt.

Wohl machte der sich regende Sondergeist hie und da ein scharfes Eingreifen unerläßlich. Wenn die ostpreußische Ritterschaft u. a. forderte, „daß es von der Provinz abhange, die Repräsentanten willkürlich abzuberufen", so war die Antwort darauf, es sei vermuthlich die Absicht, die Repräsentation für's ostpreußische Departement auf eine auffallende Weise abzulehnen, selbstverständlich würden die Deputirten der anderen Stände alsdann auch den Stand der größeren Gutsbesitzer vertreten; fänden sich auch von diesen keine Deputirte ein, so werde „ein königlicher Offiziant, der mit dem Schuldenwesen von Ostpreußen bekannt ist, von Staatswegen zu diesem Geschäft zugezogen werden"[1]. Auch waren strenge Ermahnungen, das Wahlgeschäft zu beschleunigen, energische Aufforderungen, die Abreise der Gewählten nicht zu verzögern, häufig unvermeidlich. Die Zeiten waren schwer. Die französischen Heeresmassen wälzten sich gegen die Grenzen Rußlands, Stadt und Land seufzten unter dem furchtbaren Druck, der auf ihnen lastete, vor allem litt der noch von früher her erschöpfte Osten der Monarchie. Gutsbesitzer erklärten, daß sie sich wegen der Durchmärsche und Einquartierung nicht auf längere Zeit entfernen könnten, während in ihren Häusern „die Scenen des Krieges sich erneuern", andere sahen sich durch ihre Geschäfte beim Militärkommissariat von aller politischen Thätigkeit zurückgehalten. Noch im Sommer des Jahres 1812 erbaten die ostpreußischen Rittergutsbesitzer Gewährung einer Frist vom Könige: „Unsere Lage ist im höchsten Grade verzweiflungsvoll. Denn unsere Felder sind zum Theil abgehauen, unser Viehstand und Angespann sind größten Theils genommen und unsere Besitzungen durch diese militärischen Überschwemmungen auf solche Art devastirt, daß eine zweckmäßige Vorsorge für die Wiederherstellung dessen, was noch wiederhergestellt werden könnte,

---

1) Schreiben der Wahlversammlung der ostpreußischen Ritterschaft vom 17. März 1812 mit Marginalnote von Hippel.

nur dem Eigenthümer selbst möglich ist" [1]). Es war nicht zu verwundern, wenn die gar nicht unbedeutenden Diäten, welche die Kommittenten den Repräsentanten zu zahlen hatten, bei der allgemeinen Noth nur mangelhaft einliefen, ohne daß die Staatskasse im Stande gewesen wäre, einen regelmäßigen Vorschuß zu leisten.

Aber es fehlte doch auch nicht an Zeichen dafür, daß dies Volk, dem Gneisenau noch kurz zuvor Einsicht und öffentlichen Geist abgesprochen hatte [2]), inmitten seiner materiellen Sorgen und unter dem Zwange der fremden Machthaber, der ersten Versammlung von erwählten Repräsentanten Theilnahme entgegenbrachte. Charakteristisch ist eine Adresse, in welcher der Vorsitzende der städtischen Wahlversammlung Oberschlesiens dem Könige im Namen der zu Ratibor versammelt gewesenen Wahldeputirten für die Gnade dankt, die Städte durch eigene Repräsentanten „an den Thron gerufen zu haben". „Mit inniger Rührung erkennen wir hierin einen neuen Beweis der väterlichen Fürsorge, womit Ew. Königliche Majestät rastlos streben die Wunden des Schicksals zu heilen, welche ein überall bewunderter Heldenmuth und Standhaftigkeit nicht abzuwenden vermochten und verehren die Seelengröße ohne Beispiel in der Geschichte, welche einem treuen und liebenden Volke als die Belohnung dieser Treue und Liebe bewilligt, was sonst nur der theure Preis innerlicher Zwietracht gewesen ist" [3]).

Immerhin blieb die Frage, ob die Absender dieser Adresse nicht in einer starken Selbsttäuschung befangen waren. Ein Mann wie der ehemalige Minister Graf Alexander zu Dohna dachte von dem, was hier „Belohnung der Treue eines liebenden Volkes" genannt wurde, viel geringer. Er wies auf das „eine Land" hin, „in welchem nicht allein dem Namen und der Form", sondern auch dem Wesen nach eine „wahrhafte National=Repräsentation existirt", auf England. Die winzige nach Berlin berufene Versammlung schien ihm nach der

---

1) Petition der Wahldeputirten Westpreußens, 22. März 1812. Schreiben des uckermärkischen Kreisdirektoriums, 8. März 1812. Schlieben an Hardenberg, 14. April 1812. Auerswald an Hardenberg, 9. Juni 1812. Die Wahldeputirten der ostpreußischen Rittergutsbesitzer an den König, 22. Juni 1812.

2) S. die oben S. 170 citirte Briefstelle bei Pertz 2, 94.

3) Neisse, 10. April 1812. Ein Entwurf der Adresse sowie eines Schreibens an den Staatskanzler befindet sich unter den Papieren W. J. Elsner's, Landschaftssyndikus zu Ratibor, des Repräsentanten der oberschlesischen Städte, (s. über seine Papiere oben S. 133).

Instruktion des Staatskanzlers an die Regierungspräsidien (s. o. S. 174) mit einer „wirklich heilbringenden Nationalrepräsentation" durchaus nichts gemein haben zu können, „als den leeren Schall des Namens" und „in allen Beziehungen den reinsten Gegensatz derselben" bilden zu müssen. Er sah in einer solchen winzigen Versammlung ohne Öffentlichkeit der Verhandlungen, ohne Sprech-, Korrespondenz- und Preßfreiheit, ohne geregelte Geschäftsordnung u. s. w. nur eine „Calamität". Da er selbst der Ansicht war, daß „für's erste gegründete Bedenken entgegenstehen", den Gewählten ein Recht der Geldbewilligung und Gesetzgebung einzuräumen, so fiel für ihn „jede wahre Bedeutung der Nationalrepräsentation" weg. Es war ganz im Sinne seiner früheren Aeußerungen (s. o. S. 162—165), wenn er erklärte: „Man hätte ausgehen müssen von der festen Ansicht, daß seit den Ereignissen der letzten sieben Jahre es auf jeden Fall unmöglich war, im preußischen Staat eine zweckmäßige Nationalrepräsentation zu Stande zu bringen, daß dagegen eine zweckmäßige Reform und Wiederbelebung der durch Friedrich II. so sehr, theils zerstörten, theils unzweckmäßig gestellten Stände der verschiedenen Provinzen ganz dem vaterländisch deutschen Geiste angemessen, sehr wohl ausführbar und sicher von den heilsamsten Folgen gewesen wäre". Außerdem wäre es ihm wünschenswerth erschienen, Deputirte jeder Provinz zur Gesetzes-Kommission hinzuzuziehen und sie in fortwährende Verbindung mit einem ständischen Ausschuß der Provinz zu setzen[1]). Eine spätere Zeit ist auf ähnliche und gleichartige Ideen zurückgekommen. Damals trat die Einrichtung, der er ein so ungünstiges Horoskop stellte, ins Leben.

Der 10. April 1812 war der Tag, an dem sich die Erwählten in Berlin einfinden und bei dem Minister v. Schrötter, der zum Chef der Generalkommission zur Regulirung des Provinzial- und Kommunal-Kriegsschuldenwesens ernannt worden war, „melden" sollten, um „seine Anweisungen wegen des Kommissionsgeschäftes zu erwarten". Etwas später und nicht vollzählig langten sie an, und auf dem königlichen Schlosse, im Saale des ehemaligen Generaldirektoriums, unter höchst unscheinbaren äußeren Formen begannen die

---

1) „P. M. betreffend die Festsetzung des Herrn Staats-Kanzlers in Rücksicht der sogenannten National-Repräsentation. Geschrieben in den ersten Tagen des März 1812." Aus den Papieren Schön's 6, 553—565. In „Bemerkungen geschrieben in den ersten Tagen des August 1812" a. a. O. S. 565—573 entwickelte Dohna diese Ideen nochmals, vergl. auch a. a. O. S. 271, 290, 331.

Verhandlungen der kleinen Körperschaft, die mit dem Namen der interimistischen National- oder Landesrepräsentation in den Akten und in der Gesetzsammlung bezeichnet, sehr bald über den Rahmen einer bloßen Kommission zur Regulirung des Provinzial- und Kommunal-Kriegsschuldenwesens hinauszuwachsen bestrebt war. Die Geschichte dieser Versammlung, welche bisher von unseren Historikern sehr stiefmütterlich behandelt worden, ist noch zu schreiben. Hier kann es nur darauf ankommen, zu skizziren, wie sich die Verfassungsangelegenheit nun gestaltete, da es zum ersten Male eine gewählte Versammlung von Repräsentanten aller Theile des Staates gab.

Alsbald nach Eröffnung der Versammlung zeigte es sich, wie mißlich es gewesen war, sie zu berufen, ohne über ihre Kompetenz Genaueres festzustellen. Noch war nicht einmal die Geschäftsinstruktion für die Kommission zur Regulirung der Kriegsschulden bekannt gemacht, und diese Arbeit, welche die nächste Aufgabe hatte bilden sollen, sollte erst ihren Anfang nehmen, wenn die Deputirten vollzählig vorhanden seien. Inzwischen begannen die Versammelten, die sich als „Organ der Nation" fühlten, mit selbständigen Anträgen vorzugehen, einzelne Mitglieder arbeiteten Denkschriften über Einführung eines National-Papiergeldes, Gründung einer Bank u. s. w. aus, die Regierung legte durch ihre Kommissäre diesen und jenen Gesetzentwurf vor, ohne über die Rechte und Pflichten der debattirenden Repräsentanten grundsätzliche Bestimmungen zu treffen. Das Nothwendigste sogar, eine Geschäftsordnung, war noch nicht vorhanden. „Es wird gewiß keinem meiner hochgeehrtesten Kollegen entgangen sein — begann ein Pro memoria Elsner's, des Vertreters der oberschlesischen Städte, vom 13. Mai 1812 —, daß in unseren bisherigen Berathungen über die wichtigsten Angelegenheiten die Form und Ordnung der Verhandlungen gefehlt haben, welche allein eine allseitige Beleuchtung und Benutzung der verschiedenen Ideen bewirken können und der Würde einer Versammlung angemessen sind, die in so kleiner Zahl die Ehre hat, die ganze Nation vorzustellen." Er schlug daher vor, den Staatskanzler darum zu ersuchen, „daß höchsten Orts die Formen bestimmt würden, nach denen die Nationalrepräsentation versammelt, die Gegenstände der Berathschlagungen in den Versammlungen erwogen und deren Resultat gesammelt werden solle", da man nur so mit Freimuth Wünsche äußern könne, „welche die wahre Stimme der Nation sind". Die Versammlung beschloß zunächst, selbständig durch eine Kommission „Ordnungsgesetze" ausarbeiten zu laſſen, nach denen ſie ſich auch vorläufig richtete. Aber dies genügte nicht. Es hat ſeinen guten Grund, wenn in den Protokollen das Wort „unſere Konſtitution" ſo häufig wiederkehrt und ihr Mangel beklagt wird. Dies ſollte nicht etwa heißen, daß man die ſofortige Mittheilung einer Verfaſſungsurkunde forderte, ſondern zunächſt nur die Mittheilung von Beſtimmungen über die Befugniſſe und Gerechtſame dieſer interimiſtiſchen Repräſentation. Aber damit verband ſich ſehr natürlich die Frage, welches die Stellung der Nationalrepräſentation überhaupt, auch der definitiven, im Staate ſein ſolle.

Soeben war ein höchſt wichtiges Edikt, dasjenige wegen einer Vermögens- und Einkommenſteuer, vom 24. Mai 1812, vollzogen worden, ohne daß die Verſammlung, die es ſchon beſchäftigt hatte und die es lebhaft intereſſirte, darüber gehört worden wäre[1]). Die Entwürfe anderer Edikte lagen ihr noch vor, aber wer mochte dafür bürgen, daß man über ihre Arbeit nicht ſtillſchweigend hinwegging? Einige der Repräſentanten machten ihren Gefühlen in erregter Weiſe Luft: „Ich bin Patriot, rief der Rittergutsbeſitzer Oberamtmann v. Sanden aus, von ganzem Herzen, gehöre meinem König mit dem Leben an, verehre die Staatsverwaltung auf's höchſte; wenn ich aber nicht ſage, was nicht ausgeführt werden könne, ſo verletze ich meine Pflicht." Man mußte zu erfahren wünſchen, in welchem Verhältnis zur Regierung man ſtehe, eine „förmliche Konſtitution" der Verſammlung zu erhalten ſuchen. In einer ſchwülſtigen Rede vertheidigte der Stadtrichter Bock aus Lyck, Repräſentant der lithauiſchen Städte, am 2. Juni 1812 einen darauf abzielenden Antrag. Er wandte ſich unter Verſicherung königstreuer Geſinnung gegen die „Beſorgnis vieler ſonſtigen Stimmgeber in der Staats-Adminiſtration, daß die Repräſentation der Nation nachtheilig unſerem geliebten Monarchen oder vielleicht für die geehrten Männer, die das Ruder unſeres noch auf ſtürmiſchen Wogen, mitten unter Riſſen, Sandbänken und Haiſiſchen ſich befindenden Staatsſchiffes führen ſollten". Aber er hob hervor, daß „das Vertrauen zu den großen Staatsbeamten" zu ſinken begonnen habe, „indem eine Laſt die andere drängte, die Nation über das ganze Maß von Verpflichtungen gegen auswärtige Mächte und Privatperſonen, gegen öffentliche Inſtitute im Lande und Schulden an einzelne Staatsbürger, ſowie über die Mittel zu ihrer Tilgung

---

1) S. Näheres über dies Edikt bei Dieterici, zur Geſchichte der Steuerreform in Preußen von 1810 bis 1820 (S. 48 ff.) Berlin 1875.

ununterrichtet blieb, indem Promessen nicht erfüllt wurden, die Nation
sogar ein Schwanken und Zagen bemerkte". Eben daher sei der
Entschluß des Staatskanzlers mit Freuden zu begrüßen gewesen, wenn
er, „um auf das Gleichnis des Schiffes zurückzukommen", den Lieu-
tenants desselben eine „Elite erfahrener Seeleute" beigesellt habe,
um mit ihnen gemeinsam „die Mittel zur Sicherheit des Schiffes,
der gesammten Mannschaft und sorgenwerthen Ladung zu beschließen".
Damit aber der beabsichtigte Zweck erreicht werde, hielt er für unerläßlich, den Staatskanzler zu bitten, es zu veranlassen, „daß S.
Majestät die zu entwerfenden und uns zur Aufstellung der Noten
vorher eiligst vorzulegende Konstitutions-Akte demnächst schnell zu vollziehen geruhen", daß „selbst so lange dies nicht geschieht so wie
künftig alle Gesetzentwürfe nur schriftlich kommunicirt" und gestattet
werde, sie in einer Kommission mit den Autoren einläßlich durchzu-
gehen, im Plenum der Versammlung „ohne Konkurrenz eines königlichen Kommissarii, da dessen Präsenz die Unbefangenheit stören
kann", über sie abzustimmen, daß das Gesetz über die Vermögenssteuer
in seinen zweckmäßigen und nachtheiligen Folgen zerlegt werde, „daß
wir berechtigt werden, die Vorlegung des ganzen Etats über Ein-
nahmen und Ausgaben sowie die Spezial-Etats zu fordern".

Sämmtliche anwesende Mitglieder der Versammlung, mit Ausnahme des Grafen v. Dohna-Wundlacken, Vertreters des ostpreußischen
Köllmer- und Bauernstandes, der sich nicht dazu ermächtigt hielt[1]),
unterzeichneten darauf am 4. Juni 1812 ein Schreiben an den
Staatskanzler, in dem sie als „von der Nation gewählt", dazu bestimmt
„das Band zwischen dem Monarchen und der Nation, sowie zwischen
den einzelnen Provinzen fester zu knüpfen", darum baten, „sobald
als möglich bei des Königs Majestät zu bewirken, daß ein königlicher
Kommissär ernannt werde, der mit uns die der Nationalrepräsentation zu gebende Konstitution derselben, was die Art der Wahl als was
die innere Organisation und die Befugnisse derselben betrifft, berathe

---

1) Graf Dohna-Wundlacken hatte schon am 27. Mai 1812 in einem
Schreiben an den Staatskanzler erklärt: „Nach meinem unmaßgeblichen Dafürhalten sind die Repräsentanten bis dahin, daß durch die zu emanirende allerhöchste Initiative der Umfang ihrer Obligationen bestimmt auch eine Constitution genehmigt sein wird, woraus erhellt, wie es mit dem Vorsitz, ingleichen
mit der Abstimmung bei Gutachten gehalten werden soll, welche Angelegenheiten
die (Rs. der) Nation im Ganzen betreffen, als Gesammtheit, strenge genommen
zu gar keiner Funktion befugt."

und alsdann das entworfene Projekt Ew. Excellenz zur Prüfung vorlege, um demnächst die königliche Sanktion zu erhalten". Auch ersuchten sie, „mit kurzen Worten öffentlich bekannt machen zu lassen, daß dies geschehen und daß die von Sr. Majestät definitiv der Nationalrepräsentation zu gebende Konstitution zur allgemeinen Kenntnis gebracht werden solle". Sie könnten, hieß es in der Motivirung, das Zutrauen der Nation fortdauernd nur dann erhalten, wenn den Kommittenten das Verhältnis genau bekannt sei, in welchem die Nationalrepräsentation zum Monarchen und zur Administration stehe. Dann erst würden ihre Wähler weder zu viel von ihnen hoffen, noch auch glauben, mit wenig Nutzen viel Kosten aufgewandt zu haben.

Der Staatskanzler, der erst kürzlich der Versammlung hatte mittheilen lassen, daß er sich mit dem König zur Begrüßung Napoleon's nach Dresden begebe, und bedaure, „durch die dringenden Zeitverhältnisse bis jetzt abgehalten zu sein, die Herrn Repräsentanten bei sich zu sehen", hatte keine Eile jenes Gesuch zu erfüllen. Inzwischen ließ er keinen Zweifel darüber, daß, da das Staatsoberhaupt sich weder der Initiative noch der Sanktion der Gesetze begeben könne, der Repräsentantenversammlung „immer nur die Konsultative über ihr zur Berathung vorgelegte Gegenstände" zustehe, und daß daher „bis auf nähere bald zu erwartende Bestimmungen die Form für ihre Berathungen sehr gleichgültig" sei[1]). Die Versammlung wurde ungeduldig. Die Bedenklichkeit des Grafen v. Dohna hatte zu einer Diskussion darüber geführt, ob ein Mitglied sich der Abstimmung enthalten und seine Unterschrift bei Majoritätsbeschlüssen verweigern dürfe. Schon um für die Zukunft die daraus entspringenden Unannehmlichkeiten zu verringern, mußte man Aufklärung darüber zu erhalten suchen, auf welchem Rechtsboden man stehe. Derselbe Graf Dohna beantragte am 23. Juni 1812 zugleich mit dem litthauischen Deputirten, dem Hauptmann v. Kannewurff, „alle Berathungen über Gesetzentwürfe so lange unbedingt auszusetzen, bis die Regierung die Verhältnisse und die Befugnisse der Repräsentation deutlich ausgesprochen habe". In den Motiven ward mit einer freilich unvorsichtigen Preisgebung des Standpunktes, den man, als interimistisch zur Nationalrepräsentation berufen, einnehmen konnte, gesagt, der aus-

---

1) Hardenberg an den Grafen Dohna-Wundladen (Antwort auf das oben S. 180 erwähnte Schreiben). Konzept vom 6. Juni 1812.

gesprochene Zweck und die Vollmacht der Deputirten beziehe sich nur auf die Regulirung der Kriegsschulden, jedes andere Geschäft sei „unsicher". Werde „ohne festes Ziel" die Repräsentation „heute befragt, morgen übergangen, so habe ihre Verantwortung keine Grenzen und ihre Bemühung keinen Nutzen. Es sei sogar zu besorgen, daß sie, statt Würde zu behaupten, in den Charakter der Lächerlichkeit falle und als eine Maschine erschiene, welche man bloß zum Zeitvertreib beschäftige". Man beschloß, den Staatskanzler um Beschleunigung der Erfüllung der früher ausgesprochenen Wünsche zu ersuchen und bat zugleich, „durch die öffentlichen Blätter bekannt machen zu lassen, daß, da nunmehro ... die gewählten Landesdeputirten größten Theils hier anwesend sind, S. Majestät zu beschließen geruht hätten, daß denselben die zu erlassenden Edikte zum Gutachten vorgelegt werden sollen und Höchstdero Staatskanzler die Ernennung der dazu erforderlichen Kommissarien übertragen wäre". „Es würde überflüssig sein", sagen die Unterzeichner des an den Staatskanzler gerichteten Schreibens, „wenn wir hier von den Vortheilen des repräsentativen Systemes reden wollten, da die Völker der preußischen Monarchie durch S. Majestät freie Verheißung zu der Hoffnung erhoben sind, jenes Resultat einer gebildeten Civilisation besitzen zu dürfen. Der Werth, welchen unsere Mitbürger auf diese ihnen gegebene Hoffnung gesetzt haben, ist zu groß, um durch die unbestimmte Stellung befriedigt zu werden, in welcher wir uns als ihre Repräsentanten bis jetzt noch befinden[1])."

Die Erwiderung des Staatskanzlers war sehr kühl[2]). Er verwies darauf, daß die „Mitglieder der verschiedenen Stände, welche die jetzt in Thätigkeit getretene Generalkommission zur Regulirung des Provinzial= und Kommunal=Kriegsschuldenwesens" ausmachten, nur „vorerst" die Nationalrepräsentation konstituiren sollten, bis zur Auflösung jener Kommission müsse es dabei sein Bewenden haben; eine Mittheilung in den öffentlichen Blättern, wie sie gewünscht worden war, lehnte er ab. Uebrigens griff er die Idee der Nützlichkeit der Ernennung eines königlichen Kommissarius auf, der freilich unter seiner Hand zu etwas ganz anderem werden sollte, als die Versammlung es beabsichtigt hatte, nämlich zum Präsidenten und Leiter der Debatten. Zuerst wurde Sack dafür in Aussicht genommen.

---

1) Die Nationalrepräsentanten an den Staatskanzler, 24. Juni 1812.
2) Mir liegt nur das Konzept vom 15. Juli 1812 vor.

Am 1. August aber ernannte der König, „damit die interimistische Nationalrepräsentation bei ihren Geschäften die nöthige Ordnung desto besser zu beobachten im Stande sei", als „einen Kommissarius, der vorerst das Präsidium führe, bis eine bleibende Organisation der Repräsentation eintreten kann", den Kammerherrn Friedrich August Burchard Grafen v. Hardenberg. Er erhielt 10 Thaler Diäten. Die Anträge der Regierung sollten durch ihn oder durch einen eigens dazu Beauftragten an die Versammlung gelangen. Die Ernennung von Sekretären und Protokollführern sollte ihr überlassen bleiben. Auch sollte sie „gemeinschaftlich mit dem ernannten Kommissär Vorschläge wegen der sonst für räthlich erachteten Anordnungen den Geschäftsgang betreffend" machen dürfen[1]). Graf Hardenberg war ein angesehenes Mitglied der Versammlung, Verwandter des Staatskanzlers, als Präsident und königlicher Kommissarius in einer Person, in eine Zwitterstellung gebracht und bestrebt, auf möglichst diplomatische Art Konflikte zwischen seinen Kollegen und der Regierung zu verhüten. Der Eid, den Graf Hardenberg bei der Einführung in sein Amt zu leisten hatte, findet sich noch vor. Es ist bezeichnend, daß in ihm weniger von seinen Pflichten gegenüber der Versammlung als von seinen Pflichten gegenüber dem Monarchen die Rede ist, der Präsident tritt hinter dem Beauftragten der Krone zurück, das Gelöbniß wird zum Schluß in die Worte zusammengefaßt, der Schwörende wolle sich so verhalten, „wie es einem getreuen und rechtschaffenen Staatsdiener und königlichen Kommissarius wohl ansteht und gebührt". Erst Anfangs September erfuhr die Versammlung von der vorgegangenen Veränderung, die sie sich gefallen ließ.

Der neuernannte königliche Kommissarius und Präsident fand gleich beim Beginn seiner Thätigkeit seine Kollegen in großer Erregung. Am 30. Juli 1812 war das Gendarmerie-Edikt vollzogen worden. Es barg unter diesem unscheinbaren Namen eine Kreis-Polizei- und eine Kreis-Kommunal-Ordnung in sich, welche die gutsherrliche Macht nicht zu Gunsten der Selbstverwaltung, sondern zu Gunsten der Bureaukratie brechen sollte. Der Versammlung war vorher nicht die geringste Kenntniß davon gegeben worden. Gekränktes Selbstgefühl und verletztes Interesse wirkten bei mehreren ihrer bürgerlichen und adligen Mitglieder zusammen, um sie zu Äußerungen des Unmuths zu bewegen. Wohl warnte dieser und

---

1) Kabinetsbefehl Charlottenburg, 1. Aug. 1812.

jener vor zu großer Empfindlichkeit. „Noch wäre", wurde u. a. geſagt, „der Wirkungskreis der Verſammlung nicht gehörig beſtimmt ...
nicht bloß das Wohl der Gegenwart, ſondern auch das vieler folgender Jahrhunderte hange von der guten Organiſation einer Nationalrepräſentation ab und deßhalb müſſe ſie jeden Schein der Anmaßung
vermeiden." Aber anderen erſchien es doch als ein Hohn, daß man
Geſetze, deren Inhalt früher zu berathen nothwendig geweſen wäre,
„allererſt nach der Hofbuchdruckerei" kennen lernen ſollte, und das
Urtheil wurde laut, daß durch das neue Edikt „das letzte Ueberbleibſel
politiſcher Freiheit vernichtet werde" [1]).

Auch ſonſt zeigte ſich die Verſammlung nicht ſelten gereizt und
geneigt, die Grenzen ihrer Wirkſamkeit zu erweitern. Trat ſie nicht
als Ganzes auf, ſo machten wenigſtens einzelne Mitglieder aus ihren
An- und Abſichten kein Hehl. Man wollte vom geſammten Zuſtande
der Finanzen des Staates unterrichtet werden, und leugnete, daß
deßhalb eine „nachtheilige Publizität" zu fürchten ſei. Man verlangte „die gegen Frankreich eingegangenen Verpflichtungen kennen
zu lernen, um danach den Bedarf ausmitteln zu können". Es
wurden Beſchwerden gegen die Behörden erhoben, denen es oblag,
den unerbittlichen franzöſiſchen Requiſitionen nachzukommen, und
Vorſchläge gemacht, ſie unter eine Kontrolle von Repräſentanten zu
ſtellen [2]). Sogar die militäriſchen Einrichtungen des Landes wurden,
trotz des Einſpruchs des königlichen Kommiſſarius, vor das Forum
der Verſammlung gebracht. Am 28. Oktober 1812 beantragte
Elsner: „Seine Majeſtät den König im Namen der Nation unter-
thänigſt zu bitten die zur Ergänzung der Armee nothwendige Mann-
ſchaft aus allen Klaſſen der Staatsbürger gleichförmig zu nehmen
und den Entwurf zu einer diesfälligen Verordnung der Nationalrepräſentation zu einem Gutachten zuſtellen zu laſſen". Es wäre
lehrreich zu verfolgen, welche Anſichten über allgemeine Wehrpflicht
in dieſem Kreiſe herrſchten, hier ſei indeſſen nur hervorgehoben,
welche konſtitutionellen Erörterungen die Berührung dieſes Gegen-
ſtandes veranlaßte. Der Präſident und königliche Kommiſſarius Graf

1) Wichtig ſind namentlich die Debatten der 62. 64. 69. Sitzung. Röpell
hat bereits in den Berichten über die Arbeiten der ſchleſiſchen Geſellſchaft für
vaterländiſche Kultur 1847 zwei Eingaben der Nationalrepräſentanten mit
Bezug auf das Gendarmerie-Edikt vom 26. Sept. 1812 und vom 16. Febr. 1814
veröffentlicht.

2) z. B. Protokoll der 62. und 67. Sitzung.

Hardenberg bezweifelte die Kompetenz der Versammlung „über dergleichen in die Rechte ganzer Stände und Klassen von Staatsbürgern
eingreifende Gegenstände sich irgend eine Berathung zu gestatten
und dem Staate Wünsche vorzutragen, welche die Umänderung der
bisherigen Verfassung beabzweckten und in die bestehenden Vorrechte
des Staates eingriffen. Es gebe unter Umständen und zu gewissen
Zeiten Gegenstände, die durchaus nicht von der Versammlung berührt
werden dürften, und unter dieser Zahl wäre auch die Frage, ob eine
Konskription einzuführen sei oder nicht. In den Ländern, wo die
Nationalversammlungen die ausgedehntesten Rechte hätten, habe der
Staat das Recht die Diskussion über dergleichen Gegenstände zu verbieten; als königlicher Kommissarius müsse er dieselbe verbieten, indessen werde er noch heute anfragen und den Bescheid des Gouvernements der Versammlung vorlegen". Die hier entwickelte Theorie,
wenn auch von Herrn von Burgsdorff unterstützt, fand aber sofort
entschiedenen Widerspruch. Der Stadtrath Lange erklärte, es liege nicht
in der Macht des königlichen Kommissarius, den einzelnen Mitgliedern
der Versammlung das Recht streitig zu machen, Gegenstände zur
Berathung vorzuschlagen. Herr Justizkommissarius Bock meinte, das
Recht der Unterthanen, dem Monarchen ihre Wünsche vorzutragen
und um Abänderung derjenigen Anordnungen zu bitten, welche sie
drückten, „liege im Staatsverein" und berief sich zudem auf das
allgemeine Landrecht. Er hielt es für selbstverständlich, daß „die
Grundgesetze des Staates nicht berührt werden dürften und an eine
Umänderung der Verfassung nicht gedacht werden könnte, wollte aber
die Kantongesetze nicht zu den Grundgesetzen rechnen, weil diese nur
die Rechte und Pflichten der Unterthanen in Rücksicht des Militär-
dienstes bestimmten". Auch handele es sich gar nicht darum, ein
Gesetz zur Sanktion vorzulegen, sondern nur um Einreichung einer
Petition. Noch entschiedener verwahrte sich Elsner gegen die vom
Präsidenten geäußerte Ansicht. Die Diskussion wurde auf so lange
ausgesetzt, bis vom Gouvernement ein Bescheid eingelaufen sein würde.
Der Staatskanzler billigte, nach dem Ausweise der Protokolle, „unter
den jetzigen Konjunkturen", vollkommen das Verfahren des Präsidenten, und die Versammlung ließ den Gegenstand fallen[1].

Man muß bedenken, in einer wie schwierigen Lage sich der
Staatskanzler befand, um es zu begreifen, warum ihn die Erfahrungen,

---

[1] Protokolle der 80. 94. 95. Sitzung.

die er mit dieser interimistischen Nationalrepräsentation machen mußte, nicht wenig verstimmten. Unter den Augen der begehrlichen und mißtrauischen Franzosen, in einer Zeit, da die äußerste Vorsicht geboten war, sollte er Aufschlüsse geben, die Organe der Verwaltung binden, militärische Neuerungen durchführen, Maßregeln treffen, die der grimmige Haß gegen den Druck der Fremdherrschaft und patriotische, vorwärts drängende Leidenschaft forderten, die ihm aber die Freiheit der Bewegung hemmen und eben da, wo es galt, noch eine Zeit lang das Mißtrauen einzuschläfern, den schwärzesten Argwohn wecken mußten. Er nannte das Urtheil der Deputirten „befangen und absprechend", wenn sie Beschwerden über das Verfahren der Generalverpflegungskommission bei Requisition von Pferden für die französische Armee erhoben und an den Arbeiten dieser Kommission theilzunehmen wünschten. Er verbat sich, daß sie „ungeprüfte Forderungen ihrer Kommittenten", wie z. B. auf Ersatz der Lieferungen von 1806 anbrächten, statt „Zutrauen zu verbreiten und sich richtige Kenntnisse von der Lage des Staates zu verschaffen." Aber seine Schreiben schienen hier und da so verletzend in der Form zu sein, daß die Äußerung gemacht werden konnte, der Ton, in dem er mit einer „so ehrwürdigen Versammlung" rede, in der er „die Nation zu ehren habe", sei „ihrer Würde nicht angemessen". Und dem Verlangen, man möge sich richtige Kenntnisse von der Lage des Staates verschaffen, trat der Vorwurf gegenüber, daß die Verwaltung der Versammlung eben diese Kenntnisse vorenthalte[1]).

Immer wieder erschien als die Quelle aller Mißverständnisse und Konflikte, daß es an einer „Konstitution" der Versammlung, an einer Bestimmung ihrer Befugnisse fehlte. In der Sitzung vom 7. Oktober 1812 stellte einer der westpreußischen Repräsentanten, v. Klinggräff, den Antrag, sich wegen der der Versammlung zu ertheilenden Konstitution an den König selbst zu wenden. Graf Hardenberg zeigte an, daß „nach der ihm ertheilten mündlichen Zusicherung" diese Angelegenheit nach der Rückkehr des Staatskanzlers von Tempelberg in Erwägung gezogen werden sollte „und sich daher die baldige Ertheilung der Konstitution erwarten lasse", schlug aber vor, ihn daran zu erinnern. Er erfuhr bald darauf, daß der geheime Staatsrath v. Bülow damit beauftragt worden sei, in Betreff der Verfassung der

1) Protokolle der 83. 89. 91. Sitzung. Schreiben des Staatskanzlers vom 26. und 28. Sept. 1812.

tagenden Versammlung dem Staatskanzler Vortrag zu halten. In der 95. Sitzung am 29. Oktober konnte er eine weitere Mittheilung machen. Er hatte persönlich Verhaltungsmaßregeln beim Staats- kanzler in Sachen der Diskussion über die Frage der Militärverfassung eingeholt und bei diesem Anlaß die Angelegenheit einer Bestimmung der Befugnisse der interimistischen Nationalrepräsentation in Erinnerung gebracht. Der Staatskanzler hatte ihm den Bescheid gegeben, daß „der Herr Geheime Staatsrath v. Bülow ihm das ausgearbeitete Pro- jekt noch nicht vorgelegt habe, indeß dies ohne Zweifel in Kürze ge- schehen werde". Am 7. November stellte der Landrath v. Dewitz, einer der Repräsentanten aus Pommern, die Frage: „ob es nicht gerathen sei, durch eine zu ernennende Deputation den Herrn Staats- kanzler zu ersuchen, die Entwerfung des Projekts über die Befugnisse der Versammlung zu beschleunigen". Graf Dohna warf ein, „daß bereits zu einem andern Zweck Deputirte an den Herrn Staatskanzler gesandt, aber von ihm nicht angenommen wären, es daher zuvörderst geprüft werden müßte, ob es sich mit der Würde der Versammlung vereinigen lasse, nochmals ihre Deputirte der Unannehmlichkeit aus- zusetzen, nicht angenommen zu werden". Die Berathung wurde wegen der Wichtigkeit der Sache ausgesetzt und der Repräsentant Bock kündigte einen Antrag an, der darauf abzielte, mit Umgehung des Staatskanzlers sich direkt an den König zu wenden.

In der folgenden Sitzung am 13. November, als die Sache wieder zur Sprache kam, platzten die Geister lebhaft auf einander. Das Protokoll enthält nicht nur die Reden mit ziemlich großer Aus- führlichkeit, sondern auch noch die schriftlichen Vota der Herren Bock, v. Dewitz, v. Bredow, v. Wedell, Lange, v. Kannewurff, Graf Har- denberg, die man zu Hilfe nehmen muß, um die Meinung der Redner vollkommen zu verstehen. Ein Bild der auf- und abwogenden, häufig einander widerstreitenden politischen Ideen dieser ersten ge- wählten preußischen Repräsentation in ihrem Zusammenhang mit dem Geiste des Zeitalters der Revolution tritt uns entgegen, wie es schärfer nicht gedacht werden kann. Schon das weitläufige Votum Bock's in seiner schriftlichen Form ist überaus merkwürdig. Man meint die Einwirkung der Lektüre von Debatten der Constituante zu sehen, wenn man findet, daß Bock sich zu dem Satze versteigt: „Wir sind nach den Formen, die das Gouvernement bestimmt hat, zum ersten Male dazu gewählt, um für uns und den Staat die Kon- stitution zu entwerfen, die den Monarchen und das Volk sichert und jeden Kampf zwischen seinen Dienern auf ewig verbannen und hemmen soll." „Wir werden", heißt es in dem Schriftstück, „immer nur der Spott unserer Kommittenten und jedes denkenden preußischen Bürgers bleiben, wenn wir fortfahren, ohne feierliche Konstitution und Organisation zusammenzutreten . . . Wir sind — eine ähnliche Wendung gebrauchte Elsner — immer nur eine Gesellschaft von Privatmännern, die von der Willkür ihrer Lenker abhängt." Über kurz oder lang werde man nach den „empfangenen derben Weisungen" noch „ein willkürliches Fahrt heim" lesen müssen, wenn nicht erreicht werde, wozu „jeder brave Staatsbeamte" eifrig mitwirken solle. Daß die äußere Lage der Dinge dafür nicht günstig sei, werde mit Unrecht eingeworfen. „Denn gerade in dieser denkwürdigen Epoche, in welcher der Staat in Noth ist, erheischt es die Pflicht, das Band zwischen König und Staat fest zu knüpfen . . . Die Verehrung der Vorzüge und Tugenden unseres Königs ist nicht hinreichend, um das Band zwischen ihm und seinem Volke für ferne Geschlechter und seine Nachkommen zu befestigen." Bock hatte bereits eine Adresse an den König entworfen und in seinen Bemerkungen zu ihr ausgeführt, man möge die „Äußerungen über das Materielle einer und unserer Konstitution" (beides „ist hier konner") nicht mißdeuten, in Preußen bedürfe es zum Glück keines „fanatischen Kampfes", um den Begriff der besten Regierungsform zu läutern, selbst „nach Verdunklung jeder Konstitution" seien dem Despotismus Schranken gezogen worden; er hatte dafür das allgemeine Landrecht zum Beweise angeführt u. s. w. Mit Nachdruck betonte er, daß er bei seinem Antrag nicht etwa die Mittheilung einer fertigen Konstitution, sondern nur des Entwurfes einer solchen, den die Versammlung prüfen dürfe, im Auge habe.

Andere Redner gingen nicht so weit, aber sie verfochten auch die Meinung, daß wenigstens für die tagende Versammlung endlich ein fester Rechtsboden zu gewinnen sei, und daß man zu dem Zweck den König selbst angehen solle. Der Graf v. Dohna sprach wieder mit scharfen Worten von dem Mangel an Selbstachtung, der darin liegen würde, wenn man sich damit begnügen wolle, ein Gesuch an den Staatskanzler zu richten, und äußerte: „Er halte es für besser gar keine als eine elende und prekäre Existenz zu haben." Der Stadtrath Lange, so sehr er einer „unbeschränkten Bitte um eine Konstitution" widerstrebte, wünschte doch entschieden Beendigung der ungewissen Lage der Versammlung. Wenn Mitglieder aus der Mitte der Versammlung, meinte er, „bloß zugezogen würden, um die

Nummern der zu vernichtenden Tresorscheine ziehen zu sehen, so möge jeder selbst die Wichtigkeit ihres Wirkungskreises beurtheilen". So war Herr v. Burgsdorff weit entfernt davon, eine definitive Organisation der Versammlung fordern zu wollen, aber doch eine Festsetzung ihrer interimistischen Befugnisse. „Die Nation müsse bei den jetzigen drückenden Umständen ihre Repräsentanten mit so bedeutenden Kosten erhalten und sie habe dafür nicht einmal die Genugthuung, einen Begriff über ihren Zweck zu erlangen ... Man wolle niemand kränken, nichts erschleichen, sondern nur dasjenige bescheiden erbitten, was man öffentlich versprochen hätte ... Nur Hofleute wählten Umwege, allein in öffentlichen Geschäften dürfte man sich dieselben nicht gestatten." ... Andere Mitglieder sprachen in demselben Sinne unter Hervorhebung der Unmöglichkeit, ohne Einräumung bestimmter Befugnisse die Überzeugung von dem verbesserten Zustande der Finanzen, den Absichten der Regierung gemäß, im Volke zu stärken und zu verbreiten. Der Justizrath Schulz bemerkte, „daß alle Bemühungen der Repräsentanten ohne Erfolg blieben, wenn sie nicht von dem Finanzzustande unterrichtet und ihnen die Etats vorgelegt und sie autorisirt würden, ihre Erinnerungen darüber zu machen". Der Stadtrath Poselger von Elbing fügte diesem noch hinzu, daß „der Versammlung und durch sie der Nation" das Recht eingeräumt werden müsse, dem Monarchen ihre Beschwerden vorzutragen und auf Abstellung zu bringen, auch bei Berathungen über neue Gesetze durch ihre Stimme in gewissen Fällen zu entscheiden und durch ihre Verweigerung die Ausführung ... hemmen zu lassen". Eben weil „durch die Ertheilung dieser Befugnisse die monarchische Gewalt in einigen Fällen beschränkt würde", könnte sie nur vom König selbst ausgehen. Einen bloßen „Rath über gewisse Gesetzesvorschläge" würde man viel schneller und wohlfeiler von anderen einsichtsvollen Männern erlangen können als von einer Nationalrepräsentation.

In diesem Chore verfassungsfreundlicher Stimmen fehlte aber auch jener Klang nicht, den man in der Zeit der politischen und literarischen Romantik noch so oft wieder ertönen hörte. Der Präsident v. Wedell äußerte, seinem schriftlichen Votum nach, der Staat könne immer für große Zwecke „nur allgemeine Grundlinien" feststellen, „das Benehmen müsse daraus das Gemälde bilden, durch die Behandlung einzelner Fälle entstehe die Gewohnheit, aus der Gewohnheit aber die Verfassung. Auf diesem Wege wären alle dauerhaften Verfassungen entstanden. Jene schnell verfertigten Systeme der neueren Zeit, welche unter dem Namen der Konstitutionen auf einmal entstanden wären, wären früher verschwunden als sie allgemein bekannt geworden wären. Möge der Himmel unser Vaterland vor einer solchen Konstitutionssucht, die nichts konstituirt, bewahren." Er sprach in seiner Rede auch davon, daß es bekannt sei, „wie viele höhere Staatsbeamte die Repräsentation mit Abneigung betrachten und kein Mittel unversucht ließen, sie von ihrem Standpunkt zu entfernen", man möge den Staatskanzler, auf dessen Widerstand dagegen alles ankomme, nicht reizen. So meinte auch Herr v. Dewitz, wenn man sich an den König wende, so werde der Staatskanzler dies als eine „Beschwerde" auffassen.

Am gespanntesten durfte man auf das Votum des königlichen Kommissarius und Präsidenten sein. Er suchte verschiedene der aufgestellten Behauptungen und Forderungen, als zu pessimistisch und zu anspruchsvoll, zu widerlegen, warnte vor Ungeduld und rieth davon ab, sich an den König zu wenden. Die interessanteste Mittheilung, die er machte, war die folgende: „Er habe sich gestern nochmals an den Herrn Geheimen Staatsrath v. Bülow gewandt und heute die Antwort erhalten, daß er den projektirten Entwurf dem Herrn Staatskanzler bereits zur Durchsicht vorgelegt habe, jedoch die Kränklichkeit des letzteren ihn verhindere, ihn durchzusehn und seine Meinung darüber zu äußern." Er stellte daher anheim, den Staatskanzler um Beschleunigung der Angelegenheit zu ersuchen. In dem schriftlichen Votum, das er später dem Protokoll beilegte, erklärte er, frühere Mittheilungen ergänzend, er selbst habe vormals vom Staatskanzler den Auftrag erhalten, einen „Entwurf über die Befugnisse der interimistischen Nationalrepräsentation auszuarbeiten", der von einigen Staatsbeamten geprüft werden sollte. Sein Entwurf sei dem Geheimen Staatsrath v. Bülow zur Begutachtung zugestellt worden, demselben, an den er sich, wie bemerkt, um weitere Aufklärung gewandt hatte.

Die Versammlung nahm den Rath des Grafen Hardenberg nicht an. Achtzehn Stimmen gegen zwölf erklärten sich für eine Adresse an den König, in welcher dieser gebeten werden sollte, die Befugnisse der interimistischen Nationalrepräsentation zu bestimmen, doch sollte der Staatskanzler von diesem Schritte benachrichtigt werden. Eine neue große Debatte entspann sich, da der Graf Hardenberg sich weigerte, der Adresse seine Unterschrift beizufügen. Erst am 26. No-

vember konnte er mittheilen, „daß er mit dem Herrn Staatskanzler
über das Vorhaben der zu ertheilenden Konstitution Rücksprache genommen und von ihm die Autorisation erhalten habe, die Eingabe
an Se. Majestät mitzuunterzeichnen. Um daher nicht den Schein
einer Trennung zu geben, wolle er dies thun, und stelle es denjenigen
Mitgliedern anheim, welche gegen den Abgang gestimmt hätten,
seinem Beispiel zu folgen. Übrigens wäre nach der ihm gemachten
Eröffnung das entworfene Projekt schon näher geprüft und zum
Vortrag bei Sr. Majestät präparirt. Da der Herr Staatskanzler
auf die Eingabe der Versammlung Gelegenheit nehmen würde, diesen
Vortrag zu halten und die erforderliche Autorisation zur Vorlegung
an die Versammlung zu extrahiren, so habe er gegen den beschlossenen
Schritt nicht das mindeste zu erinnern." In derselben Sitzung gab
noch der ostpreußische Repräsentant Kist der Versammlung zu erwägen,
„ob es nicht zweckmäßiger sei, die Grundzüge einer Konstitution
selbst zu projektiren und das diskutirte Projekt zur Prüfung und
Bestätigung einzureichen, weil es ihrer Würde angemessener sei, über
ihre Organisation, ihre Rechte und Verbindlichkeiten selbst Vorschläge
zu machen, als die Bestimmung vom Gouvernement abzuwarten, besonders da man aus der Kabinets-Ordre vom 1. August eine Veranlassung hernehmen könnte". Allein die Versammlung verwarf
seinen Antrag.

Nach mannichfachen Modifikationen war am 28. November die
Adresse an den König nebst dem Schreiben an den Staatskanzler
fertig geworden. Die Repräsentanten v. Tewitz, v. Jastrow, v. Wedell,
Ring, Müller, Struve verweigerten ihre Unterschrift. Graf Hardenberg erklärte zu Protokoll, daß er ein protestirendes Votum des Herrn
v. Tewitz, das zur Durchsicht vorgelegt wurde, vollkommen theile
und daß er die Adresse nur unterschreibe, weil „der Wunsch des
Herrn Staatskanzler es ihm zur Pflicht mache" und „weil es den
Begriff einer Trennung unter uns selbst beim König hervorbringen
könnte, wenn etwa die Hälfte der Mitglieder nur unterschrieben"[1]).
Die Adresse hob hervor, es könne im gegenwärtigen Zeitpunkt nicht
die Absicht sein, um „eine definitive Konstituirung der National-
Repräsentation zu bitten, da diese erst mit der Vollendung der Verfassung selbst möglich ist". Aber auch als interimistische National-

---

1) Protokolle der 99. 101. 102. Sitzung. Eine Antwort auf die Adresse
war im G.-St.-A. nicht aufzufinden.

repräsentation sei man gewisser Bestimmungen über Befugnisse und
Verbindlichkeiten bedürftig. Man erbat daher öffentliche Anerkennung
der Versammlung als eines „nothwendig von der obersten Staats-
behörde vor Erlassung neuer Gesetze zuzuziehenden berathenden Korps",
Vorlage einer „Uebersicht des Finanzzustandes", Bewährung der Erlaubniß, sich „jederzeit vertrauensvoll, unmittelbar" an den König
selbst wenden zu dürfen. „Es ist, schloß dieser Vortrag bescheidener
konstitutioneller Wünsche, E. Königlichen Majestät Güte und Weisheit vorbehalten, unserem Vaterlande eine auf Repräsentation be-
ruhende Verfassung zu geben. Geruhen daher E. K. Majestät den
erbetenen Schritt zur weiteren Ausführung des angefangenen Werkes
zu thun, welches das Interesse des Regenten und der Nation noch
inniger vereinigen, den Kredit des Staates heben und den Gesetzen
Festigkeit und Dauer geben wird."

Da in den erwähnten Debatten von einem schon ausgearbeiteten
Entwurf die Rede ist, mit dem Graf Hardenberg im Auftrage des
Staatskanzlers sich beschäftigt habe, so wird man zu erfahren wünschen, ob er sich nicht erhalten hat. In der That findet er sich unter
den Akten aus der geheimen Registratur des Staatskanzlers mit einem
Begleitbriefe des Grafen vom 18. September 1812, in dem es heißt:
„E. Excellenz Befehl gemäß habe ich meinen Entwurf über die Wahl,
innere Organisation, Befugnisse und etwaige Kosten der künftigen
Nationalrepräsentation ausgearbeitet, denselben Punkt für Punkt
mit den Herren Staatsräthen Hippel und Scharnweber durchgegangen,
derselben Bemerkungen zur Seite geschrieben, mir noch die schriftlichen Bemerkungen des H. von Hippel erbeten und erst danach den
beiliegenden Entwurf gebildet. E. Excellenz werden nun die Gnade
haben, mir (sic) wissen zu lassen, inwieweit Sie diesen Gedanken
Ihre Beistimmung geben oder versagen und was daran abgeändert
werden soll, ferner ob Sie befehlen, daß sogleich mit den Repräsentanten über das Ganze berathschlagt werde oder ob sich die Berath-
schlagung nur auf die innere Organisation erstrecken soll. Im letztern
Fall muß ich jedoch E. Excellenz recht dringend ersuchen, diejenigen
Befugnisse genau herauszuheben, welche das Gouvernement jetzt der
Repräsentation einräumen will, da ich sonst in die üble Lage komme,
oft auf Anträge, die gemacht werden, keine Antwort geben zu können,
ob ich sie gleich als unbefugt erkennen muß" . . . .

Man beachte, daß der Entwurf des Grafen sich schlechtweg auf
die künftige „Nationalrepräsentation" bezieht, nicht etwa bloß auf

die interimistische, wie man nach seinem oben S. 190 angeführten schriftlichen Votum meinen sollte. In eben diesem Votum hatte er geäußert, vor „Emanirung einer völligen Konstitution" dürfe man keine Erweiterung ber in dem Kabinetsbefehl vom 1. August 1812 und in den Edikten vom 27. Oktober 1810 und vom 7. September 1811 „auf das genaueste angedeuteten Befugnisse" (?) erwarten, eine Konstitution dürfe jedoch nicht übereilt werden, und die politische Krisis, in der sich der Staat befinde, erlaube nicht einmal den Wunsch, vor wiederhergestelltem Frieden daran zu denken. Allein sein eigener Entwurf enthielt selbst die Grundlinien einer Konstitution, da er ganz allgemein von einer Nationalrepräsentation als einer dauernden Institution redete und sich in drei Theilen über die „Wahl", die „innere Organisation" und die „Befugnisse und Rechte" verbreitete. Er verknüpfte damit Festsetzungen über die Neugestaltung der Provinzialverfassungen, indem den Nationalrepräsentanten ein bestimmter Antheil an der Repräsentation in ihrer Provinz zugewiesen werden sollte. Lassen wir indessen dies bei Seite, um nur die wichtigsten Vorschläge der Einführung einer Repräsentativverfassung für das Staatsganze in's Auge zu fassen, so ist es klar, daß die einmal geschaffenen Verhältnisse, denen die tagende Versammlung ihr Dasein verdankte, großen Einfluß auf den Plan des Grafen Hardenberg ausgeübt haben.

Was die Wahl betrifft, so soll die in dem Gendarmerie-Edikt vorgesehene Kreisverfassung benutzt werden. Die nach dieser fungirenden Wahlmänner sollen, scheint es, unter Vorsitz des Kreisdirektors, für jeden Stand einen wählen, der zum engeren Wahlausschuß tritt. Dieser versammelt sich in der Stadt, in welcher sich der Sitz der Regierung befindet, und jeder Stand wählt wieder für sich, unter Vorsitz des Regierungspräsidenten, in geheimer Abstimmung, die Gutsbesitzer zwei, die Städter einen, die Rustikalbesitzer gleichfalls einen Repräsentanten, die sieben größten Städte wählen je einen Deputirten, so daß die ganze Versammlung aus dreiundvierzig Mitgliedern bestehen würde. Graf Hardenberg hält es nicht für nöthig, daß die Städter oder Rustikalbesitzer einen aus ihrer Mitte wählen, „da jetzt beide einerlei Interesse haben", doch dürfen die Rustikalbesitzer keinen Advokaten, sondern sie müssen einen Grundbesitzer wählen. Ueberhaupt scheint es wünschenswerth, „die Wahlfähigkeit an den Grundbesitz zu binden", so daß für den Repräsentanten der Gutsbesitzer ein Grundbesitz im Werth von mindestens 20000, für Städter

und Bauern von mindestens 2000 Thaler nöthig wäre. Beamte sind
nur wahlfähig, wenn sie ihr Amt niederlegen. Versammlung der
Nationalrepräsentation am 1. Februar jedes Jahres in Berlin, Neuwahlen alle drei Jahre, Wiederwählbarkeit der früheren Repräsentanten,
„welche das Zutrauen der Nation besitzen". Da die Geschäfte eine
Permanenz der Versammlung in der Hauptstadt nicht erfordern und
dies auch zu kostspielig sein würde, wählt die Versammlung einen
engeren Ausschuß, aus achtzehn Mitgliedern bestehend, wozu jedes
Departement einen Repräsentanten aus den Gutsbesitzern und Städtern
abgiebt, so zwar, daß immer drei den sieben großen Städten angehören.

Innere Organisation. Ein vom König ernannter Kommissarius präsidirt. Es muß ein in der Monarchie angesessener
Gutsbesitzer sein; ist er Mitglied der Nationalrepräsentation oder
Staatsbeamter, so muß er sein Mandat oder sein Amt niederlegen.
Nach sechs Jahren erlischt sein Amt; wird er nicht wieder ernannt,
so gebührt ihm ein Staatsamt oder Pension. Eröffnung der Nationalrepräsentation durch einen Minister, Anzeige der Traktanden,
Behandlung der Geschäfte, Wahl des engeren Ausschusses, Entlassung
durch einen Minister. Der Präsident trägt der Versammlung und
dem Ausschuß alle Gegenstände vor, es sei denn, daß die Regierung
besondere Beamte für Spezialfälle damit beauftrage, er leitet die
Diskussionen, stellt die Fragen, leitet die Abstimmung, bei der er nur,
wenn Stimmengleichheit vorhanden ist, eine Stimme hat. Kommt
ein Antrag zur Sprache, der seiner Meinung nach „die Grenzen der
eingeräumten Befugnisse überschreitet, so vertagt er denselben bis
nach eingeholter Entscheidung des Gouvernements". Er bestimmt
Zeit und Dauer der Versammlung, weist den einzelnen Repräsentanten die Gegenstände für die Bearbeitung und den Vortrag zu,
unterschreibt allein die Sitzungsprotokolle und, mit Zuziehung von
drei monatlich abwechselnden Mitgliedern des Ausschusses, alle Schreiben und Antworten der Versammlung, mit Ausnahme gewisser Aktenstücke, wie z. B. Adressen an den König, welche alle unterzeichnen
müssen. Durch seine Hand geht die Korrespondenz mit den Staats-
behörden und mit den Provinzialrepräsentationen. Unter ihm stehen
die Beamten der Versammlung, worunter der Sekretär, der die Protokolle führt, die Reinschriften besorgt, die Schreiben des Präsidenten
kontrasignirt, aber nur ein konsultatives Votum hat. Der Präsident
schlägt der Versammlung mehrere Kandidaten zum Posten des
Sekretärs vor, in seinem Hause befindet sich die „National-Kanzlei",

er hat die Rechnungskontrolle, er hat Sitz und Stimme in der Gesetzgebungskommission wie im Staatsrath, wird zur Berathung zugezogen, wenn es sich um Veränderungen im Steuerwesen, um Einführung einer Oberleitung für das Kreditsystem, um Einsetzung einer Schuldentilgungskommission handeln sollte. Im Falle seiner Behinderung kann er einen Stellvertreter aus dem engeren Ausschuß ernennen, doch kann in einer solchen Sitzung kein Beschluß gefaßt werden.

Befugnisse und Rechte. Der Staat legt der Nationalrepräsentation „alle zu emanirenden neuen Gesetze und Edikte, welche die Justiz, Polizei und Finanz betreffen, im Entwurf zum Gutachten vor". Vor Abgabe des Gutachtens ist keine Publikation neuer, auch keine materielle Aenderung und Deklaration bestehender Gesetze und Edikte möglich. Wird das Gutachten verworfen, so darf die Nationalrepräsentation „Mittheilung der Gründe erbitten und ihre etwaigen Gegengründe dem Gouvernement zur Entscheidung vorlegen". Sie hat das Recht, Vorschläge zur Abänderung mangelhafter Gesetze zu machen, um Abänderung bestehender Steuern zu bitten, Vorstellungen über Gegenstände einzureichen, die das allgemeine Wohl betreffen, Beschwerden gegen Behörden und Beamte vorzutragen, die von den Provinzialrepräsentationen mitgetheilt sind, „wenn sie dieselben nach reiflicher Prüfung für begründet erachtet". Bringt ein einzelner Repräsentant derartige Beschwerden vor, so dürfen sie dem Gouvernement von der Versammlung angezeigt werden, „sobald die angeführten Facta wo nicht juristisch bewiesen, doch einen solchen Grad der Gewißheit haben, daß selbst im Falle des Gegenbeweises sie gesetzlich kein Vorwurf darüber treffen kann". Der Staat giebt ihr eine jährliche Uebersicht der Geschäfte und der Finanzlage. Die Nationalrepräsentation hat das Recht, sich unmittelbar an den König zu wenden. Aus der Mitte ihres engeren Ausschusses treten wechselnde, konsultative Beisitzer den Departements der Domänen, der Polizei, der Gewerbe, der Gesetzkommission zu, die auf Verlangen der Departementchefs Gutachten ausarbeiten. Wird eine Schuldentilgungskommission gebildet, so wäre es zweckmäßig, auch in dieser einigen Repräsentanten einen Sitz einzuräumen.

Ich enthalte mich, hier den ausgezogenen Entwurf, in welchem Ideen der Stein'schen und Hardenberg'schen Epoche gemischt, jedoch mit einem Uebergewicht der letzteren, erscheinen, eingehend zu kriti-

13*

firen und brauche nicht hervorzuheben, daß, der Stellung und den Erfahrungen des Verfassers gemäß, der Präsident-Kommissarius in der künftigen Nationalrepräsentation die wichtigste Rolle gespielt haben würde. Immerhin waren hier, so überaus bescheiden die Befugnisse der Repräsentanten gewesen sein würden, die Grundlinien einer „Konstitution" für ein Repräsentativsystem gegeben, über die sich hätte verhandeln lassen. Allein weit entfernt davon, dies wenige einzuräumen, kam man, so viel mir bekannt, selbst was die Konstitution der interimistischen Nationalrepräsentation betrifft, nicht über bloße Vorstudien hinaus. Zu einer Lösung der brennenden Frage, sei es auch nur in diesem beschränkten Sinne, hatte Graf Hardenberg, dessen Lage gegenüber der „Ungeduld" einer Anzahl von Kollegen sehr „unangenehm" wurde, wiederholt gedrängt[1]), und die an den König erlassene Adresse gab der Forderung neuen Nachdruck. Jene Vorstudien im einzelnen zu verfolgen, ist mir nicht möglich. Allein ein bei den Akten[2]) befindlicher Bülow'scher Entwurf einer „Geschäftsordnung und Instruktion für die interimistische Nationalrepräsentation vom 11. November 1812" und ein Schriftstück, das, mit dem Datum des 25. December 1812 bezeichnet, von der Hand Hippel's herrührt und mit Randnoten Bülow's versehen ist, beweisen, daß die Sache wenigstens in Angriff genommen wurde. Offenbar hatte der geheime Staatsrath v. Bülow den Entwurf des Grafen Hardenberg stark benutzt, nur daß es sich bei ihm nicht um eine bleibende Nationalrepräsentation überhaupt, sondern um die gegenwärtige, interimistische handelte. Auch ihre Kompetenz bestimmte er ungefähr ebenso, wie des Grafen Hardenberg Entwurf sie vorzeichnete. Hippel's Kritik wich mehrfach davon ab. Er, der im Jahre 1819 forderte: „Die Nation hat dem Könige die Männer zu bezeichnen, denen er sein Vertrauen schenken soll"[3]), schrieb im Jahre 1812: „Wenn ich mich unterstehe, der interimistischen Nationalrepräsentation noch engere Grenzen zu ziehen, als ihr der Entwurf ihrer Geschäftsordnung schon anweist, so leitet mich dabei die Erfahrung, daß die Repräsentanten nicht sind, was sie sein sollen, und die Besorgniß, daß sie in ihrem Oppositionsgeist, den sie bei jeder Gelegen-

---

1) Schreiben des Grafen Hardenberg an den Staatskanzler vom 28. Okt. 1. und 5. Nov. 1812.

2) Acta der geheimen Registratur des Staatskanzlers betr. Einberufung der Deputirten 2c.

3) S. H. v. Treitschke: Preußische Jahrbücher 29, 437. Deutsche Geschichte 2, 500).

heit manifestiren, gegen das Gouvernement noch weiter gehen werden. Statt daß sie mit Vertrauen die Maßregeln der Regierung aufnehmen und zwischen ihr und dem Volke die Mittler sein sollten, dienen sie den Unzufriedenen in den Provinzen zum Stütz- und Vereinigungspunkt und sind häufig die treuen Dolmetscher ihrer argwöhnisch schiefen Meinungen und Anträge. Zu leugnen ist indeß nicht, daß zum Theil diese verkehrte Richtung aus dem Mangel einer Geschäfts-Instruktion, aus dem Mangel an Beschäftigung selbst und aus der Halbheit entstand, mit der sie in einzelne Zweige der Staatsverwaltung blickten und zu Rathschlägen sich berufen glaubten."

Es würde zu weit führen, hier nachzuweisen, inwieferne Hippel der Wirksamkeit der interimistischen Nationalrepräsentation „noch engere Grenzen" gezogen wissen wollte, und wie sich Bülow's Meinung zu seinen Vorschlägen verhielt. So viel geht aus den nicht selten bitteren Worten Hippel's hervor: die freudige Begeisterung, mit der er ein Jahr zuvor die Berufung der Versammlung als eine Maßregel begrüßt hatte, „welche das Band des gegenseitigen Vertrauens um König- und Volk fester schlingen wird"[1]), war nach den kurzen Erfahrungen einiger Monate bedeutend abgekühlt.

Die Ereignisse setzten den Verhandlungen der Versammlung für eine Zeit lang ein Ende. In Rußland hatten sich die Weltgeschicke entschieden, die Nachricht von York's That machte weithin den tiefsten Eindruck; die Hoffnung, daß der Moment für Preußen gekommen sei, sich selbst und Deutschland die Unabhängigkeit zurückzuerkämpfen, beseelte alle Gemüther. Auch in den Debatten der Repräsentanten kam die allgemeine Erregung zum Ausdruck. Sie beschäftigten sich mit der Frage, ob man dem Könige von der Sensation Kenntniß geben solle, welche aus Furcht vor einem Anschlag der Franzosen am 17. Januar 1813 entstanden war, um dadurch die Liebe und Anhänglichkeit der Nation an die Person des Monarchen an den Tag zu legen[2]). Ein darauf abzielender Antrag wurde freilich zurückgezogen, weil die Vorfälle des 17. Januar durch Mißverständniß veranlaßt worden seien und dem König die erneuerte Erinnerung daran unangenehm

---

1) Schreiben Hippel's an den Staatskanzler, 13. Sept. 1811.
2) Protokoll der 118. Sitzung, 21. Januar 1813. Diese eine Motion Müller erwähnt auch Ranke: Hardenberg 3, 269 (S. W. Bd. 48), desgleichen Hassel: Beiträge zur Geschichte der Befreiungskriege (3. S. für preußische Geschichte 12, 202).

sein möchte. Aber sofort schloß eine merkwürdige Debatte daran. Die Abreise des Königs nach Breslau stand bevor. Der Landschafts-Syndikus Elsner stellte daher den Antrag, den König zu bitten, die Repräsentanten dahin zu berufen, wohin er selbst sich begeben und den Sitz der Regierung ad interim verlegen würde. Die Motive seines Antrages waren: Diese Nationalrepräsentation gehöre der ganzen Monarchie, ihre Residenz sei an keinen Ort gebunden, sie gehöre dahin, wohin der Monarch sie berufe, und ihre Nützlichkeit höre auf, sobald die Kommunikation zwischen ihr und dem Monarchen durch irgend etwas unterbrochen werde. Die pflichtmäßige Rein-erhaltung des Begriffes der Monarchie mache es wichtig und noth-wendig bei jeder Gelegenheit die Unzertrennlichkeit des Monarchen und der Nationalrepräsentation festzuhalten u. s. w.

Der Regierungspräsident v. Wedell trat dieser Meinung bei. „Eine Nationalrepräsentation, welche vom Monarchen abgeschnitten werden könnte, halte er für monströs und gefährlich." Er schlug daher Suspension oder Verlegung vor. Der geheime Staatsrath v. Quast entgegnete, es würde eine nicht nützliche Sensation und mannichfältige Unannehmlichkeit veranlassen, wenn zweiundvierzig Repräsentanten das Gefolge S. Majestät vermehren sollten. Die Erfahrung lehre, daß repräsentative Korps noch mit dem Monarchen für das gemeine Wohl zusammenwirken könnten auch bei räumlicher Trennung. „Frankreich habe hiervon erst ein ganz neues Beispiel gegeben, indem — ein sehr wenig schmeichelhafter Vergleich — dessen Nationalrepräsentation fortwährend mit Nutzen in Paris geblieben wäre, während der Kaiser sich persönlich in dem Herzen von Rußland befand." Es genüge, wenn das in Berlin zurückgelassene Regierungs-Koncil angewiesen würde über alle wichtigen Angelegenheiten die Repräsentation als konsultative Behörde zu Rathe zu ziehen. Uebrigens sei noch von keiner Verlegung der Residenz, sondern nur von einer Reise des Königs die Rede.

Herr v. Burgsdorff war derselben Ansicht und fügte hinzu, die öffentliche Qualität der hiesigen Deputirten beziehe sich nur auf ihre Thätigkeit bei der Kriegsschuldenkommission und insoferne könnten sie ruhig fortarbeiten. Als Nationalrepräsentanten seien sie bis jetzt immer „in einer Art von Inkognito" gehalten. Das inländische Publikum habe in dieser Qualität wenig, das ausländische gar keine Notiz von ihnen genommen. Bei ungünstigen Verhältnissen könnten sie sich in letzter Beziehung ganz in ihr Inkognito zurückziehen, was

bei der gegenwärtigen Krisis angemessener sein dürfte als durch Verlegung Sensation zu erregen oder durch Auflösung „ein kaum erworbenes Vorrecht der Nation" zu vernichten. Herr v. Tewitz stimmte
auch für Bleiben in Berlin, wünschte aber, daß man den König
bitten möge, sich von einer Deputation begleiten zu lassen. Herr
Elsner sagte darauf: Die Gegner hätten in ihren historischen Bei-
spielen nur solche Reiche im Auge gehabt, wo während der Abwesenheit des Monarchen die Unabhängigkeit der Hauptstadt völlig gesichert
gewesen wäre. Man könne aber mit Wahrscheinlichkeit erwarten, daß
die Truppen einer Macht, welche sich mit dem Könige in Kriegszustand
befinde, Berlin besetzen würden. Die Erfahrung lehre, daß in solchen
Fällen die fremde Macht sich derjenigen konstituirten Körperschaften,
welche sie vorfinde, als Werkzeuge bediene, und daß gewöhnlich in
solchen Fällen unter dem Vorwande der Schidung in die Zeit und
eines sog. klugen Nachgebens das Gefühl der Ehre und der inneren
Ueberzeugung der äußeren Gewalt weiche. Elsner berief sich, ohne
es mit den geschichtlichen Thatsachen genau zu nehmen, auf das
Beispiel Spaniens und erklärte, daß kein Beschluß der Versammlung
ihn zwingen könne, an Berathungen theilzunehmen, sobald sie unter
dem Einfluß einer fremden Macht stehe. Er protestirte gegen jeden
Beschluß, der ihr in einem solchen Augenblicke entrissen würde, „als
illegal und nichtig". Der Präsident von Wedell schloß sich dieser
Meinung an mit dem Vorbehalte, daß die Versammlung denjenigen
Posten auch in der höchsten Gefahr behaupten müsse, welchen der
Befehl seiner Majestät ihr anvertrauen würde. Uebrigens sei dies
ein Vorzug repräsentativer Versammlungen, daß ihre Residenz ohne
Umstände an einen anderen Ort verlegt werden könne. Er berief
sich auf die Beispiele der schwedischen, polnischen und deutschen Reichs-
tage „in der älteren, blühenden Periode von Deutschland". Herr
v. Bredow meinte, gerade die jetzige Krisis mache es wünschenswerth,
daß die Versammlung ihre Residenz nicht verändere, denn im Falle
einer feindlichen Besitznahme könne es dem Staatswohle nicht anders
als zuträglich sein, daß die fremde Macht Männer in öffentlichen
Verhältnissen antreffe, die, durch kein anderes Verhältnis als die Ehre
an ihre Posten gebunden, für diese alles aufzuopfern und statt der
mit Recht gerügten gewöhnlichen Nachgiebigkeit mit männlicher Festigkeit ihre Pflicht thun und für diese jedes Opfer bringen würden.
Der Graf v. Hardenberg äußerte u. a. es sei nicht unwahrscheinlich,
daß die Absicht dahin gehen könnte, in dem Geiste und in der Kraft

der Versammlung einen zu erhaltenden Vereinigungspunkt des gesammten Staates selbst im Falle einer militärischen Besetzung von
Seiten einer Macht zu suchen, mit welcher seine Majestät nicht in
Friedenszustand sei. Er erbot sich, als Wortführer der Versammlung
sogleich um eine Audienz bei dem Staatskanzler nachzusuchen.

Die Debatte wurde geschlossen und mit Stimmenmehrheit angenommen: Erstens, der Graf v. Hardenberg solle im Namen der
Versammlung dem Staatskanzler die Nothwendigkeit entscheidender
Bestimmungen von Seiten des Staates über das Verhältnis der
Versammlung zu den Regierungsbehörden während der Abwesenheit
S. Majestät vorstellen, ebenso die Unvermeidlichkeit gehöriger Anstalten,
daß die Zahlung der für die Deputirten bestimmten Diäten nicht unterbrochen werde, wenn ihre Provinzen vom Orte ihrer Amtsthätigkeit
abgeschnitten werden, ferner S. Excellenz zu präveniren, daß die Versammlung S. Majestät morgen durch eine Adresse diese Bitte vor-
tragen werde und um Beförderung derselben durch das Fürwort
S. Excellenz bitte. Zweitens: Eine Adresse in dem angedeuteten
Sinne, an den König gerichtet, soll entworfen werden. — Ein Antrag des Landschaftsrathes v. Dewitz, daß das Gouvernement ersucht werden möge, jedem Deputirten zu gestatten, eine ihm bekannte Person aus dem Publikum als Zuschauer bei den Berathungen
der Repräsentanten zuzulassen, wurde wegen der gegenwärtigen Ereignisse bis auf ruhigere Zeiten ausgesetzt.

Am 22. Januar in der 119. Sitzung wurde die an den König
zu erlassende Adresse verlesen. Am folgenden Tage machten ein Hand-
schreiben des Königs und ein Brief des Staatskanzlers Mittheilung
davon, daß der König seine Residenz nach Breslau verlege und daß
man sich inzwischen an die zurückgelassene Oberregierungskommission
zu wenden und von dieser alle Befehle zu erhalten habe. Es wurde
nun beschlossen die Adresse an den König nicht abgehen zu lassen.
Dagegen sollte eine Adresse an den Staatskanzler entworfen werden
des Inhalts, die Versammlung könne nur so lange von Nutzen sein,
als alle Provinzen und Stände gehörig repräsentirt blieben, ein all-
mähliches Zusammenschmelzen sei aber nicht zu verhindern, woferne
nicht für fortlaufende Diätenzahlung gesorgt werde[1].

---

1) Die Akten sind voll von Klagen einzelner Repräsentanten, welche in
beweglicher Weise ihre traurige Lage schildern und um Abhilfe bitten. Zur
Zahlung der Reisegelder und Diäten waren die Wahlkörperschaften verpflichtet,
aber in einer Zeit, da alle Kräfte angespannt waren, kamen sie zum Theile
ihren Verpflichtungen nur mangelhaft nach).

Diese Befürchtungen waren nicht grundlos. Allein es fehlte nicht an Beweisen dafür, daß die in Berlin zurückgebliebenen Repräsentanten auch in dieser kritischen Zeit an den öffentlichen Angelegenheiten theilzunehmen suchten. Sie betrachteten sich, so groß das Mißverhältnis ihres Anspruchs und ihres Wesens auch war, als „das Organ der Nation", wie es in einem ihrer Schreiben an den Staatskanzler hieß, in dem sie sich über die Emanirung der Tresorscheine aussprachen. Als „Organ der Nation" hielten sie sich für berechtigt und verpflichtet, während sich der König von Breslau aus an die Volkskraft wandte und die lange zurückgehaltene Kampflust entfesselte, gleichfalls das Wort zu nehmen. Allerdings wiesen einige Mitglieder darauf hin, daß die Regierung der Versammlung Gleichgiltigkeit entgegengebracht habe, die Behörden ihr unfreundlich gesinnt seien, die Nation ihre Wirksamkeit zu wenig kenne. Aber sie drangen nicht durch. In einer Adresse vom 13. Februar 1813 versicherten die Versammelten, als „Stellvertreter aller Provinzen und aller Stände des Reiches", den Monarchen, „daß die Nation freudig jedes Opfer bringen werde", um seine landesväterlichen Absichten zu unterstützen und die Ehre und Selbständigkeit des Thrones zu behaupten.

Ein „Aufruf an unsere Mitbürger" von demselben Datum beschwor, alle, „Märker und Schlesier, Pommern und Preußen",[1]) die nicht als Freiwillige zu den Fahnen eilen könnten, sich nach Kräften bei ihrer Ausrüstung zu betheiligen und dem Vaterlande darzubringen, was dasselbe für seinen Zweck gebrauchen könne. „Auf diese Weise kann jeder Staatsbürger die heilige Bahn des Mitwirkens zur Rettung des Vaterlandes betreten. Der kleine Beitrag des Armen und der große des Reichen, im gleichen Geiste dargebracht, werden an den Segnungen der Nachwelt gleichen Antheil haben. Durch das Vertrauen unserer Mitbürger zu Stellvertretern aller Provinzen und aller Stände gewählt, halten wir uns für verpflichtet, in diesem Augenblick, wo nur der Gedanke an König und Vaterland alle Herzen

---

1) In der Sitzung vom 12. Februar 1813 hatte Graf Dohna bemerkt, „daß man französischer Seits von den preußischen Provinzen behaupte, daß sie sich den Befehlen S. Majestät des Königs entziehen und mit Rußland gegen Frankreich handeln wollten. So wenig Beachtung auch sonst diese Erwähnung verdiene, so könnte das schon obwaltende Mißtrauen dadurch noch vermehrt und vielleicht Gelegenheit gegeben werden, dies auf eine nachtheilige Art zu äußern." Nach längerer Debatte entschied man sich für Namhaftmachung der Provinzen.

erfüllen kann, auch unsrerseits vereint unsere Mitbrüder aus allen Ständen und in allen Theilen des Vaterlandes zur thätigsten Unterstützung des ergangenen Rufes aufzufordern. Das Vaterland ist in Gefahr und Friedrich Wilhelm fordert sein treues Volk zur freiwilligen Unterstützung auf. Welcher Preuße kann da noch zaudern, dieser Aufforderung aus allen Kräften zu genügen! Der Allmächtige wird die Maßregeln des besten Königs und den freudigen Eifer seines treuen Volkes segnen. Friede und Selbständigkeit werden den preußischen Staat beglücken und künftige Geschlechter aus unserem Beispiel lernen, alles zu opfern für König und Vaterland." Da die Regierungskommission in Berlin „bei den Verhältnissen mit dem französischen Gouvernement" Bedenken trug, den Aufruf und eine ihm zugefügte Aufforderung an die Behörden in Stadt und Land in den dortigen Zeitungen zu veröffentlichen, mußte man sich damit begnügen, daß der König, nachdem er ausdrücklich seine Genehmigung ertheilt hatte, das ihm überreichte Exemplar an die Breslauer Zeitungsexpeditionen zum Abdruck übersandte. „Sie haben sich", lauteten die lobenden Worte des Königs, „als Männer gezeigt, die den Werth ihres Standpunktes zu würdigen verstehen, und von solchen darf der Staat auch erwarten, daß sie ihren Kommittenten mit gutem Beispiel vorangehen. Um so erfreulicher sind mir die Thatsachen, durch welche sich bereits mehrere von ihnen auf die rühmlichste Weise ausgezeichnet haben und welche beweisen, daß meine Unterthanen Sie als die Vorzüglichsten aus ihrer Mitte zu ihren Repräsentanten wählten und deren Verdienstlichkeit richtig gewürdigt haben"[1]). Mehrere der Repräsentanten ergriffen die Waffen, Elsner, der Vertreter der oberschlesischen Städte, stellte nicht nur sich selbst, sondern rüstete noch drei freiwillige Jäger aus.

Bei dieser Lage der Dinge schien eine allmähliche Auflösung der kleinen Versammlung um so eher unvermeidlich, da die zur Erhaltung der Mitglieder nöthigen Geldmittel noch knapper werden mußten als vordem. Schon am 14. Februar 1813 hatte denn auch ein königlicher Kabinetsbefehl verfügt, daß wegen der Störungen, die hinsichtlich der Regulirung des Provinzialschuldenwesens wie der übrigen Zwecke der Landesrepräsentanten eingetreten seien und die vorzüglich ihre Subsistenz erschweren würden, ihre Zahl vermindert werden sollte.

---

1) Friedrich Wilhelm III. an die Nationalrepräsentanten in Berlin. Breslau, 24. Febr. 1813.

Der König bestimmte einige, die bleiben sollten, und überließ es den Rittergutsbesitzern, dazu sechs aus ihrer Mitte zu wählen. Die abgehenden Repräsentanten, die in vorkommenden, das allgemeine Wohl und besonders das Lieferungs- und Repartitionswesen der Provinzen angehenden Fällen von den Regierungen zu Konsultationen zugezogen werden sollten, empfingen den königlichen Dank und die Anerkennung ihres Gemeingeistes und ihrer treuen Anhänglichkeit. „Ich hoffe", fügte der Staatskanzler der Mittheilung dieser Anordnungen hinzu, „daß eine weniger stürmische Zeit, als die gegenwärtige ist, uns bald erlauben werde, eine mit den Wünschen aller Stände übereinstimmende Nationalrepräsentation definitive zu organisiren."

Die Siege des Jahres 1813 wurden erfochten, der deutsche Boden ward von der Fremdherrschaft befreit, da erließ der König von Frankfurt a. M. aus einen Kabinetsbefehl an den Staatskanzler, der die zweite Sitzungsperiode der Repräsentantenversammlung veranlaßte. „Bei dem großen Interesse", hieß es hier, „welches die ganze Nation an der zweckmäßigen Ausgleichung der Kriegslasten und der Erhaltung der Grundbesitzer nehmen muß, habe ich beschlossen, daß diese wichtige Angelegenheit von den Repräsentanten der Nation erwogen, die Resultate ihrer Deliberationen einer besonderen Kommission vorgelegt und von derselben mit ihrem Gutachten mir eingereicht ... werden sollen." Zu Mitgliedern jener Immediatkommission wurden ernannt die Minister v. Schrötter und v. Kircheisen, sowie die Geheimen Staatsräthe Stägemann und v. Schuckmann. Aufgabe der Kommission war es, den Sitzungen der Nationalrepräsentation beizuwohnen, um dem Gange der Berathungen zu folgen und die Veranlassung der nach Stimmenmehrheit niederzuschreibenden Beschlüsse besser zu übersehen. Als „vorzunehmende Gegenstände" wurden genannt: die Ausgleichung der Kriegslasten und die Erhaltung der Grundbesitzer, die Eigenthumsverleihung für die Bauern und deren Auseinandersetzung mit den Grundherren und die Parzellirung der Güter, worüber schon früher Verhandlungen stattgefunden hatten. Der Staatsrath Scharnweber, der wegen der zuerst genannten Gegenstände Vorschläge eingereicht hatte, sollte befugt sein, solche der Versammlung persönlich vorzutragen. Außerdem aber sollte nicht nur jeder Repräsentant, sondern auch jeder andere Staatsbürger, der über diese oder damit genau verwandte Gegenstände nachgedacht habe und einen geordneten Vortrag zu halten oder abzufassen fähig sei, das Recht haben, seine Meinung der Versammlung vorzulegen und darüber abstimmen zu lassen[1]). Der Präsident sollte den Repräsentanten das Wort ertheilen, andere nach einer übersichtlichen Darlegung des Vortrags Tags zuvor die Erlaubniß dazu von der Kommission einholen, es sei denn, daß eine Sache vom König oder vom Staatskanzler an die Versammlung gewiesen würde. Die Beschlüsse der Versammlung „sind zwar, wie sich von selbst versteht, nur als Gutachten anzusehen", doch will der König seinen Worten nach, „immer gerne alle mögliche Rücksicht auf die Meinungen und Vorschläge der Repräsentanten als solcher Männer nehmen, die mit dem praktischen Leben und den Bedürfnissen ihres Standes vertraut, als die Organe desselben anzusehen sind". Die Kommission sollte ihre Gutachten dem Könige einreichen, alle Berichte sollten durch den Staatskanzler gehen. Der Minister v. Schrötter erhielt die Leitung des Ganzen[2]).

Erst am 21. Februar 1814 konnte er die durch Neuwahlen in ihrem Bestande veränderte, „berufene National-Repräsentanten-Versammlung" durch eine feierliche Rede auf dem königlichen Schlosse in Berlin eröffnen, von welchem Vorgang auch die Tagespresse Notiz nahm[3]). „Der Monarch ruft Sie auf", sagte er u. a., „damit Sie ihm rathen, wie die Trümmer unseres Eigenthums wieder zu sammeln und wie es zu machen, daß auf diesen Trümmern wieder ein Gebäude errichtet werde, das in seinem Äußeren, vorzüglich aber in seinem Inneren einst werth sei des Ruhmes und des Glanzes unserer Väter, werth des mit so viel Anstrengung errungenen Ruhmes unserer Kinder und Brüder." Er betonte, daß die Versammlung sich besonders die Ausgleichung der verschiedenen sozialen Interessen angelegen sein lassen solle, daß das Wohl des platten Landes nicht ohne das Wohl der Städte und das Wohl beider nicht ohne das Wohl der Kapitalisten bestehen könne, die er gegen schon erfolgte ungerechte Angriffe in

---

1) S. das scharfe Urtheil des Grafen Alexander von Dohna über diese Bestimmung — er bezeichnet sie als „baren Unsinn" — in Band 6, 259 Aus den Papieren Schön's. Weitere Aeußerungen über die interimistische Nationalrepräsentation daselbst S. 270, 272, 274, 279, 284, 290, 327, 331, 336, 337, 346, 361, 363, 553, 615.

2) Kabinetsbefehle an den Staatskanzler und an den Minister v. Schrötter, 17. Nov. 1813.

3) Bei den Akten befindet sich ein Auszug aus dem Berliner Intelligenzblatt vom 24. Febr. 1814. Unter den neu Gewählten befand sich Fürst Hatzfeld, den Graf Alexander von Dohna als „einen in aller Hinsicht verworfenen und vor ganz Europa als den feigsten Landesverräther gestempelten Menschen" bezeichnet, s. Aus den Papieren Schön's 6, 254.

Schutz nahm. „Die Vorsehung hat bis jetzt den großen Kampf gesegnet, den so viele Völker zum Besten der Welt begonnen, sie wird ja auch die Berathungen und Bemühungen segnen, die so viele rechtliche und einsichtsvolle Männer zum Wohle eines einzelnen Volkes beginnen . . . Das Schwert unserer Kinder und Mitbrüder hat jetzt unsere Nation unter Nationen zum Sinnbild des Muthes und der Kraft erhoben; mögen jetzt, meine edlen Herren, Ihre Einsicht, Ihre Biederkeit uns anderen Nationen auch zum Vorbild der Weisheit und des Rechts aufstellen, damit bei dem Namen Preuße man sich gleich alles beisammen denke, was einem Volke unter Völkern unwillkürlich Achtung und Zutrauen erwirbt.“ Er schloß mit den Worten: „Heil und Segen unserer braven und rechtlichen Nation, Heil und Segen unserem guten, braven und gerechten König.“

Diesmal war, wie man sieht, Vorsorge getroffen, daß sich Konflikte, wie sie sich während der letzten Sitzungsperiode erhoben hatten, nicht erneuern möchten, und Graf Alexander von Dohna konnte, seinem früheren Urtheil gemäß, von „der häßlichen Gaukelei mit sogenannten Nationalrepräsentanten“ reden (Schön's Papiere 6, 270)). Der Wirkungskreis der Versammlung war eng umgrenzt. Sie hatte über bestimmte Gegenstände bloße Gutachten abzugeben. Sie arbeitete unter Aufsicht einer königlichen Kommission. Der König hatte, da der Graf v. Hardenberg noch im Hauptquartiere Blücher's festgehalten wurde, in der Person des Grafen v. Reichenbach einen provisorischen Präsidenten ernannt, mit welchem die Immediatkommission eine Geschäftsordnung ausarbeitete. Ein Kabinetsbefehl aus dem Hauptquartier Chaumont vom 9. März 1814 verfügte, daß die Versammlung „keineswegs Nationalversammlung“ genannt werden sollte, wodurch auch jeder äußere Anschein, als habe man es mit mehr als einer interimistischen konsultativen Körperschaft von „Deputirten der Provinzen“ zu thun, vermieden werden sollte.

Aber allen Vorsichtsmaßregeln und der ängstlichen Zurückhaltung vieler Mitglieder zum Trotz kam es doch wieder zu Reibungen. Selbst die konstitutionellen Forderungen brachen wieder durch, und dies um so eher, da die äußere Lage des Staates sich inzwischen so gründlich veränderte. Nicht selten entspannen sich lebhafte Streitigkeiten über die Frage, in welchem Sinne der Kabinetsbefehl vom 17. November 1813 auszulegen sei, und welche Gegenstände die Versammlung zum Zwecke freimüthiger Verhandlung vor ihr Forum ziehen dürfe. Die scharfe Kritik z. B., die an dem Edikte vom

1. März 1815 wegen Erhaltung der Grundeigenthümer geübt wurde, veranlaßte den Minister von Schrötter zu der Erklärung: „Nach seinem Dafürhalten dürfte sich seine Majestät eher entschließen, die ganze Repräsentation aufzuheben als das Edikt zu widerrufen." Er wollte jede Diskussion darüber inhibiren. Es erhob sich ein heftiger Streit über diese Angelegenheit. Ein Mitglied, Herr v. Burgsdorff, erklärte: „Die heutigen Verhandlungen schmerzen mich, weil sie den Beweis liefern, wie weit wir noch von einer Konstitution und aufge- klärten Verfassung entfernt sind, in welcher die erste Bedingung das Recht der Freimüthigkeit sein muß". Der Minister dagegen sagte: Die Versammlung habe nur den „Willen seiner Majestät zu befolgen", noch sei dem Lande die „verheißene Konstitution" nicht ertheilt, man könne sich daher auf diese nicht beziehen, um danach die Rechte der Versammlung zu beurtheilen. Diese beständen vorläufig nur darin ihr Gutachten über ausdrücklich ihr vorgelegte Edikte und Gegenstände abzugeben. Die Stimmung war so erregt, daß mehrere Mitglieder den Saal zu verlassen gedachten, als Elsner den Minister einer Über- schreitung seiner Vollmacht, eines Eingriffes „in die Rechte der Ver- sammlung" zieh[1]). Die Beschäftigung mit Fragen, die so bedeutende finanzielle Interessen betrafen, legte ferner wieder den Wunsch nahe, einen Einblick in die Hilfsmittel des Staates zu erhalten. Es sei nöthig, äußerten einzelne, namentlich bürgerliche Repräsentanten, wie Rist und Bock, daß ein Budget mitgetheilt werde, während Fürst Hatzfeld dies für bedenklich hielt und die Herren v. Bredow und v. Knobelsdorff auf eine künftige, vielleicht erweiterte Versammlung hinwiesen, bis zu deren Zusammentritt man sich gedulden solle. Als Napoleon von Elba entflohen war und der Wiederausbruch des Krieges bevorstand, wünschte man, in einem Schreiben den König der Ergebenheit und der Bereitwilligkeit neue Opfer zu bringen zu versichern. Es wurde erwogen, ob eine Anleihe vorzuschlagen und namentlich ob man „im Namen der Nation" eine Garantie dafür zu übernehmen befugt sei. Fürst Hatzfeld und der geheime Justizrath von Brandt sprachen entschieden dagegen. Elsner hin- wiederum redete von der „unverschuldeten Blindheit der Versammlung in Hinsicht auf die öffentlichen Verhältnisse des Staates", die sie doch nicht verhindern dürfe, sich auch in finanzieller Beziehung für das, was ihr das Vernünftigste zu sein scheine, zu erklären. Und

---

1) Protokolle der Sitzung vom 3. Juni 1814. 13. 14. 29.—31. März 1815.

Herr v. Burgsdorff äußerte, gerade das werde Vertrauen erwecken, „wenn die Vertreter der preußischen Nation ausdrücklich die Garantie übernehmen." Aber bei der Abstimmung blieb diese Ansicht in der Minderheit[1]).

Bereits während der ersten Sitzungsperiode war gelegentlich der Antrag gestellt worden, eine wenn schon beschränkte Öffentlichkeit der Verhandlungen eintreten zu lassen. Während der zweiten Sitzungsperiode machte man den Anfang mit der Herausgabe eines Blattes, welches Auszüge aus den Debatten bringen sollte, um den Wählern, welche die Repräsentanten unterhielten, wenigstens eine allgemeine Kenntnis ihrer Thätigkeit zu verschaffen. Aber es erschienen nur zwei Nummern. Aus der Versammlung selbst erhoben sich vereinzelte Stimmen: die Köpfe könnten dadurch „erhitzt" werden, man habe keine Verbindlichkeit gegenüber den Wählern, der König würde schon die nöthigen Einrichtungen getroffen haben, wenn es ihm genehm wäre, die Nation von den Verhandlungen zu unterrichten u. s. w., und die Regierung war weit entfernt davon, der Portofreiheit, die sie den Mitgliedern der interimistischen Landesrepräsentation gewährte, Censurfreiheit nachfolgen zu lassen. Sie legte vielmehr durch Weigerung der Druckerlaubnis auch die bescheidensten Versuche, auf das Publikum zu wirken, sehr bald lahm. Man verfiel wohl darauf, Abschriften von den Protokollen nehmen zu lassen, um sie in diesem und jenem Archiv zu Nutz und Frommen der Wähler niederzulegen[2]). Aber auch der direkte Verkehr mit diesen sollte den Repräsentanten erschwert werden. Sollte die Versammlung bleiben, wozu sie bestimmt war, so mußte verhindert werden, daß sich eine öffentliche Meinung für sie bildete, daß die Repräsentanten ihre Kommittenten für sich aufrufen und diese in ihnen ihre Wortführer sehen konnten. Schon früher waren die Umlaufschreiben, die einzelne Mitglieder der Versammlung an ihre Wählerschaften erließen, unliebsam bemerkt worden. Als im Frühling des Jahres 1815 nun gar der Baron v. Gruttschreiber, einer der schlesischen Deputirten, auf Kreisversammlungen Gegenstände öffentlich besprach, die in den Debatten vorgekommen waren, erging der Befehl, ihm Rechenschaft darüber abzufordern, da „den Repräsentanten außer der Versammlung keine Rechte beigelegt seien".

---

1) Protokolle der Sitzungen vom 14. Sept. 1814, 29. 31. März 1815. Elsner's Papiere.

2) Protokolle der Sitzungen von 1814 passim. Elsner's Papiere. Vgl. oben S. 138.

Unter diesen Umständen konnte es nicht fehlen, daß auch die Verfassungsfrage wieder auflebte. Der genannte Baron v. Gruttschreiber sagte u. a. zu seiner Rechtfertigung[1]): „So lange die Urkunde über die Einführung einer repräsentativen Regierung nicht erschienen und so lange alle Publicität untersagt ist, kann es wohl nicht den Ständen verdacht werden, sich aus den Verhandlungen der Repräsentation zu überzeugen, ob sie auch dem in sie gesetzten Zutrauen entspreche. Die Besorgnisse sind um so mehr zu entschuldigen, da bei der geringen Zahl der Deputirten der Wille eines Einzelnen leicht dem Willen einer Provinz untergeschoben werden kann. Auch würde der Gemeingeist aufhören, dessen Regung zu den größten Erwartungen für das Wohl des Staates berechtigt. Soll aber die Repräsentation in ihrer jetzigen Verfassung bleiben, so ist es besser, sie ganz aufzuheben, indem das wenige Gute, das sie hervorbringen kann, auf eine für die Nation weniger belästigende Art zu erreichen ist." Als diese Worte geschrieben wurden, war in Wien die Verordnung über die zu bildende Repräsentation des Volkes schon unterzeichnet worden, und zwar, wie man vielleicht vermuthen darf, in Folge eines Druckes, den die kleine Versammlung zu Berlin ausgeübt hatte.

Gelegentlich war das Wort „Konstitution" nach ihrer Erneuerung schon wieder in ihr gehört worden. In ihrer Sitzung vom 18. April 1814 hatte sie einen Aufsatz des Geheimen Finanzraths v. Prittwitz, der auch die Verfassungsfrage berührte, ohne einschränkende Bemerkungen, der zur Prüfung solcher Eingaben eingesetzten Kommission überwiesen. Wenn der König selbst von Paris aus erklärte, er behalte sich vor, über die Anordnung der ständischen Verfassung und Repräsentation nach seiner Rückkehr einen Beschluß zu fassen[2]), so konnte dies nur dazu dienen, bei vielen der eben vorhandenen Repräsentanten die konstitutionellen Wünsche wach zu erhalten. Knüpfte doch Hippel an jene Erklärung eine neue dem Staatskanzler überreichte Denkschrift, die mit der offenen Frage begann: „Dürfen wir eine Konstitution erwarten und nach welchen Grundsätzen?"[3]) Er-

---

1) Baron v. Gruttschreiber an die Regierung in Breslau, 23. Mai 1815. Auch die auf die Angelegenheit bezügliche Korrespondenz der Regierung zu Breslau mit dem Minister des Innern findet sich vor.

2) Kabinetsbefehl vom 3. Juni 1814 wegen Ernennung des Ministerii s. Gesetzsammlung 1814.

3) Bach: Th. G. von Hippel S. 239. Die Denkschrift ist zwar nach den Angaben Bach's am 29. Mai 1814 vollendet, aber a. a. O. S. 245 wird ge-

klärte doch Gneisenau wenig später gegenüber Arndt: „Die Nothwendigkeit, Preußen bald, sogleich eine Constitution zu geben, habe
ich mündlich und schriftlich dargethan und dazu angetrieben. Sogar
Motive, die nur der Staatskunst angehören, gebieten dies. Es giebt
kein festeres Band, um die Einwohner der zu erwerbenden Länder
an unsere älteren zu knüpfen, als eine gute Constitution. Überdies
müssen wir dadurch die Meinung in Deutschland für uns gewinnen.
So etwas erwirbt uns den Primat über die Geister. Der dreifache
Primat der Waffen, der Constitution, der Wissenschaften ist es allein,
der uns aufrecht zwischen den mächtigen Nachbarn erhalten kann.
Von einem Montgelas, einem König von Würtemberg und den anderen rheinbündischen Regierungen darf man liberale Einrichtungen
nicht erwarten, sie sind feindselig gegen uns gesinnt, wir müssen
ihnen daher die Herzen ihrer meist neuen Unterthanen dadurch ab-
wendig machen, daß wir den unserigen eine gute Verfassung und
würdige Gesetze geben. Sie sehen, daß ich hier nur egoistische Gründe
hierfür anführe und die edleren nicht erst erwähnen will.“[1])

Die kleine in Berlin tagende Versammlung, so wenig Ansehen
sie genoß, blieb hinter solchen Äußerungen nicht zurück. Dies wird
durch eine sehr bemerkenswerthe Debatte vom 7. April 1815 bezeugt.[2]) Sie wurde veranlaßt durch den Antrag Elsner's, den König
durch den Staatskanzler unterthänigst zu bitten, „die Ausarbeitung
und Ausführung der allergnädigst versprochenen Landesverfassung
durch die neuen Ereignisse nicht unterbrechen zu lassen, vielmehr die
Einführung einer definitiven Landesrepräsentation nach Möglichkeit
zu beschleunigen“. Napoleon war von Elba zurückgekehrt, der Krieg
mußte wieder beginnen, und der Abgeordnete der oberschlesischen
Städte wollte, ehe er zu seinem Regimente abging, einen letzten
Versuch machen, für die Ausbildung des konstitutionellen Lebens in
Preußen Sicherheit zu gewinnen. Elsner wollte Gerüchten, daß der
Entwurf zu einer Verfassung „bereits fertig sei und nächstens mit-
getheilt werden solle“, keinen Glauben beimessen und entwickelte in

---

sagt, daß das Erscheinen des Kabinetsbefehles vom 3. Juni 1814 die Veranlassung zu ihrer Überreichung wurde.

1) Gneisenau an Arndt 28. August 1814, s. Pertz-Delbrück: Leben
Gneisenau's 4, 280, s. entgegengesetzte Äußerungen Gneisenau's aus späterer
Zeit, ebenda 5, 671.

2) Ich lasse die Debatte, um weniges verkürzt, nach dem Protokoll im
Anhang III folgen, entsprechend dem Abdruck in Westermann's Monatsheften,
Mai 1882.

ausführlicher Rede, warum „gerade diejenige Nation, welche nach
Verhältnis ihrer Kräfte bei weitem das meiste zur Befreiung Europas
gethan habe", wohl verdiene, „eine Garantie für ihre Rechte" durch
eine Verfassung zu erhalten. Sein Antrag rief die verschiedensten
Äußerungen hervor. Auf der einen Seite hieß es, da Frankreich
„nicht bloß durch Waffen, sondern weit mehr durch Verbreitung täuschender Grundsätze" zu seinem Vortheil gewirkt habe und wieder zu
wirken versuche, so müsse man dem entgegentreten und durch Erfüllung der „königlichen Verheißungen" „zur Stärkung der inneren
Kräfte des Volkes beitragen". Auf der anderen Seite wurde erklärt,
es sei mißlich, „den Lügen eines Usurpators durch ein wahrhaft gelungenes Werk der Weisheit begegnen zu wollen" und für eine Belebung der Nation bedürfe es keiner „Entwickelung" des königlichen
Ausspruchs, da jeder wisse, „daß von diesem Kampfe sein Wohl und
Wehe abhängt". Wenn dieser hervorhob, eine Verfassung sei das
sicherste Bindemittel für die „heterogenen Theile des neu zu bildenden
Staates", so warf jener ein, daß „erst die äußeren Grenzen der
Monarchie bestimmt sein müßten". Der eine hielt die Versammlung
für vollkommen berechtigt, den vorgeschlagenen Schritt zu thun, während der andere bezweifelte, ob „ihre jetzige Stellung" ihr gestatte,
„im Namen des ganzen Landes" zu sprechen. Unklar blieb es, wie
man sich die Repräsentation in einer künftigen Verfassung gebildet
denken wollte, doch bezeichneten zwei der abligen Mitglieder der Versammlung sie mit dem Ausdrucke einer „ständischen". Hingegen
sprachen sich deutlich nicht wenige Stimmen dafür aus, daß man auch
die Nothwendigkeit einer Erneuerung der Provinzialverfassungen in
Erinnerung bringen müßte. In der That hatte schon im Frühling
des Jahres 1814 Graf Alexander zu Dohna aus einem Aufsatze des
Repräsentanten von Burgsdorff entnommen, „daß die etwas vernünftigen Menschen anfangen, zu der Erkenntnis zu gelangen, die jetzige
Nationalrepräsentation sei nichts werth und die Grundlage einer
künftigen ordentlichen Verfassung könne nur auf Provinzialständen
beruhen, welche im vaterländischen echt deutschen Sinne organisirt
sein müßten"[1]). Doch ward nicht gesagt, daß die allgemeine Landesrepräsentation aus den Provinzialständen hervorzugehen habe.

Im Laufe der Debatte entschloß sich Elsner, seinen Antrag
dahin abzuändern, „daß bloß an den Fürsten Staatskanzler ein

---

1) Aus Schön's Papieren 6, 337.

Gesuch gerichtet werde". Man machte den Einwurf, der König könne dies „ungnädig aufnehmen", da die Ertheilung einer Verfassung von ihm allein auszugehen habe. Aber Elsner erwiderte: „Es ist hier nicht vom Geben einer Konstitution die Rede; dieses hat des Königs Majestät schon versprochen. Es ist bloß von Beschleunigung ihrer Ausarbeitung die Rede und dies lediglich Sache des Fürsten Staatskanzlers". Hierauf wurde sein veränderter Antrag mit zweiunddreißig gegen drei Stimmen, der Zusatz wegen Erwähnung der Provinzialverfassungen mit fünfundzwanzig gegen zehn Stimmen angenommen und ein darauf bezügliches Schreiben an den Staatskanzler gerichtet (vgl. Anhang IV).

So hatte die Versammlung doch, eingeengt wie sie war, mit Überwindung der Gegensätze, die sie in sich barg, einen Schritt gethan, der bei den damaligen Zeiten, im Beginn eines neuen, große Opfer fordernden Kampfes, wohl geeignet war, in Wien einigen Eindruck zu machen. Es mochten tausende mit dem Minister v. Schrötter der Ansicht sein, der Weisheit des Königs und der Vaterlandsliebe des Staatskanzlers werde „der rechte Zeitpunkt nicht entgehen, welcher in der jetzigen großen, politischen Krisis zu Ausführung einer so wichtigen Operation als die einer Landeskonstitution der angemessenste wäre"[1]. Daß aber selbst eine so zahme und auf alle Weise mit Schranken umgebene Versammlung, wie die der interimistischen Landesrepräsentanten, mit großer Majorität ein Beschleunigungsgesuch einzureichen beschlossen hatte, war ein bedeutungsvolles Zeichen der Zeit. Nachdem schon in einigen Patenten bei der Besitzergreifung von Landestheilen, die dem Staatskörper zugefügt wurden, die „Konstitution" erwähnt worden war, die der König seinen getreuen Unterthanen „zu gewähren beabsichtige"[2], erschien die berühmte Verordnung vom 22. Mai 1815. Leider vermag ich ihre Entstehungsgeschichte nicht so weit aufzuhellen, daß nicht der Vermuthung noch immer ein großer Spielraum offen bliebe.

Wir werden hier, wo es sich um den Abschluß unserer Aufgabe handelt, an die Namen der beiden großen Staatsmänner erinnert, deren Eingreifen in die preußische Verfassungsgeschichte während des Zeitraumes der Reform uns vorzüglich beschäftigt hat. Was Stein betrifft, so

---

1) Konzept eines Schreibens Schrötter's, Grundlage des Schreibens der Immediatkommission an den Staatskanzler vom 21. April 1815. Vgl. Anhang V.

2) S. v. Lancizolle, über Königthum und Landstände S. 192.

weiß man allerdings, daß er sich im Jahre 1831 mit großer Bitterkeit über die Verordnung vom 22. Mai 1815 ausgesprochen hat[1]).
Es hat sich jedoch unter seinen Papieren ein Entwurf der Verordnung
vorgefunden, in welchem neben anderen geringen Abweichungen von
der Verordnung das Wort „Reichsstände“ gebraucht und der Zusammentritt der Kommission, die eine Verfassungsurkunde ausarbeiten
und sich mit der Organisation von Reichs- und Provinzialständen
beschäftigen sollte, bereits auf den 1. Juni 1815 in Aussicht genommen wird. Dem Entwurfe wie der Verordnung sind die Worte
gemeinsam, die man mitunter übersehen hat, daß die noch vorhandenen
Provinzialstände „dem Bedürfnisse der Zeit gemäß“ einzurichten seien.
Aber dem Entwurfe ist der Satz eigenthümlich daß, wo keine Provinzialstände vorhanden, sie unverzüglich „nach Landschaften“ organisirt
werden sollen. Pertz hält es für wahrscheinlich, daß die Verordnung
„auf Stein's dringenden Rath, wenn auch nicht in ihn befriedi-
gender Fassung erlassen worden“ sei[2]). Ranke nimmt gleichfalls ein
„Zusammenwirken“ von Hardenberg und Stein an und hegt keinen
Zweifel daran, daß der in Stein's Papieren befindliche Entwurf auch
von Stein herrühre[3]).

Nach der Behauptung Schön's ist indessen die Verordnung „ein
Kind Stägemann's und des Staatskanzlers.“ Schön beruft sich für
die Entstehungsgeschichte des Ediktes auf Mittheilungen Stägemann's
selbst. Als der vierte Band des Pertz'schen Werkes erschienen war,
hat Schön in einem Briefe an den Oberburggrafen von Brünneck ausdrücklich jede Mitwirkung Stein's in Abrede gestellt und sich wieder
darauf gestützt, er wisse es von Stägemann, der das Gesetz „gemacht“
habe. Er fügt hinzu: „Das in den Papieren von Stein davon ge-
fundene Schriftstück ist eine Mittheilung von Stägemann
an Stein[4]). Das Gesetz ist allein Hardenberg's Werk.“ Danach
würde der Entwurf der Verordnung von Stägemann herrühren, die
Verantwortlichkeit für ihren Inhalt und vielleicht auch die Abweichungen
bei der Vollziehung auf Rechnung Hardenberg's zu setzen sein. In

---

1) Pertz: Leben Stein's 6, 1107.
2) Pertz a. a. O. 4, 427.
3) Ranke: Hardenberg 3, (S. W. 48) S. 66, 354, 355. Aus dem Briefwechsel Friedrich Wilhelm's IV. mit Bunsen S. 111.
4) Aus Schön's Papieren 3, 54 vgl. 1, 182. Zu Schutz und Trutz am
Grabe Schön's von einem Ostpreußen S. 734. Man wird vielleicht erst aus
Stägemann's Papieren nähere Aufklärung erwarten dürfen.

der That wird der Entwurf in der Form, wie er sich zu Nassau unter Stein's Papieren befindet, daselbst ausdrücklich als „Abschrift" bezeichnet. Die Handschrift scheint die eines Sekretärs oder Kopisten zu sein. Sie kommt mehrfach in Stein's Papieren vor.

Nichts also spricht für und manches gegen eine Mitwirkung Stein's beim Zustandekommen der berühmten Verordnung vom 22. Mai 1815. Wie es sich aber auch mit ihrer Entstehung verhalte: eines darf nicht vergessen werden. Der verhängnisvolle Paragraph, demzufolge die Versammlung der Landesrepräsentanten aus den Provinzialständen gewählt werden sollte, war ohne ausdrücklichen Antrag der in Berlin tagenden kleinen Körperschaft in die Verordnung aufgenommen worden, wennschon eine Stelle ihres Schreibens, die von einer „organischen" Verbindung der Provinzial- und Landesrepräsentation redete, verführerisch genug war.

Die Tage dieser Körperschaft waren gezählt. Sie war noch versammelt, als die Nachricht des Sieges von Belle-Alliance in Berlin anlangte, und in derselben Sitzung, welche durch das Eintreffen dieser Freudenbotschaft verkürzt wurde, machte der Präsident die Mittheilung, daß, nach dem, was er aus sicherer Quelle erfahren habe, er erwarten dürfe, daß die Versammlung noch während der Anwesenheit seiner Durchlaucht, des Herrn Fürsten Staatskanzlers, aufgelöst und mit den Grundlinien der neuen Konstitution bekannt werden würde[1]). Den 10. Juli versammelte man sich zum letzten Male. Ein Schreiben des Staatskanzlers benachrichtigte die Mitglieder, daß er den Justizminister v. Kircheisen beauftragt habe, die Versammlung aufzulösen, „da die von Sr. Majestät ihr übertragenen Geschäfte vollendet sind und durch die allerhöchste Verordnung vom 22. Mai die Organisation einer vollständigen Landesrepräsentation befohlen wird." Der Präsident Graf Hardenberg legte in kurzer Rede dem König den „unterthänigsten Dank für die vielen Beweise des Zutrauens und der Gnade" zu Füßen, nicht minder „für die in der Verordnung vom 22. Mai d. J. verfügte Organisation einer vollständigen Landesrepräsentation", sprach die Bitte um Berücksichtigung der noch unerledigten Anträge aus und glaubte, „daß es die Versammlung unter ihre angenehmen Pflichten rechnen werde", dem Staatskanzler „für die vielen Beweise des Zutrauens" und „für die kräftige Unterstützung", welche er „vielen ihrer Anträge bei

---

1) Protokoll der Sitzung vom 24. Juni 1815.

des Königs Majestät gewährt", gleichfalls zu danken. Der Justizminister, als Mitglied der Immediatkommission, erneuerte die huld-
reichen Ausdrücke der Gnade seiner Majestät und der vollkommensten
Zufriedenheit des Gouvernements, betonte, daß bei hervorgetretener
Verschiedenheit der Ansichten doch allen immer dasselbe Ziel, Beförderung des Landeswohles, vorgeschwebt habe, und gedachte in schönen
Worten des inzwischen verstorbenen Ministers v. Schrötter. Fürst
Haßfeld dankte noch im Namen der Versammlung den Mitgliedern
der Immediatkommission und dem Präsidenten und rief dadurch eine
Erwiderung des letzten hervor, die in schwungvoller Weise an die
große Zeit, die man zusammen durchlebt habe, erinnerte. Noch einmal
bezog sich der Präsident auf die Verordnung vom 22. Mai, indem er
die „durch die Gnade des Landesvaters anzuordnenden Landes-Stände
der ganzen Monarchie" erwähnte, denen die Versammlung in ihren
Verhandlungen den Beweis hinterlasse, daß sie nach ihren Kräften
zum allgemeinen Besten vorgearbeitet habe.

Die „Landes-Stände der ganzen Monarchie" blieben aus, die
„Grundlinien der neuen Konstitution" waren nicht bekannt geworden,
und zwei Jahre später wurde „in einem amtlichen Aktenstücke die
Ansicht ausgesprochen, daß eine Verfassung für den Gesammtstaat
überflüssig, ja gefährlich sei"[1].

---

1) H. v. Treitschke, der erste Verfassungskampf in Preußen. Preußische
Jahrbücher 29, 349. Deutsche Geschichte 2, 287.

Anhang I.

* Schreiben der interimistischen Landesrepräsentanten an den Staatskanzler Fürsten von Hardenberg. 8. August 1814.

(Geh. St. Archiv Berlin.)

Die interimistischen Landes-Repräsentanten haben nach ihrer diesjährigen Zusammenberufung für nützlich erachtet, zur unmittelbaren Mittheilung an ihre Mitstände in den Provinzen ein Blatt mit Zustimmung der Königlichen Immediat-Commission drucken zu lassen, welches gedrängte Auszüge aus ihren Verhandlungen und die Hauptresultate der letzteren enthielte. Mangel an Bestimmungen über die Ausübung und über die Grenzen einer solchen Befugniß der Versammlung hat sie gehindert, jenem Blatt diejenige Voll-ständigkeit zu geben, die allein demselben Werth und Zweckmäßigkeit ertheilen könnte.

Euer Durchlaucht bitten wir daher ganz gehorsamst um hochgütige Fest-setzung der Art einer von der Versammlung auszuübenden Druckfreiheit, und insbesondere um eine Entscheidung darüber, ob die Versammlung berechtigt sei, die von ihr den obersten Staats-Behörden erstatteten Gutachten in ihrer Vollständigkeit zur Mittheilung an ihre Mitstände abdrucken zu lassen?

Berlin, den 8. August 1814.

Die interimistischen Landes-Repräsentanten.

(gez.) Hardenberg. Bredow.

An des Königlichen Staatskanzlers
Herrn Fürsten von Hardenberg
Durchlaucht.

Anhang II.

* Der Staatskanzler Fürst von Hardenberg an die interimistische Landesrepräsentation. 11. September 1814.

(Geh. St. Archiv Berlin.)

Den interimistischen Herrn Landes-Repräsentanten erwiedere ich auf Ihren Antrag vom 8. v. M., die von der Versammlung auszuübende Druckfreiheit betreffend, daß es dieserhalb vorerst keiner besondern Anordnung bedarf, da auf der einen Seite eine unbedingte Preßfreiheit nicht nachgegeben werden kann und auf der andern kein Grund vorhanden ist, die Versamlung einer größern Beschränkung, als die Gesetze vorschreiben, zu unterwerfen.

Die interimistischen Herrn Landes-Repräsentanten können hiernach ihre Verhandlungen und ihre Gutachten vollständig abdrucken lassen, wenn sie das imprimatur der angeordneten Censur von dem Herrn Minister des Innern erhalten. Wenn in der Folge eine dauernde Verfassung der Landes-Repräsentation von Sr. Majestät dem König bestimmt wird, so muß auch darauf Rücksicht genommen werden, festzusetzen, was für Verhandlungen der-selben sich zur öffentlichen Bekanntmachung eignet, oder nicht.

Berlin, den 11. September 1814.

(gez.) C. F. v. Hardenberg.

An die interimistischen Herrn Landesrepräsentanten.

Anhang III.
Aus dem Protokolle der interimistischen Nationalrepräsentation.
163. Sitzung. 7. April 1815.
(Geh. St. Archiv Berlin.)

Nach Verlesung des Protokolls machte Herr Elsner den von ihm in voriger Sitzung angekündigten Antrag dahin, Se. Majestät den König durch Höchstdesselben zu den Verhandlungen mit den Ständen bestimmte Mittels-person, den Fürsten Staatskanzler, unterthänigst zu bitten, die Ausarbeitung und Ausführung der allergnädigst versprochenen Landesverfassung durch die neuen Ereignisse nicht unterbrechen zu lassen, vielmehr die Einführung einer definitiven Landesrepräsentation nach Möglichkeit zu beschleunigen. Er sagte: Es wären ihm zwar Gerüchte zugekommen, daß der Entwurf zu einer solchen Verfassung bereits fertig sei und nächstens mitgetheilt werden solle, allein er sei nicht im Stande, diese Gerüchte als zuverlässig anzuerkennen, wolle es daher der Versammlung überlassen, inwiefern dadurch eine Verschiebung des obigen Antrags zweckmäßig werden möchte . . . . Er hoffe, daß endlich die so oft wiederholten Verheißungen einer bestimmten Verfassung in Erfüllung gehn werden und daß demgemäß eine neue mit bestimmten Rechten versehene Versammlung die Stelle der gegenwärtigen ersetzen und thätiger für das all-gemeine Beste zu wirken im Stande sein werde. Durch die Erfüllung dieser seit mehreren Jahren gegebenen Verheißungen werden endlich die Wünsche derjenigen Staatsbürger in Erfüllung gehn, welche man allein als den Kern des Staates betrachten kann, d. h. derjenigen, welche nicht bloß für ihr Selbst leben, sondern an dem Wohl und Weh ihrer Mitbürger und an der darauf Einfluß habenden Gesetzgebung lebhaften Antheil nehmen.

Mit Schmerz habe sich ihm die Bemerkung aufgedrungen, daß diese Versammlung bei einer großen Zahl ihrer Mitbürger nach und nach in ihrem Vertrauen gesunken ist, und daß die Meinung immer stärker wird, welche die Versammlung für zwecklos, vielleicht für schädlich hält. So sehr auch alle, welche das Innere der Versammlung durch den Augenschein kennen, das Gegentheil wissen, so ist doch das Publikum hiervon nicht zu überzeugen wegen ermangelnder Oeffentlichkeit der Verhandlungen. Es entstehe der Verdacht gegen die jetzigen Mitglieder, daß sie aus persönlichen Rücksichten den Zeitpunkt nicht zu beschleunigen wünschen, wo sie durch eine fester konstituirte Versammlung abgelöst werden.... Ein solcher Verdacht könne nicht besser widerlegt werden, als wenn die Versammlung in den oben aufgestellten Antrag eingehe. Er beabsichtige aber nur die erwähnte Ablösung, nicht die Auflösung der jetzigen Versammlung, vielmehr halte er es für sehr wichtig, daß diese bis zur Einführung einer fester konstituirten verbleibe und bis dahin als Gegengewicht diene gegen die Opposition, welche aus unlauteren Absichten wider jede verfassungsmäßige Repräsentation erregt und erhalten werde. Es sei immer besser, daß diese Versammlung als daß keine hier sitze. Dringende äußere Umstände, wie diejenigen sind, welche die neuesten Weltbegebenheiten herbeigeführt haben, machen die Einführung einer Verfassung zu einem vorzüglichen Bedürfnis, nicht als ob darin ein Mittel liege, den Muth der bewaffneten Macht anzufeuern oder als ob dies nöthig sei, sondern weil dies der schönste Zeitpunkt zu sein scheine, um der Nation einen ausgezeichneten Beweis des Vertrauens und des Anerkenntnisses ihrer Anstrengungen für die Aufrechterhaltung des Thrones und ihrer Selbständigkeit zu ertheilen. Es werde die Welt befremden, wahrzunehmen, daß gerade diejenige Nation, welche nach Verhältnis ihrer Kräfte bei weitem das meiste zur Befreiung Europa's gethan habe, später als sonst aus vollkommener Sklaverei ... errettete Völker durch eine bestimmte Verfassung eine Garantie für ihre Rechte erhalten soll. Noch mehr werde sie darüber erstaunen, wenn sie erfährt, daß hier eine Versammlung vorhanden sei, welche die gesetzmäßige Stimme habe, um die Wünsche der Nation auszusprechen. Daß eine liberale Verfassung zu diesen Wünschen gehöre, könne niemand bezweifeln, und daß des Königs Majestät darin einstimme, beweise die seit 1810 wiederholt ausgesprochene Verheißung einer solchen Verfassung und selbst die interimistische Zusammenberufung von Deputirten. Aber auch die mit unserem Staatskörper neu vereinigten Glieder, welche den Druck der Tyrannei so schwer empfunden haben, setzten den größten Werth auf eine repräsentative Landesverfassung, deren Einführung so laut vorher verkündigt worden ist.

Der Präsident antwortet: Er glaube, daß niemand in der Versammlung sei und wohl nur wenige in der Nation, die nicht den Wunsch hegen werden, daß die Einführung einer den Absichten des Königs entsprechenden Verfassung erfolge. Ohne Zweifel werde die Nation es gern sehen, daß, wenn die Verfassung nicht erscheinen sollte, des Königs Majestät darum von uns gebeten würde. Daß eine solche bereits ausgearbeitet sei und nächstens zugeschickt werden solle, habe auch er durch das Gerücht vernommen, doch mangele es hierüber an einer authentischen Quelle. Er zweifle sogar an der Wahrheit, da er bis jetzt nichts davon gehört habe, daß man sich hiemit in Wien beschäftigt. Wenn es aber wirklich der Fall sein sollte, so lasse sich vermuthen, daß über den Entwurf zur Verfassung erst die Meinung des Staatsministeriums werde eingeholt werden. Was den jetzigen Zeitpunkt betrifft, so glaube er fest, ein von der Versammlung in dieser Hinsicht bei des

Königs Majestät zu machender Antrag möchte für jetzt ohne Wirkung bleiben, einmal wegen der politischen Verhältnisse der neu acquirirten Lande, dann weil die durch die neuesten Zeitereignisse bewirkte Vermehrung der Geschäfte wohl nicht die Beschleunigung des Definitiventschlusses über die unserem Reich nach seinen verschiedenen Theilen zu gebende Verfassung zulassen möchte.

Der Baron v. d. Reck: Der Antrag, sowie die ihm zu Grunde gelegten Motive des Redners entsprechen ganz seinem eigenen Gefühl. Allein er halte sich überzeugt, daß, wenn die einzuführende Verfassung etwas Dauerhaftes werden soll, erst die äußern Grenzen der Monarchie bestimmt sein müssen. Bis dahin also . . . würde er für die Vertagung des Antrags stimmen.

Herr v. Bredow: Nachtheilig kann die Aeußerung des Wunsches nicht werden, so gestellt und so ausgedrückt, wie vom Redner geschehen. Es sei aber sehr wichtig, die früheren hierüber ertheilten Verheißungen in Erinnerung zu bringen, besonders wegen der neu hinzutretenden Provinzen. Es muß ihnen alles daran liegen, daß bestimmt werde, auf welche Art sie gegen die übrigen zu stehen kommen und mit dem Ganzen verknüpft werden. Nur die Darlegung der bestimmten Gestalt, die der gesellschaftliche Verein in unserm Staat annehmen wird, kann sie überzeugen, daß es ein wahres Glück für sie sei, unserm Staatskörper einverleibt zu werden. Und wie viel liege nicht daran, eine solche Ueberzeugung in der öffentlichen Meinung hervorzubringen, wie viel leichter werde dann das Regieren! Dieß beweise das alte Preußen, welches diese interimistische Versammlung repräsentire. Wir, die alten Unterthanen, kennen das Gute, welches in unserer Verfassung liegt, und das allgemeine Gefühl hievon äußert ununterbrochen die wohlthätigsten Wirkungen. Aber von den neuen Provinzen ist dies nicht so zu erwarten. Bei ihnen will jenes erst hervorgebracht sein, nicht durch Verheißungen, sondern durch die That. Eine Verfassung sei hierzu das Sicherste und Unentbehrlichste, eine Verfassung, welche für so heterogene Theile als die des neu zu bildenden Staates ein gemeinschaftliches Interesse begründe und allen Unterthanen gleiche Rechte und Vortheile zusichere . . . . Man kommt in Frankreich auf die Ideen zurück, welche zur Zeit der ersten Revolution eine so große Macht über die Gemüther, eine so ungeheure Wirkung auf alle gebildeten Völker und ihre Staatsformen geäußert haben. Ist die Furcht übertrieben, daß diese Ideen auch jetzt noch viele Schwache blenden, täuschen, fortreißen werden? Und ist in einem solchen Zeitpunkt nicht zweckmäßig, der Täuschung ein Gegengewicht zu geben in der Wahrheit, die Unterthanen zu überzeugen, daß ihnen nichts Besseres geboten werden könne, als was sie durch die Vereinigung mit unserem Staat wirklich erlangen . . . .

Herr Kist: Ich schließe mich in allen Stücken an den Antrag an. Ich habe ihn früher schon, wiewohl ohne Erfolg, gemacht, jetzt erneuere ich ihn; um so nothwendiger ist dabei Eile, weil wir wissen, daß Frankreich nicht bloß durch Waffen, sondern weit mehr durch Verbreitung täuschender Grundsätze zu seinem Vortheil gewirkt habe. Jetzt äußert es dieselbe Tendenz. Die Vorsicht gebietet ihr entgegenzuwirken.

Herr Landschaftsrath v. Brandt: Ich unterstütze nicht nur den Antrag in sich, sondern wünsche auch, daß er gerade jetzt zur Ausführung gelange. Es ist dies der Wille der großen Mehrheit derer, die uns gesendet haben, und er ruht auf den königlichen Verheißungen. Dieser Schritt wird die größte Theilnahme erregen und zur Stärkung der inneren Kraft des Volkes in dem jetzigen Zeitpunkt beitragen. Dadurch aber werden die äußern An= strengungen nachhaltig werden.

Herr Zittelmann stimmte aus ähnlichen Gründen dem Antrage bei, insofern nach ihm bloß im allgemeinen das Verlangen nach der längst ver= heißenen Verfassung ausgedrückt werden soll, ohne sich in das einzelne dabei einzulassen.

Herr v. Burgsdorff: Niemand könne lebhafter die Verfassung wünschen als er. Doch halte er den jetzigen Augenblick für den Antrag nicht passend, es sei denn, daß in der Ausarbeitung des Entwurfes schon sehr weit vor= geschritten wäre. Ist dies nicht der Fall und soll also dem Antrage gemäß die Arbeit beschleunigt werden, so fürchte er, wenn dies geschehe, sie werde den Charakter der Eile und des Augenblicks an sich tragen. Eine Staatsverfassung, die bestehen und dem Bedürfnis angemessen sein soll, ist das schwierigste von allen Werken und muß sich aus den schon vorbereiteten, im Staat und seinen Theilen schon vorhandenen Bestandtheilen herausbilden. Was wäre es, wenn man den Ständen im voraus bedeutende Rechte zusicherte (und dies müßte doch geschehen, wenn eine ständische Verfassung entstehen soll) und wenn man sich hinterher gedrungen fühlte, diese Rechte wieder zu suspendiren? Ob der jetzige Zeitpunkt, wenn er zur Erhaltung des Staats eines Diktators bedürfte, zur Beschleunigung einer ständischen Verfassung, die der militärischen Gewalt zur Seite stehe, sich eigne? Die ständische Verfassung des Ganzen bedürfte einer Vorbereitung in den Verfassungen der Provinzen, und was also jetzt am meisten an der Zeit sein möchte, wäre dies, daß in den neuen Provinzen ständische Versammlungen gebildet und zu einer festen Form und Wirksamkeit gebracht werden. Daraus lasse sich erst ein weiterer sicherer Schritt zu einer größeren Verbindung, die sich über das Ganze erstrecke, mit Glück unternehmen. In der Zwischenzeit wünschte er, daß der Entwurf zu einer Landesverfassung als ein wahres Nationalwerk mit der weitesten Mitwirkung der öffentlichen Meinung ausgearbeitet würde. Man sollte dabei den Weg einschlagen, welcher bei Entwerfung des allgemeinen Landrechts betreten worden, wo alle stimm= fähigen Mitglieder des Publikums gehört und zu einer Konkurrenz ihrer Gut= achten darüber eingeladen würden. Betrachtet man die Verfassungsentwürfe, welche in der neuern Zeit in andern Ländern zur Ausführung gekommen, so werde man um so eher zurückgehalten, die Beschleunigung eines Entwurfs von ähnlicher Beschaffenheit in unserm eigenen Lande zu wünschen und den Verzug dabei für einen Nachtheil anzusehen, vorausgesetzt, daß die Weisheit die Zeit nicht ungenützt verstreichen lasse. Was aber diese erwogen und für das Zweckmäßigste erkannt habe, werde sich nicht immer den Beifall des großen Haufens erwerben, und daher sei der Versuch mißlich, den Lügen eines Usurpators durch ein wahrhaft gelungenes Werk der Weisheit begegnen zu wollen.

Herr v. Below schlug zur Berücksichtigung der gegenseitig angeführten Gründe vor, für's erste bloß an des Staatskanzlers Durchlaucht die Anfrage zu richten, ob zur Erfüllung jenes allgemeinen Wunsches Hoffnung vorhanden sei .... Die Verfassung selbst aber müsse in jedem Falle unmittelbar vom Monarchen ausgehen, und er zweifle, ob es die jetzige Stellung dieser Versammlung gestatte, darum im Namen des ganzen Landes eine Bitte zu thun.

Herr v. Quast hielt es für an sich unschädlich, bei dem Staatskanzler darauf anzutragen, daß jetzt mit der Bearbeitung der ständischen Verfassung vorgeschritten würde, doch nicht im Gegensatz gegen den Scheinrepublikanismus. Zu diesem Ende müsse ein Ausspruch des Königs erfolgen; dieser aber sei bereits vorhanden. Zur Belebung der Nation würde es der weiteren Entwidelung dieses Ausspruchs in den Grundzügen einer Verfassung nicht bedürfen. — Denn, sagte er, der alte Geist ist noch da. Jeder sieht die Heuchelei der Bosheit durch, und jeder weiß, daß von diesem Kampf sein Wohl und Wehe abhängt.

Graf Kayserling: Er finde den Gegenstand sehr wünschenswerth, doch jetzt nicht an der Zeit. Die Ertheilung einer Konstitution werde auf den Willen der Nation nicht wirken und auch zu spät kommen; denn dieser Wille bedarf keiner Verbesserung, es werde auch noch viel Zeit erfordern, den Entwurf derselben zur Reife zu bringen, und seine endliche Publikation könnte vielleicht erst gegen das Ende dieses Krieges möglich werden. Uebrigens ist das beste Mittel, die intensive Kraft einer Nation zu erhöhen, wenn die derselben obliegenden Lasten vertheilt werden nach gerechten Grundsätzen.

Herr Elsner bestimmte hierauf seinen Antrag näher dahin, daß bloß an den Fürsten Staatskanzler ein Gesuch gerichtet werde.

Herr v. Reinersdorff: Dies scheint mir unzulässig. Nur der König kann eine Verfassung ertheilen. Er könnte es mit Recht ungnädig aufnehmen, wenn wir die Bitte darum an einen Dritten richteten.

Herr Elsner: Es ist hier nicht vom Geben einer Konstitution die Rede; dieses hat des Königs Majestät schon versprochen. Es ist bloß von Beschleunigung ihrer Ausarbeitung die Rede und dies lediglich Sache des Fürsten Staatskanzlers.

Die Herren v. Bülow, Baron v. Bod, Herr v. Arnim erklären sich alle dafür, daß nur bei dem Staatskanzler ein Beschleunigungsgesuch eingereicht ... werden solle .... Auch die Herren Bod und des Grafen v. Reichenbach Excellenz sprachen bedingungsweise für den Antrag. Letzterer wünschte, daß damit zugleich eine Erinnerung an die Stände der Provinzen, wo dieselben gegenwärtig ruhn, verbunden würde.

Herr Zittelmann reihte sich dem an mit dem Antrage, daß in dem zu erlassenden Schreiben der Provinzialverfassungen ausdrücklich erwähnt werden möge.

Herr Müller bestand auf dem dieser Erwähnung beizufügenden Zusatz, daß dabei eine aus allen Ständen zusammengesetzte Provinzialrepräsentation vorausgesetzt werde.

Herr v. Burgsdorff sagte, es sei seine Meinung nach dem Vorhergesagten gewesen, die Provinzialverfassungen zunächst zu berücksichtigen. Provinzialversammlungen, aufs einfachste organisirt, würden das beste Interimisticum darbieten. —

Nach beendigter Debatte wurde erstens über den Antrag des Herrn Elsner im allgemeinen abgestimmt und derselbe mit 22 Stimmen gegen 13 angenommen.

Die vom Herrn Präsidenten aufgeworfene Frage, ob dieserhalb bloß an den Herrn Staatskanzler oder auch an des Königs Majestät geschrieben werden soll? wurde mit 32 gegen 3 Stimmen dahin beantwortet, daß bloß an den Staatskanzler.

Herr v. Quast meinte, daß es vielleicht zweckmäßig sein möchte, in dem Schreiben vorzuschlagen, daß in einem etwa an die Nation zu erlassenden Aufruf öffentlich ausgesprochen würde, was der Staat früher wegen einer zu ertheilenden Verfassung verheißen habe, werde wenigstens nach beendigtem Kampf unfehlbar zur Ausführung gelangen.

Die Herren Graf Carmer und Elsner bemerkten dagegen, wie eine solche jetzt auszusprechende Erklärung so leicht nachtheiligen Mißverständnissen unterliegen könnte. Worauf ... dieser Vorschlag einstimmig beseitigt wurde. Der ... Zusatz wegen Erwähnung der Provinzialverfassung wurde mit 25 Stimmen gegen 10 angenommen.

Anhang IV.

* Schreiben der interimistischen Landesrepräsentation an den Staatskanzler Fürsten Hardenberg vom 10. April 1815.

(Geh. St.-Archiv Berlin.)

In dem Edikt vom 27. October 1810 (Gesetzsammlung Nr. 3), womit eine durch die Fortschritte und die Bedürfnisse des gesellschaftlichen Zustandes hervorgerufene höchst wichtige Epoche der Staats-Verfassung und Gesetzgebung Preußens beginnt, sprachen Se. Majestät der König es öffentlich aus: „daß Höchstdieselben Sich vorbehalten, der Nation eine zweckmäßig eingerichtete Repräsentation, sowohl in den Provinzen als für das Ganze, zu geben, deren Rath Sie gern benutzen, und in der Sie nach Ihren landesväterlichen Gesinnungen, gern Ihren getreuen Unterthanen die Überzeugung fortwährend geben werden, daß der Zustand des Staats und der Finanzen sich bessern, und daß die Opfer, welche zu dem Ende gebracht werden, nicht vergeblich sind. So werde sich das Band der Liebe und des Vertrauens zwischen Ihnen und Ihrem treuen Volk immer fester knüpfen."

Ein Jahr später (Edikt vom 7. September 1811 § 14 G.S. Nr. 50) ist das Königliche Versprechen, „der Nation eine zweckmäßig eingerichtete Repräsentation zu geben" feierlich wiederholt und die seitdem erfolgten Zusammenberufungen interimistischer Repräsentanten haben dazu beigetragen, es noch mehr zu bekräftigen und die Nation in den Hoffnungen zu bestärken, die sie in eine vollkommenere Erfüllung der gegebenen allerhöchsten Zusage setzt.

Bei den Gesinnungen Er. Majestät, bei den unsterblichen Beweisen eines großherzigen Vertrauens und Wohlwollens gegen Ihr treues Volk, welche dasselbe von Ihnen empfangen zu haben sich dankbar rühmt, kann die in ihm lebende Überzeugung von der Gewißheit des Wortes seines geliebten Landesherrn um nichts gemindert werden, wenn es auch mit Recht die inzwischen eingetretenen harten Zeitumstände anklagt, daß sie es so lange schon von dessen Ausführung entfernt hielten.

Es weiß, daß es für des Königs erhabene Seele keinen größeren Ruhm giebt als den, das Glück des Volks auf viele Geschlechter hinaus zu begründen, durch eine Verfassung, welche eine wahre bürgerliche Freiheit und alle Zwecke des gesellschaftlichen Verbandes sichernd, die ehemaligen Formen des Herkommens ersetze, die im Fortgange der Zeit und der Menschheit veraltet und verschwunden sind. Zugleich setzt die Nation ein unbedingtes Vertrauen in die erleuchteten Grundsätze der Weisheit und in die schonende Rücksicht, womit Euer Durchlaucht die Ansprüche des Menschen und des Bürgers an den Staat in ihrer weitesten Ausdehnung umfassen, das Gewicht derselben würdigen und den hohen Standpunct zu behaupten wissen, den die Fortschritte der Zeit deren Gesetzgeber und Führer eines großen durch Gesinnung und That so ausgezeichneten Volkes anweisen.

Obgleich wir also mit der ganzen Nation der festen Überzeugung sind, daß unser Staat auch in Rücksicht der ihm verheißenen repräsentativen Verfassung keinem andern nachbleiben, vielmehr als Muster andern vorgehen werde, und obgleich wir alles, was dieserhalb zu wünschen wäre, ganz und gar von der Gnade und Weisheit Sr. Majestät des Königs erwarten, so halten wir es dennoch für unsre Pflicht, Euer Durchlaucht hiemit im Namen der Nation ganz ergebenst um Beschleunigung jenes großen so lange und so allgemein ersehnten Werkes zu bitten.

Wenn die gegenwärtigen Zeitumstände die Aufmerksamkeit der hohen Regierung des Landes für andere dringende Gegenstände fast ausschließlich in Anspruch zu nehmen drohen, so fühlen wir uns nur um so stärker gedrungen, an die Seite dessen, was der Augenblick erheischt und was dem öffentlichen Wohl neue Wunden droht, das zu stellen, was auf lange Zeit dessen Grundfeste sichern soll, nämlich eine auf zweckmäßige Repräsentation aller Klassen der Staatsbürger gegründete Verfassung der Provinzen, eine damit organisch verbundene, dauernde, in ihren Rechten und Pflichten überall bestimmt ausgebildete Landes-Repräsentation. Hierin werden die alten Provinzen, welche zu vertreten wir uns zur besonderen Ehre rechnen, eine neue Nahrungsquelle finden ihres patriotischen, kein Opfer scheuenden Eifers für ihre unerschütterliche Treue für den theuern König, für das unaussprechlich geliebte Vaterland. Und für die mit dem Staat neu vereinigten Glieder hoffen wir in einer solchen Verfassung ein Lebens- und Bildungs-Princip zu erblicken, welches sie dem Ganzen nicht blos zuführen, sondern auch lebendig, brüderlich und herzlich damit zu einer wahren großen Familie vereinigen wird.

Berlin, den 10. April 1815.

Die interimistischen Landes-Repräsentanten.

(gez.) Hardenberg. Poselger. Schulz.

Arnim. Carmer. v. Reinersdorff. Zittelmann. v. Knobelsdorff. Carmer. Bredow. Müller. Kayserling. Rosemann. v. Brandt. Red. v. Bülow. Kist. Below. Lange. Bod. Hübner. Friderici. Büttner. W. J. Elsner. Brummer. Rump. Ring. Brandt. Schmidt. Leist. Kloß. Fr. v. Richthofen.

Des
königlichen preußischen Staats-Kanzlers rc. Herrn Fürsten von Hardenberg
Durchlaucht.

Anhang V.

* Schreiben der Immediatkommission zur Leitung der Verhandlungen der interimistischen Nationalrepräsentation an den Staatskanzler Fürsten von Hardenberg, vom 21. April 1815.

(Geh. St.-Archiv Berlin.)

Indem wir die Ehre haben, Euer Durchlaucht in der Original-Anlage die von dem Herrn Präsidenten der interimistischen Landes-Repräsentanten-Versammlung zur Beförderung an Hochdieselben uns mitgeteilte Eingabe der gedachten Versammlung vom 10. d. M. wegen baldiger Festsetzung der Verhältnisse der künftigen Landes-Repräsentation ganz ergebenst zu übersenden, können wir derselben nichts beifügen, als daß die Versammlung, da sie in ihren Anträgen sich schon selbst sehr bestimmt ausgesprochen hat, daß sie in die Weisheit und landesväterliche Gesinnungen Sr. Majestät und nicht weniger aber in die Einsicht und Vaterlandsliebe Euer Durchlaucht das größte Vertrauen setze, auch überzeugt sein wird, daß Euer Durchlaucht der rechte Zeitpunkt, welcher in der jetzigen großen politischen Krisis zu Ausführung einer so wichtigen Operation, als die einer Landes-Constitution, der angemessenste wäre, nicht entgehen wird.

Berlin, den 21. April 1815.

Königliche Immediat-Kommission zur Leitung der Verhandlungen der interimistischen Landes-Repräsentanten-Versammlung.

(gez.) Schrötter. Kircheisen. Schuckmann.

An des
Königlichen Staatskanzlers 2c. Herrn Fürsten von Hardenberg Durchlaucht
zu Wien.

VIII.

Die Entstehung des Ediktes vom 11. März 1812, betreffend die bürgerlichen Verhältnisse der Juden in dem preußischen Staat.

.

In den Darstellungen der preußischen Reformzeit ist die Entstehungsgeschichte des Gesetzes betreffend die bürgerlichen Verhältnisse der Juden, vom 11. März 1812, sehr stiefmütterlich behandelt worden. Die Erzähler jener großen Zeit, durch wichtigere Gegenstände in Anspruch genommen, haben flüchtig darüber hinweggehen müssen und sich hie und da mit Bemerkungen begnügt, die nicht durchaus vor der Kritik Stand halten können. Ludwig Geiger ist, irre ich nicht, der erste gewesen, der für seine Geschichte der Juden in Berlin die hiefür in Betracht kommenden Akten des Staatskanzleramtes durchgearbeitet hat. Allein, wie er in der Vorrede zum zweiten Bande seines Werkes beklagt, es ward ihm damals nicht erlaubt, über die gesammelten Materialien nach freiem Ermessen zu verfügen. Der Wegfall dieser Schranken macht es nunmehr möglich, eine Maßregel der Reform, die in dem großen Rahmen der Epoche ein eigenthümliches Interesse darbietet, auf ihre Ursprünge hin genauer zu verfolgen. Es läßt sich zeigen, wie es allmählich Schritt für Schritt unter heftigen Meinungskämpfen zu ihrer Annahme und Verkündigung gekommen ist. Dabei wird sich, wenigstens bis zu einem gewissen Grade ergeben, welcher Antheil den einzelnen Staatsmännern an der Befürwortung und Verwirklichung dieser Reform gebührt.

Es würde zu weit führen, wenn die rechtlichen und thatsächlichen Verhältnisse, unter welchen die Juden vor Erlaß des Ediktes von 1812 im preußischen Staate lebten, eingehend geschildert werden sollten. Man erinnere sich nur, daß durch Moses Mendelssohn, David Friedländer, Dohm u. a. der Kampf für die Erreichung bürgerlicher Gleichstellung längst begonnen worden, daß bereits im Jahre 1792 der Entwurf eines Gesetzes vollendet war, welches, wenn auch nicht die Gleichstellung, so doch eine bedeutende Milderung des bisherigen Zustandes bezweckte und daß seitdem zahlreiche einzelne Maßregeln

15*

in derselben Richtung wirkten. Wie drückend und entwürdigend bei alledem die Lage der Juden in Preußen noch blieb, wird die folgende Darstellung zur Genüge erweisen.

Von Stein wird niemand behaupten wollen, daß er den Juden besonders freundlich gesinnt gewesen wäre. Es läßt sich jedoch nicht leugnen, daß die Städteordnung, die einen der Ruhmestitel seines Wirkens bildet, auch den jüdischen Bewohnern des preußischen Staates zur Wohlthat wurde. Jüdische Bürger konnten in den Besitz städtischer Ehrenämter gelangen. Aber auch nach Erlaß der Städteordnung nahmen Juden, wie ein Kabinetsbefehl des Königs bei einem bestimmten Anlasse einschärfte, nur soweit an den Rechten und Befugnissen der Bürger Theil, als solches „die Einschränkungen ihres staatsbürgerlichen Verhältnisses" gestatteten, „d. h. mit anderen Worten diese werden in keinem Fall durch das Bürgerrecht einer Stadt aufgehoben oder modificirt"[1]. Es ward jedoch ernstlich daran gedacht, „das staatsbürgerliche Verhältniß der jüdischen Nation angemessener zu stellen"[2]. Bereits vor der Verkündigung der Städteordnung war infolge eines eigenthümlichen Vorfalles in Königsberg, der ein grelles Licht auf die bisherigen Zustände warf, der erste Entwurf eines „Gesetzes zu einer neuen Verfassung für die Juden", entstanden, wie der König es von dem Minister von Schrötter verlangt hatte.

Verfasser dieses Entwurfes war der Kriminalrath Brand, Rechtskonsulent der Stadt Königsberg, dessen Name aus der Vorgeschichte der Städteordnung hinlänglich bekannt ist. Nach seinen noch vorhandenen Manualakten hatte ihn der Minister von Schrötter gefragt, ob er nicht ein Mittel wüßte, die Juden, „zwar unblutig, jedoch auf einmal todtzuschlagen". Er erwiderte, daß er „in dem Besitze eines gut anschlagenden Mittels wäre, zwar nicht die Juden, wohl aber das Judenthum todtzuschlagen", und erbot sich sofort einen Plan zu dem vom Könige verlangten Gesetze auszuarbeiten. Am 29. Oktober 1808 lieferte er seinen aus 36 Artikeln bestehenden Entwurf ab[3].

---

1) Kabinetsbefehl an die Regierung zu Stettin, 27. Febr. 1800. (Berliner Stadt-Archiv, Kopie.)

2) Kabinetsbefehl an die ostpreußische Kammer, Königsberg, 17. Dec. 1808, angeführt bei Jolowicz: Geschichte der Juden in Königsberg. 1867. S. 119.

3) Jolowicz a. a. O. 119, 120, 206—208; vgl. Preuß: Friedrich der Große, 4. 1834. Nachtrag S. 490.

1. Der Brand'sche Entwurf.

Brand ging von dem Gedanken aus, es sei nöthig, was jüdische und christliche Bewohner des Staates bisher trennte, soweit nicht das Wesen der Religion in Frage kam, allmählich wegzuschaffen. Die Juden, erklärte er in seinen Motiven, seien bisher „ein Volk im Volke geblieben". Sie sollten sich nunmehr mit der übrigen Bevölkerung ebenso mischen „wie die in Preußen kolonisirten Salzburger, Pfälzer und Franzosen". Das oberste unausgesprochene Prinzip war daher: gleiches Recht und gleiche Pflicht. Ließ er bedeutende Abweichungen davon zu, so sollten sie zeitlich beschränkt sein und zum Theil eben der angestrebten Ausgleichung in der Bevölkerung dienen. Was er gewährt wissen wollte, war wesentlich: Genuß der bürgerlichen Rechte für die „gegenwärtig im preußischen Staate auf Konzessionen wohnenden Juden", Befugniß Grundstücke aller Art zu besitzen und alle Gewerbe unbeschränkt zu betreiben, mit einer noch zu erwähnenden wichtigen Ausnahme, Aufhören der bisherigen gesonderten Gerichtsbarkeit der jüdischen Gemeinden in Betreff der Vormundschaften, Erbschaften u. s. w., desgleichen der besonderen für den Schutz bisher vom Staate geforderten Abgaben, Zulassung zu den Staats- und Gemeindeämtern. Dies letzte freilich in der Weise, daß nur die Aemter der Stadt- und Dorfgemeinden, Advokatur, Subalternposten, akademische Lehrämter der juristischen, medizinischen und philosophischen Fakultät den Juden „sogleich" zugänglich sein sollten. Der Staat sollte sich vorbehalten, nach Ablauf von dreißig Jahren zu bestimmen, ob der Ausschluß von den höheren Civil- und Staatsämtern, den richterlichen und Notariatsämtern „ferner auf eine gewisse Zeit fortdauern solle" oder nicht. Eben diese Bestimmung sollte auf den einen Fall angewandt werden, in welchem von der unbeschränkten Erlaubniß des Gewerbebetriebes eine Ausnahme gemacht werde. Sie bezog sich auf den Handel. Nur „in den Städten, wo ein Wechsel- und Seehandel geführt werde", sollten Juden sich auf den Handel niederlassen dürfen, aber auf hundert christliche Kaufleute immer nur vier jüdische. Von zehn jüdischen Kaufleuten in einer Stadt sollte nur einer Banquier sein dürfen. Alle waren Mitglieder der Korporation der christlichen Kaufleute, mußten vorschriftsmäßig als Lehrlinge und Diener, und zwar wenigstens je ein Jahr lang, im Geschäfte eines christlichen Kaufmannes, sich vorbereitet haben und geprüft worden sein.

Zu den Pflichten, denen Brand, um die Gleichheit der Bürger herzustellen, die Juden unterworfen wissen wollte, rechnete er: Führung bleibender, erblicher Familiennamen, Ablegung der „jüdischen Nationaltracht und des Bartes", Anwendung deutscher oder lateinischer Schriftzeichen bei öffentlichen oder Privatverhandlungen, Theilnahme an der militärischen Konskription ohne Zulassung der Stellvertretung, desgleichen an anderen, dem Staate und der Gemeinde zu leistenden persönlichen Diensten. Er erklärte sich für Zulässigkeit der Heiraten zwischen Juden und Christen, ohne daß es des Religionsübertrittes bedürfe. Er forderte, daß es „in bürgerlicher Beziehung keine Juden= gemeinde und Aeltesten oder Vorsteher gebe", daß „die Rabbiner in dem gleichen Verhältniß zum Staat und zu ihrer Gemeine als die christlichen Prediger" ständen. Den Religionsunterricht sollten sie „nur nach einem vom Staate approbirten. teutschen Lehrbuche" er= theilen. Den sonstigen Schulunterricht sollten die jüdischen Kinder in den Stadtschulen und den Privatunterricht nur von wissenschaftlich gebildeten Lehrern nehmen dürfen.

Die letzten Artikel des Brand'schen Entwurfes bezogen sich auf den Verlust des Bürgerrechtes, welcher eintreten sollte, wenn ein preußischer Jude des Bankerottes, des Wuchers, des Diebstahls und der Falsifikation vom Richter für schuldig erkannt worden sei, und auf die fremden Juden, gegen welche Brand mit großer Strenge verfahren wissen wollte. Sie sollten bei keinem preußischen Juden in der Lehre, im Gewerbs= oder Hausdienst gehalten, in keiner Stadt= oder Dorfgemeinde als wohnhaft geduldet werden dürfen. Wenn sie des Handels wegen die Grenzen überschritten, sollte ihnen die Erlaubnis zum einstweiligen Aufenthalt für die Dauer des Ge= schäftes nur mit Bewilligung der Gemeindevorsteher von der Polizei gestattet werden können. Eine Bewilligung der Gemeinde des aus= ersehenen Wohnortes sollte auch der Nachsuchung um Ertheilung des preußischen Indigenates vorausgehen. —

Man muß gestehen, daß der Verfasser dieses Gesetzentwurfes, wenn seine Erwägungen auch hie und da von Mißtrauen nicht frei waren, im ganzen und großen seinem Grundgedanken treu blieb. Der Minister von Schrötter drückte diesen in einem an den König gerichteten Vortrag vom 20. November 1808 dahin aus, es gelte „die Absonderung", welche zwischen den Juden und Christen stattfinde,

„gänzlich abzuschaffen" und jene „mit der Zeit zu nützlichen Staatsbürgern zu machen". Eben deshalb nahm er auch die von Brand vorgeschlagenen Einschränkungen hinsichtlich der Erlaubnis zum Handelsbetriebe in Schutz. Sie sollten in erster Linie eine erziehende Wirkung ausüben. Sie sollten der „Einseitigkeit in der Anwendung der Geisteskräfte" entgegenarbeiten, da unter dem bisherigen Zwange „der Jude sein Geld in der Regel zu nichts als wieder zum Handel und Wucher anlegen könne". Etwas freier als Brand äußerte Schrötter sich hier über die Aufnahme fremder Juden. „Vielleicht", sagte er, „ist es möglich, durch die neue Konstitution fremden Juden, besonders wenn sie reich sind, statt ihnen den Eintritt in unsere Staaten zu beschränken, ihnen solchen zu erleichtern und sie in die Konkurrenz beim Ankaufe königlicher Vorwerke zu bringen und dadurch ansehnliche Summen baares Geld in's Land zu ziehen." Ehe er selbst aber es wagen wollte, „an eine solche neue Konstitution die Hand zu legen", bat er den König um die Beantwortung der Frage, ob er „die Juden der Konskriptionsfähigkeit werth halte". Ohne diese Bestimmung dürfe „den Juden keine Erweiterung in ihren Rechten und Privilegien zugestanden werden". Er, für seine Person, bejahte die aufgeworfene Frage mit aller Entschiedenheit. „Der Jude", sagte er unter anderem, „hat ein orientalisches, feuriges Blut und eine lebhafte Imagination, alles Anzeichen einer männlichen Kraft, wenn sie benutzt und in Thätigkeit gesetzt wird. Er ist in der ältern und auch in der mittlern Zeit sehr tapfer gewesen, und man hat selbst in der ganz neueren Zeit, sowohl im amerikanischen als im französischen Revolutionskriege auffallende Beispiele von Juden gehabt, welche sich ausgezeichnet haben. Die Feigheit der Juden entspringt meiner Ansicht nach aus der Sklaverei, in der sie gehalten und aus der Verachtung, mit der sie von allen Nationen behandelt werden" [1]).

---

1) Schrötter erhob sich sehr über die Ansicht von Zeitgenossen. So meint der Verfasser (nach der Allg. deutschen Biographie 4, 412 F. v. Cölln) des Buches „Schlesien wie es ist". Von einem Oesterreicher, Berlin 1806, I, 129: „Es ist zu gefährlich, Juden unter das Militär zu bringen, weil oft ein Soldat Unordnung hervorbringt, die große Folgen haben kann: es ist bekannt, daß der Jude keinen Muth hat, er würde daher immer zur Flucht rathen und Rückschritte machen. Zu Artillerie- und Packknechten taugen sie auch nicht, denn sie würden das Futter verschachern und die Mantelsäcke aufschneiden" u. s. w.

Der König erwiderte am 23. November 1808, er könne darüber, ob die Juden künftig der Konskription zu unterwerfen seien, noch nichts bestimmen, überlasse aber Schrötter „die beabsichtigte Konstitution zu entwerfen".

II.. Der Schrötter'sche Entwurf und seine Begutachtung durch die Behörden.

Schrötter machte sich an die Arbeit. Sein undatirter, aber jedenfalls noch aus dem Ende des Jahres 1808 stammender Entwurf, ursprünglich 125 Paragraphen enthaltend, mit zahlreichen Korrekturen und Abänderungen von verschiedenen Händen versehen, hat sich in den Akten, wenn auch nicht an der richtigen Stelle, vorgefunden[1]). Die Einleitung begann mit der Erklärung, daß „die bestehende Verfassung der jüdischen Gemeinden in unseren Staaten mehrere Nachtheile mit sich führe". „Ausgeschlossen von der Theilnahme an den wichtigsten bürgerlichen Rechten und beschränkt auf eine geringe Anzahl von Gewerben können die jüdischen Glaubensgenossen nicht mit voller Geisteskraft und Thätigkeit zum Wohl des Ganzen beitragen. Gegentheils entbunden von den wesentlichsten Pflichten aller guten Unterthanen ist ihr Dasein dem Staat mehr lästig als vortheilhaft." Die „neue dem Zeitgeist und dem allgemeinen Besten angemessene Verfassung" bezog sich in vier Abschnitten auf die „allgemeinen Verhältnisse der Juden", den „kirchlichen Zustand und Unterricht", „Niederlassung und Gewerbe der Juden", „Behandlung der fremden Juden".

Schrötter hatte sich sehr enge an die Brand'schen Grundzüge angeschlossen, aber vielfache Ausführungsbestimmungen hinzugefügt. So setzte sein Entwurf fest, daß ein Verzeichnis der inländischen Juden binnen sechs Monaten aufzustellen und innerhalb dieser Frist

---

Dennoch macht derselbe Autor a. a. O. 2, 161—172 sehr bemerkenswerthe Vorschläge, die Juden, deren Charakter der Staat selbst „verdorben" habe, in Preußen zu „nationalisiren", ganz im Sinne des Entwurfes von Brand.

1) Acta betreffend die Reform des Judenwesens 1810 bis April 1813, Generalia B. A. Diese Akten, aus denen manches verloren gegangen zu sein scheint und die nicht immer richtig gebunden sind, werden im Folgenden, wenn nichts anderes bemerkt wird, zu Grunde gelegt. In einem Schreiben Dohna's an Hardenberg vom 17. Juli 1810 ist von einem Schrötter'schen „Immediatbericht vom 22. Dec. 1808" die Rede, der den ersten Anstoß gegeben habe. Vermuthlich ist damit Schrötter's Entwurf gemeint.

ein Familienname und deutsche Tracht anzunehmen sowie der Bart zu scheeren sei. Er normirte das heiratsfähige Alter auf 21 resp. 16 Jahre. Er bestimmte, daß inländische Juden sich mit ausländischen Jüdinnen verheiraten dürften, im umgekehrten Fall aber Wegzug in's Ausland erfordert werde, daß die Kinder aus gemischten Ehen, bis sie sich selbst gesetzlich erklären könnten, dem Glauben des Vaters folgen sollten u. a. m.

In verschiedenen Punkten hatte Schrötter die Brand'schen Vorschläge verschärft. So wollte er die „jetzige Generation" der Juden im allgemeinen von der Verwaltung aller „öffentlichen Staatsämter", ohne zwischen höheren und niederen einen Unterschied zu machen, ausschließen und nur „bei vorzüglichen Fähigkeiten einzelner Subjekte" eine Ausnahme zulassen. Er wollte ihre Wohnsitze in der Regel auf die Städte beschränkt wissen, sie auf dem platten Lande „nur als gemeine landwirtschaftliche Arbeiter oder als Landhandwerker" dulden, die Erwerbung ländlicher Grundstücke nur unter erschwerenden Bedingungen, mit Ausschluß von Mühlen, Krügen, Schenken, zugeben. Er wollte den auf dem platten Lande wohnenden Juden jede Art von Handel außer mit landwirtschaftlichen Gegenständen, sowie das Betreiben von Geldgeschäften oder Waarenausleihen verbieten und die Uebernahme oder Anlegung einer Fabrik auf dem platten Lande von der Erlaubnis der Provinzialregierungen abhängig machen. Er setzte Verlust des Staatsbürgerrechtes auf alle Verbrechen, die eine ein- oder mehrjährige Festungsstrafe nach sich zögen, ferner auf muthwilligen Bankerott, Schmuggel, Münzverbrechen, wozu er das Einschleppen falscher Münzen rechnete, Schriftverfälschung und Diebstahl. Die Vorschrift der allgemeinen Gerichtsordnung Th. I Tit. 10 § 230 Nr. 12, welche die Glaubwürdigkeit von Zeugnisaussagen von Juden beschränkte, sollte für die erste Generation noch in Kraft bleiben. Indem Schrötter den Artikel aufnahm, daß die Juden der Militärkonskription oder Kantonpflichtigkeit unterworfen sein sollten, fügte er hinzu: „und zwar im strengsten Sinn". Ein außerordentlicher Zusatz war es ferner, daß, wenn ein im Militär angestellter Jude desertire, die Mitglieder der kirchlichen Gemeinde, zu der er gehörte, zwei ihrer Glaubensgenossen aus ihrer Mitte statt seiner zu stellen hätten.

Am Schlusse des Gesetzentwurfes wurde jedoch die Versicherung aufgenommen, daß, wenn sich „nach einer Reihe von Jahren" die gehegten Erwartungen erfüllen sollten, der König die noch für nöthig

gehaltenen Beschränkungen erweitern oder ganz aufheben werde, so-
daß die Juden in den Genuß der „sämmtlichen staatsbürgerlichen
Rechte" der christlichen Unterthanen gelangen würden. — Es war
doch ein gewaltiger Fortschritt gegen die Zeit, da Schrötter sich an-
erkennend über ein Schreiben Hippel's (vom 22. December 1791)
geäußert hatte, in dem die Unmöglichkeit, den Juden die staatsbürgerlichen Rechte zu gewähren und dieses „lasterhafte Volk ...
moralisch zu verbessern", auseinandergesetzt worden war[1]).

Inzwischen war durch den König selbst der jüdischen Gemeinde
in Königsberg kundgethan worden, daß bei den Einrichtungen des
Staates auch „die Angelegenheiten der jüdischen Nation" berücksichtigt
werden sollten, und daß Schrötter einen darauf bezüglichen Auftrag
erhalten habe[2]). Nach der Vollendung der Reorganisation der Central-
und Provinzialbehörden, welche die Auflösung des ostpreußischen
Provinzialdepartements zur Folge hatte, zog sich Schrötter freilich
aus dem Staatsdienste zurück. Sein „Entwurf zur Ordnung für
die jüdischen Glaubensgenossen in der preußischen Monarchie" ging
aber auf das Ministerium Altenstein-Dohna über. Dohna, der
Minister des Inneren, fand es beim Andrang der Geschäfte und der
Schwäche seines Beamtenpersonals unmöglich, sich mit der Sache
sofort zu befassen. Erst nach Zutritt des Staatsrathes Köhler konnte
er sich ihrer annehmen. Der Schrötter'sche Entwurf wurde den verschiedenen Departements zur Begutachtung vorgelegt. Aber, was in
der damaligen Zeit wohl begreiflich ist, die Abgabe der sämmtlichen
Vota zögerte sich bis zum Sommer 1810 hin[3]). Sie haben mir
nicht im Originale vorgelegen, wohl aber ein zusammenfassender
Aufsatz Köhler's vom 29. Juni 1810, in welchem ein Auszug aus
ihnen gegeben und die hauptsächlichsten Differenzpunkte hervorgehoben
wurden.

Alle zu Rathe gezogenen Behörden stimmten danach mit dem
Grundgedanken Schrötter's überein, „daß der bisherige Zustand der
Absonderung und Unterdrückung der Juden nicht fortdauern, sondern
unter gewissen Restriktionen eine Einbürgerung der Juden und
Gleichstellung der Rechte und Pflichten zwischen ihnen und den

---

1) Geiger a. a. O. 2, 177, 178.
2) Geiger 2, 177, 178 nach Kalisch: Die Genossenschaft für Reform im
Judenthum. 1846. S. 44—54.
3) Dohna an Hardenberg, 17. Juli 1810.

Chriſten ſtattfinden müſſe". Nur die Seltion für direlte und indirelte Abgaben vertrat, gemäß der Abſtimmung H. v. Beguelin's, eine entgegengeſetzte Anſicht: „daß man lünftig zwiſchen ſolchen Juden, welche freiwillig den Ritualgeſetzen entſagen und ſolchen, die dies nicht thun, unterſcheide, daß man nur in Abſicht der erſteren Gleichheit der Rechte und Pflichten mit den Chriſten (obwohl auch unter der Bedingung, daß ein ſolcher Jude leinen Handel treibe, auf leiner Fabril anders als mit jüdiſchen Arbeitern entreprenire) eintreten laſſe, in Abſicht der letzteren aber das Syſtem noch verſchärfe."

Von dieſer prinzipiellen Frage abgeſehen gaben vorzüglich folgende Punlte zur Kritil Veranlaſſung:

1) Die Beſtimmung hinſichtlich des Bartſcheerens. Sie erregte großen Anſtoß. Die allgemeine Polizeiſeltion ſprach ſich dagegen aus, weil darin ein nicht beabſichtigter Zwang liegen lönne, die Gewerbepolizeidirektion, „weil der Bart ohnehin auch von Chriſten zuweilen getragen und in neueren Zeiten wieder moderner werde", desgleichen das allgemeine Kriegsdepartement „eventuell mit dem Vorſchlag, den Bart nur Juden von einem gewiſſen, genau zu bezeichnenden Alter zu geſtatten". W. v. Humboldt wollte, wie Köhler meinte „vielleicht mit Recht", daß „weder des Bartes noch der Belleidung gedacht werde, weil jedermann auch die Wahl der letzteren freiſtehen müſſe, ſo lange ſie nicht unanſtändig ſei".

2) Hinſichtlich des Aufhörens aller beſonderen Abgaben der Juden erinnerte der Graf von Lottum nur daran, daß das Potsdamer Waiſenhaus von dieſen Abgaben jährlich eine Summe beziehe, für deren Ausfall eine Entſchädigung geſucht werden müſſe.

3) Die Seltion für Kultus und öffentlichen Unterricht verlangte, „daß die Gleichſtellung aller Bürgerrechte und Bürgerpflichten zwiſchen Chriſten und Juden vollkommen und unbedingt ſogleich eintreten müſſe". Humboldt tadelte demnach vorzüglich die von Schrötter geforderte „ängſtliche Tabellirung der Juden", „die Furcht vor Anſiedelung fremder Juden", „die lange, zum Theil illuſoriſche Aufzählung der Rechte, welche die Juden erhalten ſollen". Er wollte, daß man die wenigen, noch übrig bleibenden Beſchränlungen der Juden vorweg genau beſtimme, noch lieber, daß man ſich indirelt damit helfen möge, „wo der Jude ausgeſchloſſen bleiben ſolle, die Beibringung des Tauſſcheines als geſetzliches Requiſit aufzuſtellen, wodurch denn der Jude von ſelbſt ausgeſchloſſen werde, indem es

vor allen Dingen zu vermeiden sei, daß der Jude nie in den Fall komme, sich darüber erklären oder gar es beweisen zu müssen, daß er Jude sei."

4) Der beabsichtigte Ausschluß der „ersten Generation" der Juden von den Staatsämtern fand gleichfalls bei der Sektion für Kultus und Unterricht als „durchaus unstatthaft, inkonsequent und schädlich" lebhaften Widerspruch. Die Furcht vor möglichen Mißbräuchen sei „übertrieben und kleinlich". Eventuell verwahrte sich die Sektion „feierlichst" dagegen, „daß, wenn die Juden von Staatsämtern ausgeschlossen werden, sie dann auch nicht zu akademischen Lehr- und anderen öffentlichen Schulämtern zugelassen werden". Das allgemeine Kriegsdepartement stimmte mit diesem Widerspruch überein; man müsse nur die Requisite für jedes Amt scharf festsetzen und könne dann allenfalls bei Juden auf vollständigste Erlangung dieser Requisite vorzüglich halten. Die Gewerbepolizeisektion forderte dagegen Ausschluß auch von den Lehr- und Schulämtern und wollte den Juden nur die Erwerbung von Kommunalämtern gestattet wissen. Das Justizministerium hatte sich nicht speziell geäußert.

5) Das allgemeine Kriegsdepartement erhob, unter Köhler's Billigung, in Uebereinstimmung mit anderen Behörden, auch einen eigenthümlich begründeten Protest gegen die beabsichtigte Beschränkung des Rechtes, den Wohnsitz zu wählen. „Das platte Land liefere nämlich die Mehrzahl der in Reih und Glied stehenden Soldaten; wenn die Juden nicht auf dem Lande verbreitet wohnten, so würde also bei dieser Mehrzahl eine Verachtung der aus den Städten mit in Reih und Glied tretenden Juden und eine Spannung zwischen beiden Klassen unvermeidlich sein. Eine solche Disharmonie vertrage aber ein militärischer Verein nicht, in dem die Verbrüderung und Harmonie vorzugsweise hohen Werth habe." Die Juden müßten wohnen, „wo sie wollten", und es dürfe gar keine ausdrückliche Bestimmung darüber aufgenommen werden.

6) Das allgemeine Kriegsdepartement wollte ferner den Zusatz „im strengsten Sinne" bei der Erklärung der Verpflichtung zum Militärdienst gestrichen wissen, ebenso, in Uebereinstimmung mit der allgemeinen Polizeisektion und mit der Sektion für den Kultus und öffentlichen Unterricht, die Forderung, daß die Gemeinde für einen Deserteur zwei Rekruten stellen müsse.

7) Die meisten Behörden wollten hinsichtlich der Festsetzung des heiratsfähigen Alters keine Abweichungen vom allgemeinen Land-

recht. Auch die einschränkenden Bestimmungen über die Heiraten von Einheimischen und Fremden fanden Widerspruch, namentlich bei der Sektion für Kultus und Unterricht.

8) Eben diese Stelle legte Einspruch dagegen ein, daß die Vorschrift der allgemeinen Gerichtsordnung Th. I Tit. 10 § 230 Nr. 12 noch für die erste Generation bestehen bleiben solle. Dem Justizminister, dem Köhler Recht gab, genügte dies aber noch nicht. Er widersprach der allgemeinen Bestimmung, der zufolge die Juden denselben bürgerlichen Gesetzen und derselben Jurisdiktion wie die Christen unterworfen sein sollten. Er forderte unter anderem eine ausdrückliche Erklärung, daß die bisherigen jüdischen Ritualgesetze aufgehoben seien, eine Festsetzung darüber, wie es hinsichtlich früher abgeschlossener Rechtsgeschäfte gehalten werden solle, und verlangte, daß gewisse Vorschriften des allgemeinen Landrechts in Bezug auf die Juden jedenfalls stehen bleiben müßten. Eine neue Bestimmung der Formalien der jüdischen Eidesleistungen „schien ihm unerläßlich" zu sein. Er suppeditirte „einen Gesetzentwurf, welcher auf einem schon vor dem Kriege eingeholten Gutachten der Gesetzkommission beruhte". Er hielt dafür, daß „dieser zuerst und vor Emanirung der allgemeinen Juden=Konstitution zu publiciren sei, indem er die letztere schicklich vorbereiten werde".

9) Hinsichtlich des Erwerbes des Bürgerrechtes durch Fremde wollten die Sektion für allgemeine Polizei und Kultus die Grenzen nicht so enge gezogen wissen, wie sie von Schrötter gezogen worden waren. Er hatte den Antrag der Provinzialregierung sowie die Genehmigung des Ministers des Innern vorausgesetzt und als einzig zureichende Gründe aufgenommen: besondere Verdienste um den Staat, ausgezeichnete Gelehrsamkeit, Unternehmung neuer, dem Ganzen wohlthätiger Anstalten. Auch das Kriegsdepartement wünschte, „daß die Regierung nicht sich selbst zu sehr die Hände binde". Vom Verluste des Bürgerrechtes, als spezieller Strafe der Juden bei gewissen Verbrechen, sollte nach der Meinung der Sektion des Kultus keine Rede sein.

10) An den Bestimmungen über den kirchlichen Zustand der Juden hatte die Sektion des Kultus und des öffentlichen Unterrichtes wiederum manches auszusetzen. Der Schrötter'sche Entwurf setzte fest, daß Synagogen nur in Städten errichtet werden dürften, und daß eine jüdische Kirchengemeinde aus mindestens fünfzig Familienhäuptern bestehen müsse. Nicolovius warf dagegen ein, „daß dies

das nähere Zusammenwohnen der Juden beförbere, da man doch
sonst vielmehr ihre Zerstreuung und Vermischung mit der übrigen
Nation beabsichtige". Außer zwei gewählten Vorstehern in jeder
Gemeinde hatte Schrötter noch einen „Obervorsteher aus der Mitte
des Magistrates" angenommen. Dies wurde als „mindestens unnütz
und lästig" bezeichnet. Ein „Ober=Rabbiner" in Berlin zur Aufsicht
in religiösen Angelegenheiten über alle jüdischen Kirchengemeinden in
der Monarchie erschien als „direkt schädlich". Humboldt bemerkte,
daß dies „der kirchlichen Verfassung der Juden neue Stärke und
Einheit gebe und daß man vielmehr das Band zwischen den einzelnen
jüdischen Kirchen und Gemeinden recht locker machen und Schismen
befördern müsse". Diese könnten aber „nicht füglich ausbleiben,
wenn zugleich auf die Anstellung wirklich gelehrter und unterrichteter
Rabbiner gehalten würde", wie denn Schrötter in der That für den
Rabbinatskandidaten den Nachweis eines dreijährigen Studiums der
Philosophie und der morgenländischen Sprachen auf einer Landes=
universität und Prüfung durch die geistliche Provinzialbehörde ge=
fordert hatte.

11) Was die Vorschläge Schrötter's in Bezug auf Gewerbe=
verhältnisse betraf, so war es wieder die Sektion für Kultus und
öffentlichen Unterricht, die „alle Beschränkungen" verwarf. Das all=
gemeine Kriegsdepartement wandte sich speziell gegen solche, inwieferne
sie den Landbau beträfen. Diejenigen, welche Beschränkungen bestehen
lassen wollten, gingen in ihren Meinungen auseinander. Köhler
z. B. befürwortete sehr starke hinsichtlich des Handels der Juden, aber
in der ausgesprochenen Tendenz, „daß dagegen alle anderen Gewerbe
und vornämlich der Landbau unbeschränkt bleiben und letzterer sogar
begünstigt werde". Die Gewerbepolizeisektion wollte dagegen „den
Mittelzustand der Fabrikation vorzüglich begünstigen". Sie hielt „den
Uebergang der jüdischen Nation vom Handel zum Landbau für einen
zu raschen Sprung", fand, daß „selbst christliche Kaufleute selten gute
Landwirte würden", daß „der Staat kein Interesse habe, schlechte
Landwirte zu gewinnen und die ganze jetzige Generation für den
Landbau verloren sei", und daß „es überhaupt gefährlich sei, den
Uebergang vom Handel zum Landbau gewissermaßen erzwingen zu
wollen". Auch wollte diese Behörde nicht bloß, wie die allgemeine
Polizeisektion, „den Besitz von Rittergütern" in der Hand von
Juden verhüten, sondern hielt selbst „den uneingeschränkten Besitz der
Bauergüter für bedenklich". Noch weniger zulässig erschien ihr der

Besitz von Landgütern, womit „Patronat, Jurisdiktion und andere gutsherrliche Rechte" verbunden seien. Sie schlug vor, „ihn nur solchen Juden zu gestatten, die dreimal Stadtverordnete oder zweimal Magistratspersonen gewesen sind". Sie wollte, wie auch Köhler, den Juden die Ausübung des gastwirtlichen Gewerbes auf dem Lande verbieten, fügte die Müllerei hinzu und dehnte dies Verbot aus „auf die Gewerbe der Pferde- und Viehauktionirer, Kesselflicker, Horn-, Borsten- und Federposensammler, Aufläufer von Federvieh und Gartengewächsen und überhaupt alle diejenigen, welche mit einer herumschweifenden Lebensart verbunden sind". Uebrigens war „fast alles" einig darüber, „daß die Aufhebung des Zunftwesens doppelt wünschenswerth werde, wenn nicht die Freiheit der Judenschaft Handwerke zu treiben auf anderem Wege eludirt werden solle.'

12) Wilhelm v. Humboldt verleugnete seine Grundsätze auch nicht, als man zur Kritik des letzten Abschnittes dieses Gesetzentwurfes gelangte. Er meinte, „ausländische Juden und jüdische Reisende müßten durchaus nicht anders wie andere Ausländer und Reisende behandelt werden, und eine wachsame Polizei sei überhaupt hinreichend, gegen alle und jede Gefahren vor dem Eindringen ausländischer Juden zu sichern". Die Gewerbepolizeisektion unterschied dagegen vier Klassen von fremden Juden: solche, die jetzt im Lande seien, aber dem neuen Gesetze sich nicht unterwerfen wollen, diese könne man auswandern lassen; solche, welche das Bürgerrecht zur Strafe verlieren, präsumtive Verbrecher, die in Korrektionshäuser gebracht werden müßten; fremde, die in ihrer Heimat nicht Bürgerrecht haben, welche den harten Schrötter'schen Vorschlägen gemäß zu behandeln; endlich solche, die in ihrer Heimat Bürgerrecht haben, welche anderen Fremden gleich zu achten wären. —

Die hier mitgetheilten Vota bedürfen keines Kommentares. Sie sind höchst lehrreich, und dies über den zunächst vorliegenden Gegenstand hinaus, indem mitunter Fragen von allgemeiner Bedeutung gestreift werden. Man bemerkt, daß die Sektion für Kultus und Unterricht, von Humboldt geführt, sich am höchsten über die Anschauungen der Vergangenheit erhoben hatte, und daß das Kriegsministerium, in welchem Scharnhorst's Geist lebendig war, ihr nicht selten zur Seite trat.

III. Hardenberg's Eingreifen und der Entwurf des Jahres 1811.

Köhler hatte es näherer Erwägung anheimgestellt, ob die Angelegenheit, ehe sie an den Staatsrath gelange, noch der Gesetzgebungssektion vorzulegen sei oder ob der Staatsrath zunächst die Prinzipien debattiren solle. Allein der Staatsrath trat gar nicht in Thätigkeit, und mit der Erhebung Hardenberg's zum Staatskanzler erhielt die ganze Sache eine andere Wendung. Von Hardenberg ließ sich ihre entschiedene Förderung erwarten. Für ihn bildete, wie mit Recht gesagt worden ist, die natürliche Freiheit des Individuums überall den Ausgangspunkt. Er war seinen Worten nach für „eine Revolution in gutem Sinne .. demokratische Grundsätze in einer monarchischen Regierung" begeistert. In seiner großen Denkschrift über die Reorganisation des preußischen Staates aus dem Herbste des Jahres 1807 hatte er, an Altenstein's Sätze sich anschließend, auch der Juden gedacht. Die „einzig wirksamen Mittel, sie zu veredeln" waren nach seiner Ansicht „der zweckmäßige Unterricht ihrer Kinder und ihre Theilnahme an der Gewerbefreiheit und den bürgerlichen Lasten". Er hielt es damals auch nicht für unnöthig, den König daran zu erinnern, „daß Napoleon durch Berufung des großen Sanhedrins sich der Juden zu bemächtigen suche". Zur Ergänzung seiner Meinung mochte der an anderer Stelle gethane Ausspruch dienen: „Der Staat übe Toleranz .. verfolge keine Religionssekte, sobald sie nicht der bürgerlichen Ordnung widerstrebt"[1].

Hardenberg hatte nicht sobald die Leitung der Geschäfte übernommen, als sich die Stellvertreter der Berliner Judenschaft unter dem 25. Juni 1810 mit einer Bittschrift an ihn wandten. Sie legten die Kopie einer vom 1. Februar 1810 datirten, unmittelbar an den König gerichteten Eingabe bei, die bis dahin ohne Antwort geblieben war. Sie wiederholten die Bitte, der König möge geruhen, ihren Mitbrüdern, „welche bereit sind, alle Pflichten eines Staatsbürgers unbedingt zu übernehmen, auch ebenso unbedingt alle Rechte desselben zu ertheilen"[2]. Hardenberg forderte von Dohna

1) Ranke, Hardenberg 3 (S. W. Band 48), S. 405, 426.
2) S. den Abdruck bei Geiger a. a. O. 2, 188, 189. Es war ein Versehen, wenn als Datum der an den König gerichteten Eingabe der 10. Februar angegeben wurde.

Bericht über den Stand der Sache, erhielt diesen und zugleich, wie
es scheint, einen Theil der Alten, wurde von den Ältesten der Berliner Judenschaft, von Friedländer noch besonders, bringend ersucht
die versprochene Reform an die Hand zu nehmen und von Dohna
gemahnt ihm seine Meinung über die Angelegenheit zu eröffnen[1]).
Aber bis zum Beginne des Jahres 1811 — Dohna hatte inzwischen
seine Entlassung erhalten, das Ministerium des Inneren war dem
Staatskanzler unterstellt worden — findet sich keine Spur, daß
Hardenberg Zeit gehabt hätte, sich mit ihr zu beschäftigen. Nur
bei einzelnen Gelegenheiten, z. B. als sich ein gewisser Simonson
aus Berlin darüber beschwerte, daß ihm „der Handel mit roher Wolle
untersagt sei", wies er darauf hin, daß „die Abänderung der bisherigen jüdischen Verfassung nahe sei" und betonte nachdrücklich die
„öffentlich ausgesprochenen Grundsätze unbedingter Gewerbefreiheit"[2]).

Ein Schreiben von Sack, als Chef des Departements der allgemeinen Polizei im Ministerium des Inneren vom 8. Januar 1811,
scheint die Sache wieder in Fluß gebracht zu haben. Bisher war
den Juden die Niederlassung und der Gewerbebetrieb in den vorpommerschen Städten nicht erlaubt gewesen. Erst eine Verfügung
des Ministers des Inneren vom 3. Juli 1810 hatte den inländischen
Juden die Besuchung der Jahrmärkte in den vorpommerschen Städten,
jedoch nur wenn sie von der pommerschen Regierung besondere Konzessionen erhalten hätten, gestattet. Die Warschauer Regierung beschwerte
sich nun darüber, daß den Juden aus dem Herzogthume, obwohl sie
die Rechte christlicher Staatsbürger erhalten hätten, der Verkehr in
den preußischen Staaten erschwert werde, und erschwerte, um Retorsion
zu üben, nicht nur den jüdischen, sondern auch den christlichen Einwohnern
Preußens den Verkehr in Warschau'schen. Hierauf hatten die preußischen Ministerien des Inneren und der Finanzen am 25. Ott. 1810
verordnet, daß allen fremden Juden der Besuch preußischer Jahrmärkte gestattet, ihnen aber nur der Handel en gros, dagegen der
Detailhandel bloß, wo er ihnen sonst schon freigestanden, erlaubt
werden sollte. Die pommersche Regierung verwahrte sich gegen eine
Ausdehnung dieser Bestimmung auf Vorpommern, da dies eine
Zurücksetzung der einheimischen hinter den auswärtigen Juden be-

---

1) Die Ältesten der Berliner Judenschaft an Hardenberg, 23. Sept. 1810.
Friedländer an Hardenberg, 23. Ott. 1810. Dohna an Hardenberg, 23. Ott.
1810, darauf der Vermerk: „Zu den Alten B. 18. Jan. 11".

2) Hardenberg an Schuckmann (Konzept) 30. November 1810.

deuten würde. Sack hielt es zwar für unbedenklich, dem Übelstande dadurch abzuhelfen, daß sämmtlichen inländischen Juden der Besuch der vorpommerschen Jahrmärkte wie den fremden gestattet werde, wollte aber davon absehen, da „dem gesammten Judenwesen eine allgemeine Reform" bevorstehe. Um so nothwendiger schien es ihm, die Vollendung einer neuen „Konstitution für die Juden" zu beschleunigen.

Auf Hardenberg muß diese wiederholte Anregung Eindruck gemacht haben, zumal noch andere Gründe vorhanden waren, die zur Entscheidung drängten. So schien es nothwendig, bei den ausstehenden zahlreichen Licitationsterminen von Domänen auf's eiligste eine Erklärung zu erlassen, welche den Juden die „Erwerbung solcher Grundstücke verstatte"[1]. Es kann, den Akten nach, keinem Zweifel unterworfen sein, daß schon im Januar des Jahres 1811 der Entwurf eines neuen „Ediktes über die künftigen bürgerlichen Verhältnisse der Juden" ausgearbeitet wurde. Leider hat er mir nicht in seiner ursprünglichen Gestalt vorgelegen. Auch weiß ich nicht anzugeben, wer ihn in Hardenberg's Auftrag abgefaßt hat. Er muß in erster Fassung 13 Paragraphen enthalten haben, war also bei weitem kürzer als der Entwurf Schrötter's. Bevor er einzelnen Behörden vorgelegt wurde, unterwarf ihn Hardenberg gleichsam dem Kreuzverhör von zwei Männern, deren Ansichten sich oft schroff genug entgegenstanden. Der eine war der im Justizministerium angestellte Tribunalsrath Pfeiffer, der auch später bei der endgiltigen Feststellung des Reformediktes mitgewirkt hat. Der andere war der Stadtrath David Friedländer, das angesehenste Mitglied der jüdischen Gemeinde Berlins, der unermüdliche Kämpfer für die Gleichberechtigung seiner Glaubensgenossen. Mit der Schärfe und dem Ernste, die ihm eigen waren, wies er die hauptsächlichsten Bedenken, welche Pfeiffer erhob, zurück[2].

Pfeiffer setzte voraus, daß die Frage, „ob den Juden alle Rechte und alle Verpflichtungen der christlichen Unterthanen beigelegt werden sollen schon zum Vortheil der Juden entschieden sei". Er wollte sich daher auf diese grundsätzliche Frage nicht einlassen. Seine Bemerkungen wandten sich zunächst gegen die auch in diesem Entwurfe zugelassene Erlaubniß der gemischten Ehen. Er verbreitete sich aus-

---

1) Hardenberg an Kircheisen, 1. Februar 1811. (Konzept.)

2) „Bemerkungen zu dem Entwurf eines Edikts über die künftigen Verhältnisse der Juden", unterzeichnet: „Berlin d. 27. Jan. 1811. Pfeiffer" (Kopie). Notizen Friedländers Original s. d.

führlich darüber, wie schwierig es sei zu bestimmen, wer die Trauung vollziehen und wie sie vollzogen werden solle. Friedländer erwiderte darauf, daß zwischen christlichen und jüdischen Ehegesetzen und christlichen und jüdischen Solennitäten zu unterscheiden sei. Jene würden sich schwerlich widersprechen. Was diese betreffe, so werde sich der Chef des Kultus leicht mit den Hausvätern vereinigen, oder man könne gleich eine doppelte Trauung wie bei Katholiken und Protestanten festsetzen, oder das Nähere beiden Parteien überlassen. Pfeiffer äußerte ferner Bedenken gegen die beabsichtigte Aufhebung der bisher geltenden Bestimmungen des Kriminal- und Civilprocesses, in denen ein starkes Mißtrauen des Gesetzgebers gegen die Glaubwürdigkeit jüdischer Zeugenaussagen und Eide zu Tage trat. Es war ihm namentlich anstößig, daß das eidliche Zeugnis zweier Juden möglicherweise über Leben und Tod entscheiden sollte. „Ob damit, meinte er, keine Gefahr für die gemeine Sicherheit verbunden sei, läßt sich schwerlich verbürgen, weil doch angenommen werden kann, daß die vorigen Gesetzgeber nicht ohne starke Gründe und Erfahrungen sich bewogen gefunden haben, die Vollgültigkeit der Judenzeugnisse in Kriminalsachen zu verwerfen". Mit sittlicher Entrüstung wandte sich Friedländer gegen diese „herzzerreißenden Vorwürfe". „Wenn in dem Reformebill nur der leiseste Verdacht herrschen sollte, der Staat halte die Juden im allgemeinen für lasterhafter als die anderen Unterthanen, so geht der ganze Zweck der Reform d. h. die Veredlung dieser Klasse von Unterthanen verloren. Mit dem Raisonnement, die vorigen Gesetzgeber haben gewiß nicht ohne starke Gründe sich bewogen gefunden die Vollgültigkeit der Judenzeugnisse in Kriminalfällen zu verwerfen, läßt sich alles behaupten, auch daß sie Brunnen vergiftet und zu ihrem Passahfest Menschenblut brauchten ꝛc. In Kriminal- wie in Civilfällen kann und darf und muß der Eid des Juden so vollgültig sein als der Eid eines anderen Menschen. Der Jude ist Mensch und Staatsbürger so gut wie jeder andere, und in seinen Religionsbegriffen ist durchaus nichts, was seine Glaubwürdigkeit mehr zweifelhaft machen sollte als die des Christen. Wie oft kommt in Kriminalgeschichten der Fall vor, daß Christen ganz unbefangen vor Gericht ausgesagt haben, sie hätten nicht geglaubt eine Sünde zu begehen, wenn sie einen Juden todtschlügen (cf. Klein's Annalen). Was beweist das gegen die Moralität der Christen? .. Das einzige Mittel schändliche und schädliche Vorurtheile aus den Gemüthern aller Religionsparteien zu verbannen ist

Gleichheit des Gesetzes, gleiches Vertrauen im allgemeinen, gleiche Strafe gegen Eidbrüchige. Wenn das Gesetz selbst dem Richter den Wink giebt gegen gewisse Personen argwöhnischer als gegen andere zu sein, so wird dieser Argwohn selbst erst das Übel hervorbringen" 2c. Wenn aber Pfeiffer noch von einer „Neigung" der Juden „gestohlene Sachen zu kaufen" redete und sie in solchem Falle, wie im Falle von Münzverbrechen, Banterutten, nach wie vor härter bestraft wissen wollte als Christen, so hatte Friedländer als Antwort nur den Hinweis auf aktenmäßiges Material und ein „Achselzucken".

Er wollte vor allem Gleichheit, daher dieselben gesetzlichen Bestimmungen für alle Staatsbürger hinsichtlich der Wechselfähigteit, „teine Prärogativen" für die Juden in Bezug auf die Höhe der erlaubten Zinsen von Darlehen. Doch billigte er, daß ein Jude nicht gezwungen werden sollte am Sabbath einen auf ihn gezogenen Wechsel zu acceptiren. „Wenn auch, sagte er, die Aufgeklärten aller Religionsparteien es wissen, daß Sabbath und Sonntag nicht entheiligt werden, wenn man seinen Namen auf ein Papier setzt, so dürften sie sich doch scheuen es öffentlich zu thun." Eine ausdrückliche Erklärung, das mosaische und Ritual-Gesetz sei aufgehoben, hielt er nicht für angebracht, wenn zu Anfang des Edittes der Grundsatz völlig gleicher staatsbürgerlicher Verpflichtung ausgesprochen würde.

Die erste Behörde, welche sich über den neuen Entwurf auszusprechen hatte, war das Justizministerium. Der Minister Kircheisen, durchdrungen von der Wichtigteit der Sache, behielt sich sein ausführliches Urtheil vor, bis er die Vota der übrigen Departements tenne. Er gab anheim, inzwischen jüdische Licitanten beim Domänentauf zuzulassen, da zum Zuschlag doch die allerhöchste Genehmigung nöthig sei. Übrigens äußerte er schon vorläufig sehr gewichtige Bedenken. Gegenüber Hardenberg's „bereits bestimmt geschehener Erklärung, die Juden unbedingt den Christen in allen ihren Rechten und Verhältnissen gleichzustellen", werde er sich sogar für verpflichtet halten, seine Bedenken dem König zur Immediatentscheidung vorzulegen. „Ich bin, ließ er sich vernehmen, von der Nothwendigteit die Verfassung der Juden zu reformiren vollkommen überzeugt. Im ungerechten Widerspruch mit sich selbst hat der Staat bis jetzt ihre Lasten vergrößert und ihnen die Mittel verschränkt sie auf eine ehrliche Art tragen zu können. So ist ihre vom Staate und von ihren aufgeklärten Glaubensgenossen anerkannte Verdorbenheit durch Verfassungen und Gesetze nach und nach herbeigeführt. Sie sind jetzt an Leib und Seele verkrüppelt, komparativ moralisch schlechter als ihre Mitunterthanen, und es ist ebenso gerecht als billig diese Gesetze abzuändern, die Juden, soviel als es nach den Umständen möglich ist, in die Rechte der bürgerlichen Gesellschaft einzuführen, um sie auf eben dem Wege aus ihrem gegenwärtigen Zustande zu heben, auf dem sie in ihren jetzigen Fall gesunken sind. Daraus folgt aber nicht, daß nun ihre Mitunterthanen, ... welche gegen ihre anerkannte Immoralität durch die bisherige Gesetzgebung geschützt sind, unverzüglich und ehe eine zweckmäßigere Gesetzgebung und Theilnahme an bürgerlichen Rechten, Verringerung ihrer Lasten ꝛc. sie zum Theil verbessert haben werden, den Fehlern dieser Nation preisgegeben werden müssen. Der Jude, der heute schlecht ist, eine verdorbene Erziehung genossen, durch Beispiel und Gewohnheit keinen anderen Gesichtspunkt seiner Handlungen kennt als den Gelderwerb, wird morgen, wenn das Gesetz publizirt ist, dadurch allein nicht verbessert sein und alle Nationalfehler abgelegt haben, und ich glaube, wenn dieser Theil der Nation Anspruch auf eine Verbesserung der Legislation hat, der andere Theil sie nicht durch eine so gefahrvolle Praecipitation bezahlen müsse".

Kircheisen legte daher Protest ein gegen die grundsätzliche Erklärung der Gleichstellung, gegen die Aufhebung der bisher geltenden Bestimmungen hinsichtlich der Eide [1]), gegen die Zulassung gemischter Ehen. Er wandte sich dabei wider Friedländer und sprach seine Verwunderung darüber aus, daß diesem die Monita Pfeiffer's zur Widerlegung mitgetheilt worden seien. Er fand in dem neuen Entwurfe die Frage, ob die Juden schon jetzt zu den Staatsämtern qualificirt seien, nicht berührt und schlug daher vor, einen Satz in der Fassung aufzunehmen: „wie sich der Staat vorbehalte ihre Ansprüche auf die Staatsämter zu bestimmen, wenn sich die Juden durch die treue Erfüllung ihrer Bürgerpflichten nach dieser verbesserten Einrichtung würdig gezeigt haben würden". „Wenigstens, fuhr er fort, muß ich für jetzt auf's feierlichste wider ihre Zulassung zu den Justizbedienungen protestiren". Er glaubte sich dafür auf die „seit

---

1) Er suchte sich hiebei eine Äußerung Mendelssohn's, die er verallgemeinerte, zu Nutze zu machen. S. Mendelssohn's Randnotizen zu einem Schreiben des Assessenrathes Klein vom 5. Juni 1782 in Kampz: Jahrbücher für die preußische Gesetzgebung ꝛc. 1842. Band 58. S. 401—418 „über Juden-Eide". Vgl. Geiger a. a. O. 2, 265—280 „Zur Geschichte des Judeneides", woselbst Literaturangaben.

Jahrhunderten begründete, nicht im Vorurtheil allein gegründete Opinion der christlichen Unterthanen" gegenüber einem jüdischen Richter berufen zu dürfen, verfehlte auch nicht, einige für ihn sprechende Kabinetsbefehle des vorigen und des regierenden Königs anzuziehen[1]).

Bei weitem weniger ablehnend verhielt sich, namens der allgemeinen Polizeisektion, Sad. Er stimmte im ganzen den aufgestellten Grundsätzen bei, wünschte aber einige Veränderungen, die mitunter über den Rahmen bloß redaktioneller Verbesserungen hinausgingen. So mit Bezug auf die fremden Juden, bei welchen er unterscheiden wollte, ob sie aus Ländern stammten, „wo sie überhaupt alle staatsbürgerlichen Rechte und Pflichten wie künftig bei uns haben" oder „ob sie noch in ihrem Vaterland supprimirt sind". Auch wünschte er die vorläufige Bestimmung aufgenommen zu sehen, „daß außer für den Unterricht in der mosaischen Religion selbst keine besondere Judenschule stattfinden, sondern die jüdischen Kinder mit den christlichen dieselben öffentlichen Schulinstitute theilen sollten". Denn nur so könne „der Zweck der völligen Amalgamation mit den übrigen Staatsbürgern" erreicht und die künftige Generation „vom Handels- und Schachergeiste" abgelenkt werden. Von dem Gedanken geleitet, „die Juden durch Erregung ihres Ehrgefühls den anderen Staatsbürgern gleich und ihnen selbst achtbar zu machen", schlug Sad ferner vor, „den sehr verächtlich gewordenen Namen Jude ganz aufzuheben und nach dem Vorgange anderer Staaten ihnen den Namen Israeliten oder Mosaische Glaubensgenossen zu geben"[2]).

Im Gegensatz zu Sad wollte Schuckmann, der zeitige Leiter der Abtheilungen für Gewerbe, Handel und Kultus, wider die Benennung Jude nichts einwenden. „Der Name Jude drückt meines Erachtens an sich keine Verachtung aus (vide Lessing's Nathan), das Gesetz muß seinen Gegenstand ohne Ziererei nach dem allgemeinen Sprachgebrauch, so daß das Volk ihn erkenne, nennen. Der Ausdruck Bekenner der mosaischen Religion würde andeuten, als sollte Beharren beim mosaischen Ritual und bürgerlichen Gesetz zur Bedingung gemacht werden, das ist aber die Absicht nicht". Daß Schuckmann in manchen Punkten, abgesehen von redaktionellen Änderungen, eine Verschärfung des Entwurfes anstrebte, wird niemanden Wunder nehmen, der seine Denkweise kennt. Und ließ er den Entwurf selbst unangetastet, so sollte

1) Kircheisen an Hardenberg, 4. Februar 1811.
2) Sad an Hardenberg 2. April 1811.

die Verwaltungspraxis in seinem Sinne hemmend einträten. Er
wollte z. B. über die Qualifikation zum Staatsdienste in dem Gesetze nichts ausdrücklich gesagt wissen. „Ich halte aber, fügte er hinzu,
für dringend nothwendig, daß allen Landesbehörden die Maxime durch
ein generale vorgeschrieben werde, in den ersten 15 Jahren, bis die
Aufnahme in die bürgerliche Gesellschaft und verbesserte Erziehung
gewirkt haben müssen, keine Juden ohne vorhergehenden Bericht über
die Gründe, welche eine Ausnahme motiviren und specielle Approbation
des Ministerii in irgend einen Staatsdienst aufzunehmen, damit nicht
manche, um als aufgeklärt gepriesen zu werden oder gar aus schlimmeren
Gründen, sich mit jüdischen Auskultatoren, Referendarien, Kalkula-
toren, Kanzlisten zc. zu füllen eilen".

Die Bestimmung über die gemischten Ehen wünschte er gestrichen zu sehen, nicht sowohl deshalb, weil er solche für rechtlich
unstatthaft erklärte, als weil er es für unmöglich hielt, daß der
Gesetzgeber Näheres über die kirchlichen Gebräuche beim Abschluß
einer gemischten Ehe zwischen Juden und Christen aufnehme. Er
schlug ferner vor zu erklären, „daß binnen den nächsten zehn Jahren
aus jeder jüdischen Familie im Lande nur ein Sohn dem Handel
gewidmet werde, daß die übrigen aber zu anderen Gewerben über-
gehen müssen" und definirte „Handel" als „Ankauf zum Wieder-
verkauf aller Art im großen und einzelnen, wie auch jeder Art von
Wechsel-, Speditions-, Kommissions- und Agenturgeschäften, soweit
dieselben nicht bloß direkte Folgen des Betriebes eines anderen pro-
ducirenden oder fabricirenden Gewerbes sind". Wie weit es nöthig
sei, die Richter ausdrücklich anzuweisen, bei der Abnahme jüdischer
Zeugeneide gegen reservationes mentales sich zu sichern, wollte er
dem Gutachten des Justizministers überlassen. Ihm sei bekannt, daß
viele Juden Gewissens halber kein Zeugniß in Kriminalfällen ablegen
zu dürfen glauben. Mit Entschiedenheit verwahrte er sich gegen eine
Ankündigung, wie sie der 13. § des Entwurfes enthalte, „daß auch
die kirchlichen Verhältnisse der Israeliten eine Reform erleiden sollen".
Denn das Edikt habe sich nur auf bürgerliche Verhältnisse zu beziehen. „Ich bin damit einverstanden, daß das Judenthum auch
einer kirchlichen Reform bedürfe. Die gebildeten Israeliten finden
diese schon jetzt unerläßlich, und die Stellung, welche ihnen das neue
Gesetz giebt, wird sie noch mehr dazu nöthigen. Aber diese Reform
kann nicht in eine unmittelbare äußere Beziehung mit der neuen
bürgerlichen Konstitution der Bekenner der mosaischen Religion ge-

bracht werden, ohne sie befürchten zu lassen, daß sie die Aufhebung des bürgerlichen Drucks mit Aufopferung ihrer Gewissensfreiheit würden erkaufen müssen".

Höchst beachtenswerth waren ferner seine Bemerkungen über das Schulwesen. Der von Sack vorgeschlagene Satz des Inhalts, „daß außer dem Unterricht in der mosaischen Religion keine besonderen Judenschulen weiter stattfinden, sondern die jüdischen Kinder mit den christlichen dieselben öffentlichen Schulen besuchen sollen", drückte nach der Ansicht Schuckmann's nicht aus, was beabsichtigt werde. „Was an einer öffentlichen Schule, insbesondere lutherisch, reformirt, römisch-katholisch oder überhaupt christlich im Gegensatz des jüdischen ist, das ist doch eben nur der Religionsunterricht, denn eine christliche, jüdische Grammatik, Geschichte giebt es nicht. Daß man einer jeden Religionspartei ihren ausschließlichen und abgesonderten Religionsunterricht lassen solle und müsse, darüber ist man einig. Also das will man eigentlich nur befehlen, daß außer dem Religionsunterricht keine Absonderung um der Religion willen beim Unterricht stattfinden solle, und daß also z. B. nicht ein Unterricht im Rechnen ertheilt werden solle nur ausschließlich für jüdische oder ein Unterricht im Zeichnen ausschließlich für christliche Kinder. Das geschieht aber auch schon jetzt nicht. Keiner christlichen Schule wird gestattet Kinder jüdischer Eltern zurückzuweisen, und in die sehr wenigen Schulen, welche von Vorstehern mosaischen Glaubens für anderen als bloßen Religionsunterricht angelegt worden sind, werden sehr gerne Christenkinder aufgenommen, wie bekannte Beispiele zeigen . . . Dringend nothwendig ist es dagegen, daß die jüdischen Hausväter allgemeiner als bisher die Überzeugung erhalten, daß ihre Kinder auch in etwas anderem als dem Talmud unterrichtet werden müssen, und daß da, wo die Schulanstalten Kommunalsache sind oder künftig werden möchten, dabei auch ihre volle Konkurrenz in Rücksicht auf Rechte und Pflichten eintrete. Das erstere kann indeß kein Gegenstand eines bürgerlichen Gesetzes sein, und das letztere scheint besser einer allgemeinen Regulirung des Schulwesens vorbehalten zu werden". Schuckmann schlug demnach vor folgenden Satz aufzunehmen, „daß die Verbesserung des Kultus und Religionsunterrichtes nach eingezogenem Rathe jüdischer Hausväter besonderen Verordnungen vorbehalten bliebe und hier nur vorausgesetzt werde, daß diejenigen, welche obiger, bürgerlicher Rechte theilhaft sein wollten, sich zu keinen Lehrsätzen bekennen dürften, welchen die Pflichten des guten Bürgers und Unterthanen widersprächen". „Dieß, fügte er hinzu, ist kein Gewissenszwang. Wer talmudischen Spitzfindigkeiten anhängen will, die wirklich diesen Pflichten widerstreben, mag auswandern. Dies dürften höchstens einige Rabbiner ·und arme Schwärmer sein, an denen nichts verloren wäre und von denen die übrigen Besseren selbst sich scheiden würden" [1]).

Die Vota von Ladenberg und Beuth, für die Sektion der Abgaben, welche sich außer den erwähnten noch vorfinden, lassen größere, grundsätzliche Fragen aus dem Spiele, befürworten aber einige Verschärfungen, namentlich mit Bezug auf die Behandlung der fremden Juden.

Wie aus den Akten hervorgeht, wurden die abgegebenen Vota in dem Bureau des Staatskanzlers sorgfältig geprüft. Namentlich diejenigen von Sack und Schuckmann fanden Beachtung. Aus dem politisch-literarischen Stabe des Staatskanzlers scheint sich der junge Staatsrath F. v. Raumer vorzüglich mit dieser Angelegenheit befaßt zu haben. Aber auch Friedländer erhielt auf's neue Gelegenheit seine Meinung zu äußern, was wenigstens hie und da zu Besserungen Anlaß gab. Unter solchen Einflüssen wandelte sich bis zum Mai 1811 die ursprüngliche Gestalt des Entwurfes bedeutend um [2]). Die beiden Paragraphen, in denen von der Ehe zwischen Christen und Juden, wie von dem Kirchen- und Unterrichtswesen der letzten die Rede war, fielen ganz weg. In den stehen gebliebenen Paragraphen war manches abgeändert. Alles in allem ging der Entwurf in Durchführung des Grundsatzes der Gleichheit vor dem Gesetze weit über den Schrötter'schen hinaus. Trotz Kircheisen's Protest stand an der Spitze die Erklärung: „Alle Juden und deren Familien, welche gegenwärtig in unseren Staaten wohnhaft und mit Schutzbriefen und Konzessionen versehen sind, erhalten hiedurch sämmtliche allgemeine Rechte und übernehmen alle Verpflichtungen unserer übrigen Unterthanen. Es finden hiervon keine anderen Ausnahmen statt als diejenigen, welche gegenwärtiges Edikt selbst ausdrücklich anordnet". Die

---

1) Schuckmann an Hardenberg, 20. April 1811.
2) Edikt über die künftigen bürgerlichen Verhältnisse der Juden, 11 §§. Da Sack und Schuckmann am 10. Mai 1811 ihr Einverständniß mit den gemachten Abänderungen erklärten, so ergiebt sich daraus die Zeitbestimmung. Eine Notiz Schuckmann's vom gleichen Datum besagt: „Außer dem, was H. Staatsrath von Raumer in den Zusätzen zu dem Entwurf aufgenommen, finde ich auch von meiner Seite keine der Friedländer'schen Bemerkungen dazu geeignet".

Bestimmungen des Reglementes von 1750, der allgemeinen Gerichtsordnung, des allgemeinen Landrechts und der Provinzialgesetze in Hinsicht auf die Juden sollten außer Kraft treten, also auch diejenigen, die sich auf die Zeugnisaussagen, Ablegung des Eides, die härtere Bestrafung der Juden bei einzelnen Verbrechen bezogen. Von einem Unterschiede hinsichtlich der Befähigung zur Bekleidung öffentlicher Ämter ward nicht geredet. Die Erlaubnis zu Betreibung von „Gewerben jeder Art an jedem Orte", war grundsätzlich ausgesprochen. Doch wurde, „um die Juden von den ihnen und dem Staate nachtheiligen, einseitigen Beschäftigungen abzubringen" in Rücksicht des Handelsbetriebes die von Schuckmann empfohlene Beschränkung (s. o. S. 247) angenommen. Auch sollte ihnen, als „Hausirern, Kesselflickern, Trödlern, Garn-, Feder- und Borstensammlern" ꝛc. kein Gewerbeschein ertheilt sowie der Betrieb des Schankgewerbes auf dem platten Lande verboten werden. Mit der Erlaubnis zur Erwerbung von Grundstücken war nur ein Vorbehalt verknüpft, der sich auf das Patronatsrecht über christliche Kirchen bezog. Von einer Verpflichtung zum Scheeren des Bartes und zur Anlegung bestimmter Tracht war hier nichts zu lesen. Der Artikel, der sich auf die Wehrpflicht der Juden bezog, lautete in genau erwogener Fassung: „Sie sind von nun an zum Kriegsdienst wie andere Unterthanen des Staates, gleichen Wohnorts, Standes, Vermögens und Gewerbes, verpflichtet".

Hinsichtlich der fremden Juden wurde der Grundsatz aufgestellt, daß sie „in der Regel den allgemeinen Gesetzen wegen der Fremden unterliegen" sollten. Fremde Bettler und Vagabunden, einerlei ob jüdisch oder nicht, sollten daher völlig gleich behandelt werden. Ausdrücklich wurde aber fremden Juden der Betrieb eines anderen Gewerbes als des Ankaufes und Verkaufes im großen auf offenen Märkten oder in den großen Handelsplätzen verboten, selbst wenn sie „durch ein Mißverständnis" bereits einen Gewerbeschein anderer Art gelöst hätten. Nur aus „hinreichenden Gründen" sollten die Provinzialregierungen das Halten fremder Juden als Lehrburschen und Handelsdiener genehmigen. Die Erlaubnis für fremde Juden, sich im Lande niederzulassen, sollte von den Provinzialregierungen nur ertheilt werden dürfen „wenn sie nicht allein überhaupt nachweisen, daß sie bisher einen rechtlichen Lebenswandel geführt haben und nicht wegen Verbrechen verwiesen sind, sondern noch überdies a) entweder besondere Verdienste um den preußischen Staat erworben haben b) oder sich durch Wissenschaft oder Kunst bedeutend und in einem außergewöhnlichen Grade auszeichnen c) oder mittels eigenem eingebrachten Vermögen ein Grundeigenthum von wenigstens 3000 Thaler Werth ankaufen und soweit gleich baar bezahlen, daß wenigstens diese 3000 Thaler unbeschwert mit Hypotheken für ihre Rechnung darauf haften".

IV. Der Pfeiffer'sche Entwurf und die Vollendung des Gesetzes.

Der Gesetzentwurf von 1811 theilte das Schicksal desjenigen von Schrötter. Auch dieser zweite Anlauf führte nicht zum Ziele. Durch die wichtigsten Angelegenheiten in Anspruch genommen, fand der Staatskanzler nicht die Muße diese nun schon so lange in der Schwebe gehaltene zu beendigen. Inzwischen erhoben die Anhänger des Alten laute Klage darüber, daß „das ehrliche, brandenburgische Preußen ein **neumodischer Judenstaat** werden solle"[1]. Aber auch an wiederholten Mahnungen ließ man es nicht fehlen. Die Ältesten und Vorsteher der jüdischen Gemeinde in Breslau hatten bei ihrer Anwesenheit in Berlin, schon im Februar 1811, den Staatskanzler an die früheren Verheißungen erinnert und waren freundlich von ihm beschieden worden. Der rühmlichst bekannte Braunschweiger Israel Jacobson[2], damals Präsident des im Königreich Westphahlen errichteten israelitischen Konsistoriums, drängte Hardenberg in begeisterten Worten, auf der betretenen Bahn fortzuschreiten, indem er hervorhob, daß die Regenten des preußischen Staates von jeher „die Fackel der Aufklärung" getragen, „das Licht der Wahrheit und die Wärme des Wohlwollens" verbreitet hätten. Von allen Seiten langten Beschwerden an, die meistens vertröstend mit dem Hinweis auf die nahende Reform beantwortet wurden. Dem einen weigerte der Magistrat von Grüneberg das Eigenthumsrecht an einem ihm gerichtlich zuerkannten Hause und vermiethete es auf eigene Faust[3]. Dem anderen verbot der Magistrat von Glogau, „um den christlichen

---

1) Eingabe der Stände des Lebus'schen, Storkow- und Beeskow'schen Kreises, 9. Mai 1811 (Klose: Hardenberg S. 295.)

2) S. über ihn Ritter: Geschichte der jüdischen Reformation (2. Theil, David Friedländer, 1861) S. 143 und Allgemeine Deutsche Biographie 13, 619.

3) Banquier Jakob Herz Beer an Hardenberg (Grüneberg) 15. Jan. 1811. Acta die Judenschaft in Schlesien betreffend.

Einwohnern ihre Rechte zu erhalten", eine Wohnung nach Willkür
zu wählen und mußte sich dafür von Hardenberg sagen lassen, „der
Wohnungszwang passe durchaus nicht zu den angenommenen Grundsätzen einer allgemeinen Gewerbefreiheit, nicht zu dem vorurtheils-
freieren Geiste des gegenwärtigen Zeitalters und nicht zu der zu
erwartenden Gesetzgebung wegen Veränderung der gegenwärtigen
bürgerlichen Verhältnisse der Juden"[1]).

Laut erschollen die Klagen jüdischer Gemeinden über die Unmöglichkeit die geforderten Abgaben zu leisten. Es gab in der
schweren Zeit Rückstände von Schutz-, Silber-, Kalender-, Rekruten-
geldern zc. Konnte nicht gezahlt werden, so drohte Erekution und
Auspfändung, und dazu wuchsen die Anforderungen des Gemeinwesens. „Die Judengemeinde zu Frankfurt a. d. O., hieß es in
einem Hardenberg überreichten Aktenstück, vielleicht die unglücklichste
Judenschaft in den preußischen Staaten hat uns deputirt, Ew. hoch-
freiherrlichen Excellenz ihre Noth und ihr Elend tiefgebeugt vorzulegen. Die Jahre des Krieges haben das Vermögen der Wohlhabenden
zerrüttet und die Unvermögenden in die tiefste Armuth gestürzt.
Von einigen und 60 Familien leben 14 von der Almosenkasse und nur
25 derselben sind im Stande Abgaben zu tragen"[2]). Isaak Caspar,
Bevollmächtigter der Ältesten der Juden zu Königsberg, wandte sich
wiederholt mit der Bitte um Erleichterung an den Staatskanzler und
erklärte: „Die dringende Noth erlaubt uns nicht zu warten, bis die
so sehnlich erbetene und so gewiß versprochene Reform eintritt"[3]).
Vor allen beriefen sich die Ältesten der Berliner Juden auf „die
eiserne Nothwendigkeit", die es ihnen unmöglich mache, die geforderten
Leistungen zu entrichten, welche sie „bloß als Juden" neben „den
bürgerlichen Abgaben" zu tragen hätten. Je mehr das neue Steuersystem sich konsolidire, desto drückender werde die Lage der Juden,
wie denn z. B. die Patentsteuer von jedem einzelnen nach Maßgabe
seines Gewerbes gezahlt werde, daneben aber die Gemeinde in solidum
für die bloße Freiheit des Handels zahle. Sie baten flehentlich, die
von der Abgabendeputation der kurmärkischen Regierung angedrohte

---

1) Korrespondenz betreffend Abraham Schlesinger in Glogau 1811 enthalten in den Acta die Judenschaft in Schlesien betreffend.

2) Die Deputirten der Judenschaft zu Frankfurt a. d. O. an Hardenberg.
Berlin, 4. April 1811.

3) Caspar an Hardenberg, 10. Nov. 1811 (Kopie), 18. Dec. 1811. Acta
betreffend die Abgaben der Judenschaften 1811—13.

Exekution einzustellen, und hofften „für die schmachtenden jüdischen Unterthanen" auf baldige Veröffentlichung des sehnlichst erwarteten neuen Ediktes[1]). „In dem namenlosen Verhältnis, in welchem sich die Gemeinden der Judenschaften in den preußischen Staaten befinden, im zweideutigen Zustande zwischen Stadtbewohnern und Fremden, Staatsgliedern und Schützlingen, mit einem Worte in einer Verfassung, wo man alle Aufopferungen jener und mehr von ihnen fordert, indeß die kärglich zugemessenen Rechte dieser ihnen nur zugestanden werden", müsse die „längst versprochene Entfesselung" endlich eintreten[2]). Einzelne angesehene Mitglieder der Gemeinde, wie Gumpertz, erbaten Audienzen bei dem Staatskanzler und drängten ihn vorwärts.

Hie und da wußten sich die Organe der Verwaltung bei dem „Mangel der neuen Judenkonstitution" nicht recht zu helfen, da die wirtschaftliche Gesetzgebung die bestehenden Verhältnisse von Grund aus verändert hatte oder fällten wohl gar sich widersprechende Entscheidungen. Auch die Rechtsprechung gerieth in's Schwanken. Das Oberlandesgericht zu Stettin frug beim Justizminister an, ob Juden ohne besonderen Konsens nunmehr bäuerliche Grundstücke erwerben dürften oder nicht[3]).

Alles dies rüttelte Hardenberg auf. Am 13. Dezember 1811 ließ er den Justizminister wissen, daß bis jetzt die Überhäufung mit Geschäften ihn verhindert habe, jenes Schreiben vom 4. Februar zu beantworten, welches den Bedenken gegen wichtige Bestimmungen der beabsichtigten Reform Ausdruck gegeben hatte (s. o. S. 244—246). Von verschiedenen Seiten gedrängt wünsche er die Sache schleunig zu Ende zu führen. Er schlug, zur Erledigung jener Bedenken, eine Besprechung eines der vortragenden Räthe seines wie des Bureaus des Justizministeriums vor, bestimmte seinerseits dazu einen tüchtigen Juristen, den Geheimen Staatsrath von Bülow[4]) und gab dem Justizminister anheim, von sich aus den geheimen Oberjustizrath

---

1) Die Ältesten der Berliner Judenschaft an Hardenberg, 12. April 1811. Acta der Judenschaft in der Kurmark Vol. 1. ferner: 1. August, 18. Sept., 22. Sept. 1811. Acta betr. die Abgaben der Judenschaften 1811—13. Entscheidungen Hardenbergs a. a. O.

2) Die Ältesten der Judenschaft zu Berlin an Hardenberg, 24. Okt. 1811.

3) Sack an Hardenberg, 30. November 1811. Kircheisen an Hardenberg, 5. November 1811.

4) S. Allgemeine Deutsche Biographie 3, 525.

Pfeiffer abzuordnen¹). Kircheisen ging darauf ein, indem er die
Eröffnung seines eigenen „Sentiments über diese wichtige Sache" von
dem Ergebniß der zwischen Bülow und Pfeiffer zu führenden Verhandlungen abhängig machte²). Die Angelegenheit lag also nun in
den Händen dieser beiden Männer. Allen Bittstellern aus dem Kreise
der Juden, die sich schriftlich oder mündlich an den Staatskanzler
gewandt hatten, allen Behörden, die um Beschleunigung der Sache
ersucht hatten, wurde geantwortet, das Gesetz werde in ein paar
Wochen erscheinen³). Damit wurde auch die jüdische Gemeinde in
Brieg vertröstet, die neuerdings über die „ebenso bedeutende wie
herabwürdigende" Abgabe des Leibzolles Klage geführt hatte, den
auch der ärmste von Brieg nach Breslau reisende Jude an den dortigen
Thoren für seine Person zu erlegen habe⁴).

In der That ging die Arbeit ziemlich rasch von statten. Die
früheren Akten wurden Pfeiffer und Bülow zur Verfügung gestellt.
Am 8. Februar 1812 konnte Pfeiffer den von ihm „versuchten
Entwurf, betreffend die Verhältnisse der Juden, mit den Monitis
des Herrn Justizministers Excellenz nebst drei Aktenbänden und
der Abschrift des vorigen Entwurfs" an seinen Genossen gelangen
lassen⁵). In Pfeiffer also hat man in erster Linie den Verfasser
jenes neuen, ursprünglich 54 Paragraphen umfassenden Entwurfes
zu sehen, der, wie schon eine flüchtige Vergleichung zeigt, endlich nach
manchen Aenderungen die Grundlage des in die Gesetzsammlung aufgenommenen Ediktes geworden ist⁶). Unter dem „vorigen Entwurfe",
den Pfeiffer erwähnt, ist aber keineswegs, wie man glauben sollte,
der Entwurf des Jahres 1811 zu verstehen, sondern vielmehr derjenige Schrötter's. Auf diesen müssen Pfeiffer und Bülow bei ihren
mündlichen Verhandlungen zurückgegangen sein, nicht ohne häufig
auf das übrige Aktenmaterial und namentlich auf den Entwurf

1) Hardenberg an Kircheisen (Konzept von Bülow's Hand) 13. Dez. 1811.
2) Kircheisen an Hardenberg 16. Dezember 1811.
3) Zahlreiche Schreiben des Staatskanzlers im Konzept bei den Akten.
4) Die Aeltesten der Gemeinde von Brieg an Hardenberg 27. Januar
1812, Antwort (Konzept) 5. Februar 1812.
5) Pfeiffer [an Bülow] 8. Februar 1812.
6) Entwurf eines Ediktes betreffend die bürgerlichen Verhältnisse der
Juden in dem Preußischen Staate. Pfeiffer's Handschrift mit Noten und
Umstellungen verschiedener Paragraphen von Bülow und mit einer Note von
Kircheisen am Rande.

des Jahres 1811 und die ihn betreffenden Vota Rücksicht zu nehmen [1]).

Was Bülow zu der Pfeiffer'schen Arbeit beigetragen hat ist vermuthlich, und was er später Eigenes hinzugethan hat, ist nachweisbar nicht sehr bedeutend gewesen. Er empfahl mit Erfolg Aufnahme eines Paragraphen (§ 39 des Ediktes vom 11. März 1812), laut welchem die Bestimmungen wegen des Kirchenzustandes und der Verbesserung des Unterrichtes der Juden ausdrücklich vorbehalten blieben. Auch verfocht er mit Eifer, wie früher Sack, die Idee, in öffentlichen Verhandlungen und Ausfertigungen künftig statt Jude zu sagen Mosaist. Denn der allgemeine Name „Jude" sei zu einem „verderblich wirkenden Charakternamen gestempelt und in die Sprache oft wider alle Regel, wider alle logische Richtigkeit aufgenommen worden, daher die Benennungen Hofjude, Betteljude, Geldjude, Münzjude, Kornjude, daher ferner das Zeitwort juden und das Eigenschaftswort jüdisch". „Will man eine Nation verbessern, so muß man, wie ich glaube, vorzüglich darauf bedacht sein alles ohne eigene Schuld Entehrende von ihr abzuwenden und ihr Ehrgefühl zu wecken" [2]). Kircheisen war nicht dafür, da sich „ein so eingewurzelter Sprachgebrauch nicht wegverordnen lasse". „Jude ist ja kein erfundener Spott oder Ekelname, sondern eine historische Benennung des Volkes .. Der Name thut nichts zur Sache, sie müssen auf eben dem Wege, auf welchem der Name gesunken ist, ihn wieder erheben. Perfidia punica, punica fides waren ebenso zum Sprüchworte geworden; deßhalb wurde aber nicht daran gedacht, diesen Phöniziern einen besseren Namen zu geben" [3]). Allein Bülow fügte dem Pfeiffer'schen Entwurfe einen Paragraphen in seinem Sinne hinzu [4]).

Uebrigens nahm er auf die „Monita" Kircheisen's die größte

1) Es findet sich bei den Akten eine Abschrift des Schrötter'schen Entwurfes mit Noten Bülow's, der vielleicht bei den mündlichen Verhandlungen gleichsam das Protokoll führte.

2) Bülow [an Pfeiffer] 17. Januar 1812.

3) Kircheisen's Bemerkungen auf Bülow's citirtem Briefe vom 17. Januar 1812.

4) „In öffentlichen Verhandlungen und Ausfertigungen ist künftig nicht mehr die Benennung Jude oder Juden, sondern der Name und die Standesbezeichnung der in Frage seienden Person oder insofern dieses nach Beschaffenheit des Verhältnisses unvermeidlich sein sollte, die Benennung Mosaist oder Mosaisten nach der Anleitung der Benennung anderer Glaubensbekenner zu gebrauchen."

Rücksicht, und sein Hauptgeschäft bestand, wie seine Korrekturen lehren, darin, sie in der Pfeiffer'schen Arbeit nachträglich zur Geltung zu bringen. Nun stimmten Pfeiffer und Kircheisen allerdings, wie sich schon im Jahre 1811 gezeigt hatte, in vielem überein. Von der Zulässigkeit gemischter Ehen war denn auch in dem Pfeiffer'schen Entwurfe, der sich nur mit den jüdischen Ehen beschäftigte, keine Rede. Hinsichtlich der Zeugnißaussagen in Kriminalsachen und der Formalitäten des Eides sollte es beim Alten bleiben. Auch sollte bei einer Reihe von Verbrechen, wie Kontrebande, muthwilligem Bankerott, Schriftverfälschung, Diebstahl u. s. w., für Juden der Verlust des Staatsbürgerrechtes mit der nach den Gesetzen verwirkten Strafe verbunden sein. Bei der Erklärung, daß die für Einländer zu achtenden Juden, soferne die Verordnung nichts Abweichendes enthalte, gleiche bürgerliche Rechte und Freiheiten mit den Christen genießen sollten (§ 7), war ein vieldeutiges „in der Regel" eingeschoben. Dies alles hatte Kircheisen's Billigung. Dagegen fand er sich nicht befriedigt durch die von Pfeiffer aufgenommenen Sätze, welche sich auf die Frage der Bekleidung von Aemtern bezogen. Er wandte nichts dagegen ein, daß Juden akademische Lehr-, Schul- und Gemeindeämter, zu denen sie sich geschickt gemacht, sollten verwalten können. Allein er mißbilligte den weiteren Paragraphen des Pfeiffer'schen Entwurfes, der wohl auf Schuckmann's Anregung zurückzuführen war (s. o. S. 247): „Zu anderen öffentlichen Bedienungen und Staatsämtern werden sie den nach einem Zeitverlauf von 15 Jahren zu treffenden besonderen Anordnungen gemäß zugelassen werden." In seinen Bemerkungen sagte er: „Ich halte es fortgesetzt bedenklich dies in antecessum zu versprechen; es soll ja abhängig sein von ihrer erhofften Besserung. Ich würde die Fassung vorziehen: Nach 15 Jahren behält sich der Staat vor ihre Qualifikation zu anderen öffentlichen Bedienungen zu prüfen und die nöthigen Anordnungen darüber zu treffen" (§ 9). Ferner erschien der Satz, daß die inländischen Juden der Militärkonskription oder Kantonpflichtigkeit „ebenfalls" unterworfen sein sollten, ihm in seiner Fassung anfechtbar, „da die allgemeine Konskription auch in Ansehung der eximirten Städte noch nicht ausgesprochen ist und hier doch nicht mit den Juden der Anfang gemacht werden kann." Er fand diesen ganzen Paragraphen gar nicht nothwendig, da ein vorausgehender (später freilich wohl von Bülow getilgter) erklärte, daß bei persönlichen Leistungen nur wegen gesetzmäßiger Hinderungen eine Stellvertretung stattfinden dürfe.

In anderen Punkten ging dem Justizminister der Entwurf in der Richtung der Rechtsgleichheit nicht weit genug. Nach Pfeiffer sollte keinem Juden ferner der Trödelkram erlaubt sein. Kircheisen fand dies „zu hart und in Berlin nicht ausführbar, wenn nicht 50 Familien aus dem Lande gejagt und ebenso viele Hausbesitzer ruinirt werden sollen, die ihnen die Laden dazu vermiethen". Er zählte die Straßen auf, wo „fast in jedem Hause" ein solcher Handel mit alten Kleidern betrieben werde, und schloß: „Was sollte aus diesen Menschen werden? Dies ist auch gar nicht die gefährliche Klasse." Pfeiffer hatte für die auf dem platten Lande wohnenden Juden und ihre Angehörigen ein absolutes Verbot Handel zu treiben statuirt und auf die Uebertretung desselben nicht nur polizeiliche Strafe, sondern auch Verlust des Staatsbürgerrechtes gesetzt. Kircheisen warf ein: „Das heißt doch, so lange den Christen und insoweit diesen der Handel untersagt ist." Der christliche Eigenthümer oder Pächter auf dem platten Lande dürfe mit Vieh, Getreide, Butter, Branntwein u. s. w. handeln, der Glaube des Verkäufers könne dabei nichts verändern, es komme auf die allgemeinen Polizeigesetze über den Handel auf dem platten Lande an. Ebenso wollte er wegen des Verbotes gegen den Hausirhandel nur auf die Polizeigesetze verweisen, nicht aber den Juden mit Konfiskation der Waaren und (für den Fall, daß sich Kontrebande darunter befinde) mit der Hindeutung auf die Zoll- und Kriminalgesetze drohen. Er legte auch sein Fürwort ein für die vielen Hunderte seit vielen Jahren bereits als Dienstboten, Schullehrer, Diener u. s. w. im Lande lebenden vergeleiteten fremden Juden, auf die Pfeiffer keine Rücksicht genommen hatte. „Sollen, rief er aus, diese unglücklichen Menschen jetzt über die Grenze gebracht werden? Oder würde es nicht human sein, den statum quo zu respektiren[1)]"? Nur die wichtigsten der Bemerkungen des Justizministers sind hier erwähnt worden. Sie wurden, gleich den minder wichtigen, von Bülow getreulich benutzt, ohne Zweifel ehe der Entwurf dem Staatskanzler vorgelegt ward.

Hier hat man nun Gelegenheit den Antheil an der gesetzgeberischen Arbeit zu bemessen, welcher in diesem Stadium Harden-

---

1) Monita Kircheisen's von der Hand eines Kanzlisten mit Kircheisen's Originalunterschrift 9. Februar. Es muß ein Versehen auf der einen oder auf der anderen Seite vorliegen, da diese Monita das Datum des 9. Februar tragen, während Pfeiffer sie in seinem oben S. 254 citirten Briefe vom 8. Februar erwähnt.

berg selbst gebührt. Auf einem Quartblatte findet sich von seiner
Hand, aber ohne Unterschrift und Datum, eine Reihe von Notizen,
die uns in seinen Gedankengang einführen. Mitunter sind es bestimmt ausgesprochene Verbesserungen, mitunter Fragen, die der
Schreibende an sich selbst richtet, wie um durch genaueres Nachdenken
oder Verhandeln über diesen und jenen Punkt schlüssig zu werden.
Ich versage es mir, diese Notizen sämmtlich ihrem Wortlaute nach
zum Abdruck zu bringen. Nur der wichtigsten möge gedacht werden.
Wie Hardenberg's eigenes Eingreifen auf die Gestalt des Entwurfes
einwirkte, wie Bülow, vermuthlich nach mündlicher Auseinandersetzung
mit dem Staatskanzler, auch dies Geschäft besorgte, den Ansichten
Hardenberg's im einzelnen durch Streichungen und Aenderungen
Ausdruck zu geben, erkennt man aus den Akten.

Es ist unbestreitbar, daß alle erheblichen Abweichungen Hardenberg's von dem ihm vorliegenden Entwurfe im Sinne der Rechtsgleichheit oder doch im Sinne der Annäherung an die Verwirklichung
derselben gedacht waren. So sprach er sich dafür aus, jenes vieldeutige
„in der Regel" im § 7 (s. o. S. 256) wegzulassen. Den § 9 (s. o. S. 256)
wollte er folgendermaßen gemildert wissen: „Zu anderen öffentlichen
Bedienungen und Staatsämtern können sie in den ersten 15 Jahren
nach der Publikation dieses Ediktes nur dann zugelassen werden, wenn
Wir solches ausdrücklich genehmigen. Nach dem Verlaufe jenes Zeit-
raums behalten Wir Uns vor anderweit zu prüfen, ob und inwiefern
diese Einschränkung fortdauern müsse oder nicht." Da „die Regel
Handelsfreiheit" sein sollte, so ergab sich ihm hinsichtlich des auf dem
platten Lande erlaubten Handelsbetriebes[1]) die Fassung, welche als
§ 13 in das Edikt aufgenommen wurde („Den auf dem platten
Lande wohnenden Juden und ihren Angehörigen steht nur frei, denjenigen Handel zu treiben, der den übrigen Bewohnern desselben
gestattet ist"). Zu dem Satze, daß Mühlen, Krüge, Schänken
auf dem Lande ohne besondere Erlaubniß der Regierungen[2]) von
Juden nicht besessen noch betrieben werden dürften, bemerkte Hardenberg: „Ist überflüssig, denn dasselbe besteht in Absicht auf Christen
und der Ausdruck nicht besessen werden würde eine besondere

---

1) Er übersah zunächst dabei, daß ursprünglich für den Fall der Uebertretung neben Polizeistrafe noch Verlust des Staatsbürgerrechtes in Aussicht
genommen war.

2) So nach Kircheisen's Monitum statt des ursprünglichen „der Polizei-
obrigkeit".

Einschränkung sein, davon ich aber den Grund nicht einsehe." Die einschränkende Bestimmung, nach der Juden nur aus besonders erheblichen und von der Provinzialregierung genau zu prüfenden Gründen erlaubt werden sollte auf dem platten Lande Fabriken und Manufakturen anzulegen, erschien ihm „unnöthig, hart und sogar nachtheilig". Er wollte nicht, daß anhaltende Verletzungen der jüdischen Cerimonialgesetze zur Klage auf Ehescheidung berechtigen sollten, indem er die Fragen aufwarf, ob dies „räthlich, nicht der Gewissensfreiheit und dem Uebertritt zur christlichen Religion hinderlich sei" [1]). Im Hinblick auf den erneuten Vorschlag, daß Juden im Falle der Verübung gewisser Verbrechen außer der verwirkten Strafe auch Verlust des Staatsbürgerrechtes erleiden sollten, notirte er: „Die Gründe für und wider in nähere Erwägung zu ziehen" und entschied: „Bleibt weg." Diese Entscheidung hatte zur Folge, daß noch einige andere Paragraphen wegfielen, welche sich des Näheren mit der durch Verlust des Staatsbürgerrechtes geschaffenen Sachlage (Verkauf von Grundstücken, Dauer des Aufenthaltes u. s. w.) beschäftigten.

Der Entwurf enthielt nicht wenige lästige Bestimmungen in Betreff des Eintrittes ausländischer Juden in das Land, auch wenn er zum Zweck der Durchreise oder des Betriebes erlaubter Handelsgeschäfte stattfand. Ein Geleitschein sollte gelöst, wer ohne solchen betroffen ward, wer die angegebene Straße verließ, sollte über die Grenze geschafft werden. Von Krankheiten oder Unglücksfällen abgesehen sollte ein geleiteter Jude nicht länger als höchstens vierundzwanzig Stunden an einem Orte verweilen dürfen. Am Ziel der Reise war zum Geschäftsbetrieb in der Regel nur ein Aufenthalt von vierzehn Tagen gewährt und nur die Zeit der Messe in Königsberg, Breslau, Frankfurt a. d. O. als Ausnahme hervorgehoben. Schon Kircheisen hatte einige weitere Aufklärungen hierüber gewünscht. Hardenberg, dem der Leibzoll in Erinnerung kam, dem überhaupt diese Bestimmungen anstößig waren, ließ sie streichen und beschränkte sich auf die Erklärung, daß die Polizeibehörden eine besondere Instruktion über das einzuschlagende Verfahren erhalten sollten.

Das Edikt näherte sich seiner letzten Gestalt, in welcher es in der Gesetzsammlung zu lesen ist. Doch enthielt es noch einen

---

1) Vgl. L. v. Rönne und Heinrich Simon: Die früheren und gegenwärtigen Verhältnisse der Juden in den sämmtlichen Landestheilen des Preußischen Staates. Breslau 1843. S. 470.

17*

Paragraphen, den man hier vermißt, nämlich denjenigen, in welchem die amtliche Bezeichnung Mosaisten statt Juden eingeführt wurde. Hardenberg hatte nach einer Notiz „Benennung? Juden — Mosaisten — Israeliten ꝛc." die Frage erwogen, aber Bülow scheint ihn von der Richtigkeit seiner Ansicht überzeugt zu haben. Das berichtigte Konzept wurde von Kircheisen gebilligt. Er sprach den Wunsch aus, daß „es Se. Majestät vor dem Vortrage in extenso lesen möchten". Der Vortrag Hardenberg's beim König erfolgte am 6. März. Den Tag darauf sandte der Staatskanzler das „nach des Königs Majestät mündlichen Befehlen bei dem gestrigen Vortrage abgeänderte und umgeschriebene Konzept und die von diesem letzteren Konzepte genommene Reinschrift" dem Justizminister zum Zwecke der Unterzeichnung. Nachdem dies geschehen war, vollzog Friedrich Wilhelm III. am 11. März das Edikt, dessen Original im königlichen geheimen Archive niedergelegt ward, dessen Abdruck in der Gesetzsammlung alsbald erfolgte[1]).

Selbst in diesem letzten Stadium hatte das Edikt noch einige Veränderungen erlitten, die um so mehr hervorgehoben zu werden verdienen, weil sie auf den König selbst zurückgeführt werden müssen. Der Paragraph, der die Bezeichnung Mosaist vorschrieb, wurde gestrichen. Zum § 3, in welchem von der Verpflichtung die Rede war, binnen sechs Monaten einen bestimmten Familiennamen anzunehmen ward dafür der Zusatz gemacht: „Mit diesem Namen ist er, sowohl in öffentlichen Verhandlungen und Ausfertigungen, als im gemeinen Leben, gleich einem jeden anderen Staatsbürger, zu benennen."

§ 9 hatte gelautet:	Er lautet im Druck:
„Zu andern öffentlichen Bedienungen und Staatsämtern können sie in den ersten 15 Jahren nach der Publikation dieses Ediktes nur dann zugelassen werden, wenn Wir solches ausdrücklich genehmigen. Nach dem Verlauf dieses Zeitraumes behalten Wir Uns vor anderweit zu prüfen, ob und inwiefern diese Einschränkung fortdauern müsse oder nicht" (s. o. S. 258).	„In wie fern die Juden zu andern öffentlichen Bedienungen und Staats=Ämtern zugelassen werden können, behalten Wir Uns vor, in der Folge der Zeit, gesetzlich zu bestimmen."

---

1) Bülow an Kircheisen 27. Februar. Kircheisen an Hardenberg 27. Februar. Hardenberg an Kircheisen (Konzept) 7. März 1812. Das Edikt

§ 16 hatte gelautet:

„Der Militair-Konstription oder Kantonpflichtigkeit und den damit in Verbindung stehenden besondern gesetzlichen Vorschriften sind die einländischen Juden gleich den übrigen Staats-Unterthanen unterworfen."

Er erhielt die Fassung:

„Der Militair-Konstription oder Kantonpflichtigkeit, und den damit in Verbindung stehenden besondern gesetzlichen Vorschriften sind die einländischen Juden gleichfalls unterworfen. Die Art und Weise der Anwendung dieser Verpflichtung auf sie wird durch die Verordnung wegen der Militair-Konstription näher bestimmt werden."

Man darf nicht verkennen, daß die beiden letzten Veränderungen der Tendenz, welcher Hardenberg in dem Edikte zum Uebergewicht zu verhelfen suchte, kein weiteres Zugeständnis machten, sondern im Gegentheil ihr Abbruch thaten. Alles in allem genommen war aber der Kampf der Meinungen, welcher sich, mit zeitweiligen Unterbrechungen, mehrere Jahre hindurch abgespielt hatte, zu einem Abschluß gelangt, der von tausenden, die ihn mit Spannung ersehnt hatten, jubelnd begrüßt wurde. Die Aeltesten der jüdischen Gemeinde Berlins ließen es sich nicht nehmen persönlich beim Staatskanzler zu erscheinen, um ihm ihren Dank und ihre Ehrfurcht zu bezeugen. Die Breslauer Aeltesten schrieben ihm: „Welche Worte haben die Größe des Umfangs um die Dankgefühle kräftig an den Tag zu legen, die uns bei Erblickung der uns nun zu Theil gewordenen Würde, der Klasse der Staatsbürger einverleibt zu sein, ergriffen. Wollten wir uns auch der gesuchtesten Ausdrücke hiebei bedienen, so würden solche doch nur sehr schwach das Maß bezeichnen und immer noch weit hinter den .. Empfindungen der heißen .. Dankbarkeit zurückbleiben" [1]). Ebenso die Königsberger: „Begnügen müssen wir uns mit der Versicherung, daß wir das Zutrauen, das Se. Majestät uns durch Erhebung zu wirklichen Staatsbürgern bezeugt, zu verdienen suchen und so auch die Gnade Ew. Excellenz rechtfertigen werden" [2]). Die Vorsteher der jüdischen Gemeinde zu Potsdam rühmten gegenüber dem

---

mit Unterschrift Hardenberg's und Korrekturen (von Bülow's Hand) s. d. Das Edikt entsprechend dem Druck, „11. März" mit den Namenszügen Hardenberg's und Kircheisen's.

1) Die Breslauer Aeltesten an Hardenberg 18. März 1812.
2) Die Königsberger Aeltesten an Hardenberg 20. März 1812.

Staatskanzler das Edikt als „ein Denkmal der Unsterblichkeit, welches unvergänglich bleiben wird, so wie von unseren Kindern und Kindeskindern Ihr Andenken gesegnet sein wird" [1]).

Es würde über den Rahmen dieser Abhandlung hinausgehen, wenn geschildert werden sollte, wie ernstlich Hardenberg es sich angelegen sein ließ, die Durchführung des Ediktes zu verwirklichen. Noch weniger darf hier die Darstellung der traurigen Zeit erwartet werden, in welcher nicht nur der Ausbau des Ediktes und seine Uebertragung auf das ganze Staatsgebiet unterblieb, sondern seinem Geiste häufig zuwider gehandelt wurde. Ueber alle Schwankungen des Tages ragte trotz der Unvollkommenheiten, die ihm anhafteten, das Edikt von 1812 hoch empor. Als es im vereinigten Landtag 1847 zu jenen denkwürdigen Verhandlungen kam, die beständig auf diese Reform Hardenberg's zurückgriffen, konnte der Graf von Schwerin sie rühmen als einen Theil jener Gesetzgebung, die „große Grundsätze hinstellte, an denen die Zeit sich heranzubilden im Stande war: hier den Grundsatz des Staatsbürgerthums" [2]).

---

1) Die Vorsteher der jüdischen Gemeinde zu Potsdam an Hardenberg 14. April 1812.

2) Vollständige Verhandlungen des ersten vereinigten preußischen Landtages über die Emancipationsfrage der Juden. Berlin 1847. 2, 242.

IX.

Preußen und Frankreich 1809—1813.

Urkundliche Mittheilungen aus dem Archive des Ministeriums der auswärtigen Angelegenheiten zu Paris.

———

Gegen Ende des Jahres 1808, als die Rückkehr des preußischen Hofes von Königsberg nach Berlin bevorzustehen schien, beschloß Napoleon den Grafen von St. Marsan als diplomatischen Vertreter dorthin zu senden [1]). In gewisser Hinsicht war diese Wahl eine vortreffliche zu nennen. Filippo Antonio Asinari Marchese di San Marzano, geboren in Turin am 12. November 1767, entstammte einer Familie von altem Adel, die in Piemont angesessen war. Er war gründlich gebildet, hatte als sardinischer Offizier in jungen Jahren beim Ausbruch des Kampfes mit dem revolutionären Frankreich den Krieg gesehen und sich zugleich bei der Führung militärischer und politischer Korrespondenzen nützlich gemacht. Als Diplomat erwarb er sich Auszeichnung, indem er 1796 bei jenen Verhandlungen zwischen dem jugendlichen Sieger Bonaparte und der sardinischen Regierung betheiligt war, die sich auf den Friedensvertrag bezogen. So undankbar seine Aufgabe auch war, so löste er sie doch zur Zufriedenheit seiner Regierung. Aber auch Napoleon verlor den gewandten Unterhändler seitdem nicht aus den Augen.

In der Folge mehrfach bei wichtigen Anlässen thätig, bemühte er sich den Druck der fremdländischen Okkupation so viel wie möglich zu lindern. Aber, im Jahre 1798 zum Minister des Krieges ernannt, ward er Zeuge des Sturzes jener Monarchie, welcher er mit soviel

---

1) Der Artikel „St. Marsan" in der Biographie universelle, Paris, Michaud 1847, Supplément T. LXXX, 359—362 bedarf vieler Ergänzungen und Berichtigungen. Von größtem Werth sind die zahlreichen Mittheilungen in Nicomede Bianchi's Storia della monarchia Piemontese, Band 2 und 3. Ich verdanke seiner Gefälligkeit die Übersendung einiger Aushängebogen des vierten Bandes seines Werkes, in denen St. Marsan's gedacht wird. Desgleichen bin ich Herrn Bayra in Turin für die Mittheilung einer handschriftlichen Biographie St. Marsan's, die ein Sekretär der Familie verfaßt hat, sehr zu Dank verpflichtet.

Aufopferung gedient hatte. Er wurde sogar nebst mehreren anderen
hervorragenden Männern für einige Zeit nach Frankreich abgeführt.
Erst als er einen Paß nach Spanien erhalten hatte, konnte er von dort
die Insel Sardinien erreichen und sich dem König Karl Emanuel wieder
zur Verfügung stellen. Inzwischen waren die Waffen der Koalition
siegreich in Italien gewesen. St. Marsan erhielt von seinem Könige den
Auftrag das Kriegsministerium in Piemont wieder zu übernehmen.
Aber die österreichische Regierung, deren eigensüchtige Absichten hervor-
traten, verlangte, daß er sich von den Geschäften fernhalte. Dies
hinderte jedoch nicht, daß er nach wie vor zu den vertrautesten Rath-
gebern seines Hofes gehörte, für den er die Wiederkehr besserer Zeiten
erhoffte. Er ließ es bei den unerwarteten Wendungen, welche demnächst eintraten, der Lockerung der Koalition, Rußland's Annäherung
an Preußen, Napoleon's Sieg bei Marengo, an guten Rathschlägen
nicht fehlen und stand namentlich mit der Königin Maria Klothilde
in lebhafter Verbindung. Zu Ende des Jahres 1800 erhielt er
Instruktionen, die ihn bevollmächtigten seinen König auf dem in
Aussicht genommenen Kongreß für die Herstellung des allgemeinen
Friedens zu vertreten. Den ersten längeren Aufenthalt hatte er in
Berlin zu machen, um dort für das Interesse seines Hofes zu wirken[1].
Im Januar 1801 mußte er sich indessen nach Paris begeben, da
sein König wähnte dort durch russische Vermittlung einen günstigen
Vertrag zu erlangen. Die Verhandlungen, auch nach der Ermordung
des Czaren Paul eine Zeit lang fortgesetzt, führten, wie bekannt, zu
keinem Ergebnis. St. Marsan war schon im Juli 1801 zurückgerufen worden. Eine neue Mission, mit der er kurz vor dem Abschluß des Friedens von Amiens betraut wurde, war gleichfalls
erfolglos. Er hatte während seiner Reisen einen Theil seines Vermögens zugesetzt und mußte nun die Annexion seines Heimatlandes
an Frankreich als entschieden ansehen.

Er hätte gewünscht, außerhalb der französischen Grenzen zu
bleiben, aber da ein Dekret der französischen Konsuln vom 10. Messidor
des Jahres X (29. Juni 1802) alle Piemontesen, die ein Amt unter
der früheren Regierung innegehabt hatten, mit Einziehung ihrer
Güter bedrohte, wenn sie nicht in einer kurzen Frist in ihre Heimat
zurückkehrten[2], begab er sich auf seinen Landsitz nach Costigliole.

---

1) Bianchi a. a. O. 3, 401—404, vgl. Bianchi: Le materie politiche relative all' estero degli archivi di stato Piemontesi 1876. p. 571. Prussia.

2) Bianchi 4, 368.

Napoleon ließ nichts unversucht ihn in seinen Dienst zu ziehen, und schrieb ihm selbst in schmeichelhaften Ausdrücken. Mehrere Jahre widerstrebte St. Marsan, indem er erklärte, die Zeit dazu sei noch nicht gekommen. Als er aber im Jahre 1805 dem Kaiser in Turin seine Aufwartung machte, weigerte er sich nicht länger, der Zustimmung seines alten Herrn vollkommen gewiß[1]). Er wurde bald darauf zum Mitglied des kaiserlichen Staatsrathes ernannt und 1808 zum Vertreter des Kaisers beim preußischen Hofe bestimmt.

Als Aristokrat und ein Mann von konservativen Gesinnungen, wie er sich noch in seinem späteren politischen Leben erzeigte, mochte er Napoleon besonders geeignet erscheinen, das Vertrauen Friedrich Wilhelms III. zu gewinnen. Der Boden, auf den er versetzt wurde, war ihm von einer früheren Mission her einigermaßen bekannt. Dazu kam, daß er sehr gewinnende Formen hatte, die unwillkürlich für ihn einnehmen mußten. K. L. von Woltmann[2]), der Historiker und hanseatische Geschäftsträger zu Berlin, nennt ihn in seinen Depeschen „einen liebenswürdigen, sanften Mann, ganz geeignet die runden Gemüther mit Frankreich zu versöhnen, ... ein Muster von Feinheit und gefälligen Sitten". „Er bezaubert — meldet er am 2. Januar 1810, nachdem eine kritische Zeit vorübergegangen war, — die hiesige Welt durch seine Artigkeit. Auch hat ihm der König sehr gedankt für sein persönliches Betragen, und die Königin hat den Wunsch geäußert, daß er seine Familie aus Turin zu sich rufen möge, weil man darin die Hoffnung sehen würde, ihn in Berlin zu behalten." Nicht minder rühmend gedenkt seiner sein österreichischer Kollege de Pombelles[3]). Th. G. von Hippel meint: „Vielleicht war nie ein Ausländer, am wenigsten unter den Gesandten, dem Könige mit solcher Liebe und Verehrung ergeben als der Graf St. Marsan, der die Liebenswürdigkeit der altfranzösischen Bildung mit der, fast republikanischen, Offenheit der neueren Zeit in sich vereinigte[4]). Und Friedrich Wil-

---

1) Bianchi 4, 369. Handschriftliche Biographie St. Marsan's nach gefälliger Mittheilung von H. Bayra.

2) Woltmann an den Senator Smidt in Bremen 6. Januar, 31. Oktober 1809. Ich verdanke der Güte meines Freundes, H. Dr. W. v. Bippen in Bremen, daß ich die im dortigen Archive aufbewahrten Depeschen Woltmann's einsehen konnte.

3) S. Onden: Oesterreich und Preußen im Befreiungskriege 1, 290, wo jedoch „1809" wohl ein Druckfehler ist für „1811".

4) Beiträge zur Charakteristik Friedrich Wilhelms III. 1841 S. 39.

helm III. ließ noch viele Jahre später den Grafen, als er wieder piemontesischer Minister war, wiederholt seines Vertrauens versichern[1]).

Ob aber eben das, was St. Marsan in Berlin beliebt machte, nicht sehr viel dazu beitrug die Absichten, welche Napoleon bei der Auswahl dieses Diplomaten geleitet hatten, zu durchkreuzen? „Er hat, urtheilte der Österreicher de Bombelles a. a. O., lange und mit Auszeichnung dem König von Sardinien gedient, er hat alle die Leiden, die sein unglückliches Vaterland bis zum Augenblick seiner Vernichtung erduldet hat, nicht vergessen und scheint durch sein Benehmen auf Preußen den schönen Vers Virgil's anzuwenden: Non ignorans mali miseris succurrere disco“. K. L. von Woltmann fand schon am 6. Januar 1809, nachdem St. Marsan kaum auf seinem Posten angelangt war, er suche „zu verhüten, daß an den Kaiser nicht Schilderungen von der hiesigen Stimmung kommen, welche seinen Zorn wider Preußen erneuen“. Bei einem Rückblick auf jene Zeit schrieb er in einem aus Wahrheit und Dichtung zusammengesetzten Werke: „In meinen Berichten . . äußerte ich meine Verwunderung, daß der französische Kaiser von der neuen Gesinnung, der in das Volk immer tiefer hineingreifenden, es immer mehr umfassenden und dadurch sehr großen Militärmacht der verkümmerten preußischen Monarchie durchaus nichts zu ahnen schiene und nur bisweilen auf Intriguanten im Preußischen schmähte und losfuhr, als wenn es noch da Intriguanten gäbe, wo das Volk in der Intrigue ist. Ich weiß nicht, ob er darüber keine das Wesentliche berührende Berichte erhielt, sein Botschafter, ein feiner Diplomatiker für die ehemaligen Verhältnisse, bekümmerte sich nicht viel um den Volksgeist und als vormaliger sardinischer Staatsminister nicht viel um die Sicherstellung einer Macht, wodurch sein König gestürzt, sein Vaterland in Abhängigkeit gekommen war. Graf St. Marsan vermied sehr klug den Argwohn und Zorn des Löwen irgend zu reizen und freute sich wahrhaft, daß ihm gelang gleichwohl in hohe Gunst bei König und Königin von Preußen zu treten. Er meldete, was ihm befohlen war und verschwieg so viel thunlich, was um ihn vorging, wenn es seinen Gebieter ergrimmen konnte“[2]).

---

1) H. v. Treitschke: Teutsche Geschichte 1, 351.
2) Memoiren des Freiherrn von S—a zuerst 1815: in K. Werken 1827, 2. Band, 8. Lieferung. S. 170.

Die folgenden Blätter werden, wie ich hoffe, einiges zur Erläuterung dieser Urtheile beitragen. Auch werden sie an mehr als
einer Stelle wenigstens durchbliden lassen, in wie weit Napoleon sich
durch den Grafen St. Marsan, neben dem er noch andere Berichterstatter hatte, einschläfern ließ oder nicht. Was St. Marsan selbst
betrifft, so fand er gleich im Beginne seiner Mission Gelegenheit,
deutliche Beweise einer Denkungsart zu geben, die ihm persönlich
zwar sehr zur Ehre gereichte, die aber doch, milde gesprochen, mit
dem Willen seines Auftraggebers in entschiedenem Gegensatz stand.
Es handelt sich um die Achtung des Freiherrn von Stein. Die
Altenstücke, die sich für die Geschichte dieser Angelegenheit aus
Paris noch beibringen lassen, thun dar, wie ernst es Napoleon
mit der Ausführung des Achtungsdekretes vom 16. Dezember 1808
meinte.

Napoleon an Champagny, den Minister des Auswärtigen.

Madrid, 16. Dezember 1808.

M. de Champagny,

Envoyez l'ordre ci-joint[1]) à tous les ministres près les
princes de la confédération du Rhin, en leur faisant connaître
que le sieur Stein continue à manigancer avec les Anglais de
chimériques complots contre la confédération du Rhin. Vous
demanderez que les princes de Nassau fassent mettre le sé-
questre sur ses biens. Vous ferez connaître à la cour de
Prusse que mon ministre n'ira pas à Berlin, si Stein n'est
éloigné de cette capitale et de toute la Prusse. Vous irez plus
loin, vous demanderez par une note au ministre de Prusse[2])
pour que cet individu soit livré comme traître et employé
par les Anglais pour brouiller les deux cours. Parlez en fortement au ministre de la Prusse à Paris et écrivez à mon
consul à Königsberg[3]) pour qu'il en parle au roi; et laissez

---

1) Das Achtungsdekret vom 16. Dez. 1808 mit den bekannten Anfangs-
worten: „Le nommé Stein, cherchant à exciter des troubles en Allemagne" etc. Eine Kopie liegt bei. Auch findet sich das Konzept eines Rund-
schreibens von Champagny an die Vertreter Frankreichs bei den Rheinbunds-
staaten, vom 27. Dez. 1808 vor.

2) H. v. Brockhausen.

3) H. v. Clérembault.

entendre que, si mes troupes prennent Stein, il sera passé par les armes.

Sur ce je prie Dieu qu'il vous ait dans sa sainte garde. à Madrid le 16. décembre 1808.

Napoléon[1]).

Champagny an St. Marsan.

Paris, 26. Dezember 1808. (Konzept).

S. M. I. a été instruite que M. de Stein, dont les premières manoeuvres ont été dévoilées, continue d'entretenir des intelligences avec les Anglais et travaille en secret à exciter des troubles dans les états confédérés du Rhin. Cette conduite aussi coupable dans ses principes que dangereuse dans ses conséquences a mis S. M. I. dans la nécessité de considérer M. de Stein comme ennemi de la France et de la confédération du Rhin et de prendre à l'égard de sa personne et de ses biens les mesures les plus sévères, tant en France que dans les états confédérés et dans tous les pays occupés par les armées françaises. Je joins ici mais uniquement pour votre propre information[2]) la copie de l'ordre de l'armée concernant M. de Stein. Vous le garderez secret[3]). L'intention de S. M. est, que vous ne vous rendiez à Berlin que dans le cas où M. de Stein aurait été éloigné de cette capitale et de toute la Prusse. J'en ai prévenu ici M. le baron de Brockhausen. Vous devrez donc, Monsieur, dans la supposition où vous vous trouveriez encore à Leipzig à la réception de ma lettre, vous arrêter dans cette ville et y attendre de nouvelles directions. Vous reviendriez même sur vos pas, si vous vous étiez avancé, plus près de la frontière des états prussiens. Mais dans le cas où vous seriez déjà à Berlin près du roi, si vos lettres de créance n'avaient point été présentées, vous différeriez de les remettre en faisant connaître le motif

---

1) Dieser Brief, der in der gedruckten Correspondance de Napoléon fehlt, findet sich in Paris nicht in der diplomatischen Korrespondenz „Prusse", sondern in einem besonderen Bande „Lettres et ordres de Napoléon à Champagny du 21 mai au 22 déc. 1808", s. Inventaire sommaire des archives du département des affaires étrangères. Mémoires et Documents. France. Paris 1883, p. 356 No. 1781. Die Unterschrift ist von der Hand des Kaisers.

2) Die gesperrten Worte durchstrichen.

3) Wie oben.

qui vous oblige à différer, et si au contraire vos lettres de créance avaient été présentées, alors vous demanderiez un entretien à M. le comte de Goltz, vous lui feriez part des nouveaux renseignements que l'on a acquis sur la conduite de M. de Stein et vous demanderiez que la Prusse lui soit à jamais fermée, dans le cas où il en aurait été éloigné conformément aux assurances qui en ont été données par la cour de Prusse, et qu'on se saisisse de sa personne, s'il se trouve encore dans les états du roi. Vous pourrez même demander, mais sans y mettre trop d'instance avant d'avoir reçu de nouveaux ordres, que M. de Stein soit livré aux autorités françaises comme traître[1]) ...

Champagny an Clérembault.

Paris, 26. Dezember 1808. (Konzept).

Monsieur,

Sa Majesté Impériale, ayant été instruite que M. de Stein ne cessait d'entretenir des intelligences avec les Anglais et de chercher par des intrigues secrètes à agiter les états confédérés du Rhin, s'est vue dans la nécessité de le considérer comme ennemi public de la France et de la confédération, et comme s'étant mis ainsi hors du droit des gens. Elle a dû prendre à l'égard de sa personne et de ses biens les mesures les plus sévères dans tous les pays occupés par les armées françaises. Jo joins ici, mais pour vous seul[2]), copie de l'ordre de l'armée qui contient ces mesures.

S. M. vous charge, en conséquence, de faire connaître à la cour de Prusse les nouveaux griefs qui déposent contre M. de Stein. Dans l'entretien que vous aurez à ce sujet avec M. le comte de Goltz, vous demanderez que l'entrée du territoire prussien soit à jamais interdite à M. de Stein, s'il en est sorti, et, s'il y est encore, qu'il soit arrêté. Vous ferez cette demande même au roi, si vous en avez l'occasion. Vous déclarerez que, tant que M. de Stein sera en Prusse et libre, le ministre que S. M. I. se propose d'envoyer à Berlin ne s'y rendra pas. J'en ai prévenu M. le baron de Brockhausen. Vous ne cacherez point que l'ordre est donné de se saisir de

---

1) Wie oben.
2) Das Gesperrte durchgestrichen.

la personne de M. de Stein dans tous les pays occupés par les armées françaises, et vous laisserez entendre que, s'il était saisi par les troupes de Sa Majesté, il aurait le sort qui partout est réservé aux traîtres[1]). Dans le cas où il serait arrêté en Prusse, vous m'en donneriez sur-le-champ avis.

Je n'ai pas besoin de vous faire observer que les ordres, qui vous sont donnés, supposent que la cour de Prusse se trouve encore à Königsberg. Dans le cas où elle serait partie, vous n'auriez absolument aucune démarche à faire et vous devrez laisser ignorer les ordres qui vous ont été données...

Champagny an Brodhausen.
Paris, 27. Dezember 1808. (Konzept).

... Sa Majesté espère même, et son espoir se fond sur les sentiments qui lui ont été souvent manifestés par S. M. le roi de Prusse et de la sincérité desquels elle est entièrement convaincu, que ce monarque, si M. de Stein est encore dans sa puissance, ne croira point avoir satisfait à sa propre justice, en l'éloignant à perpétuité de ses états, mais que, conformément à la demande que je suis chargé de lui faire par l'organe de V. E. il ne refusera point, en faisant arrêter M. de Stein qui n'est pas moins coupable envers son pays qu'envers l'empereur, de donner une satisfaction plus directe aux puissances que M. de Stein a si gravement offensées...

Graf St. Marjan erhielt die für ihn bestimmte Instruktion in der Angelegenheit Stein's in Berlin, wo er am 24. Dezember 1808 angelangt war[2]). Erst hier erfuhr er, daß der preußische Hof im Begriff sei nach Petersburg zu reisen. Er nahm aber an, daß der König im Februar nach Berlin zurückkehren würde und setzte sich inzwischen mit dem Minister des Auswärtigen, Grafen Golz, in Verbindung[3]). Das eigene Zeugnis Stein's läßt bekanntlich keinen Zweifel darüber, daß und wie Graf St. Marjan selbst ihn warnte[4]).

---

1) Wie oben.
2) S. Moniteur vom 8. Januar 1809. Stein sagt in seiner Autobiographie irrthümlich: „Im Januar 1809 kam H. v. St. Marjan nach Berlin".
3) St. Marjan an Champagny. Berlin, 27. Dez. 1808.
4) Pertz: Leben Stein's Band 6, Beilagen S. 172.

„Er schickte mir den holländischen Herrn v. Goldberg, den ich im Frühjahr 1808 als einen verständigen, wohlwollenden Mann hatte kennen lernen, ließ mir das Proscriptions-Decret Napoleon's zustellen und sagen, er habe Befehl alle politischen Verhältnisse mit Preußen abzubrechen, wenn er mich noch in Berlin antreffe; er würde aber, wenn ich sogleich abreiste, annehmen, ich sei bereits abwesend". Die Depeschen St. Marsan's bewahren über diesen Zwischenfall begreiflicherweise ein beredtes Schweigen.

St. Marsan an Champagny.
Berlin, 31. Dezember 1808.

J'ai eu l'honneur d'informer V. E. . . . . de mon arrivée en cette ville et du voyage de S. M. le roi de Prusse à Pétersbourg; son départ doit avoir eu lieu le 28.[1]) et on présume qu'il pourra arriver à Berlin du 12. au 19. de février. Sa garde doit se mettre en marche le 2. janvier pour revenir de Königsberg à Berlin . . . L'impression qu'a faite le voyage du roi sous tous les rapports se dissipe et l'on croit généralement que la seule amitié et le désir de la reine l'ont dicté. Mais on regrette la dépense et le retour du roi est nécessaire sous tous les rapports . . .

St. Marsan an Champagny.
Berlin, 2. Januar 1809.

. . . Les personnes de ce pays, attachés à la France ou pour parler plus correctement les bons Prussiens qui ne voyent d'autres ressources pour leur patrie qu'une franche et loyale union avec la France, ont beaucoup regretté le voyage du roi à Pétersbourg . . Sa Majesté a écrit ici à M. de Beyme, . . un de ces bons Prussiens dont je parlais ci-dessus, . . que ce n'était qu'à regret qu'il avait consenti à ce voyage qui éloignait l'époque de son retour à Berlin mais qu'il n'avait pu se refuser aux instances de l'empereur Alexandre, qu'au surplus il comptait être certainement de retour à Königsberg le 29. janvier, qu'il n'y resterait que 6 jours et partirait ensuite pour Berlin . . .

---

1) Die Abreise erfolgte am 27. Dez. Der König ließ die Kabinetsgeschäfte unter dem Vorsitz seines Bruders, des Prinzen Heinrich, fortführen, behielt sich aber Entscheidung der „wichtigen Gegenstände" vor und bevollmächtigte den Prinzen Heinrich nur in solchen Fällen letzter Art, „welche schleunige Verfügung bedürfen" in seinem Namen zu handeln. S. v. Basiewitz: Die Kurmark Brandenburg, 3, 735.

St. Marsan an Champagny.

Berlin 6. Januar 1809.

J'ai reçu la dépêche de V. E. en date du 27. décembre[1])
relative à M. de Stein. Quoique S. M. le roi de Prusse ne soit
pas encore à Berlin, m'étant annoncé à M. le comte de Goltz,
lui ayant demandé, s'il désirait que je lui envoyais la copie
de mes lettres de créance, et exprimé que je me flattais que
l'absence du roi ne serait pas un obstacle à ce que je pus
communiquer avec lui, si l'occasion s'en présentait, ainsi que
j'ai eu l'honneur d'en informer V. E. . . . . j'ai cru que ce n'était
pas le cas de quitter le territoire prussien, mais qu'il était
convenable et conforme aux instructions que je reçois de V. E.
de donner cours à la réclamation ordonnée dans l'hypothèse
que j'eus déployé mon caractère. Comme, en arrivant en
cette ville, j'avais appris que M. de Stein y était encore pour
mettre ordre à ses affaires, devant cependant quitter Berlin
d'un moment à l'autre, ne voyant presque personne, j'ai d'abord
été aux informations et il en résulte qu'il vient de quitter
cette capitale, sans que je puisse savoir encore, s'il s'est dirigé
hors des états prussiens ou seulement dans la province, on m'a
supposé que son projet, après avoir reçu sa démission, avait
été de se retirer dans les états d'Autriche. mais que S. M. le
roi de Prusse ne l'avait pas approuvé dans le doute que cela
put déplaire à S. M. l'empereur.

St. Marsan hat darauf einen Brief im Sinne der Instruktionen Champagny's an Goltz geschrieben . . .

M. le grand chancelier le baron de Beyme est parti pour
Königsberg; comme je connais sa manière de penser qui a
toujours été en opposition avec celle de M. de Stein et l'importance qu'il met à ce que son maitre cultive par tous les
moyens l'amitié de S. M. I. je l'ai vu un moment avant son
départ et je me suis permis de lui communiquer confidentielle-
ment ce que j'ai mandé à M. le comte de Goltz, afin qu'il
appuie par ses conseils l'opinion de donner pleine satisfaction
et d'adhérer à la demande que j'ai faite; il est entré complètement dans les vues de mon gouvernement et donnera un
avis conforme . . .

---

1) Das Konzept datirt einen Tag vorher, s. o. S. 270.

St. Marjan an Champagny.

Berlin 12. Januar 1809.

... Au moment que j'expédiais à V. E. mon No. 4[1])
une gazette de Hambourg, la „Neue Zeitung", était à Berlin
et contenait la pièce relative à M. de Stein. C'est le motif
qui a déterminé cet exministre à brusquer son départ puisque,
m'a-t-on dit, il comptait prolonger sa demeure à Berlin jusqu'
à peu de jours avant l'arrivée du roi. On croit assez généralement qu'il s'est rendu en Bohême et que son projet est
de passer à Trieste pour s'y embarquer et se rendre en Angleterre; quelqu'un prétend cependant qu'il a passé en Russie.
Au reste il ne paraît pas que sa disgrâce aie excité beaucoup
d'intérêt. On craignait ses projets de finance et il n'était pas
généralement aimé ...

Auf die Stein'sche Angelegenheit beziehen sich auch die beiden
folgenden Schreiben nebst St. Marjan's Bemerkungen zu dem zweiten.

Goltz an St. Marjan.

Königsberg 12. Januar 1809. (Kopie).

... Da der König in Petersburg abwesend ist, so kann weder Prinz
Heinrich noch ein Minister in Sachen Stein's eine bestimmte Antwort geben ...

[S. M.] s'est fait un devoir de donner à S. M. I. votre
auguste souverain satisfaction entière de la lettre comme du
baron de Stein en le renvoyant de son service et de ses
états[2]), sans même en avoir été formellement requise. Dans
ce moment on exige d'elle de nouvelles mesures très sévères
contre un ancien serviteur, sans que le roi ait des preuves de
nouveaux délits mis à sa charge.

Der Entscheidung des Königs läßt sich nicht vorgreifen. Was Prinz
Heinrich betrifft:

Il veut cependant prendre sur lui de décréter éventuellement les mesures les plus propres à mettre la personne du
ci-devant ministre baron de Stein, s'il devait encore se trouver
sur le territoire prussien, partout où il pourrait être rencontré

---

1) Die Depesche vom 6. Januar 1809.
2) Dies letzte ist, wie bekannt, nicht richtig. Der König ersuchte Stein
nur, am 16. Januar 1809, nicht zurückzukehren, da er ihn nicht werde schützen
können. Pertz: Stein 2, 336.

18*

jusqu'à décision ultérieure du roi, sous surveillance et observation [1]) . . .

Golß an St. Marsan.

Königsberg, 2. Februar 1809. (Kopie).

Je viens de recevoir, par un courrier de St. Pétersbourg,
la réponse du roi au rapport que je lui ai présenté sur l'affaire
de M. de Stein. S. M. a approuvé et confirmé en plein les
mesures provisoires que j'ai eu l'honneur d'annoncer à V. E.
par une lettre du 12. janvier, mais il sera impossible maintenant de leur donner suite et exécution, puisque toutes les
nouvelles s'accordent à nous assurer que l'ex-ministre avait
déjà auparavant quitté les états prussiens, où il ne sera jamais
plus question de son retour. Le roi croit avoir prouvé de
nouveau en cette occurrence, à S. M. l'empereur des Français,
sa déférence et sa propension à lui complaire. La réquisition
dont vous avez été l'organe, M. le comte, a été remplie autant
qu'elle pouvait l'être.

Sa Majesté va plus loin encore et au delà de ce qui lui
a été demandé. Forte de sa conscience et de la loyauté de
ses démarches, elle s'offre, si votre cour le désire, à faire
examiner ultérieurement les griefs qui ont été mis à la charge
de M. de Stein, si V. E. peut et veut en fournir une indication plus précise et des preuves authentiques. En revanche
d'une satisfaction si complète, S. M. espère aussi de la justice
et de la magnanimité de S. M. l'empereur, qu'il ne poussera

---

1) Zur Ergänzung diene ein Auszug aus einer Depesche Krubi's an
Stabion, Königsberg, 14. Januar 1809 (W. St. A.), der zufolge St. Marsan
wie Clèrembault das Verlangen gestellt haben, Stein „festnehmen zu lassen
und auszuliefern". „Hierauf wurde dem Gouverneur von Berlin gestern mittels
eines Kuriers der Befehl zugesandt, die Militärbehörden in der Mark und in
Schlesien anzuweisen, den Freiherrn von Stein anzuhalten und unter Polizei-
aufsicht bis dahin zu stellen, bis S. Majestät der König die verlangte Auslieferung desselben entschieden haben würde. Le ministère, S. A. R. monseigneur
le prince Henri à sa tête s'est refusé à cette mesure, prétextant de ne pas
y être autorisé du roi, mais comme l'ordre de l'empereur à M. de St. Marsan
porte de quitter incessemment Berlin, si on refusait d'accorder cette demande
et qu'on avait appris que M. de Stein était parti de cette capitale dans la
nuit du 5. au 6. de ce mois, on s'y est prêté". Krubi scheint nicht gewußt
zu haben, daß die Minister in Königsberg Stein durch Gneisenau warnen
ließen, s. Pertz a. a. O. und Delbrück: Leben Gneisenau's 1, 155.

pas plus loin son ressentiment et ne l'appesentira pas sur les enfants de M. de Stein, qui ne sauraient être coupables des actions de leur père et qui ne sont que trop à plaindre déjà de leur infortune. J'ai ordre d'intéresser la sensibilité de V. E. à leur sort et de la prier avec instance de vouloir bien employer ses bons offices pour que le décret du 16. novembre¹) soit révoqué en leur faveur. Je lui abandonne volontiers le soin de mettre sous les yeux de son auguste empereur les résultats de cette affaire et de nous rendre la justice qui nous est due.

Plus nous avancerons, M. le comte, dans nos relations officielles, et plus je me flatte de vous convaincre que les dispositions du roi doivent inspirer à votre cour une entière confiance, et qu'elles ne tendent qu'à nous mettre avec elle dans les rapports de la meilleure harmonie...

St. Marsan an Champagny.
Berlin, 10. Februar 1809.

... J'ai l'honneur d'adresser ci-joint à V. E. la copie d'une dépêche que je viens de recevoir de M. le comte de Goltz relative à M. de Stein. Comme elle contient la déclaration formelle qu'il ne sera jamais plus question du retour de cet ex-ministre dans les états prussiens, je pense qu'il est conforme aux ordres de S. M. I. que V. E. m'a transmis en date du 27. décembre que je ne fasse aucunes difficultés à présenter mes lettres de créance à l'arrivée du roi. Dans ma réponse cependant à M. de Goltz je me borne à lui annoncer que je transmets la dépêche à V. E. pour n'être engagé à rien, dans le cas que je reçus de nouveaux ordres avant l'époque où je devrai présenter mes lettres de créance....

Das folgende, bei den Parifer Atten befindliche Schreiben des preußischen Gefandten brachte die Stein'sche Angelegenheit zum Abschluß:

Brodhaufen an Champagny.
Paris, 24. Februar 1809.
Monsieur le comte,

S. M. le roi, en recevant la note que V. E. m'a fait l'honneur de m'adresser au sujet de l'ex-ministre baron de

¹) So irrthümlich statt: „16. Dezember".

Stein, n'a pu se défendre d'un sentiment pénible que cet ancien serviteur a pu si fortement déplaire à S. M. l'empereur et encourir une disgrâce aussi complète. Le roi, fort de sa conscience et de sa loyauté, a approuvé les mesures provisoires que son auguste frère, d'accord avec son ministère, s'était proposé de prendre, si l'ex-ministre avait été encore sur le territoire prussien; mais son départ précipité des états du roi a rendu leur exécution impossible. S. M. cependant, ayant à cœur de ne laisser subsister aucun nuage sur ses sentiments et son système, s'offre, si l'empereur le désire, de faire examiner ultérieurement les griefs qui ont été mis à la charge du baron de Stein, pourvu qu'une indication précise et des preuves authentiques la mette à même de procéder à cet examen. Après avoir satisfait d'une manière aussi complète à tout ce qu'on pouvait demander du roi dans une affaire aussi fâcheuse, S. M. en appelle au grand cœur de S. M. impériale pour détourner de la malheureuse famille de l'ex-ministre les coups dont le décret la menace et dont une grande partie a été déjà réalisée, sans qu'elle eût mérité de partager sa disgrâce. Époux et père de deux enfants en bas âge, ces êtres infortunés implorent la justice et la magnanimité d'un souverain qui ne ferme jamais son cœur à la clémence et à la générosité.

En priant instamment V. E. de vouloir bien porter ces lignes à la connaissance de S. M. impériale et royale, j'ai l'honneur de lui offrir l'assurance réitérée de ma plus haute considération.

Für St. Marſan kam zunächſt der bevorſtehende Krieg mit Öſterreich und die mögliche Rückwirkung auf die preußiſche Politik in Betracht.

St. Marſan an Champagny.

Berlin, 2. März 1809.

Ensuite des nouvelles des préparatifs de l'Autriche . . . on aperçoit encore plus aisément l'esprit qui règne ici parmi les militaires et la noblesse (dont j'exclus pourtant les très grands propriétaires) et qui est le même esprit de vertige qui

a régné en 1806. On ne s'aperçoit plus qu'il y aye de l'anti-
pathie entre les Prussiens et les Autrichiens.

Der König ist entschlossen von seinem wahren Interesse der Zurückhaltung nicht abzugehn, aber seine vertraute Umgebung ist Frankreich feindlich
gesinnt. Es ist schwer, sich den Zustand der neugebildeten Armee klar zu
machen.

Je ne crois pas qu'elle dépasse ou même qu'elle arrive
encore au nombre prescrit . . . mais les armes et l'argent
peuvent venir de l'étranger et quant aux hommes, par les dispositions prises, on peut en réunir tant que l'on veut sans éclat,
puisque tous, les jeunes gens de 20 à 25 ans sont inscrits, et
il en est de même de tous les soldats qui formaient l'armée
eu 1806 et qui se trouvent chez eux. Dans cet état des choses,
si j'osais hazarder une opinion, elle serait que le roi de Prusse,
ayant une armée même de 40 mille hommes, devrait à l'occasion faire cause commune avec la grande puissance de qui il
tient son existence. Cette opinion n'est pas exclusivement de
moi, elle est sous un autre point de vue celle des grands propriétaires, des négociants et des personnes sensées du pays qui,
désirant la paix et la tranquillité, disent que le roi dans sa position
ne devrait avoir que les troupes nécessaires pour faire la police...

St. Marsan an Champagny.

Berlin, 14. März 1809.

. . . Je suis très persuadé que le roi est loyal et de
bonne foi et d'ailleurs la conduite actuelle de la cour de Russie
impose silence, mais je ne doute pas d'un autre côté que le
cabinet et les faiseurs n'aient des arrière-pensées fondées à
la vérité sur des chances très chimériques . . .

St. Marsan an Champagny.

Berlin, 27. März 1809.

Der Hof scheint die Ereignisse abwarten zu wollen. Über das, was er
wünscht, darf man sich nicht täuschen. Die Feinde Frankreichs werden dadurch ermuthigt.

La misère du pays augmente tous les jours et il en résulte
une improbation constante de toutes les mesures intérieures
que prend le gouvernement.

Der österreichische Gesandte empfängt beständig Aufnahmegesuche preußischer Offiziere, doch sind erst wenig aufgenommen.

St. Marſan an Champagny.

Berlin, 13. April 1809.

Er hat Golß aufmerkſam darauf gemacht, daß die kleinen Äußerungen der Feindſchaft gegen Frankreich den Kaiſer reizen müſſen und daß ſie nicht ungeſtraft bleiben dürfen. Das Gerücht verbreitete ſich, der Erzherzog Karl ſtehe in Hof. Den Tag darauf gab Chazot, Kommandant der Berliner Garniſon, die Parole „Hof und Karl" aus. Der Gouverneur Leſtocq, ohne deſſen Wiſſen dies geſchehen war, ſuchte dieſe Unklugheit wieder gut zu machen, indem er den folgenden Tag „Augsburg und Napoleon" als Parole ausgab.

––––––

Die Angelegenheit Schill's zog das nächſte Intereſſe des franzöſiſchen Geſandten auf ſich. Er berichtete darüber dem Kaiſer ſelbſt und hatte mit Golß einen lebhaften mündlichen und ſchriftlichen Gedankenaustauſch, den vollſtändig nach den Akten wiederzugeben zu weit führen würde.

St. Marſan an Napoleon.

Berlin, 29. April 1809.

Sire

Un événement inoui dans l'histoire militaire vient de se passer à Berlin. Le major Schill connu sans doute à V. M. a emmené son corps entier . . .

Seine Unterhaltung darüber mit Golß, der zum König reiſen will.

. . La seule démarche que l'on aie faite c'est d'envoyer un officier pour rejoindre le major Schill, lui proposer le pardon de son inconséquence s'il rentre de suite ou de le déclarer traître et déserteur s'il ne revient pas. On n'a pas envoyé de troupes à sa poursuite parce qu'il n'y a plus un homme de cavallerie à Berlin. Il n'y a pas de doute que tout ce qui se passe ne soit la suite des projets de M. de Stein opérés par ses adhérents . .

P. S. Neue Unterredung mit Golß, der mit Leſtocq übereingekommen iſt, Schill's Attentat beim Tagesbefehl bekannt zu machen. Golß, weniger ſchlecht geſinnt als ſchwach), giebt ſeine Reiſe auf, hat aber einen Kurier zum König geſchidt.

St. Marſan an Napoleon.

Berlin, 2. Mai 1809.

. . . Parmi les personnes marquantes à Berlin je ne saurais assez me louer du prince de Hatzfeld et de la famille de

Hagen.[1]) Le premier m'a constamment informé avec beaucoup de vérité et de précision des dispositions du pays et démasqué les ennemis de S. M. La maison de commerce Delmar Levi[2]) qui fait toutes les affaires de l'intendance générale est aussi très bien pensante . . .

St. Marfan an Golk. (Ropie).

Berlin, 3. Mai 1809.

. . S. E. M. le comte de Goltz a insinué au soussigné que d'un côté ses pouvoirs et ceux des autorités d'ici étaient trop limités, que de l'autre on se trouvait contraint à garder des ménagements dans la répression de tous ces désordres, ne se sentant pas assez fort pour dominer l'opinion publique. Et l'on a rejeté le moyen le plus propre à aider le gouvernement, à dominer cette opinion égarée et à commander la tranquillité, la publication des grands succès qui viennent récemment d'augmenter, s'il est possible, la gloire de S. M. l'empereur Napoléon, et l'on a permis au contraire que le silence des feuilles qui paraissent sous la censure du gouvernement l'égarassent d'avantage en altérant la confiance, due aux rapports officiels, communiqués par le soussigné . . .

Golk an St. Marfan.

Berlin, 4. Mai 1809.

Er überläßt ihm zu bestimmen, ob die Bulletins vollständig oder im Auszuge erscheinen sollen.

St. Marfan an Napoleon.

Berlin, 4. Mai 1809.

. . . Golk hat ihm gestanden:

Que le manque total d'autorité et les ménagements que commandait la malheureuse disposition des esprits, dans un moment où il y a peu de troupes et qu'on ne peut guère compter sur celles qui se trouvent ici, étaient les seuls motifs d'une conduite aussi circonspecte.

Schill soll verjolat werden. Überzeugung St. Marfan's:

Que le grand complot, pour soulever toute l'Allemagne au moment que la guerre éclaterait a été tramé à l'insu du roi de Prusse et d'une partie de son ministère.

---

1) Vgl. M. J. von Baffewitz: Die Kurmark Brandenburg 2c. Register.
2) S. Anm. 1.

Gerücht, in Königsberg sei eine Verschwörung gegen den König ent=
bedt worden.

Ce prince est encore à temps de sauver son pays s'il prend
des mesures énergiques et s'il éloigne les gens de parti, car on ne
peut pas nier que la masse de la nation et surtout le pays
ne gémissent de l'état actuel des choses . . .

St. Marsan an Napoleon.

Berlin, 6. Mai 1809.

.. Aufzählung der beruhigenden Maßregeln des Königs.

S. M. a enfin défendu cette association connue sous le
nom d'amis de la vertu qu'elle, avait eu la faiblesse de tolérer
et qui a déjà été dénoncée dans le tems par M. le duc
d'Auerstädt, comme destinée a semer le trouble et la révolte
dans toute l'Allemagne[1]) . .

Golß an St. Marsan.

Berlin, 15. Mai 1809.

Der König ist sehr erzürnt über Schill. Über die Sendung des General=
majors von Stutterheim nach Berlin.[2])

St. Marsan an Napoleon.

Berlin, 15. Mai 1809.

Der König ist gegen jede Betheiligung am Kriege . . .

Je suis convaincu que sans les prodiges qui suivent les
pas de V. M. ce roi aurait été entraîné vers la guerre malgré
lui. Maintenant il me revient qu'on se déchaîne contre
sa personne dans les clubs particuliers, qu'il y est traité de
tyran pour les mesures qu'il vient de prendre et qu'on cherchera tous les moyens pour indisposer entièrement le militaire.
Le but principal de cette cabale est de le tenir éloigné de
Berlin pour qu'il ne puisse être éclairé par le ministre de V.
M. et par les personnes qui lui sont véritablement attachées. . .

St. Marsan an Champagny.

Berlin, 21. Mai 1809.

Zufriedenheit mit Kleist, dem neuen Kommandanten von Berlin, der die
Bilder Schill's, welche mit einer Strahlenkrone umgeben waren, unter=
drücken läßt.

---

1) Die Auflösung des Tugendbundes erfolgte erst am 31. Dezember 1809.
S. A. Lehmann: Der Tugendbund S. 67.
2) Vgl. v. Bassewitz 4, 473.

St. Marsan an Champagny.
Berlin, 27. Mai 1809.

Bericht über eine lange Unterhaltung mit Golß. Dessen Meinung:

Qu'on était obligé de garder des ménagements. Je lui ai répété à mon tour que la présence du roi serait bien propre à donner une meilleure direction à cet esprit, qu'au reste on peut et doit maîtriser ... Ce prince ne sera jamais le maître, s'il n'éloigne les intriguants et surtout s'il ne coupe à la racine la société des soi-disants amis de la vertu qui ont juré de le circonvenir .....

Mittheilungen über Schill's Einrücken in Stralsund.

St. Marsan an Champagny.
Berlin, 30. Mai 1809.

`... Le ministre d'Autriche a donné hier officiellement la nouvelle d'une bataille livrée le 21. et le 22. entre Aspern et Esslingen à la suite de laquelle l'armée française aurait repassé le Danube. D'après ce que j'ai eu occasion de dire à V. E. sur l'esprit et la conduite de la plupart des individus même marquants de ce pays. elle se fera sans doute une idée de l'enthousiasme ou plutôt du vertige que cette nouvelle a excité. Je brûle d'impatience de recevoir quelques avis ou détails qui me mettent à même de contrebalancer l'infatigable activité de nos ennemis ... On m'assure qu'une lettre, signée par onze généraux entre autres par le prince Auguste Ferdinand et le général Blücher, a été préparée pour engager le roi à s'unir à l'Autriche. Elle n'a pas été envoyée; le général Stutterheim l'a su et en a informé le roi qui a écrit une lettre très forte au prince Auguste. Cependant le général de Blücher vient d'être promu au grade de général de cavalerie[1]) ...

St. Marsan an Champagny.
Berlin, 30. Mai 1809.

Dank für die guten Berichte, die er durch seinen Sohn erhalten hat. Sie werden ein Gegengewicht gegen die Übertreibungen und Fälschungen bilden.

1) Vgl. Wigger: Feldmarschall Blücher 1878 S. 84 ff.

Neben dem Grafen St. Marſan hielt es in dieſer kritiſchen Zeit H. von Clérembault, der franzöſiſche Generalkonſul in Königsberg, welcher ſchon früher mehrfach erwähnt worden iſt, für nöthig ſeine Regierung über die Zuſtände und Stimmungen in den leitenden Kreiſen Preußens zu unterrichten. Als Verwandter Champagny's — ſeine ſchöne Frau war nicht nur die Couſine, ſondern, wie es heißt, auch „die Freundin" des franzöſiſchen Miniſters[1]) — hatte er ziemlich jung einen nicht unwichtigen Poſten erlangt, auf dem er ſich alsbald durch einen übertriebenen Dienſteifer auszeichnete. Er machte ſich ſo verhaßt, daß Frau von Voß ihn dieſen „Teufel von Clérembault" nannte[2]). Auch der Vertreter Öſterreichs in Königsberg wußte von ſeinem beleidigenden Auftreten viel zu berichten[3]). Man müßte eine kleine Abhandlung ſchreiben, wenn man alle die falſchen, zum Theil ſehr lächerlichen Behauptungen in dem folgenden Berichte Clérembault's verbeſſern wollte. Beachtenswerth ſind diejenigen über den Tugend= bund, deſſen Geſchichte durch die Werke von Voigt, Baerſch, Lehmann, (Geſchichte des ſog. Tugendbundes 1850, Beiträge zur Geſchichte des ſog. Tugendbundes 1852, der Tugendbund 1867) erhellt wird, weil ſie vielleicht u. a. den Grund zu der ſchiefen Auffaſſung gebildet ha= ben, welche die franzöſiſche Geſchichtſchreibung ſo lange beherrſcht hat. Auch iſt es nicht nöthig für deutſche Leſer, denen größere biographiſche Werke zu Gebote ſtehen, einen ausführlichen Kommentar hinzuzufügen. Der Auszug aus einer Depeſche St. Marſan's beweiſt, daß dieſer dem bißigen Clérembault nicht in allem blindlings vertraute, ſowie der Auszug aus einer Inſtruktion Champagny's, daß man von Paris aus den Eifer des Generalkonſuls in Königsberg zu zügeln ſuchte. Doch wird man nicht ſagen dürfen, daß deſſen Behauptungen auf ganz unfruchtbaren Boden gefallen wären.

---

1) Hendel von Donnersmarck: Erinnerungen aus meinem Leben 1846, S. 78. In einem Briefe des Miniſters von Voß an Friedrich Wilhelm III., vom 21. Juli 1808 (B. St. A.) heißt es von Clérembault: ..un jeune homme qui se croit trop bien épaulé par les relations de famille, qui le lient au comte de Champagny" vgl. Haſſel: Geſchichte der preußiſchen Politik 1807 — 1815 S. 450, 495. S. einen Brief Davouſt's an Clérembault in M. de Blocque-ville: Le maréchal Davout 2, 341.

2) Neunundſechzig Jahre am preußiſchen Hofe. S. 358. 360. 361.

3) „Je ne puis passer sous silence les vexations que se permet le consul général de France ici. M. Clairembault [sic]: il ne donne de certificat d'origine, quelle que soit la marchandise, qu'en se faiſant payer des droits très forts, savoir trois pour cent par voie de mer, deux pour cent par voie

Clérembault an Napoleon. (Kopie).

Königsberg, 30. Mai 1809.

Sire

Par décret impérial du 4. février de l'année dernière V. M. daigna m'ouvrir la carrière commerciale et diplomatique en me nommant son consul général à Kœnigsberg, résidence d'une cour près de laquelle elle n'avait point encore d'agent.

Mon premier soin, en y arrivant, fut, après avoir rempli avec exactitude et même sévérité les intentions de V. M. contre le commerce maritime de l'Angleterre, de connaître l'esprit et les projets de cette cour à notre égard, ainsi que celui de ses ministres et du militaire prussien. Je vis, par le ton de morgue et de hauteur qui régnait dans ce dernier, qu'il avait été puni mais non corrigé, et j'en conclus qu'il avait encore quelque espérance. Le ministère se trouvait entièrement conduit par MM. de Stein, de Goltz, Stægemann et Nagler, dont j'ai eu l'honneur de mettre plusieurs fois mon opinion à S. E. le comte de Champagny, d'après laquelle il est constant que tous ont participé à la formation de la société des amis de la vertu qui devait construire la landwehr de la Prusse[1]).

Au moment où V. M. signait le traité de Tilsitt le ministère prussien concevait le plan de la landwehr et M. de Stein se chargea de le faire connaître au cabinet d'Autriche.

La présence des armées de V. M. sur les bords de la Vistule n'ayant point permis à la Prusse d'établir la landwehr comme en Autriche, M. de Stein se chargea de former l'asso-

---

de rivière et un pour cent par voie de terre; il veut faire visiter les vaisseaux par ses gens, faire examiner même leurs papiers, saisir les bonnes prises au nom de son gouvernement et les vendre à son profit. Il aigrit toutes ses mesures par un ton haut, tranchant et impérieux; il eut même l'insolence de menacer le préposé de la douane royale ici, de le faire arrêter et de dire à un des employés, qu'on ferait marcher 30 000 hommes pour apprendre aux Kœnigsbergeois ce qui était de droit. Le gouvernement le ménageait d'abord parce qu'il se dit proche parent de Champagny; mais, ne pouvant pas céder à ces derniers points, on s'est plaint de lui, tant à Paris qu'à Berlin, et on sait que M. Daru désapprouve entièrement l'arrogance et les procédés du consul général." Krusi an Stadion. Königsberg, 1. Juni 1809. B. St. A.

1) Die gesperrten Worte sind, vermuthlich von St. Marsan oder Champagny, mit Bleistift durchstrichen.

ciation des amis de la vertu, dont chaque membre devait prendre les armes lorsqu'il en serait requis.

La faiblesse de caractère et la presque nullité du monarque prussien lui fit consentir aux projets de ses ministres, sans réfléchir quelles en pourraient être les conséquences et les suites.

La princesse Louise de Radziwill, sœur du prince Louis Ferdinand, tué à la bataille de Iéna[1]), qui s'était emparé de l'esprit du roi et de la reine, n'eut point de peine à leur persuader que ce moyen était le seul qui pût réussir à rendre à la Prusse son ancienne splendeur.

Dès lors tous les moyens furent mis en usage pour propager l'esprit de révolte que prêchait M. de Stein et V. M. sait mieux que personne la manière dont en agissait ce dernier.

C'est avec regret que je me vois forcé d'avouer à V. M. que, quoique M. le comte de Goltz, M. Nagler et M. Stægemann aient paru, depuis la retraite de M. de Stein, vouloir faire retomber sur ce dernier seul les menées du cabinet de Prusse, ils n'y en ont pas moins contribué.

Suivent ici les noms de ceux qui, dans la Prusse orientale. en Poméranie et en Silésie, ont principalement contribué à prêcher l'esprit de révolte, ainsi que des observations sur chacun d'eux:

Prusse orientale.

Stein. Sa conduite a été dévoilée à l'Europe entière par le décret de V. M. en date du 16. décembre 1808.

Ce ministre a, pendant longtemps, vécu avec la princesse Radziwill, et cette dernière s'étant, comme j'ai eu l'honneur de le dire précédemment à V. M., emparé de l'esprit du roi et de la reine, les a constamment fait accéder à tous les projets du dit ministre.

Elle nourrit encore en ce moment ces souverains de projets chimériques et ne cesse, dans les conversations particulières, d'égarer leurs esprits et de leur communiquer, ainsi qu'à tout ce qui les entoure, une haine envers la France.

Il serait à désirer que cette princesse ne pût jamais habiter le même lieu que leurs Majestés. Plus elle en sera éloignée, plus les souverains seront sages.

---

1) Bei Saalfeld 10. Ottober 1806.

Scharnhorst, ministre de la guerre, est au désespoir de voir que les projets de M. de Stein, qu'il a si bien su faire goûter par le militaire prussien, se trouvent évanouis.

Je ne sais pourquoi le Moniteur, en parlant de ce ministre, lors du départ de la cour de Prusse pour Pétersbourg, a écrit deux fois que S. M. l'empereur Alexandre avait particulièrement désiré que M. de Scharnhorst fût du voyage. Cela est de toute fausseté. L'empereur Alexandre ne connaissait même point auparavant ce général et ne lui avait donné aucune espèce de témoignage de sa bienveillance. Il n'allait à Pétersbourg que pour y faire des partisans contre la France, s'il en avait trouvé. Aussi, alors m'empressais-je d'en prévenir M. de Caulaincourt.[1])

Auerswald, président de la chambre, s'est déclaré ouvertement lors du départ de M. de Stein, et il était à la tête du rassemblement de la société des amis de la vertu à Kœnigsberg.

Delbrück, précepteur du prince royal, faisant germer dans ce jeune prince le principe d'une haine implacable contre la France.

Baczkow, professeur.

Scheffner, conseiller de guerre retiré, lecteur de la reine et de la princesse de Radziwill[2]).

Morgenbosser, président de la cour de justice.

Klewitz, conseiller d'état.

Le prince de Hohenzollern, major au service de la Prusse. Tous créatures de M. de Stein et ayant cherché par tous les moyens à propager ses principes[3])

Chazot, ancien commandant de Berlin, est arrivé ici exprès après avoir protégé l'évasion de Schill. M. de St. Marsan est plus à même que tout autre, s'étant trouvé sur les lieux, de mettre sous les yeux de Votre Majesté les détails de ce

---

1) Scharnhorst wäre, wie man weiß, lieber in Königsberg geblieben. S. Klippel: Leben Scharnhorst's 3, 400.

2) S. M. Heide: Der Kriegsrath Scheffner und die Königin Louise. Königsberg 1865 (Sep.-Abdruck aus der Altpreußischen Monatsschrift, vgl. daselbst Band 1. Aus dem Leben Scheffner's.)

3) S. Lehmann: Der Tugendbund S. 34, 37, 55, 67. Voigt 92 ff. Baersch S. 5.

complot et les personnes qui, à Berlin, y ont participé. M.
de Chazot, à son arrivée d'ici, fut introduit chez le roi par
M. Beyme, ministre de la justice. Ce dernier, quoiqu'il a peu
de talents, en a suffisamment pour blanchir la conduite de ce
commandant, qui en a été quitte pour garder les arrêts pendant deux fois vingt-quatre heures. Il est. actuellement libre
et va partir incessamment pour aller prendre les eaux à Freyen-
walde dans la Marche. Il serait essentiel de faire surveiller
les démarches de cet officier.

N a t z m e r. Cet ancien officier retiré, créature de Stein,
est auteur [sic] de la prétendue lettre de M. le générale
Rüchel[1]) à sa Majesté le roi de Prusse.

Poméranie.

B l ü c h e r, général commandant de la Poméranie. Les officiers
généraux français qui ont commandé dans cette province doivent avoir donné à Votre Majesté leur opinion sur M. de Blücher,
qui a toujours détesté la France et les Français. C'est lui
qui, dans sa province, était chargé de propager l'esprit de M.
de Stein.

G r o l m a n n, major et chef du département du conseil de
guerre, le Schill de la Poméranie, a déserté de ce pays qu'il
n'avait pu réussir à soulever et est passé, il y a cinq semaines,
au service de l'Autriche.

K r o c k o w, major au service de Prusse, second Schill de
la Poméranie, est également passé, il y a cinq semaines, au
service d'Autriche.

Le d u c d ' O e l s, prétendant au duché de Bronswic, est
passé en Bohême et y a levé un régiment pour servir contre
la France.

O p p e n, capitaine, créature, ainsi que les précédents, de
M. de Stein, a demandé sa démission et est passé au service
d'Autriche.

---

1) S. Rüchel's Denkschrift vom 14. August 1806, (Ranke: Denkwürbig-
keiten Hardenberg's 5, 377—383) ober bie am 2. September 1806 dem Könige
burch einen Abjutanten Rüchel's überreichte von Johannes von Müller verfaßte
Kollektivpetition (f. Perg: Stein 1, 347 Ranke a. a. O. 3, 118). Von Natzmer
kann babei keine Rede sein. Gemeint ist vermuthlich Karl N., „ber spätere
Sekonbe-Lieutenant, nun sehr thätige Deputirte bes Schlawer Kreises". (Aus
bem Leben bes Generals Elbwig von Natzmer 1876 S. 25).

Silésie.

Le comte de Goetz [sic], brigadier de la cavalerie, partisan de M. de Stein, a à son service M. de Lucey, émigré français, en qualité de major et d'aide de camp. Ce dernier a mis tout en œuvre pour soulever ce pays[1]).

Merckel, conseiller de guerre en Silésie, y répandant des libelles contre les Français.

Rüdiger [sic], conseiller intime d'état, créature de M. de Stein, cherchant à soulever ce pays[2]).

Gneisenau, lieutenant-colonel, chef du génie, inspecteur des forteresses de la Silésie et aide de camp du roi, a été envoyé, il y a deux mois, par S. M. le roi de Prusse, pour connaître l'état de ces forteresses. Cet officier a cherché à y égarer les esprits, à les soulever même, en y répandant des libelles et des bulletins de nos défaites. Il arriva ici le 25. mai de retour de son voyage[3]), et, s'étant présenté le même jour chez le roi, il osa dire à S. M. qu'il lui apportait de bonnes nouvelles, que six mille Français avaient été massacrés par le peuple, le 10., dans le faubourg de Vienne. S. M. l'écoutait lorqu'on lui remit de ma part l'ordre du jour de V. M. impériale en date du 13. de Schœnbrunn. Le roi répondit, après avoir lu cet ordre du jour: „Pourquoi vouloir donc ainsi m'en imposer, monsieur de Gneisenau? Lisez!" Et S. M. lui tourna le dos.

La société des amis de la vertu, qui devait former la landwehr de la Prusse[4]), a été jusqu'ici soutenue et redoutée par S. M. Le roi l'a soutenue, parce que tous ceux qui l'entourent lui ont persuadé et lui persuadent encore que la France en veut à sa couronne, et il a espéré trouver un appui dans cette société. Il l'a redoutée, parce que plusieurs des principaux membres, tels que Scharnhorst, Auerswald,

---

1) S. die vertraulichen Briefe des Grafen Goetzen und des Majors Lucey aus dem Jahre 1808 bei Hassel a. a. O. S. 542 ff., vgl. Häusser: Teutsche Geschichte 3. Ausg. 3, 217 ff.

2) Ohne Zweifel H. v. Rhediger, vgl. über ihn die Abhandlung: Die preußische Verfassungsfrage. 1807—15. S. o. S. 151.

3) Nach Perz: Gneisenau 1, 498 kam Gneisenau den 24. Mai in Königsberg an.

4) Die gesperrten Worte sind mit Bleistift durchstrichen.

Chazot, Blücher, Schill, Lucey, Grolmann et Krockow [1]), sentant la nullité du monarque, ont formé le projet de mettre sa couronne sur la tête de Stein, au parti duquel ils se sont hautement voués [2]).

J'en conclus, Sire, que vous n'aurez de paix durable avec le gouvernement prussien qu'en changeant les membres qui le composent et vous réservant, ainsi qu'à la Russie, si vous le jugez convenable, de dénommer dorénavant à S. M. le roi de Prusse les sujets qui, par leur esprit de paix et leurs qualités personnelles, devront occuper les premières places, tant dans le gouvernement civil que dans le gouvernement militaire. Sans cela il n'est point de terme aux factions de ce pays.

Je suis avec le plus profond respect, Sire, de Votre Majesté impériale et royale...

St. Marfan an Champagny.

Berlin, 6. Juni 1809.

Le consul général de Clérembault expédie ... un rapport pour S. M. l'empereur. Il me l'a envoyé ouvert en me priant d'en prendre lecture. Ce qu'il contient relativement à l'esprit d'intrigue et d'opposition qui règne en ce pays ne sera pas nouveau à V. E. Je pense, comme M. de Clérembault, que la société des amis de la vertu est une institution très dangereuse, mais je ne crois pas qu'elle ait rien de commun avec la landwehr. C'est une association dans le genre de celle des Illuminés, toute composée d'ennemis de la France, dont le but est de circonvenir le roi, de forcer la distribution des emplois parmi les sectaires et de s'emparer par là de tout l'esprit et de la direction du gouvernement ... Quant aux individus dont il est question dans le rapport de M. de

---

1) W. J. N. Graf von Krodow, f. Allgemeine deutsche Biographie 17, 176: Lehmann a. a. O. S. 28, 55: Baerich a. a. O. S. 29 ff.

2) Clérembault übertrifft noch den Bischof Eylert und den österreichischen Gesandten von Wessenberg. Dieser berichtet am 26. Juni 1809 aus Berlin an Stadion: ... C'est le projet de plusieurs des partisans les plus zélés de M. de Stein de confier la régence au prince Guillaume, dans le cas que le roi ne voulut pas prendre des mesures analogues à leur système ... Il n'en est pas moins certain que le prince et son auguste épouse sont toujours restés étrangers à l'exécution de ce projet. (W. St. A.), vgl. Baerich a. a. O. S. 33, 34. Pertz: Gneisenau 1, 497, 498.

Clérembault, je n'en connais que quelques-uns personnellement ou de réputation, et ils passent pour être entièrement opposés à nos intérêts. J'y trouve ce M. Krockow dont j'avais annoncé l'arrestation d'après M. le comte de Goltz, et je vois que cette nouvelle n'était pas plus fondée que celle concernant M. de Scharnorst (sic). Je dois excepter de cette liste M. le grand chancelier Beyme dont il est question à l'article de M. Chazot; toutes mes données portent que son opinion est l'union intime de ce gouvernement avec la France, et, quant aux talents, il passe pour en avoir beaucoup dans sa partie. Quoiqu'il soit à désirer qu'il y ait des changements dans les grands employés, si l'on veut que ce gouvernement s'attache de bonne foi à la France, je ne dois pas omettre d'observer, au sujet de la conclusion du rapport de M. le consul général, qu'il serait assez difficile de désigner des sujets pour remplacer ceux qui occupent actuellement les principales places, et il sera probablement arrivé à M. de Clérembault ce qui m'arrive journellement, savoir que bien des personnes insistent sur la nécessité de ces changements pour parvenir elles-mêmes par le moyen de notre influence . . . .

Champagny an Clérembault.

Paris, 17. Juni 1809 (Konzept).

. . . L'empereur, monsieur, ne se mêle pas de l'administration intérieure des états qui lui sont étrangers; il espère que le roi de Prusse remplira ses engagements avec lui, mais il ne lui convient pas de lui indiquer de quels hommes il doit se servir, encore moins de le contraindre à ce choix, qui aurait d'autant plus d'inconvénient qu'il serait difficile d'être assuré des véritables dispositions de ceux qui en seraient l'objet. Jamais l'empereur n'a fait de pareilles demandes ni à ses amis ni à ses ennemis . . .

———

Inzwischen war die Mission des österreichischen Obersten von Steigentesch nach Königsberg erfolgt. Indem dieser Mann seinen Rückweg über Berlin nahm, theilte er dem dort residirenden westfälischen Gesandten die wesentlichen Ergebnisse seiner Mission und einige auf dieselbe bezügliche Aktenstücke mit. Napoleon erhielt ungesäumt von allem Kenntniß (s. o. die Abhandlung: Die Mission des Obersten von Steigentesch). Hierauf bezieht sich St. Marjan im Folgenden.

St. Marjan an Champagny.

Berlin, 1. Juli 1809.

... Le colonel autrichien Steigentesch, dont j'ai eu l'honneur d'annoncer à V. E. la mission à Königsberg est ici depuis quatre jours. Cet officier, connu par sa facilité à se communiquer et qui s'est déjà compromis plusieurs fois par des indiscrétions, s'est ouvert à un de ses amis intimes sur l'objet de sa mission et voici le résumé de sa conversation[1]). ... V. E. remarquera sans doute combien toutes les assertions du colonel coincident avec les rapports que j'ai eu l'honneur de lui adresser jusqu'ici d'après les notions recueillies par différentes voies. Elle y verra aussi l'explication de l'incroyable mollesse du gouvernement dans l'affaire de Schill et de la faveur dont jouissent tous les ennemis de la France. Il est impossible de se dissimuler que ce pays, travaillé peut-être plus que tous les autres par les auteurs de la conspiration de l'Allemagne, ... n'attend qu'une occasion que l'on croye favorable pour se déclarer et qu'il le serait déjà sans le manque absolu de certains moyens, sans les ménagements et le temps que l'on doit employer pour se les procurer et sans l'opposition qu'y met la personne du roi: opposition que je crois déterminée également par un principe de loyauté et par la crainte d'un dénouement malheureux ... De mon côté je ferai tous mes efforts pour détruire l'idée reçue qu'on songe à envahir une seconde fois ce pays. Je puis me flatter de gagner dans l'opinion de la masse du peuple, mais quant aux faiseurs (et ce sont à peu près tous les gens en place et les personnes de la société), bien loin qu'il soit possible de les vaincre ils craignent que les autres ne soient ramenés à une opinion raisonnable et travaillent à l'empêcher. Ce que j'ai le plus à regretter c'est de ne pouvoir agir auprès du roi, qui est peut-être celui qu'on persuaderait le plus aisément, et aussi je ne doute pas qu'on ne l'ait tenu éloigné de Berlin dans cette crainte et qu'on ait

---

1) Vgl. die Mittheilungen in der erwähnten Abhandlung.

par le même motif envoyé ici un ministre, qui ne jouit de
nulle considération et dont les rapports sont adressés à
M. le conseiller de Nagel[1]) à Königsberg ... J'aurais de la
peine même à indiquer les personnes marquantes, qui ne soient
pas prêtes à sacrifier l'intérêt de leur pays à la manie anti-
française, à l'exception parmi celles de ma connaissance du
vieux prince Ferdinand, du prince d'Hatzfeld et du baron
Wulknitz[2]) qui est député des états auprès de S. M. l'empereur
et quelques autres personnes. Car M. de Goltz est resté sans
influence à la cour. Sa Majesté a néanmoins un moyen qui
me paraît encore puissant pour amener presque malgré lui le
gouvernement prussien à changer de système. Ce serait de
laisser entrevoir à la nation un soulagement dans le poids de
a contribution de guerre, si l'on prend un parti et qu'on le
suit loyalement.

Man bemerkt in den Antworten auf die Klagen des Kommandanten der
Oberjetzungen wegen der mangelhaften Ausführung der Konvention oder
schlechter Behandlung der französischen Truppen eine Bitterkeit, die wahrscheinlich aus dem Wunsche einiger Personen hervorgeht, einen Bruch herbeizuführen.

De mon côté en suivant la ligne de conduite que V. E.
m'a indiquée, j'emploie la plus grande modération. J'écarte
toutes les plaintes qui ne sont pas urgentes et je mets dans
mes réponses toute la douceur possible ...

St. Marsan an Champagny.

Berlin, 1. Juli 1809.

Steigentesch hat fortgefahren sich rückhaltlos gegenüber seinem Freunde
auszusprechen. Man hat auf diese Weise auch einige wichtige Aktenstücke
erlangt.

J'aurai encore .. l'état actuel de l'armée prussienne,
remis au colonel par ordre du roi, et qui en porte la force
à 52000 hommes, et un autre état, remis par le ministre de la
guerre à l'insu de S. M. dans lequel sont détaillées les

1) So statt Nagler.
2) Ohne Zweifel der Kammerherr von Wülknitz-Greiffenberg, Mitglied des
Komitees der kurmärkischen Stände und der in Sachen der französischen Lager
ernannten Kommission. S. Bassewitz a. a. O. Register; namentlich 3, 135.
Er wird noch mehrfach von St. Marsan erwähnt und gerühmt, z. B. 19. Juni
1810, als ein Mann, der sich zum preußischen Gesandten in Paris eigne.

mesures prises pour l'augmentation instantanée de l'armée...
Le colonel a dit que l'empereur son maître, qui craint toujours
de manquer de forces et voudrait rassembler toutes celles
possibles, met beaucoup de prix à cette alliance offensive et
défensive avec le roi de Prusse, que l'archiduc Charles au
contraire ne la prise pas beaucoup et qu'il lui a dit: „Si le
roi n'accède pas de suite de bonne grâce et sans conditions,
il ne faut pas s'en embarasser et même le compromettre"...
Le projet de compromettre le roi expliquerait autrement l'extrême facilité que cet officier a eu à s'ouvrir, quoiqu'il soit
connu pour posséder à un degré éminent le défaut d'indiscrétion, mais c'est cependant une raison de plus pour que
je mette de mon côté la plus grande circonspection dans ma
conduite. Je double donc de douceur et de patience pour
éviter tout sujet d'altération et fermer autant que possible les
yeux sur ce qui se passe ... Je dois prévenir V. E. que
la publication des pièces communiquées compromettrait infiniment une personne respectable et qui sert la cause de
S. M. l'empereur avec tout le zèle imaginable. J'ose donc lui
demander instamment qu'il n'en soit pas fait un usage public.
Je ne cacherai pas à V. E. que c'est à M. le baron de Linden
que je dois des notions aussi importantes. Il a montré un
zèle actif et une intelligence au-dessus de tout éloge ...

St. Marſan an Champagny.

Berlin, 3. Juli 1809.

Bericht über eine Unterhaltung mit Golz. Dieſer hat ihm geſagt, daß
man Steigenteſch's Aufenthalt in Berlin mit Mißtrauen anſehen müſſe.

Que le séjour de cette personne était propre à donner de
l'ombrage, puisqu'il était connu pour un de ceux qui ont été
employés à soulever l'Allemagne ... Le colonel a confirmé un
rapport auquel je n'avais pas ajouté foi, il y a trois mois, savoir
que l'on avait fait la proposition à l'archiduc Charles d'agir
ici malgré le roi; le colonel semble à regretter la délicatesse
de l'archiduc qui s'y était refusé et a dit n'avoir appris qu'ici
cette circonstance ... D'après les assertions de M. de Steigentesch il paraît, que le grand chancelier Beyme est entré dans
des dispositions entièrement contraires à nos intérêts. Le
prince d'Hatzfeld et l'exministre de Voss, qui le croyaient de

leur opinion m'ont dit aussi tout récemment, qu'ils avaient quelque doute sur sa sincérité . . . P. S. Le colonel part aujourd'hui à midi. Il vient encore de dire qu'il compromettra le roi de Prusse de manière à ce qu'il ne puisse reculer, que d'autre part le général Blücher prépare tout pour une insurrection et a reçu ces jours-ci cent trente mille écus pour cet objet. Il s'est servi dans un autre moment de l'expression **vingt mille livres sterling.** Au surplus je vais redoubler de soins pour être informé des mouvements de troupes qui pourraient se faire surtout à Stargard dans l'arrondissement du général Blücher.

St. Marſan an Champagny.

Berlin, 26. Juli 1809.

Nach dem Eintreffen der Nachricht vom Siege bei Wagram . . .

En général on réfléchit avec effroi que la conduite tenue ici peut avoir irrité S. M. l'Empereur . . . Les bons Prussiens et les personnes sensées qui sont malheureusement en petit nombre dans la classe de celles qui ont de l'influence gémissent de tout ce qui a été fait et dit . . . Ils prétendent qu'il [sc. le roi] n'est satisfait de la composition du ministère actuel; j'ai même lieu de croire qu'on a voulu me sonder pour savoir si S. M. l'empereur ne désapprouverait pas que M. le baron de Hardenberg reprit le timon des affaires . . . Il y a enfin encore un nombre considérable de personnes qui déclament contre la conclusion de l'armistice et que les événements n'ont nullement corrigés . . .

Champagny an St. Marſan.

Wien, 28. Juli 1809 (Konzept).

Der Kaiſer hat die auf Steigentesch bezüglichen Altenitüde mit Intereſſe geleſen. Einige waren ihm ſchon durch den König von Weſtfalen zugekommen.

Votre conduite à l'égard de ce gouvernement doit être toujours la même. Qu'il sache bien que l'empereur rend justice aux intentions du roi et qu'il connait les effets qu'il a fait pour résister à tous les moyens, qu'on a employés pour l'entrainer à la guerre. Le ministre prussien à Paris[1]) a . . du sentiment et des opinions, tellement propres à semer la

---

1) K. C. von Brockhausen.

discorde entre les deux gouvernements, qu'on ne peut douter
qu'il ne soit vendu au parti qui veut conduire la Prusse à la
guerre ... L'empereur en est tellement mécontent que vous
pourriez bientôt recevoir l'ordre de demander son rappel ..

St. Marſan an Champagny.

Berlin, 4. Auguſt 1809.

Je ne peux pas douter que S. M. le roi de Prusse désire
replacer le baron de Hardenberg au ministère. Elle voudrait
le nommer président du conseil de finance et il serait de fait
premier ministre, mais ce projet qui existe à l'insu du
ministère n'aura lieu que tant que le roi pourrait croire que
S. M. l'empereur ne le désapprouverait pas et le baron de
Hardenberg de son côté ne s'y prêterait pas sans cette
persuasion ...

Er hat mit Golß über Brodhaufen geſprochen. Der Miniſter ſagt, er
habe in B.'s Depeſchen nie etwas gefunben, was dieſen verbächtig erſcheinen
laſſe.

— — ———

Eine Reihe von Altenſtüden bezieht ſich auf das Schidſal der
Schill'ſchen Schaar, die durch den Transport von Gefangenen in
Brandenburg veranlaßte Bewegung, das Verhältnis der franzöſiſchen
Truppen zur Bevölkerung. In dieſen Kreis gehört auch folgender
Auszug aus einer Note des preußiſchen Geh. Legationsrathes Le Coq:

Le Coq an St. Marſan.

Berlin, 4. Cttober 1809.

... En attendant M. le gouverneur n'a pu s'empêcher
d'observer en général à cette occasion, combien il serait désirable
que la conduite des troupes, qui passent les routes militaires,
ne fût pas trop souvent telle qu'il faut toute la bonhommie
naturelle des habitants et les précautions sévères, prises d'ailleurs
par le gouvernement, pour qu'il n'arrive pas plus fréquemment
des rixes et des désordres ... Les habitations des sujets
prussiens sur ces routes et les individus eux-mêmes sont
continuellement en but aux plus mauvais traitements et aux
excès de tous genres des détachements qui les traversent.
Les amères plaintes en retentissent de tous les côtés et celles

qu'on a été dans le cas d'en porter aux commandants militaires n'ont effectué jusqu'ici aucun changement. Les habitants lorsqu'ils se trouvent hors d'état de satisfaire aux demandes arbitraires du soldat, continuent d'être maltraités, et nommément les paysans qui conduisent les relais retournent rarement à leurs villages sans y porter les marques sanglantes des violences exercées contre eux . . .

St. Marfan an Champagny.

Berlin, 31. October 1809.

. . . Gestern hat man im Schauspielhause Kotzebue's Stück „Sorgen ohne Noth und Noth ohne Sorgen" gegeben, welches mehrere politische An= spielungen (plusieurs platitudes évidemment allusives à l'état actuel de l'Europe) enthält. Die Polizei hat die zweite Aufführung verboten. Auch dem Einrücken einer Berichterstattung in eine wegen ihrer schlechten Gesinnung bekannte Zeitschrift, „Der Freimüthige", hat man sich widersetzt[1].

A l'égard de ce journal j'ai fait remarquer à M. le comte de Goltz qu'il s'était permis quelques phrases indécentes dans deux numéros précédents et il m'a assuré qu'il en ferait justice.

Die Stellung des preußischen Gesandten von Brockhausen in Paris war inzwischen unhaltbar geworden. Napoleon ließ sich am 5. November 1809 gegenüber Krusemarck, der die Glückwünsche zum Abschlusse des Friedens überbringen sollte, auf's heftigste über ihn aus. Brockhausen suchte sich in einem bei den Akten befindlichen Briefe an Champagny vom 6. November zu rechtfertigen, berief sich auf seine zwanzigjährige Laufbahn, auf seine reinen Absichten und erklärte, das Opfer falscher Gerüchte geworden zu sein. Die ihm ertheilte Antwort vom 8. November bemerkte ihm, man habe dem, was der Kaiser gegenüber Krusemarck geäußert, nichts hinzuzufügen. Nach einigen Wochen löste F. W. L. von Krusemarck ihn ab. St. Marsan hatte während dieser Zeit namentlich von einigen Personalveränderungen zu berichten, die in den preußischen Behörden

---

1) Neue Schauspiele von A. v. Kotzebue, Leipzig 1810, Bd. 16. Im Vorbericht wird erwähnt, daß das Stück wegen „kleiner Anspielungen auf die jetzigen Zeiten" an mehreren Orten verboten worden sei, daher vor dem Drucke „jene Auswüchse" weggeschnitten seien.

vorgegangen waren, und deutete wiederholt darauf hin, daß man den Eintritt Hardenberg's anstrebe.

St. Marsan an Champagny.

Berlin, 11. November 1809.

Les amis de M. le comte de Hardenberg sont revenus à la charge; ils disent (ils sont sans doute chargés de me dire), que cet ancien ministre . . a dit à ses amis que, s'il reprend le timon des affaires, il ferait tous ses efforts pour obtenir de S. M. l'empereur et roi d'admettre la Prusse dans la confédération du Rhin . .

Im Ministerium des Auswärtigen sind Renfner (Rempfner) und Le Coq pensionirt, Küster und Nagler haben sie ersetzt. Le Coq d. J. und Rour sind ihnen zugefügt[1].

M. Nagler passe pour être dévoué au parti antifrançais et l'on croit généralement que ce parti a surpris au roi cette promotion que M. le comte de Goltz désapprouvait.

St. Marsan an Champagny.

Berlin, 16. November 1809.

Golß hat ihm gestanden, daß viele von den Vorwürfen, die Napoleon Krusemard zu hören gegeben hat, berechtigt seien, daß er selbst sogar sich ähnlich geäußert habe.

---

1) S. über die Personalien v. Bassewiß a. a. O. 4, 107 und Register. Zur Ergänzung mit Bezug auf Nagler diene eine Stelle aus einer Depesche de Bombelles' vom 26. November 1809 (W. St. A.): . . La confiance du roi envers le conseiller Nagler augmente tous les jours. On pourrait même moins attribuer à des motifs politiques qu'au désir de tâcher de mettre des bornes au crédit du nouveau favori le dernier voyage du comte de Goltz (nach Königsberg). Ce ministre aimait beaucoup M. Reuffner, mais il n'a pu empêcher son éloignement, qui entrait dans les vues de Nagler, et n'a pas eu la présence d'esprit de cacher son dépit du peu de fruit de ses efforts. On assure que M. Nagler nourrit des vues très ambitieuses, se croit à même de prétendre à tout et tâche d'éloigner du roi tout concurrent qui pourrait par des talents réels éclipser sa médiocrité. Tenant beaucoup à sa place, il serait bien aise de l'affermir en se montrant complaisant aux vues de la France, mais il connaît trop bien l'attachement aveugle de son maître au système russe pour ne pas émettre ses opinions à ce sujet avec la plus grande circonspection. On croit que ce n'est que momentanément qu'il s'est contenté du titre de conseiller d'état et chef de section au département des affaires étrangères. Il a déjà fait sonder M. de Segebarth, directeur général des postes, pour l'engager à demander sa retraite . . Il a de plus été aussi question de créer en sa faveur le poste de ministre secrétaire d'état.

St. Marſan an Champagny.

Berlin, 19. Dezember 1809.

Mittheilung, daß Kalkreuth an Stelle Leſtocq's zum Gouverneur Berlin's ernannt worden ſei, wie Napoleon dieß am 5. November im Geſpräche mit Kruſemarck geäußert hatte.

Cette nomination a le double objet d'ôter le gouvernement à ce dernier général lequel, quoiqu'on ne lui puisse refuser d'être un vieux militaire fort respectable, a montré de la faiblesse dans l'affaire de Schill et dans d'autres circonstances . . . et de le confier à une personne pour laquelle S. M. l'empereur a daigné de l'estime et qui d'ailleurs s'est toujours prononcé hautement pour l'union franche et loyale avec la France.

Dieſe Ernennung hat in Berlin großes Aufſehen gemacht.

Il me revient même de bonne part que S. M. s'est expliquée vivement en famille sur ce sujet et qu'elle a imposé silence surtout à madame la princesse Radziwill qui entraînait aussi madame la princesse Guillaume dans son esprit d'opposition . . .

————

Am 23. Dezember 1809 kehrte Friedrich Wilhelm III. nach Berlin zurück. Der erſte fremde Geſandte, den er empfing, war St. Marſan.

St. Marſan an Champagny.

Berlin, 24. Dezember 1809.

Ueber ſeine Audienz beim König. Dieſer hat ihm geſagt, er werde ſeine Verpflichtungen gegen den Kaiſer erfüllen, aber er rechne auch auf deſſen Edelmuth.

Il a ajouté: „C'est à cette même générosité que je dois le bonheur que me procure la journée d'aujourd'hui, car après la guerre désastreuse de 1806 il ne tenait qu'à S. M. l'empereur de ne me rendre aucune partie de mes états. J'espère lui avoir donné une preuve de fait de ma reconnaissance et de mon attachement, en résistant à toutes les démarches qu'a faites la maison d'Autriche pour m'entraîner dans sa cause" . . . Je dois dire à V. E. que j'ai trouvé le roi extrêmement franc et loyal dans sa conversation, il m'a paru que véritablement les intriguants et les petits moyens des têtes exaltées répugnent à son caractère et l'indignent . . .

Im Sinne der Aeußerungen des Königs, von denen St. Marsan berichtete, war ein neues Schreiben Friedrich Wilhelms III. an Napoleon abgefaßt, vom 24. Dezember 1809 datirt, durch Krusemard überbracht[1]). Napoleon's Mißtrauen blieb jedoch bestehen und wurde durch den folgenden, zusammenfassenden, schriftlichen Vortrag Champagny's wach erhalten:

Rapport Champagny's an Napoleon[2]).

Sire,

Depuis la naissance et pendant la durée de la dernière guerre avec l'Autriche, V. M. a dû être frappée de l'esprit d'hésitation et d'incertitude, qui s'est manifesté dans toutes les opérations du gouvernement prussien, et qui pouvait laisser croire que sa fidélité à remplir les engagements, qu'il avait contractés par le traité de Tilsitt et les conventions subséquentes, ne serait point indépendante du résultat des opérations de la campagne.

V. M. aura remarqué que le système d'une union franche et sincère avec la France et la Russie, système adopté par le roi et par le petit nombre d'esprits sages qui, dégagés de passion, ne cherchent que le bien de leur pays, était combattu en Prusse par un parti nombreux et puissant dans lequel on doit ranger les principaux personnages qui entourent le roi et qui, professant hautement des principes opposés à ceux de leur souverain, n'ont point cessé pour cela de conserver sa confiance.

De cette lutte perpétuelle entre une majorité active et puissante et une minorité dont l'unique force consiste dans les circonstances, qui ne permettent point de tirer la Prusse de son inaction, naît la faiblesse du gouvernement et la presque nullité du ministère. C'est ainsi qu'il n'a point su s'opposer à la formation et aux progrès de cette association secrète qui avait pour but d'insurger l'Allemagne, qui a donné

---

1) Auszug bei Ranke: Hardenberg 3, 143.
2) Dahinter „Fin 1809" von anderer Hand wie das Schriftstück selbst.

naissance aux troubles de la Westphalie et momentanément agité la Poméranie, et a enfin préparé l'attentat du major Schill.

On a vu cet officier déserter avec son corps tout entier de la capitale de la monarchie prussienne, se porter hostilement sur le territoire d'un souverain ami et y fomenter la révolte et l'insurrection. Mais ce que l'on a peine à concevoir, le gouvernement prussien n'est instruit de cet événement que lorsque le major Schill a déjà dépassé les frontières; aucune mesure n'est prise pour venger un pareil délit et pour en prévenir les suites. La désertion, encouragée par la faiblesse des autorités militaires et civiles, fait de rapides progrès et, peu de jours après, deux compagnies d'infanterie partent de Berlin pour se joindre au corps de Schill.

L'absence du roi, la nécessité d'attendre ses ordres servent de prétexte à l'inaction du ministère.

Cependant le major Schill, après avoir exercé d'inutiles brigandages dans le nord de l'Allemagne, ne tarda point à succomber. Les troupes qui l'avaient accompagné furent tuées, dispersées ou arrêtées. Une commission fut instituée à Berlin pour juger les partisans, examiner la conduite des autorités qui, par leur négligence ou par complicité, avaient facilité sa fuite; mais les travaux de cette commission n'ont point été rendus publics. On a su seulement que les généraux Lestocq et Tauenzien avaient été rétablis dans l'exercice de leurs fonctions et qu'une entière liberté avait été rendue au major de Chazot, qui en jouissait déjà aux eaux de Freyenwald.

Pendant le cours de la guerre d'Autriche cet esprit de ressentiment et de haine contre la France, qui anime un parti nombreux dans la monarchie prussienne et qui n'est point étranger à plusieurs membres du ministère, s'est dévoilé par l'accueil fait aux fausses nouvelles, répandues au désavantage de la France, par le soin avec lequel on a cherché à étouffer le bruit de ses victoires et par la mauvaise direction donnée aux feuilles publiques, dans lesquelles les bulletins français n'étaient jamais insérés que par extraits.

Un effet de ce même esprit s'est fait remarquer dans l'émeute qui a eu lieu dernièrement à Brandebourg, où des troupes prussiennes se sont jointes au peuple pour attaquer un détachement polonais qui escortait des hommes de la bande de Schill.

Les rapports de l'administration prussienne avec les généraux et les administrations françaises n'ont point annoncé plus de bienveillance. On a pu s'en convaincre dans plusieurs circonstances et entre autres dans les nombreux obstacles mis au transport du convoi d'artillerie qui devait être effectué de Stettin sur Magdebourg.

Il était naturel de prévoir que la cour de Vienne chercherait à entraîner le roi dans la guerre qu'elle faisait à la France. Ses efforts ont été vains; mais leur non-succès ne doit-il pas être attribué en grande partie à la rapidité des victoires de nos armées et à l'importance de leurs résultats? On est tenté de s'arrêter à cette idée lorsqu'on se rappelle l'accueil fait à Kœnigsberg au colonel de Steigentesch, porteur d'une lettre de l'empereur d'Autriche et chargé de propositions verbales pour préparer une alliance entre les deux cours. L'indiscrétion de cet officier, soit qu'elle fût naturelle, soit qu'elle eût pour objet de compromettre le roi de Prusse vis-à-vis de la France, a laissé percer plusieurs circonstances de ses entretiens avec ce souverain. Elles sont connues de V. M. ainsi que la lettre de l'empereur d'Autriche dont M. de Steigentesch était porteur. Une autre pièce non moins importante est parvenue à la connaissance de V. M.: c'est la lettre de M. de Stadion à M. de Wessenberg, en réponse aux rapports de ce ministre sur les premières ouvertures faites à la Prusse[1]).

Il résulte de ces deux pièces et des révélations de m. de Steigentesch que le roi n'a rejeté les propositions portées par cet officier que parce que *les circonstances ne lui paraissaient point favorables* (c'était vers le milieu du mois de juin), que parce qu'il craignait d'être abandonné par l'Autriche et que cette puissance, après l'avoir entraîné dans la guerre, ne traitât séparément. On voit, en effet, par la lettre de M. de Stadion ci-dessus citée, qu'il avait été question de la part de la Prusse d'un traité préalable qui réglerait le sort futur de l'Allemagne,

---

[1] Vgl. Correspondance inédite de Napoléon Bonaparte, 1820, t. VII, p. 40?−420.

et que le comte de Stadion ne s'attachait à en écarter la discussion que pour ménager un temps précieux.

Les premières paroles qui ont donné lieu à ces négociations et à la mission du colonel de Steigentesch paraissent avoir été portées par le prince d'Orange, qui avait obtenu la permission de se rendre à Vienne et de prendre du service en Autriche. Il y a déjà une violation des égards que le roi devait à la France, avec laquelle il était en état de paix, dans cette permission accordée par lui à un prince, son parent, d'aller servir dans les rangs ennemis.

Il entrait dans la mission de M. de Steigentesch de concerter un plan de marche pour la réunion des troupes prussiennes à celles de l'Autriche. Il eut à ce sujet un entretien avec le roi, qui lui fit remettre un état de son armée, portée au complet à 42000 hommes; mais en même temps le général de Scharnhorst, ministre de la guerre, donnait à M. de Steigentesch, l'assurance que tout était disposé pour doubler, tripler même l'armée, s'il était nécessaire. Il est certain que le gouvernement prussien donnait, depuis près d'un an, une attention particulière à la réorganisation de son armée. Elle se trouvait portée au complet de 42000 hommes, et, les cadres des régiments ayant été augmentés, on s'était ménagé par là le moyen d'accroître la force de l'armée sans éclat et sans bruit, au moment où on le jugerait convenable.

Les fonds considérables, consacrés à la formation et à l'entretien d'une armée beaucoup plus forte que les circonstances ne l'exigeaient, n'ont fait qu'accroître la pénurie des finances. Le crédit public en a souffert, parce qu'on a craint que le gouvernement prussien n'eût l'intention de prendre part à la guerre, et enfin le service des contributions arriérées dues à la France a été suspendu au point que, sur vingt-six millions de francs payables dans les mois de mai, juin, juillet, août, septembre, octobre et novembre, il n'a été payé que la somme de 1515250 fr.

La cour de Prusse, pour colorer ce retard, a allégué l'impossibilité d'ouvrir un emprunt en Hollande, le roi ayant refusé, dit-elle, de le permettre jusqu'à ce que les emprunts ouverts pour son propre compte eussent été remplis. M. de la Rochefoucauld[1]) cependant avait été chargé d'interposer ses bons offices et d'intervenir auprès de V. M. pour seconder les vues de la cour de Berlin; mais ce n'est que dans ces derniers temps que le ministre de Prusse à Amsterdam a réclamé le concours de l'ambassadeur de France. M. de Nybourg [sic][2]), agent prussien, chargé de la négociation de cet emprunt, peu empressé de remplir sa commission ou désespérant de son succès, a quitté Amsterdam dès le mois d'avril et ne paraît point encore y être revenu.

Ce qu'on ne doit pas non plus passer sous silence, c'est que la remise des billets fonciers pour une somme de soixante et dix millions, que la cour de Berlin s'était engagée à verser au trésor de France au mois de mai dernier, n'a point encore eu lieu.

Quelle que fût la détresse de ses finances, la cour de Prusse n'épargnait rien pour accroître et fortifier son armée. Les cadres étaient augmentés, des camps d'exercice étaient commandés à Potsdam, Stargard, Breslau, Marienwerder et Kœnigsberg, mesure dispendieuse, si elle ne pouvait donner lieu à d'autres interprétations, dans un moment où la guerre était encore allumée en Allemagne.

En résumant tout ce qui vient d'être dit sur la conduite du gouvernement prussien pendant cette dernière période, on voit que sa résistance aux propositions de l'Autriche provient moins encore de la fermeté et de la loyauté du roi que des événements de la guerre, qui ne lui laissaient pas le choix d'un parti, et aussi de l'influence de la Russie; que la mauvaise volonté d'une grande partie de la nation et la faiblesse du gouvernement ont éclaté et dans les progrès de cette association des *amis de la vertu* et dans l'attentat du major Schill; qu'il y a peu de fonds à faire sur l'amitié d'une puissance dont la politique s'est montrée si vacillante et qu'enfin quelle que soit la pureté des intentions du roi, il peut être entraîné d'un moment à l'autre dans un parti contraire aux intérêts de la

---

1) Alexander de Rochefoucauld, französischer Gesandter bei König Ludwig von Holland.

2) B. G. Niebuhr. S. Ranke: Hardenberg 3, 102, 165. Lebensnachrichten über B. G. Niebuhr. Hamburg, Perthes, 1838, Bd. 1. Niebuhr: Nachgelassene Schriften nichtphilologischen Inhalts. 1842. S. 1—315.

France et qui a pour soutien dans sa propre cour la plupart de ses ministres et les principaux officiers de l'armée.

Cet état des choses est de nature à fixer l'attention de V. M. et c'est ce qui m'a déterminé à placer sous ses yeux la série des faits qui peuvent lui servir à apprécier la conduite de la cour de Prusse dans ces derniers temps.

Le ministre des relations extérieures Champagny.

———

In den erſten Wochen des Jahres 1810 erſchien das Verhältnis Preußens zum Kaiſerreich wieder ſehr geſpannt. Man kann in den aus den Archiven geſchöpften Mittheilungen Duncker's (Preußen während der franzöſiſchen Occupation) und Ranke's (Hardenberg) nachleſen, wie ſich die Verhandlungen weſentlich um die Zahlung der Kontributionen drehten und daß St. Marſan ſogar angewieſen wurde, die Abtretung einer Provinz, für den Fall, daß Preußen nicht zahlen könne, zu fordern. In der für St. Marſan am 6. Februar 1810 entworfenen Inſtruktion waren urſprünglich Glogau und ein Theil Schleſiens ausdrüclich genannt worden. Von einem Stücke Schleſiens ſprach Champagny in einer Unterredung mit Kruſemarck am 15. Februar. „Wenn der König nicht zahlen kann, muß er mir Schleſien abtreten," ſagte Napoleon am 7. März der Fürſtin von Thurn und Taxis, die ihm einen Brief ihrer Schweſter, der Königin Louiſe, übergeben hatte. Seine Aeußerungen erſchienen um ſo be- drohlicher, da nach dem Abſchluſſe des Friedens von Schönbrunn ein großer Theil der franzöſiſchen Truppen von der Donau weg nach Norddeutſchland gezogen worden war. Die folgenden Auszüge aus den Depeſchen St. Marſan's dienen zur Beleuchtung dieſer Sachlage und der miniſteriellen Kriſis in Preußen, die mit dem Wiedereintritt Hardenberg's endigte.

St. Marſan an Champagny.

Berlin, 14. Februar 1810.

Bericht über eine am vorausgehenden Tage ſtattgehabte Audienz beim König. Deſſen Klagen über ſeine Finanznoth. Er dankt dafür, daß Napoleon die holländiſche Anleihe geſtattet hat, wünſcht aber noch ein Zeichen des Ver- trauens, wie die Räumung von Glogau, zu erhalten. Ohne das könne er den Gedanken, dem man Glauben zu verſchaffen ſuche, nicht bekämpfen: daß der Untergang Preußens beſchloſſene Sache ſei.

S. M. a continué en disant: „Je me trouve aussi à peu près sans coopérateurs pour mon travail intérieur, car mes

ministres sont en général de très honnêtes gens mais des bons
buralistes et rien de plus, aucun n'a des vues, aucun n'a ni
assez ma confiance ni celle du public pour pouvoir agir
convenablement dans les moments actuels et pour diriger
l'opinion publique. Ce sont tous des gens nouveaux pour les
affaires en grand, tous mes anciens ministres sont hors d'activité,
les uns par leur faute et les autres par les circonstances qui
ne permettent plus qu'ils prennent part aux affaires. J'avoue
que celui que je regrette le plus, parce que je suis intimément
convaincu malgré tout ce qui s'est passé, qu'il est véritablement
pénétré de la vérité que le seul intérêt de la Prusse est
l'union intime avec la France, c'est le baron de Hardenberg.
C'est un homme d'esprit qui a la confiance générale, il
ranimerait le crédit et aiderait plus qu'aucun autre à rétablir
mes affaires. Certainement je ne penserai jamais à m'en
servir, même de la manière la plus indirecte, tant que je ne
serai pas assuré que les impressions fâcheuses que S. M. a
reçues sur son compte ne sont pas dissipées, et lui-même, je
puis dire qu'il me fait crainte de me compromettre. Mais je
vous serai très reconnaissant, M. le comte, de faire connaître
à votre auguste souverain ce que je viens de vous en dire.
J'espère que l'empereur n'y verra qu'une marque d'entière
confiance, je sais qu'il a permis qu'on donnât des passeports
au baron de Hardenberg pour les pays occupés par les troupes
françaises[1]) et j'ai lu dans les journaux français des éloges de
son administration dans les pays qui ont été de son département, et au surplus, si S. M. J. s'inclinait à approfondir les
sentiments du baron de Hardenberg, je verrais avec le plus
grand plaisir, qu'elle lui permît d'aller à Paris en simple
voyageur, qu'elle daignât l'entendre et ensuite si elle l'ap-
prouvait sans le placer aux affaires étrangères, je le nommerais
président du conseil, où toutes les affaires se discutent, et je
me croirais sûr alors que la ligne de conduite que je me suis
tracée serait exactement suivie dans tous les dicastères."

Le roi me parla alors de M. de Stein et me dit: „Jamais
je n'ai aimé ce ministre, je l'ai toujours connu pour une tête

---

1) Eine Depesche St. Marsan's an Champagny vom 16. Februar 1809
bestätigt dies.

exaltée, en effet il a tout bouleversé, ce qui est une des causes
principales de l'état actuel des choses en ce pays, d'ailleurs
vous avez pu observer que dans sa fameuse lettre il parle de
moi d'une manière indécente. Mais l'opinion publique était
toute en sa faveur. S. M. l'empereur se rappelera peut-être
qu'à Tilsitt, lorsque je lui exposais entr'autres choses la difficulté
que je rencontrais à remplacer mes ministres, elle me nomma
elle-même M. de Stein, comme une personne généralement
estimée, et j'avoue que ce fut son opinion qui détermina mon
choix[1]).

St. Marfan hat geantwortet, er könne in Betreff Harbenberg's dem
Kaiser nicht vorgreifen, wolle aber Bericht darüber abstatten. Er ist jetzt über=
zeugt davon, daß der König von den zu Gunsten Harbenberg's gemachten
Anstrengungen, über die er früher berichtet, etwas gewußt habe. Die Königin
kam dazu. Sie hat den König bestimmt, St. Marfan sobald wie möglich
zu sehen . . .

J'ai appris par un bon canal que la reine en particulier
est très refroidie à l'égard de la Russie. Elle est en général
tellement revenue à d'autres idées, que dans son intimité elle
a manifesté le désir, pour peu que les circonstances soient
favorables, de faire un voyage à Paris, qui, dit-elle, pourrait
être utile à la Prusse sous le rapport de la consolidation de
son union avec la France et de plus lui ferait un grand plaisir
à elle-même . . .

St. Marfan an Champagny.

Berlin, 15. Februar 1810.

. . . V. E. aura sans doute déjà observé par la suite de
mes dépêches que la Prusse ne jouant plus un rôle très
important dans la politique de l'Europe, deux seuls objets
occupent presque exclusivement ici les individus et le gouvernement savoir la situation financière . . et le système d'union
plus ou moins prononcé avec la France. Je dis plus ou moins
prononcé parce que même nos ennemis les plus acharnés
conviennent de l'impossibilité de s'en écarter jusqu'à un
certain point, mais c'est ce parti qui voudrait que l'on
conservât les liaisons clandestines avec les ennemis de
la France, qu'on entretienne dans le peuple une animosité
qu'ils appellent esprit public, qu'on ne place et distingue

---

1) S. Perg: Leben Stein's I, 450.

que les personnes qui ont marqué contre nous, et c'est enfin
ce parti qui se rattache à celui qu'on pourrait appeler le parti
révolutionnaire de l'Allemagne. Je ne vois pas qu'aucun
ministre y joue un rôle principal. J'ai déjà eu occasion de dire
à V. E. que j'ai lieu de croire que le comte de Goltz est dans
un sens opposé, mais il est faible et a peu d'influence . . Le
comte de Dohna, ministre de l'intérieur, est entièrement nul.
M. d'Altenstein, ministre des finances, n'est pas nul dans son
département puisqu'il travaille beaucoup par lui-même, mais il
passe pour avoir ni les talents ni l'énergie nécessaire pour
sortir de la sphère d'un bon travailleur. Le général Scharnhorst,
aide de camp général du roi, qui a provisoirement le porte-
feuille de la guerre, est entièrement dans le parti antifrançais,
mais il conserve très peu d'influence dans l'esprit du roi, et
on m'a assuré qu'il en a perdu beaucoup par l'obstination, qu'il
a mise pendant la guerre d'Autriche à soutenir l'opinion que
la Prusse devait faire cause commune avec cette puissance.
Le colonel Borstell vient d'être elevé au grade d'aide de camp
général du roi, c'est un officier qu'on dit appliqué, il n'a jamais
marqué par ses opinions[1]).

Dans le premier temps de mon séjour à Berlin j'ai eu
occasion de voir monsieur le grand chancelier Beyme et j'ai
mandé à V. E. qu'il s'était prononcé avec moi d'une manière
très positive sur le système d'union de la Prusse avec la France,
jusqu'à me dire qu'il avait déclaré au roi qu'il pensait que,
pour le bien servir, il fallait, pour ainsi dire, prêter serment
de fidélité à S. M. l'empereur. Ce ministre est parti alors
pour Königsberg et, voyant qu'il n'avait opéré de changement
dans la ligne de conduite que l'on suivait, j'ai cru qu'il n'avait
pas été sincère dans ses protestations, depuis son retour il
m'avait même paru embarassé avec moi, dernièrement cependant
il s'est ouvert de nouveau en professant les mêmes principes
et a dit à quelqu'un de sa confiance, qu'il avait trouvé le parti
trop fort à Königsberg pour oser le heurter et qu'il avait
craint de perdre sa place par des intrigues de cour.

---

1) Vgl. u. a. zum Beweise des Gegentheils Borstell's Denkschrift vom
23. März 1809, s. o. S. 51—57: s. auch unten S. 327.

St. Marian glaubt, daß Beyme ein Gesinnungsgenosse von Golß ist und den König in allem, was Frankreich günstig ist, unterstützt. Aus der Schwäche des Ministeriums geht hervor, daß die Inhaber der unteren Stellen auf jede Art und Weise intriguiren. Diesen hat die neue Organisation Stein's viel mehr Kraft gegeben; die Staatsräthe sind unabhängiger von den Ministern und suchen auf Kosten derselben durch Intriguen Einfluß zu erlangen .. Die Folge von allem ist ein Zustand von Verwirrung, was auf den König und die Königin bei ihrer Rückkehr starken Eindruck gemacht hat. Man schob namentlich die Prinzessin Radziwill und die Prinzessin Wilhelm vor, und der Tugendbund war sehr geeignet, einen Geist zu verbreiten, der schließlich eine innere Kata= strophe in diesem Lande hätte herbeiführen können. Der König hat den Tugendbund verboten, doch bleibt ungewiß, ob er ganz zerstört ist.

Le vieux maréchal de Kalkreuth, très prononcé pour le bon système, a dit hautement que depuis que cette association avait pris la qualité des amis de la vertu, il se déclarait le chef et le protecteur des amis du vice. Ce respectable militaire serait très propre à donner de l'énergie dans le bon sens à ce pays, mais malheureusement il est très cassé et a beaucoup vieilli. Le général Blücher a fait une apparition à Berlin, il est violent et dans un sens totalement opposé au maréchal, mais j'ai dû voir pendant son séjour ici que, malgré quelques clabauderies qu'il a excitées et quelques efforts des partisans de son système, il n'y a pas réussi à faire un grand effet . . . C'est une circonstance assez singulière que nos ennemis les plus déclarés projettent tous les jours des changements dans les anciennes institutions du pays dont l'idée est prise dans nos propres institutions. Ces changements, opérés ou annoncés dans un moment où personne n'est content de sa situation choquent l'ancienne noblesse. qu'ils attaquent directement, et ne produisent pas l'effet qu'on pouvait se promettre auprès des autres classes dans des temps plus propices, attendu que tous les individus sont plus ou moins exclusivement occupés et mécontents de la détresse des finances particulières et publiques. J'adresse à V. E. un petit ouvrage que vient de publier M. Woltmann, chargé d'affaires de Hambourg à Berlin[1]). La libre circulation qu'on a laissé à cet ouvrage prouve que l'esprit dans lequel il est écrit ne contrarie pas les vues des faiseurs de projets. Mais je ne serais pas éloigné de croire,

---

1) K. L. von Woltmann: Geist der neueren preußischen Staatsorganisation, Leipzig 1810.

malgré les éloges que ces messieurs donnent aux institutions
françaises, que l'idée d'introduire beaucoup d'innovations ne se
rattache plus ou moins au système d'amener une révolution
en Allemagne dans le sens de celle que l'Autriche espérait
voir éclater pendant la dernière guerre, système favori de
quelques têtes exaltées, de quelques professeurs ou soi-disant
savants et des prétendus amis de la vertu. Au reste le roi,
tout en désirant faire plusieurs changements utiles et devenus
nécessaires dans le siècle actuel, n'aime pas du tout cette
clique, et elle perdra beaucoup de son influence à mesure que
S. M. se prononcera fortement pour le système d'union avec
la France et qu'elle fera taire par là les petites intrigues de
cour . . .

Abgesehen von der Frage der Kontributionszahlung bildete die
Ueberwachung der preußischen Presse einen vorzüglichen Gegenstand
des französisch-preußischen diplomatischen Schriftwechsels. Mehrere
Aktenstücke beziehen sich auf Kotzebue, dessen Zeitschrift „Die Biene"
in Paris Verdacht erregt hatte. Inzwischen waren die Befürchtungen
der preußischen Minister zu einer solchen Höhe gestiegen, daß sie sich
am 12. März zu einem gemeinsamen Vortrage vereinigten, in dem
sie dem König eine Territorialcession als letztes Auskunftsmittel an-
riethen. Friedrich Wilhelm III., durch den Oberkammerherrn Fürsten
Wittgenstein berathen, knüpfte darauf hin wieder mit Hardenberg an,
der, gleich Wittgenstein, die Hilfsquellen Preußens weniger pessimistisch
beurtheilte als Altenstein und eine allmähliche Abtragung der Kontribution, somit Vermeidung einer Territorialcession, für möglich hielt.
St. Marsan blieben diese Meinungskämpfe nicht verborgen. Seine
Berichte, wenn sie auch mit Kritik aufzunehmen sind, ergänzen die
Ausführungen, die sich in Ranke's Hardenberg finden. Auch hier
muß ich mich jedoch mit Auszügen begnügen.

St. Marsan an Champagny.

Berlin, 27. März 1810.

. . . Scharnhorst soll entlassen werden. Der Kampf zwischen dem Finanzminister und Wittgenstein dauert noch fort. Jener weiß, daß der König dem
früheren Minister einen Eilboten gesandt hat, um ihn wegen des Finanzplanes
um Rath zu fragen. Man glaubt, daß, wenn er dem Wittgenstein'schen Plane
günstig ist, das gegenwärtige Ministerium stürzen wird. Die „Jugendfreunde"
fürchten schon die Folgen, welche die Entlassung Scharnhorst's nach sich ziehen
würde.

St. Marsan an Champagny.

Berlin, 17. April 1810.

Der König hat in Beeskow eine geheime Zusammenkunft mit Hardenberg gehabt[1]. Er hatte sich dorthin begeben unter dem Vorwand, die aus Frankreich zurückkommenden russischen Matrosen, die Besatzung zweier von Napoleon gekauften Schiffe, zu sehen . .

Il y a donné rendez-vous à M. de Hardenberg, en prenant toutes les précautions pour que la chose restât extrêmement secrète, mais, entouré par tant de gens du même parti et qui craignent son revirement, son secret fut peu gardé et à peine le roi avait-il fait entrer M. de Hardenberg que M. le général de Scharnhorst est arrivé, sous le prétexte de voir aussi les troupes russes et entra dans la chambre du roi et y resta jusqu'à ce que M. de Hardenberg en sortit et l'accompagna jusqu'à sa voiture. Le roi n'a pas eu le courage de le congédier, mais ayant continué à parler avec l'exministre, et celui-ci désapprouvant tout ce qui a été fait jusqu'ici, il s'en suivit une conversation très vive entre lui et M. de Scharnhorst qui prit la défense du ministre des finances. M. de Hardenberg finit par dire que tout ce qu'il regrettait c'était d'avoir autrefois proposé M. d'Altenstein au roi, qu'au reste d'après la marche qu'on avait suivie, rien de ce qui arrivait ne l'étonnait, ni la désorganisation intérieure ni le mécontentement général, mais que ce qui le surprenait infiniment c'était l'indulgence dont S. M. l'empereur avait usé jusqu'ici. M. de Scharnhorst dit alors que M. d'Altenstein formait un plan qu'il aurait soumis à M. de Hardenberg pour avoir son avis et que le plus grand désir du grand chancelier et de tous les autres ministres était de le voir revenir à la tête des affaires. M. de Hardenberg répondit que les préventions connues qui le regardaient l'empêcheraient toujours de se mêler des affaires, son premier devoir étant de ne compromettre son souverain, que quant aux souhaits, formés par le grand chancelier et les autres ministres, il ne cacherait pas à M. de Scharnhorst, qu'il était informé que M. le grand chancelier avait dit dernièrement dans un comité où étaient aussi d'autres ministres que l'on saurait bien écrire à Paris

---

1) 14. April 1810.

pour empêcher qu'on ne revînt à d'autres idées sur son compte et pour empêcher que S. M. l'empereur ne consentît à ce qu'il rentrât au conseil. Malgré la vivacité de la contestation entre M. de Hardenberg et M. de Scharnhorst celui-ci a cependant rempli son but et celui de ses collègues en empêchant le roi de combiner avec l'ancien ministre une formation d'un nouveau ministère . . .

Je supplie V. E. de ne faire aucun usage de ces détails auprès du ministre de Prusse, attendu que cela pourrait compromettre beaucoup la personne dont je les tiens et qui m'a rapporté la confidence que le roi en a faite dans son intérieur . . .

St. Marſan an Champagny.

Berlin, 24. April 1810.

Fürſt Hatzfeld iſt auf ſeine Güter in Berg zurückgekehrt. Der Fiskus hat von ihm eine Entſchädigung für den Verluſt der Gewehre gefordert, die ſich bei der Einnahme Berlins i. J. 1806 im dortigen Zeughauſe befanden. Es iſt dies Folge einer Kabale der Feinde Frankreichs, die auch die Feinde des Fürſten ſind. Man hat den König dazu bewogen, den Gerichten freien Lauf zu laſſen.

St. Marſan an Champagny.

Berlin, 1. Mai 1810.

Morgen ſoll die zweite Zuſammenkunſt des Königs mit Harbenberg ſtattfinden, und zwar auf der Pfaueninſel . . .

(Scharnhorst) a écrit une longue lettre à l'exministre pour justifier ses sentiments dans laquelle il pose, à la vérité, pour base que l'union à la France est nécessaire, mais où il ajoute que, pour chercher à se procurer un soulagement dans la partie des finances, il faudrait intéresser la cour de Russie et maintenir aussi celle de Vienne pour obtenir des facilités de la part de S. M. l'empereur.

Voici la réponse littérale de M. de Hardenberg: „Considérant la situation actuelle des relations politiques de l'Europe il me semble qu'il n'a jamais été plus facile que dans ce moment, d'apprécier celle de la Prusse. Quelles que fussent les opinions et les considérations qui prévalurent jadis, on ne saurait s'y attacher maintenant. Les conjonctions les ont totalement changées. Celles-ci nous portent à adhérer sans restriction au système de la France. de la suivre fidèlement et sans partage, en donnant à l'empereur Napoléon des preuves convaincantes, constatées par des faits. Ne nous livrons point à une politique chancelante, à ces demi-mesures, qui, tant de fois, nous sont devenues funestes. Le pivot sur lequel notre politique doit tourner désormais est celui d'écarter toute démarche vis-à-vis des autres puissances, même de la Russie, qui serait de nature à nous compromettre avec la France. C'est de Napoléon seul que dépend notre salut."

Cette pièce m'a été communiqué sans doute pour que j'en fisse usage auprès de V. E. et probablement par ordre du roi . . . Le cabinet prussien est en ce moment partagé en deux nuances d'opinion; personne n'ose plus nier qu'il ne faille être bien avec la France, mais les uns sont pour l'union franche, entière et loyale et croient qu'il faut absolument attacher le sort de la Prusse au grand empire, les autres sont pour l'union apparente, ils nourrissent l'arrière-pensée d'une brouillerie future entre la Russie et la France et leur avis est dans ce cas qu'il faut que le roi se retire en — —[1]) et unisse ses forces à celles de la Russie.

Diese Partei war und immer feindlich, hat von Koalition und Landwehr geträumt und ist bereit, Vaterland und König der Chimäre der vorgeblichen Freiheit Deutschlands (pour la chimère de la prétendue liberté de l'Allemagne) aufzuopfern. An ihrer Spitze stehen Scharnhorst, Altenstein, Beyme, Nagler. Auch Schöler rechnet man dazu. Diese Herren haben Verbindungen mit der russischen Gesandtschaft. Eben diese Partei hat sich dagegen gesträubt, die rechten Mittel, um die Kontributionszahlung zu ermöglichen, aufzufinden, bis der Wille des Königs und die Pläne Wittgenstein's sie gezwungen haben, sich damit zu beschäftigen.

A la tête du parti de l'union franche, entière et loyale avec la France sont le roi et la reine, le maréchal Kalkreuth, le baron de Hardenberg, le prince de Wittgenstein, et, je n'en doute pas, le comte de Goltz. quoique son caractère un peu faible et indolent l'expose quelquefois d'être l'instrument du parti contraire.

In der gegenwärtigen Lage scheint eine gänzliche Aenderung des Ministeriums nöthig. Der König ist aber wegen der Wahl eines neuen in Verlegenheit und hofft noch immer, daß Napoleon ein Wort zu Gunsten Hardenberg's sprechen wird.

---

1) Ende im Manuskript.

St. Marſan an Champagny.

Berlin, 8. Mai 1810.

Bericht über eine neue Zuſammenkunft des Königs mit Harbenberg und über ſeine eigene Zuſammenkunft mit dieſem . . .

M. de Hardenberg m'a fait dire hier au soir qu'il aurait désiré m'entretenir un moment et me remettre lui-même une lettre qu'il m'écrirait sur sa position personnelle, je l'ai rencontré dans une maison hier, il m'a remis la petite note que je joins ici en original et sa communication n'a roulé que sur l'objet qu'elle contient. Je lui ai répondu, ainsi qu'à M. le comte de Goltz, qu'il m'était impossible d'articuler le moindre mot ni même de former une opinion sur la question, si S. M. l'empereur conserve ou non les fâcheuses impressions que la conduite ministérielle de M. le baron de Hardenberg ont autrefois produites sur son esprit, que je ne pouvais rien dire qui puisse donner la plus petite direction sur ce choix, que j'avais rendu compte dans le temps du désir du roi de faire entrer M. de Hardenberg dans les affaires ainsi que S. M. elle-même m'en avait chargé et que je m'empresserai également d'informer V. E. de ce qui venait de se passer et de la confiance entière que S. M. le roi voulait avoir vis-à-vis de S. M. l'empereur.

J'ai cru bien faire de préférer de parler à M. de Hardenberg plutôt que de répondre par écrit à la lettre qu'il m'adresse. Ce qui a fait désirer à cet ex-ministre et au roi même que cet entretien eût lieu c'est que le comte de Goltz. qui souhaite véritablement que le roi ait auprès de lui une personne de confiance et capable de donner une impulsion suivie et une marche déterminée aux affaires, lui a proposé d'interpréter favorablement le silence, que S. M. l'empereur a gardé jusqu'ici sur le comptedu baron de Hardenberg, et de commencer à le mettre à la tête de cette espèce de conseil notable des financiers, en écrivant en même temps à S. M. l'empereur les motifs impérieux de cette détermination. Le roi et M. de Hardenberg lui-même ont cru que ce parti pourrait être dangereux et ont voulu voir avant si sur ma réponse on pourrait préjuger qu'il fût sans inconvénient . . . Je crois que l'exministre est déterminé à ne pas reparaître dans les affaires à moins d'être assuré que S. M. I. et R. ne le trouverait pas mauvais.

V. E. jugera s'il ne serait pas utile que j'eusse moi-même quelques directions sur cet objet . . . La moindre opinion que je serais dans le cas de former . . . suffirait suivant toutes les vraisemblances pour déterminer le roi . . .

    * Hardenberg an St. Marsan.

                 Berlin, 5. Mai 1810.

Lorsque vous eûtes la bonté de me donner mes passeports, M. le Comte, j'eus l'honneur de vous entretenir sur les événemens qui m'ont attiré le mécontentement de S. M. l'Empereur Napoléon en 1805, sur la manière dont il fut manifesté lors du traité de Vienne et depuis lors des négociations de Tilsit, sur la conduite enfin que j'ai cru de mon devoir d'adopter en conséquence. Vous n'ignorez pas que je me suis tenu entièrement à l'écart de tout ce qui concerne les affaires et qu'à l'époque de l'arrivée du Roi, je me suis éloigné afin d'éviter tout contact et l'occasion d'y être mêlé. Maintenant vous avez sans doute connaissance aussi des discussions qui viennent de me forcer à quitter ce rôle entièrement passif, le Roi m'ayant demandé, quoique je fusse absent, mon avis sur la question des finances et sur différens plans agités pour satisfaire à ses obligations vis-à-vis de la France. Le moyen de m'y refuser sans blesser mes devoirs envers mon souverain et les sentimens qui m'attachent à tant de titres à son auguste personne? Me voilà donc occupé à m'informer de tout pour pouvoir donner mon avis avec connaissance de cause. Mais le puis-je sans craindre que cela ne fasse sur l'esprit de S. M. Impériale une impression nuisible? Je serais à jamais inconsolable, si ma concurrence pourrait servir à augmenter les griefs qu'Elle a contre le Roi, et mes appréhensions s'accroissent par le silence qui a suivi les ouvertures que le Roi vous a chargé de faire de sa part sur son désir de me replacer à la tête des affaires, démarche faite entièrement à mon insçu et que je n'ai apprise qu'à mon retour.

Ces considérations étant de la plus grande importance, je suis d'autant plus reconnaissant de ce que vous avez bien voulu m'accorder un entretien, M. le Comte. J'ose vous demander conseil avec confiance, et persuadé comme je le suis que toute espèce d'influence que je pourrais exercer dans les

affaires n'entraînerait que des malheurs pour la Prusse, dès
qu'elle déplairait à S. M. l'Empereur et Roi, je vous prie de
m'éclairer, s'il vous est possible, sur cet objet et de prendre
même à la source des informations, s'il en est besoin. Les
intentions de S. M. Impériale et Royale régleront absolument
ma conduite. Mon inclination me porte vers le repos et la
retraite, mais mon devoir m'appelle à vouer mon existence au
Roi et à l'état du moment où je puis devenir utile dans la
position critique où nous nous trouvons. Il me paraît absolument impossible qu'aucun homme sensé et bien pensant, quelle
qu'ait été son opinion antérieure, puisse vouloir faire adopter
à la Prusse tout autre système que celui de s'attacher de bonne
foi à celui de l'Empereur et de n'attendre son salut que de
Lui. Je ne m'étendrai donc point sur ma profession de foi
politique. Satisfaire à nos obligations et mériter la confiance
de S. M. Impériale et Royale par une conduite franche, loyale
et conséquente, qui resserrera les liens, malheureusement encore
trop relâchés entre la France et la Prusse, voilà les bases sur
lesquelles nous devons sans contredit rétablir notre édifice,
voilà à quoi doivent tendre tous nos soins. Rien ne sera négligé
pour remplir nos engagements, tous les moyens imaginables
vont être employés avec zèle pour atteindre à ce but. Le Roi
se propose de consulter sur cet objet les meilleures têtes des
Provinces et grandes villes de la monarchie. S. M. voudrait
me charger de présider à cette convocation qui cherchera
dans nos dernières ressources les moyens de satisfaire S. M.
Impériale et Royale, et dont les membres, de retour chez
eux, faciliteront, en opérant sur l'opinion publique, les sacrifices
qu'exige l'acquittement de notre dette à la France.

Mais oserai-je me charger même de ce rôle sans agir
contre les intentions de l'Empereur? Ce ne sera qu'après en
avoir acquis la certitude que je pourrai m'y vouer avec
l'espoir de faire au moins quelque chose pour le système
salutaire dont je viens de parler, quoique sans doute je répondrais
bien mieux du succès, si le roi pourrait me remettre publiquement à la tête des affaires en me munissant de l'autorité
nécessaire. Je n'ai pas besoin de faire observer à un homme
aussi éclairé que vous, M. le Comte, la grande différence qu'il
y a d'un conseil donné ou d'une concurrence pour tel ou tel

objet, à la faculté de tenir constamment la main et de veiller
à l'exécution scrupuleuse et conséquente d'un système adopté.
Je n'ai pas besoin de détailler les inconvénients qui doivent
naître d'une influence sans responsabilité publique et sans
pouvoir qui, en même temps, rendrait ma position infiniment
pénible.

Que S. M. Impériale daigne [se] prononcer sur la part
que je pourrai prendre aux affaires. Ce sera donner au Roi
une preuve essentielle du retour de sa confiance et de ses
bontés! Il se conformera aux hautes intentions de l'Empereur
et d'après celles-ci, ou bien je me renfermerai dans la retraite
ou je travaillerai avec ardeur à rétablir sur des fondemens
solides ce système dont dépendent la guérison des profondes
playes de la Prusse et son existence future.

Champagny an St. Marsan.

Paris, 18. Mai 1810 (Konzept).

Instruktion in Sachen Hardenberg's.

. . (Sa Majesté) vous laisse la faculté d'approuver la
rentrée de M. le baron de Hardenberg au ministère si, après
avoir mûrement examiné la position actuelle des choses, vous
jugez que la présence de ce ministre dans les conseils du roi
puisse être utile aux intérêts de l'empire.

St. Marsan soll sich vor allem versichern, ob Hardenberg an den neuen
politischen Grundsätzen, zu denen er sich bekannt hat, festhält. In einer
Unterhaltung mit ihm soll er zu diesem Zweck das Benehmen des preußischen
Ministeriums seit dem Frieden von Tilsit überblicken.

Vous indiquerez tout ce qu'il aurait dû faire et ce qu'il
n'a point fait pour gagner la confiance du gouvernement
français.

St. Marsan soll sagen, wenn Preußen im letzten Kriege 15000 Mann
aufgestellt hätte, um gemeinsame Sache mit Sachsen und Baiern zu machen,
wenn der König nach Berlin zurückgekehrt wäre, so würden solche Akte dem
Kaiser gewisse Gefühle des Wohlwollens eingeflößt, die Erinnerung an die
Vergangenheit ausgelöscht, den Kredit Preußens in Europa wiederhergestellt
und ihm die Mittel gegeben haben, sich von seiner Schuld frei zu machen.
Statt dessen hat Preußen Lager gebildet, seine Blicke nach Rußland gerichtet
und alles getan, um in Deutschland Unruhen zu erregen. Und der Kaiser?

N'a-t-il point démontré de la générosité en laissant après
cela subsister la Prusse et en ne l'attaquant point dans les
circonstances actuelles . . . On a fait beaucoup d'éclat des

diamants et de la vaisselle qu'on a vendus, faibles moyens,
lorsqu'on a des camps inutiles, qu'on lève des chevaux et qu'on
fait sans objet des dépenses militaires qui absorbent les revenus
du pays.

Diese Unterhaltung wird zeigen, ob es Hardenberg ehrlich meint.

St. Marsan an Champagny.

Berlin, 26. Mai 1810.

Golz hat ihm versichert, daß, sobald der König erfahren werde, der
Kaiser nehme Interesse am Fürsten Hatzfeld, dies genügen würde, um für
immer das gerichtliche Verfahren zu annulliren. Es sei vom Könige auch nur
gestattet worden, weil er geglaubt, es handele sich um ein Ereigniß, das v o r
dem Einrücken der französischen Truppen in Berlin stattgefunden[1].

St. Marsan an Champagny.

Berlin, 29. Mai 1810.

Der Streit im preußischen Ministerium wird immer größer . . . Die
Gegner Hardenberg's sind auch die Gegner Frankreichs und die Freunde
Rußlands. Daraus folgt, daß Hardenberg es ehrlich meinen muß. Bericht
über eine den Abend vorher mit Hardenberg geführte Unterhaltung. St. Marsan
hat sich an die Instruktion vom 18. Mai gehalten. Hardenberg hat ein politisches
Glaubensbekenntniß im Sinne der Anlehnung an Frankreich abgelegt.

Il m'a dit que, s'il rentrait dans les affaires, jamais il ne
s'écarterait de ces principes, étant intimement convaincu que
le salut de sa patrie y était attaché. Il ajouta (sans que je
lui eusse nommé la Russie): „Où peut-on en effet espérer
un appui solide et véritable hors de la France? Personne
plus que moi n'a été dans le cas d'apprécier celui de la Russie.
Si jamais une guerre venait à éclater entre cette puissance et
la France et que la Prusse s'attachât à la première, le résultat
serait la perte de la Prusse et de l'armée que la Russie aurait
pu envoyer pour la soutenir." — Je lui dis alors que je pensais
qu'avec ses sentiments et la confiance dont il jouissait auprès
du roi il aurait pu rendre de grands services à son pays, que
S. M. l'empereur, persuadé de sa franchise et désirant de donner
au roi toutes les marques possibles de déférence et de confiance,
m'avait autorisé à lui dire, qu'elle n'avait aucune difficulté à
ce qu'il rentrât au ministère, si le roi le jugeait à-propos.

---

[1] Vgl. Correspondance de Napoléon 20, 335. Napoleon an Champagny
9. Mai 1810 und Champagny an St. Marsan 12. Mai 1810.

Quoique M. de Hardenberg qui ne manque certainement de talent ni de finesse eût dû supposer par l'entretien que nous avions qu'il y aurait possibilité à ce qu'il lui fût permis de reparaître au timon des affaires, il ne s'attendait pas à un dénouement aussi décisif de la conversation et il m'a paru vraiment touché . . . .

St. Marsan an Champagny.

Berlin, 2. Juni 1810.

. . . Der König ist gerührt über das Zeichen des Vertrauens des Kaisers hinsichtlich des Wiedereintritts Hardenberg's. Auch Golß hat sich befriedigt ausgesprochen. Er hat gesagt, er selbst würde doch den Intriguanten erlegen sein, und er würde gerne den Ruhm opfern, erster Minister zu sein; die russische Gesandtschaft würde Hardenberg's Eintritt ungern sehen. Weitere Aeußerung von Golß:

Qu'à la paix de Tilsitt M. de Hardenberg en prenant congé avait écrit une lettre extrêmement forte à l'empereur **Alexandre**, en lui reprochant d'avoir abandonné et sacrifié tous les intérêts de la Prusse, tandis que celle-ci avait décliné une paix particulière bien plus avantageuse uniquement par sentiment de loyauté et par égard pour la Russie. Cette lettre lui attira une réponse dure qui le brouilla avec l'empereur[1] . . . .

St. Marsan an Champagny.

Berlin, 5. Juni 1810.

Das neue Ministerium ist organisirt. Eine Person, die Zutritt zum König hat, hat diesem gesagt, der Kaiser halte viel auf Nagler und Altenstein und habe wenig Vertrauen zu Golß. Der König ist durch diese eigenthümliche Erklärung in Verlegenheit gesetzt worden, hat St. Marsan das Gesagte mittheilen lassen und gefragt, was er darüber denke. Dieser hat geantwortet, er habe nie Befehle empfangen, sich für oder gegen einzelne Individuen auszusprechen, und die Ausnahme hinsichtlich Hardenberg's sei eine Nachgiebigkeit gegenüber dem König gewesen. Die Hauptsache sei Anschluß an Frankreich . . .

.   .

Nachdem Hardenberg am 4. Juni zum Staatskanzler ernannt worden war, hielt er es für gerathen, sich durch das folgende Schreiben an Napoleon selbst zu wenden:

---

1) Diese Behauptungen stehen mit den Mittheilungen der Memoiren Hardenberg's 2 (Denkwürdigkeiten 3), 484 ff., 502 ff. im Widerspruch.

— 320 —

* Hardenberg an Napoleon.

Berlin, 7. Juni 1810.

Sire

Votre Majesté Impériale et Royale a honoré ma rentrée au service du Roi, mon auguste souverain, de son approbation. Qu'elle daigne recevoir avec bonté l'hommage respectueux du sentiment que j'en éprouve! Intimement convaincu que la Prusse ne peut être régénérée et n'assurer son intégrité et son bonheur futur qu'en suivant loyalement Votre système, Sire, heureux de ne remplir les intentions du Roi qu'en m'appliquant de tous mes moyens à gérer les affaires dans ce sens, ce sera pour moi le comble de la gloire de mériter par là le suffrage de Votre Majesté Impériale et Royale et sa haute confiance.

Je suis, avec le plus profond respect de Votre Majesté Impériale et Royale, le plus humble et le plus obéissant serviteur,

Le Baron de Hardenberg,
Chancelier d'État de Sa Majesté le Roi de Prusse.

'A Berlin, le 7. de Juin 1810.

In seinen nächsten Depeschen kommt St. Marsan auf die Befestigung des neuen Ministeriums zu sprechen.

St. Marsan an Champagny.

Berlin, 8. Juni 1810.

Die Masse des Volkes und die Kaufleute haben Vertrauen, die Staatspapiere steigen . . .

Les personnes de parti en politique regrettent particulièrement messieurs de Beyme et de Scharnhorst, les intriguants de cour regrettent M. Nagler. Quant à M. d'Altenstein il n'était point d'une opinion si prononcée qu'il n'eût pu servir utilement dans les finances et dans un poste plus subalterne lorsque le gouvernement aurait pris une marche suivie et qu'il n'aurait plus été influencé par M. Nagler[1]).

1) Vgl. einen Auszug aus einer Depesche de Bombelles' vom 16. Ottober 1810 (W. St. A.): .. „Beyme, quoique éloigné, est encore l'âme du parti qui se donne toutes les peines imaginables pour le faire reparaître sur l'horizon. Nagler, homme aussi vain que faux et totalement vendu à la Russie, s'est lié avec M. d'Altenstein, le Lépide de ce triumvirat, et les calomnies, les menées et autres moyens de cette trempe ne coûtent rien à des gens qui ont la rage au fond de coeur de n'être plus en crédit . . .

Finkenstein wird als Gesandter in Wien durch Humboldt ersetzt werden. Hardenberg hat bei ihm angefragt, ob etwas gegen die Ernennung Sack's für die Leitung der Finanz-, Domänen- und Forstverwaltung einzuwenden sei. Er hat geantwortet, daß er niemals Befehl erhalten habe, auf die Ausschließung irgend eines Individuums zu bringen. Er werde jedoch darüber Bericht erstatten. Er hat aus guter Quelle erfahren, daß der russische Gesandte wenigstens das Verbleiben von Nagler gehofft habe. Wittgenstein wird von den Mißvergnügten als Haupttriebfeder aller Veränderungen betrachtet . . .

———————

St. Marsan wurde während eines längeren Urlaubs von dem Gesandtschaftssekretär Caillard vertreten. Von diesem rührt auch das Kondolenzschreiben nach dem Tode der Königin Louise vom 21. Juli 1810. Einen vorzüglichen Gegenstand der französisch-preußischen diplomatischen Korrespondenz in der nächsten Zeit bilden die Angelegenheiten der Kontinentalsperre. Für den Fall, daß sich Preußen ihr nicht in allen Stücken anschließen würde, hatte Caillard Ermächtigung erhalten, mit seiner Abreise zu drohen. Auch St. Marsan hatte nach seiner Rückkehr Anfang 1811 über diese Dinge zu berichten. Zugleich mußte er seine Blicke auf die inneren Angelegenheiten Preußens, den Finanzplan Hardenberg's, über welchen der König mit ihm gesprochen hatte, u. s. w. gerichtet halten. Folgende Notizen aus seinen Depeschen mögen hervorgehoben werden:

St. Marsan an Champagny.

Berlin, 16. Februar 1811.

. . . M. de Voss, ministre d'état, qui s'est conduit parfaitement avec les autorités françaises, qui a ensuite été mis hors d'activité et qui est même tombé dans une espèce de disgrace . . . vient de reparaître à la cour . . . il s'est reconcilié avec madame de Voss, la grande maitresse, sa cousine, qu'il ne voyait plus . . .

Der König hat Voß sehr gut aufgenommen, ein Zeichen, wie wenig die Intriguanten, die Gegner Frankreichs, vermögen. Man glaubt, er werde Minister des Innern oder der Finanzen werden.

St. Marsan an Champagny.

Berlin, 26. Februar 1811.

Bericht über den Zusammentritt der Notabeln.

On prend soin d'éviter tout ce qui pourrait donner à cette réunion une apparence de corps représentant. Le chancelier d'état garde l'initiative sur tout . . . Les comités ne peuvent s'occuper que des questions sur lesquelles il leur demande leur avis. Si quelque membre a une proposition qu'il juge utile de mettre en avant, c'est comme particulier qu'il doit s'adresser au chancelier d'état pour le présenter . . .

St. Marjan an Champagny.

Berlin, 19. März 1811.

. . . M. le chancelier d'état baron de Hardenberg et conséquemment tout le ministère . . est très prononcé dans le système d'union avec la France, je ne doute pas que le roi ne l'ait également adopté de bonne foi; mais . . . le ministère est en butte à toutes les manoeuvres des gens de parti qui sont encore en grand nombre, mais qui n'agissent pas ouvertement à cause de la popularité et de l'estime général dont jouit le chancelier. Ils avaient espéré profiter de la réunion des propriétaires qu'on a mandés pour les consulter sur les affaires de finances . . . mais il paraît, qu'en général un bon esprit patriotique prévaudra dans cette assemblée . . . Le but que se proposent maintenant les intriguants serait de faire appeler au ministère M. de Beyme . . espérant que M. de Hardenberg n'en soutiendrait pas la concurrence de l'esprit du roi qui a eu longtemps l'habitude du travail avec M. de Beyme qu'il affectionne . . . Rien n'annonce que ce projet réussisse. Mais le baron de Hardenberg est trop clairvoyant et trop bien informé pour ne pas être au fait de toutes ces petites intrigues. Il m'entretient souvent de son vif désir de voir renaître une entière confiance de la part de la France vis-à-vis de la Prusse et de la nécessité pour la restauration de ce pays, que toute l'Europe en soit bien convaincue. Je crois que ces propos tendent à découvrir, si la Prusse pouvait hasarder de demander à conclure une alliance positive avec la France ou peut-être d'accéder à la confédération du Rhin . . . Le baron de Hardenberg et le comte de Goltz me parlent souvent de la Russie, du désir et de l'espoir de voir la continuation de la paix entre les deux empereurs, laissant cependant toujours entrevoir qu'on ne balancerait pas à se déclarer pour la France, si malheureusement une rupture aurait lieu. Je renvoie toujours bien loin cette supposition,

en me récriant sur la malveillance des nouvellistes allemands . . .

Hardenberg hat erklärt, daß er die noch immer vorhandenen geheimen
Gesellschaften überwache . . .

V. E. observera par cet exposé des dispositions du
ministère qu'on peut conclure, qu'il ne se refusera à rien de
ce que S. M. l'empereur pourrait exiger ou désirer. On peut
même dire que dans ce moment l'existence du ministère actuel
tient à l'union avec la France et sera d'autant plus affermi
que cette union sera plus intime. Le roi entre dans ces vues
et y donne la main. La masse de la nation, quoiqu'elle n'ait
pas oublié les malheurs qui ont été la suite de la guerre et
qui ont dû l'indisposer contre des individus français, comprend
très bien que l'existence de la monarchie dépend de la bonne
harmonie avec la France. Plusieurs individus marquants se
prononcent hautement pour ce système, tel que le vieux prince
et la princesse Ferdinand, le maréchal Kalkreuth, le prince
Wittgenstein, M. de Kircheisen, ministre de la justice, et une
grande partie des employés dans les dicastères.

Parmi les employés diplomatiques à l'étranger M. de
Krusemarck et M. d'Hänlein[1]) (ministre à Francfort, actuellement appelé à Berlin pour y être consulté sur les affaires des
finances), passent également pour être de ce système et même
sont en butte à l'autre parti qui les regarde comme des
déserteurs. Par contre le baron de Schladen et de Humboldt,
ministres à Pétersbourg et à Vienne, sont réputés du parti
antifrançais. Ce parti compte parmi les personnes marquantes
à Berlin la princesse Louise Radziwill, fille du prince Ferdinand,
le prince Auguste, son frère, la princesse Guillaume de Prusse,
née princesse de Hesse-Hombourg, et un peu le prince Henri,
frère du roi . . . On m'a assuré que M. la princesse Louise
entretient une correspondance secrète avec S. M. l'impératrice
d'Autriche, que les lettres sont reçues à Töplitz par un
commissaire de police autrichien, nommé Eykler, lequel les
porte à un commis de la poste de Dresde nommé — —²) qui

---

1) Früher Ansbach'icher Vicepräsident, s. Ranke: Denkwürdigkeiten
Hardenberg's, Register: vgl. über ihn auch Treitschke: Deutsche Geschichte 2, 136 ff.
2) Lücke im Manuskript.

les fait passer à Berlin et vice versa. Le militaire eu général n'est pas du parti français, quoiqu'il y ait bien des exceptions à faire même parmi les officiers en grade . . . J'aurai soin de transmettre à V. E. toutes les notions de détail que je pourrai me procurer successivement sur la formation de l'armée, qui est au reste très petite, sans qu'on observe aucune disposition ayant pour but de l'augmenter . . .

St. Marsan an Champagny.

Berlin, 24. März 1811.

Bericht über ein am 22. März mit Hardenberg geführtes Gespräch mit Bezug auf eine preußisch-französische Allianz. Hardenberg hat gesagt:

„En tous cas le roi est bien fermement décidé à ne jamais séparer sa cause de celle de la France et à rester entièrement et fidèlement attaché à l'empereur. Je vous ai dit bien des fois que je n'étais pas pour les demi-mesures. S. M. est absolument du même avis, et son plus grand désir serait de se lier à la France de la manière la plus intime.

Das würde alle Leidenschaften und Intriguen zum Schweigen bringen, die Sicherheit und das Vertrauen in der ganzen Monarchie würden wachsen .. tandis que maintenant les malveillants supposent souvent au gouvernement des vues et des arrière-pensées, qu'il est bien loin d'avoir, et cherchent à semer la défiance par de faux rapports, surtout auprès des autorités militaires françaises qui nous environnent."

Hardenberg hat hinzugefügt, er habe gehofft, St. Marsan würde bei seiner Rückkehr etwas über den Plan einer engeren Vereinigung verlauten lassen. Sein Schweigen beunruhige den König, der immer fürchte, Napoleon traue ihm nicht. — St. Marsan hat Hardenberg darüber beruhigt, aber gesagt, er habe keinen Auftrag, über eine engere Allianz zu verhandeln. Auch liege dazu kein Grund vor, da der Bruch mit Rußland unwahrscheinlich sei.

Il me dit encore que ce n'était pas seulement pour le cas d'une rupture avec la Russie que le roi désirait de s'unir à la France mais bien par principe et sous un point de vue général.

Hardenberg begab sich darauf zum König, um ihm Rechenschaft über diese Unterhaltung abzulegen, kehrte nach einer Stunde zurück und sagte, der König habe ihn beauftragt, St. Marsan zu ersuchen:

„de mettre sous les yeux de l'empereur son vif désir d'attacher irrévocablement le sort de la Prusse à la France et de sonder les intentions de S. M. impériale et royale à ce sujet."

Uebrigens hat Hardenberg nichts gesagt, woraus man schließen könnte, daß der König über die Grundlagen einer solchen Allianz bestimmte Ansichten hätte. St. Marjan hat auch nicht danach gefragt, sondern sich ganz passiv verhalten. Golz hat in gleichem Sinne mit ihm gesprochen und hinzugefügt, der König wünsche, daß niemand, selbst nicht Krusemard, etwas hievon erfahre. St. Marjan glaubt, man müsse Preußen, um sein Dasein zu sichern, unter den Schutz des Kaisers stellen . .

St. Marjan an Champagny.

Berlin, 24. März 1811.

Widerlegung des Gerüchtes, Preußen wolle 150000 Mann sammeln.

. . . Aucune disposition même éloignée n'est faite pour cet objet et les cadres de l'armée ne sont pas susceptibles d'augmentation considérable. Il faudrait nécessairement créer de nouveaux bataillons et de nouveaux régiments . . .

St. Marjan an Champagny.

Berlin, 26. März 1811.

Er hat zur Feier der Geburt des Königs von Rom ein Essen gegeben. Hardenberg's Toast:

„Son héritage sont les lauriers. Puisse-t-il être l'ange de la paix de l'univers."

Der König hat es ein glückliches Ereignis für ganz Europa genannt. Haßfeld soll als persona grata, um Glück zu wünschen, nach Paris gehen.

St. Marjan an Champagny.

Berlin, 5. April 1811.

Die Truppen-Dislotationen geben zu viel falschen Gerüchten Anlaß . . .

Le roi et ses deux ministres attendent avec beaucoup d'empressement l'issue des ouvertures, faites pour obtenir une alliance positive avec la France. Il faut avouer que c'est la seule manière que ce pays puisse se soutenir, parce que, tant que cette alliance n'aura pas lieu, le public imagine toujours ou que la France a le projet de s'emparer des états du roi ou que le roi a le projet de s'unir à toute coalition qui se formerait contre la France, et il en résulte qu'au moindre événement ou à la moindre nouvelle, qui semble menacer une guerre, le crédit tombe et les têtes s'exaltent . . . .

Champagny an St. Marjan.

Paris, 9. April 1811 (Konzept).

. . . Les ouvertures qui vous ont été faites pour une union plus intime entre la France et la Prusse ont été très

agréables à S. M. Je l'ai dit par son ordre à M. de Krusemarck. Vous voudrez bien le dire également à M. de Hardenberg. Vous lui direz que ce que l'on suppose de l'état actuel
des rapports entre la France et la Russie est absolument
chimérique, qu'à la vérité il existe bien un peu de froid entre
les deux cours, mais rien qui ressemble le moins du monde à
des idées de rupture et de guerre, et que les bruits qui en
ont couru n'ont aucun fondement, mais que S. M. n'en est pas
moins sensible aux communications, faites par ordres du roi, et
aux motifs qui les ont dictés. Vous bornerez pour le moment
à cela les déclarations que vous avez à faire. Mais S. M.
vous charge, M. le comte, de cultiver ces bonnes dispositions
de la cour de Berlin et, comme ses ouvertures ont été
générales et vagues, de la mettre sur la voie d'en faire de
plus positives[1]) . . .

St. Marſan an Champagny.

Berlin, 23. April 1811.

. . . Man erwartet Kruſemard, nach deſſen Ankunft man wohl poſitive
Eröffnungen machen wird.

En attendant la contenance du gouvernement, les discours
des personnes en place ont déjà répandu dans le public l'idée
que l'union avec la France dans tous les cas est décidé . . .

———

Während St. Marſan fortfuhr, in dieſem Sinne zu berichten
wurde das Mißtrauen Napoleon's gegen Preußen rege, ohne daß die
Miſſion Hatzfeld's etwas daran geändert hätte. Man kennt aus
Napoleon's Korreſpondenz jene dem neuen Miniſter des Auswärtigen,
Maret, Herzog von Baſſano, ertheilte Inſtruktion vom 27. April 1811,
welche die tadelnden Worte enthält: „M. de St. Marsan ne voit
pas assez.“ Drei Tage ſpäter befahl er Maret: „Écrivez à
M. de St. Marsan qu'il se laisse duper par la Prusse“[2]). Die
folgenden Aeußerungen St. Marſan's nehmen hierauf Bezug:

———

1) Vgl. Correspondance de Napoléon 22, 42. Napoleon an Champagny
8. April 1811.

2) Correspondance de Napoléon 22, 114. 125. Napoleon an Maret
27. und 30. April 1811.

St. Marfan an Maret.

Berlin, 11. Mai 1811.

Bericht über eine ernste, mit Hardenberg gepflogene Unterhaltung. St. Marſan hat auf die Errichtung des Lagers bei Dirſchau, auf den Bau einer Brüde bei Schwedt hingewieſen und gesagt, Preußen müſſe ſich ganz ruhig verhalten. Hardenberg hat erwidert: der König habe den größten Theil ſeiner Truppen, franzöſiſchem Intereſſe gemäß, an der Küſte gegen eine drohende engliſche Expedition verwenden müſſen. Die Armee werde nicht vermehrt, die Oberbrüde nur ausgebeſſert, eine Anſammlung von Truppen in Dirſchau finde nicht ſtatt. Hardenberg hat ſich über das Mißtrauen der franzöſiſchen Generale und falſche Berichte böswilliger Individuen beklagt.

J'ai observé au baron de Hardenberg, que bien des militaires prussiens pouvaient donner lieu par leurs discours à des conjectures défavorables à leur gouvernement . . . tels que le général Scharnhorst . . le colonel Hacke . . et le colonel de Borstell . . . Non seulement M. de Hardenberg n'est disconvenu de ce que j'avançai, mais il m'a même dit que le roi venait de faire défendre à l'ordre en général aux officiers les discussions politiques. Il m'a observé qu'au surplus (ce qui est très vrai) ces messieurs, malgré les places de confiance qu'ils occupent, n'ont aucune influence dans le cabinet, le roi ne s'en servant que pour les détails . . .

Das Allianzprojekt wird noch zwiſchen Hardenberg, Golß und dem König disfutirt . . .

Am 14. Mai wurde Kruſemard angewieſen, jene allgemein bekannten Anträge wegen des Abſchluſſes eines Schuß- und Trußbündniſſes zu machen (ſ. Dunder a. a. O. S. 360, Raule: Hardenberg 3, 192—195). St. Marſan weiß nichts Genaueres von den vorausgegangenen Berathungen, dem Gegenſaß der Anſichten von Scharnhorſt und Hardenberg u. ſ. w. Doch betont er, daß dieſer und der König die Allianz mit Frankreich als ihre einzige Stüße betrachten. Dabei glaubt er eine Verbindung der ſog. ruſſiſchen Partei mit den unzufriedenen Notabeln (Marwiß, Finfenſtein), den inländiſchen Gegnern Hardenberg's, fonſtatiren zu dürfen. Seine Berichte befriedigten jedoch Napoleon, deſſen Mißtrauen durch Davouſt rege erhalten wurde[1]), feineswegs. St. Marſan erhielt daher, unter Mittheilung der Nachrichten über die Bildung neuer Regimenter,

---

1) S. Correspondance de Napoléon 22, 202. 296.

Verstärkung der Befestigungen von Pillau und Kolberg, einen Verweis.

Maret an St. Marsan.

Paris 29. Juni 1811 (Konzept).

... Je regrette, M. le comte, de ne point trouver dans votre correspondance des détails circonstanciés sur la situation des choses tant à Berlin que dans le reste de la monarchie prussienne, principalement sous le point de vue de l'état militaire ...

St. Marsan an Maret.

Berlin, 14. Juli 1811.

Unmöglichkeit, alle thörichten Gerüchte und alle falschen Nachrichten mitzutheilen. Ein übersandtes Tableau werde zeigen, daß alle Nachrichten über Truppenvermehrung durchaus falsch seien.

On ne forme aucuns nouveaux régiments, on ne travaille pas à aucune fortification extraordinaire, ni à Colberg ni ailleurs. Les travaux de Colberg ont pour objet la défense de la côte ... Aucun travail extraordinaire n'a lieu ... S. M. se contente d'exercer de temps en temps la faible garnison de Berlin ...

Die folgenden Auszüge aus den Depeschen St. Marsan's werden beweisen, daß er über den wahren Charakter der preußischen Politik in dieser Epoche schlecht unterrichtet war. Er ahnte weder etwas davon, daß Hardenberg, auf Scharnhorst's Seite tretend, nunmehr entschiedene Rüstung und Bündnis mit Rußland empfahl, noch auch davon, daß Friedrich Wilhelm III. sich in diesem Sinne, vorausgesetzt, daß es zum Bruche zwischen Frankreich und Rußland komme, an den Czaren wandte. Es hat einer der in diesem Bande vereinigten Abhandlungen vorbehalten bleiben müssen (s. o. S. 91 bis 113), zu erörtern, ob eine angebliche Denkschrift Champagny's vom 16. November 1810 auf den damaligen Gang der Dinge Einfluß ausgeübt hat. Einige hierauf speziell bezügliche Stellen aus St. Marsan's Korrespondenz des Jahres 1812 sind dort mitgetheilt. Hier handelt es sich um frühere Äußerungen desselben.

St. Marsan an Maret.

Berlin, 20. Juli 1811.

.. Die Feinde Frankreichs sind geschäftig; die russische Gesandtschaft steht hinter ihnen. Ein Bataillon Grenadiere ist nach Freienwalde abgerückt, ebenso geftern die Hufaren von Brandenburg nach Schwedt. Röderiß, der doch nicht exaltirt ift, foll gefagt haben, man müffe gegenüber den zweifelhaften Abfichten Frankreichs auf der Hut fein, um nicht überrafcht zu werden. St. Marfan wird heute mit Golß, Haßfeld und Wittgenftein beim Staatskanzler effen, er wird freimüthig, aber umfichtig fein . .

St. Marfan an Maret.

Berlin, 22. Juli 1811.

Haßfeld, von Paris zurückgekehrt, hat ganz offen mit dem König geredet. Diefer hat ihn gut aufgenommen. Harbenberg hat fich fehr fcharf gegen die „gens de parti", wie Scharnhorft und Sad, ausgefprochen. St. Marfan felbft hat, ohne Perfönlichkeiten zu benunciren, fich gegenüber Harbenberg und. Golß mit Bezug auf die Truppenbewegungen geäußert. Man hat ihm ge-antwortet, diefe feien, nach dem neuen Syftem häufigen Quartierwechfels, nur für die Inftruktion der Soldaten beftimmt. Harbenberg hat verfprochen, dem Könige die Klagen Frankreichs vorzulegen;

mais il ne m'a pas caché que les ennemis de son système et de celui du roi se servent de l'esprit de S. M., de la circonstance, qu'elle n'a rien obtenu de la France (namentlich Weigerung der Räumung Glogau's) pour lui inspirer une défiance dont le résultat peut être un changement de système . . .

Zufammenfaffung der Sachlage:

Le roi franc et loyal dans son système avec la France, parce qu'il le croit le seul qui puisse le sauver, conservera cependant une espèce de défiance, entretenue par ses alentours, tant qu'il n'aura pas reçu une preuve publique que S. M. l'empereur lui a rendu sa confiance. Le chancelier très pro-noncé, très ferme dans le système français, parce que non seulement il le juge nécessaire pour sauver la Prusse mais utile pour rétablir cette puissance avec le temps, craint cepen-dant que l'alliance avec la Prusse n'entre pas dans les projets de l'empereur et le craint aussi parce qu'aucun témoignage public n'est donné de la part de S. M. impériale. Il cache sa crainte au roi pour ne pas ajouter à la force de ses adversaires.

Golß folgt ganz dem Staatskanzler . .

L'état actuel inspire de la défiance à tous les citoyens, même à ceux qui sont les plus portés pour nous, et c'est la principale arme dont se servent nos ennemis.

Die Armee ift in ihrem Effektivbeftande nicht höher als in dem über-fchidten Tableau angegeben worden;

mais il est sûr que, quoique non enrégimentés ni placés dans des cadres, les anciens soldats et officiers existent en grande partie, et par approximation on peut croire qu'on pourrait rassembler en tout près de cent mille hommes.

Der Plan der Feinde Frankreichs ist, den König dahin zu bringen, seine Truppen so anzuordnen, daß er sie schnell in einem verschanzten Lager bei Kolberg versammeln kann, und eine Reise nach Königsberg und Memel zu machen. Sie hoffen, daß der Czar dorthin kommen und ihn mit fortreißen werde .. Gneisenau ist in Berlin angekommen.

C'est un des chefs de la secte; je serai attentif à ses démarches.

P. S. Das Grenabierbataillon ist von Freienwalde nach Berlin zurückgekehrt. Ein anderes Bataillon wird abmarschiren, um in acht Tagen wieder zurückzulehren. Das Husarenregiment wird alsbald nach Berlin zurücklehren, die Küraßiere von Brandenburg werden heute ankommen.

M. le maréchal de Kalkreuth qui n'approuve pas cette manière d'exercer, surtout dans un temps où les chaleurs sont excessives, et qui est d'ailleurs furieux des propos qu'elle occasionne, s'est servi avec moi de l'expression, que les troupes du roi devenaient des peuplades nomades.

St. Marsan an Maret.

Berlin, 27. Juli 1811.

Nach Mittheilung von Golt hat H. von Bran, bairischer Gesandter in Petersburg, bei seiner Anwesenheit in Berlin dem König gesagt, von Paris sei nichts für ihn zu hoffen, auch habe er Hasselb gerathen, Preußen zu verlassen und sich nach Baiern zu begeben. St. Marsan hat Golt zu beruhigen gesucht und ihm gesagt, Baierns Eifersucht auf Preußen sei natürlich, da dies, in den Rheinbund aufgenommen, die erste Rolle darin spielen würde.

En attendant le prince de Hatzfeld travaille vivement à l'éloignement des personnes en place qui sont prononcées contre le système français et il paraît qu'il réussira au moins pour les principales . . .

St. Marsan an Maret.

Berlin. 30. Juli 1811.

. . . Le maréchal de Courbières, gouverneur de Graudenz, vient de mourir[1]). On présume que ce commandement sera donné à M. le général Scharnhorst. actuellement chef de l'état

---

1) 23. Juli 1811.

major. C'est un projet du baron de Hardenberg pour éloigner
cet officier de la personne du roi. Au reste je viens d'avoir
une nouvelle preuve que le roi ignore presque toujours les
plans des militaires, opposés au système d'union avec la France.
J'ai marqué à V. E. dans mon No. 105 du 20. courant que le
général Köckeritz avait parlé de la nécessité de se mettre
en mesure pour ne pas être exposé à se trouver surpris par
l'armée française. Le baron de Hardenberg a dit au roi que
je lui avait cité ce propos de la conversation. S. M. en à été
extrêmement surprise et a tancé vertement le général Köckeritz
qui est allé se plaindre au maréchal Kalkreuth à qui il avait
effectivement communiqué cette idée et parlé de ce propos du
général Scharnhorst de former un camp sous Colberg. Je
tiens cette circonstance du maréchal lui-même, curieux de
savoir comment il avait appris ce qui avait été dit dans son
cabinet tête-à-tête et oubliant qu'il l'avait raconté lui-même,
en témoignant son mépris pour ce projet et le ridiculisant.

St. Marſan an Maret.

Berlin, 3. Auguſt 1811.

. . . On a remarqué que M. de Marwitz, considéré comme
le principal auteur du mémoire en question[1]), en sortant de
Spandau s'est rendu chez le comte de Lieven, ministre de
Russie, et il y a diné le lendemain . . .

St. Marſan an Maret.

Berlin, 14. Auguſt 1811.

Meldung von Gerüchten, ein ſtarkes franzöſiſches Korps habe den Rhein
paſſirt, ein großer Artilleriepark bei Minden ſei errichtet. Da keine Allianz
mit Frankreich geſchloſſen, Glogau noch nicht zurückgegeben iſt, ſo nehmen die
Gegner des franzöſiſchen Syſtems daraus Anlaß, ihre Meinung, Frankreich
habe den Untergang Preußens beſchloſſen, zu begründen. Doch haben der
König und Hardenberg entſchieden Partei, im Sinne Frankreich's, genommen.
St. Marſan glaubt:

Que non seulement on adoptera tous les plans que S. M.
l'empereur voudra, mais qu'on éloignera tous les individus qui
nous sont contraires et que bien des gens croient dangereux

---

1) Gemeint iſt die Eingabe der Stände des rebus Storkow-Beeskow'ſchen
Kreiſes, welche St. Marſan ſchon am 7. Mai 1811 nach Paris geſandt hatte.
Vgl. Voß: Seiten 27, 420—433. 28, 151.

pour les affaires en général, comme affiliés à une secte qui a
en vue une révolution générale en Allemagne . . .

Würde Glogau geräumt, so ließe man sich wohl einen französischen
Kommandanten gefallen . . . Da der König und Hardenberg noch ganz un=
gewiß über Frankreichs Absichten sind, so wagen sie noch nicht, gegen diejeni=
gen einzuschreiten, auf die sie sich im äußersten Nothfall stützen möchten.
Meldung von Truppenbewegungen jenseits der Oder . . .

Je dois encore dire un mot à V. E. sur l'opinion générale
de la masse des citoyens. Elle est indécise, il y a un germe
d'animosité contre la France, produit par les souffrances de la
dernière guerre, mais il y a par-dessus tout de la lassitude, et
le bon sens parviendra à persuader que l'appui et l'amitié de
la France sont la seule ancre de salut. Il résulte de là que,
si l'union des deux états était manifeste, toute la nation en
général en serait, et le parti antifrançais (réuni par circonstance
au parti révolutionnaire) deviendrait nul, que, si au contraire ce
parti peut appuier ses assertions de motifs dont la valeur soit
même seulement apparente et persuader au public que la
France a décidé la ruine de ce gouvernement, la haine pour
le nom français en sera violemment attisée et il deviendra très
facile de soulever le pays . . .

P. S. Son A. R., Monseigneur le prince royal de Prusse,
âgé de 16 ans parait annoncer un caractère très décidé. Il
est prononcé contre les frères de la vertu et en a fait une
caricature de sa main dont l'original m'a été prêté et dont
V. E. trouvera ci-joint une copie calquée[1]). Voici l'explication
qu'il en a donné lui-même. La secte est représentée par une
figure féroce qui se lance, armée d'une fourche contre la France,
mais elle n'est appuié que sur un pied qui pose dans la boue.
La lumière est figurée par l'étoile qui est sur son derrière.
Elle a une dague et une tour gothique pour figurer les anciens
Allemands qu'ils invoquent toujours. Il lui sort de la bouche
la parole Vin et elle a le corps entouré de flacons pour indiquer qu'elle est dans l'état d'ivresse. Le prince, en donnant
cette caricature à quelqu'un de sa confiance, lui a dit de lui
garder le secret, „car ces gens. dit-il, seraient capables de me
persécuter.‟ J'ai cru devoir communiquer exactement ce trait

---

1) Eine Durchzeichnung liegt bei.

caractéristique à V. E. en la priant cependant de ne pas permettre qu'on en fasse un usage public.

St. Marjan an Maret.

Berlin, 18. Auguſt 1811.

Bericht über eine mit Hardenberg gehabte Unterhaltung. Dieſer hat geſagt, man arbeite daran, den König zur Abreiſe nach Königsberg zu bewegen, verbreite Gerüchte, der Untergang der preußiſchen Monarchie ſei beſchloſſen und hat hinzugefügt:

„Le roi et moi nous sommes presque les seuls (le comte de Goltz étant absent) qui soyons d'un avis contraire. Non seulement je n'ajoute pas foi à ces bruits, mais je suis même d'opinion que la guerre avec la Russie n'aura pas lieu, au moins de si tôt, et que, dans le cas où elle aura lieu. S. M. l'empereur accepterait l'alliance du roi. Mais j'avoue cependant ma responsabilité me fait trembler. Et comment puis-je en ce moment demander le renvoi de tous ceux qui appuient leurs opinions sur le motif, au moins très spécieux, du plus grand attachement pour le roi et pour la monarchie?"

Cependant il est très vrai que M. de Chasot a eu l'ordre de quitter Berlin[1]). Cet officier, ancien commandant de Berlin au temps de la désertion de Schill, passe pour le chef d'une réunion qui est une émanation des frères de la vertu sous le nom de société chrétienne dont l'objet apparent est des oeuvres de bienfaisance. Elle porte le nom de société chrétienne parce que les juifs en sont exclus, et il est assez singulier que l'animosité contre les juifs soit un caractère distinctif des sociétés secrètes allemandes. V. E. aura pu observer combien on s'est étendu contre les décrets royaux qui admettent les juifs au rang à peu près des autres citoyens dans le mémoire adressé au roi par les membres du cercle de Lebus, messieurs de Marwitz, Finkenstein, Massow etc.[2]) . . .

St. Marjan an Maret.

Berlin, 27. Auguſt 1811.

Bericht über eine den Tag zuvor mit Hardenberg gehabte Unterredung. H. hatte durch Kruſemard die Vorgänge des 15. Auguſt erfahren. Er erklärte,

---

1) Chaſot war dem König zum Kommiſſar in den Marken mit außerordentlichen Vollmachten vorgeſchlagen worden. S. Max Lehmann: Kneſebeck und Schön S. 59: Delbrück: Leben Gneiſenau's 1, 222.

2) Er ſpielt auf die Stelle an, das „alte, ehrliche, brandenburg'ſche Preußen" werde ein „neumodiſcher Judenſtaat" werden.

ber König unb baß Miniſterium ſeien ſehr beſorgt, weil man auf bie Vorſchläge ber Allianz hin ſchweige.

„La monarchie prussienne, a dit le chancelier, est cernée
de tous côtés. Il y a à Danzig un corps très considérable,
dans le Meklenbourg un autre, l'armée saxonne est réunie
et cantonnée exactement sur notre frontière du midi, elle n'est
qu'à deux marches de la capitale, les garnisons des places de
l'Oder sont à peu près portées au double de ce qui est fixé
par les conventions et il en résulte un surcroît énorme de
dépense pour ce pays déjà si épuisé. Dans cet état des choses
il est extrêmement douloureux pour le roi qui a fait toutes les
avances possibles à S. M. l'empereur et qui a déclaré si
franchement sa manière de penser à la Russie, pour ne laisser
aucun doute sur ses sentiments, de ne pouvoir obtenir un mot
positif confidentiel qui le rassure et sur lequel il puisse baser
ses démarches. Le roi ne tient point exclusivement aux propositions qu'il a faites. Si elles ne conviennent pas à S. M.
impériale et royale, il écoutera avec reconnaissance et satisfaction celles qu'on voudra lui faire; mais il voudrait être
assuré qu'il a obtenu la confiance de S. M. l'empereur. C'est
son voeu le plus ardent et c'est vers ce but que toute sa
conduite a été dirigée. Il désire la paix par-dessus toute
chose. Si malheureusement la guerre doit avoir lieu, il désire
alors de mettre tous ses moyens à la disposition de S. M.
l'empereur et faire entièrement cause commune avec lui. D'un
autre côté, s'il ne pourrait obtenir aucune confiance et que dans
un cas de guerre il vît son pays envahi, il se regarderait
comme déshonoré aux yeux de l'Europe et même sans espoir
de succès, il préférerait s'exposer à périr les armes à la
main[1]).“

„C'est pourquoi, a-t-il ajouté, dans la situation des choses
dont je vous ai tracé le tableau il est impossible que nous ne
prenions pas quelques mesures éventuelles . . . Si S. M.
l'empereur voulait se servir des moyens de la Prusse, il
pourrait compter qu'elle pourrait avoir 100000 hommes en tout
en 14 jours et qu'elle avait les moyens de les armer.

---

1) Die Vergleichung mit Lefebvre: Histoire des cabinets de l'Europe
(2. Ed. 1869) 5, 139 lehrt, daß der daſelbſt gegebene Auszug aus dieſer Depeſche,
ben man bisher benutzt hat, nicht ganz wortgetreu iſt.

V. E. verra par cette franche déclaration que les notions que j'ai eu l'honneur de lui donner à ce sujet à plusieurs reprises étaient à peu près exactes . . . Je ne puis douter que, si S. M. impériale et royale le juge convenable et le veut, la Prusse ne soit à lui de très bonne foi. Le ministre le désire par principe politique et par intérêt personnel, le roi par la conviction que cette union est utile à sa monarchie. D'un autre côté les souvenirs amers de ce qui s'est passé sont balancés par la passion du militaire qui lui est personnelle et qui le rend admirateur de S. M. l'empereur comme grand capitaine. La masse de la nation le désire aussi dans l'espoir d'acquérir par là de la tranquillité et une existence assurée. Le parti opposé disparaîtra dès que le sort du pays sera définitivement attaché à celui de la France. Dans le cas où S. M. l'empereur ne jugerait pas convenable d'accepter l'alliance de la Prusse et que la guerre eût lieu, le parti de l'opposition prendrait tout-à-fait le dessus sur le ministère qu'il accuserait d'avoir mal vu et mal conseillé, et il lui serait très aisé d'entraîner le roi dans de fausses démarches, de rallumer tous les anciens souvenirs et toutes les passions pour opérer des soulèvements dans le pays . . .

Schon seit einigen Wochen stand dem Grafen St. Marsan in Gestalt des Legationssekretärs Eduard Lefebvre, des Nachfolgers Caillard's, ein Mann zur Seite, der seine Wachsamkeit verschärfen sollte. Auch er führte einen Briefwechsel mit dem Minister der auswärtigen Angelegenheiten, von dem, wie es scheint, St. Marsan nicht immer unterrichtet war[1]). Eben damals nahm er Anlaß, die Mittheilungen St. Marsan's auf eine Weise zu ergänzen, welche zeigte, daß er die Dinge schwärzer ansah, als dieser sie in seinem Optimismus gesehen hatte.

Lefebvre an Maret.

Berlin, 31. August 1811.

. . . . . Je crois ne point hasarder une conjecture trop légère en avançant que, depuis les conventions qui ont stipulé

---

[1]) Der erste Bericht Lefebvre's, in dem es heißt: „Sous peu de jours je serai complétement en possession de l'héritage de M. Caillard" ist vom 9. August 1811.

la réduction de l'armée et fixé le maximum, auquel elle peut
s'élever, la Prusse pourrait être regardée comme ayant cherché
peut-être à nous endormir à cet égard et comme ayant jusqu'à
un certain point atteint le but qu'elle s'était proposé. Son
armée sur le papier a constamment été maintenue sur le pied
déterminé par ses engagements, cela est vrai, mais cet état des
choses n'est qu'une fiction. Si ses cadres présentent toujours
le même nombre d'hommes, ils ne présentent jamais les mêmes
hommes. Ces cadres se vident et se remplissent continuellement de conscrits nouveaux, qu'on exerce au maniement des
armes et qu'on renvoie chez eux, dès qu'on les trouve
suffisamment dressés.

Daher hat Preußen 100000 Mann anbieten können. Aber woher hat
es die Waffen?

Sont elles sorties de ses arsenaux? Les a-t-elle tirées
de l'étranger? Les a-t-elle même bien réellement ainsi
qu'elle le dit? et dans sa confidence, qu'elle nous a faite,
faut-il voir les ouvertures d'un ami dévoué, qui offre plus qu'il
n'a, ou les insinuations d'un tiers, qui laisse entrevoir ce que
serait son inimitié? C'est ce qu'il est difficile de savoir ....
Quoiqu'il en soit, c'est dans l'ensemble de ces considérations
que j'ai présenté à M. de St. Marsan la nécessité d'agrandir
ses communications et d'y comprendre nos commissaires des
relations commerciales. M. de St. Marsan avait eu déjà plus
d'une fois l'occasion de se convaincre, combien il est important
que V. E. trouve dans la correspondance des détails qui,
quoique relatifs à des faits qui se sont passés hors de notre
horizon visuel, ne doivent pas moins trouver leur place suivant
leur degré d'importance dans les comptes rendus à V. E. ....

Für St. Marsan's Auffassung ist die folgende Notiz charakteristisch:

St. Marsan an Maret.

Berlin, 1. September 1811.

Ueber die Ernennung Gneisenau's zum Staatsrath[1]).

C'est une victoire de la secte qui s'est trouvé facilité par
l'état douteux où se trouve ce pays. car non seulement je suis
convaincu que cette nomination n'aurait pas eu lieu. si le

---

1) Sie war schon im Juli erfolgt.

chancelier d'état eût été assuré de l'alliance avec la France, mais je ne doute même pas que messieurs de Sack et de Scharnhorst n'eussent été éloignés. L'influence de messieurs de Sack et de Gneisenau peut devenir dangereuse, vu leur activité et la place qu'ils occupent. Un militaire qui a des moyens, de la réputation et un esprit ardent, gérant un poste important dans la police générale, pourrait servir dans l'occasion utilement les projets des sectaires qui ne rêvent qu'insurrections même dirigées contre le roi, pour l'entraîner de force dans leur système .... Aucun des officiers même, dont on a le projet de se servir, n'est averti de se tenir prêt, ce qui n'empêcherait pas de pouvoir les réunir en très peu de temps. Mais on peut dire que c'est au gouvernement français qu'on fait la première confidence de ces préparatifs ... J'ai déjà eu occasion de répéter plusieurs fois que la légation de Russie paraissait accueillir beaucoup d'individus en opposition avec le système adopté par le gouvernement prussien. Cette marche est suivie assez ouvertement, et il me revient que M. d'Oubril, secrétaire de légation et qu'on peut regarder comme en étant le membre le plus actif, est très lié avec le colonel Gneisenau.

St. Marſan an Maret.

Berlin, 10. September 1811.

Gerüchte von großen Manoeuvres der Garniſonen von Berlin und Potsdam. Vermuthung, daß der Plan eines Rückzuges der Truppen über die Oder, falls die Beunruhigung der Regierung fortdauert, damit verdeckt werden ſoll.

Es iſt hier nicht der Ort, zu verfolgen, welchen Eindruck die Nachrichten über die preußiſchen Rüſtungen auf Napoleon machten. Man kennt die Maret ertheilte Inſtruktion, durch die er am 5. September St. Marſan befehlen ließ, ihre Abſtellung zu fordern, zu gleich aber zu erklären, man werde in die Erörterung der preußiſchen Allianzvorſchläge eintreten, ſobald auf die dem ruſſiſchen Geſandten, Fürſten Kuralin, gemachten Eröffnungen eine Antwort aus Peters- burg eingegangen ſei. Auch der Inhalt der Unterredung Maret's und Kruſemard's vom 6. September iſt bekannt[1]). St. Marſan hatte dem Staatskanzler die anbefohlenen Eröffnungen am 11. September gemacht und ſtattete den folgenden Tag ſeinen Bericht ab.

1) S. Dunder a. a. O. S. 384.

St. Marfan an Maret.

Berlin, 12. September 1811.

... Ergebniß der mit Hardenberg gehabten Auseinandersetzung:

Je me suis convaincu que je n'ai pas été trompé sur son compte, que, fidèle à son système, il n'en a jamais changé, mais qu'il n'avait que cédé aux instances de nos ennemis qui profitent de toutes les cironstances pour obtenir que l'on se porte à de fausses démarches. Le chancelier m'assura qu'il allait prendre incessamment les ordres du roi et lui soumettre un rapport fidèle de tout ce que je lui avais dit. Je lui observai encore qu'il ne fallait pas perdre une minute . . . . . Le baron de Hardenberg m'a promis de mettre toute l'activité et l'énergie possible. En effet il m'a invité aujourd'hui à passer chez lui: j'en sors en ce moment et il m'a remis la lettre incluse autographe du roi pour S. M. l'empereur[1]). S. M. impériale y trouvera l'expression, que je crois bien sincère, des sentiments du roi et le détail de tout ce qui se faisait et qui est contremandé . . . . Un heureux hasard avait ramené à Berlin le prince Hatzfeld le jour même où j'ai reçu le courier. Le prince était déjà outré de toutes les mesures qu'on prenait; je l'ai mis au fait de tout ce qui se passait, il a entretenu longtemps le chancelier après moi, lui a parlé avec force, lui a suggéré l'idée de la lettre du roi à S. M. l'empereur . . . Le prince de Wittgenstein, arrivé le même jour des bains de Doberan, a aussi travaillé vivement dans le même sens tant auprès du chancelier qu'auprès du roi lui-même. J'ai toujours plus lieu de croire que le roi n'a rien fait dans cet intervalle pour se rapprocher de la Russie . . .

St. Marfan an Maret.

Berlin, 12. September 1811.

Uebersendung eines Tableaus der preußischen Armee für den Monat September, das ihm Hardenberg gegeben hat. St. Marian hat sich auch noch außerdem Nachrichten über die Vermehrung der preußischen Armee verschafft, die mit dem offiziellen Tableau ziemlich übereinstimmen. Doch giebt er Folgendes zu:

L'armée, telle qu'on la présente sur le papier, ne dépasse pas ce que les conventions autorisent la Prusse à tenir sur

1) Der Brief Friedrich Wilhelms III. vom 12. September 1811 (f. Dunder S. 385) befindet sich bei den Akten.

pied, mais au moyen de la petite précaution qu'on a prise de
se former une réserve de recrues instruites pour entrer au
besoin dans les anciens cadres il suffit de doubler les corps..
pour que l'armée soit de suite portée au complet de 100000
hommes.

Ob Kavallerie und Artillerie auch in dieser Weise verstärkt werden können,
ist ungewiß.

Les dispositions en général peu amicales du peuple à notre
égard et le secret impénétrable dont le cabinet s'environne
pour tout ce qui regarde l'organisation de l'armée et ses
mouvements rendent difficiles et bien peu sûres les informations
qui arrivent jusqu'à moi . . . Je sens tout ce que les
circonstances m'imposent de devoirs . . .

Nachrichten über Schlesien. In Glatz arbeitet man, wie in Kolberg und
Spandau, an einem verschanzten Lager . . .

Wie früher, so war auch jetzt der in Berlin residirende west-
fälische Gesandte, Baron von Linden, ebenso geneigt wie geeignet
dazu, seinerseits die Ueberwachung Preußens nicht außer Acht zu
lassen. Bei den Alten befindet sich eine umfangreiche Depesche von
ihm, die alsbald ihren Weg von Kassel nach Paris nahm, deren
wörtliche Mittheilung jedoch unnöthig erscheint.

B. von Linden an den Grafen von Fürstenstein.

Berlin, 12. September 1811.

(Kopie „envoyée par ordre de l'empereur à M. le due
de Bassano".)

Hardenberg glaubt, daß die Erklärungen des Kaisers in Betreff der
Allianzvorschläge einer Ablehnung, einem Zeichen der künftigen Vernichtung
gleich zu achten seien. In Privatgesprächen hat er sich des Ausdrucks bedient:
„S'il le faut il vaut mieux périr avec honneur." Seit acht Tagen
ist dies seine Parole. Daher die kriegerischen Vorbereitungen. Man hört
das Wort: „Il ne faut pas tomber comme l'électeur de Hesse."
Hatzfeld, aus Schlesien zurückgekommen, hat dem B. v. Linden gesagt, er
hoffe Hardenberg noch auf gesundere Ideen zu bringen. Dieser ist in einer
fieberhaften Aufregung.

Le ministre de France est vivement affecté, ayant toujours
présenté le gouvernement comme tout-à-fait sûr et dont les
sentiments ne sauraient jamais dans aucun cas inspirer de

l'inquiétude . . . Il voit peut-être à regret qu'il a un peu trop négligé les mesures secondaires. L'ascendant qu'il exerce aurait pu le mettre à même d'espérer une reforme entière, en demendant le renvoi de toutes les personnes marquantes, contraires au gouvernement français[1]) . . .

Napoleon hatte schon, bevor er im Besitz dieser Nachrichten war, am 13. September, Krusemard mittheilen lassen, St. Marsan erhalte den Befehl Berlin zu verlassen, wenn die Rüstungen nicht aufhören würden, und wenn der Entschluß dazu nicht binnen drei Tagen mitgetheilt werde, so werde Davoust einrücken. In eben diesem Sinne ward am 14. September Davoust, der Fürst von Edmühl, von ihm instruirt[2]). An St. Marsan wurde eine ostensible und eine vertrauliche Instruktion gesandt, die man zusammennehmen muß, um die Absichten des Kaisers zu verstehen.

Maret an St. Marsan.

Compiègne, 13. September 1811.

(Konzept. Ostensible Instruktion.)

Ueberblick des zweideutigen Ganges der preußischen Politik. Der Kaiser fürchtete durch vorzeitigen Beginn von Allianzverhandlungen Rußland Anlaß zum Argwohn zu geben. Da kamen die preußischen Rüstungen. In einem solchen Augenblick konnte man keine Verhandlungen eröffnen. St. Marsan soll sofortiges Aufhören der Rüstungen, eventuell seine Pässe fordern.

Vous annoncerez en même temps, que, si l'on fait de nouvelles levées, si de nouveaux régiments sont formés, si les forteresses sont armées, si enfin les choses ne sont pas remises dans le même état où elles étaient, il y a 7 à 15 jours, il sera démontré que la Prusse a contracté des liens et des engagements secrets et qu'elle arme réellement contre nous . . . Si l'anéantissement de la Prusse en est l'effet immédiat, c'est à elle seule qu'elle pourra s'en prendre.

Der Kaiser will jedoch hoffen, daß St. Marsan's Vorstellungen so aufgenommen werden, wie sie es verdienen.

En ce cas, M. le comte, vous serez autorisé à entrer immédiatement en négociation sur les conditions du traité d'alliance proposé . . .

---

1) Vgl. hinsichtlich der Ueberwachung St. Marsan's durch Linden aus dieser Zeit: Cmpreda 2, 90. 91.

2) Correspondance de Napoléon 22, 485.

Maret an St. Marson.

Compiègne, 13. September 1811.

(Konzept.) Note confidentielle.

. . . . , S. M. voit avec plaisir le roi de Prusse maître
de ses états. Elle a intérêt à ce qu'il conserve sa puissance
telle qu'elle existe et elle n'aura point d'autre désir, tant qu'il
persistera avec fermeté dans l'exécution du système continental.
L'empereur désire resserrer par une alliance étroite les liens
qui unissent la France à la Prusse, mais il aurait trouvé
convenable d'en retarder la conclusion jusqu'à ce que tout
espoir d'accommodement avec la Russie fût évanoui.

Der Kaiser wollte daher mit dem Beginne der Verhandlungen warten,
bis man erfahren hätte, welche Wirkung seine Ansprache vom 15. August in
Petersburg machen würde. Da nun aber Preußen die Allianz so lebhaft
wünscht, will er auf die Verhandlung eintreten. Inzwischen muß Preußen
seine Rüstungen einstellen, widrigenfalls St. Marsan abzureisen hat.

Si contre toute attente tel doit être le résultat de votre
démarche, vous en préviendrez aussitôt le prince d'Eckmühl,
le roi de Saxe. le roi de Westphalie, les commandants de
Magdebourg. de Glogau, de Custrin, de Stettin et de Dantzig,
afin qu'ils se tiennent sur leurs gardes. S. M. vient d'expédier
au prince d'Eckmühl l'ordre d'entrer à Berlin avec 150000
hommes aussitôt qu'il aura reçu l'avis de votre départ . . . . .
Si les justes demandes que vous ferez ne sont point accueillies,
si vous n'obtenez pas des engagements positifs et une déclaration
formelle, vous partirez; la Prusse sera la victime d'une invincible
fatalité et elle subira son sort . . .

Die Rüstungen müssen schon deshalb aufhören, weil Rußland glauben
könnte, daß sie im Einverständnis mit Frankreich geschähen. St. Marsan
darf sein Ehrenwort geben, daß, wenn sie aufhören, in drei Tagen die Verhandlung über die Allianz beginnen soll. Hardenberg's Geständnis, daß man
die Armee auf 100000 Mann bringen könne, beweist die Verletzung der
Verträge . . .

On ne peut se dissimuler qu'il y a dans toute la conduite
de la Prusse un reste de cet esprit de précipitation, d'irréflexion
et de vertige qui a causé ses malheurs en 1807. Si la même
catastrophe doit se renouveller en 1811, la ruine de la Prusse
occasionnera peut-être la guerre avec la Russie, mais peut-être
la Prusse aussi sera-t-elle seule victime de l'imprudence de
sa conduite . . .

Der Termin von drei Tagen, nach deren Ablauf St. Marsan seine Pässe fordern soll, ist nicht so enge, daß er nicht noch zwei Tage in Berlin bleiben dürfte. Im Falle er die Stadt verlassen muß, soll sein Sekretär Lesebure mit den Gesandtschaftspapieren dort bleiben.

Il convient cependant que les ministres croient que toute la légation partira en même temps et que vous ne fassiez connaître qu'au dernier moment que vous laissez à Berlin votre secrétaire de légation . . .

St. Marsan konnte alsbald beruhigende Berichte geben. Bei der Ungewißheit der politischen Lage und der Absichten Alexander's — Scharnhorst war erst kürzlich in geheimer Mission zu ihm abgereist — kam in Preußen alles darauf an, Zeit zu gewinnen. Mit Uebergehung einer Anzahl von Depeschen lasse ich diejenige vom 24. September folgen:

St. Marsan an Maret.

Berlin, 24. September 1811.

. . . Le baron de Hardenberg s'étant rendu hier chez le roi à Charlottenbourg et y ayant été retenu à diner, m'a écrit un billet le soir, en rentrant, pour m'annoncer que S. M. me recevrait aujourd'hui matin à neuf heures $^{1}/_{2}$. Après avoir lu le billet, je suis allé chez lui, quoiqu'il fût tard; il m'a répété que l'adhésion aux demandes que j'avais faites ne souffrait aucune difficulté et il m'a communiqué la dépêche de M. de Krusemarck, contenant un rapport détaillé de la seconde conférence qu'il a eue avec V. E. à Compiègne, et la lettre originale qu'elle lui avait adressée.

Ce matin je me suis rendu à neuf heures $^{1}/_{2}$ chez le roi. S. M. m'a accueilli avec bonté, mais m'a dit tout de suite qu'elle était profondément peinée et affligée que la première fois que S. M. impériale et royale voulait bien l'assurer de ses dispositions favorables, relativement aux propositions d'alliance entre les deux puissances, cette déclaration fût accompagnée d'une autre aussi menaçante que celle que j'avais faite au baron de Hardenberg. Le roi entra ensuite à justifier les préparatifs qu'on avait faits et ordonnés par les mêmes raisonnements que M. de Hardenberg avait mis en avant; il m'assura qu'au reste pas un homme n'avait été armé ou incorporé dans ses régiments, que l'armée était absolument de la force, indiquée par le dernier état que le baron de Hardenberg m'avait communiqué, et que même la cavalerie était tellement au dessous du complet en chevaux, que dans le cas où elle devrait marcher il faudrait réduire quatre escadrons à trois; qu'à la vérité on avait pris note des anciens soldats, et qu'on en avait réuni le nombre nécessaire pour les travaux à Göchstädt (en avant de Pillau), à Colberg et à Spandau; qu'en Silésie et nulle autre part on n'avait travaillé à aucune réparation ou autres ouvrages; que voyant que S. M. impériale avait plus que doublé ses garnisons des places de l'Oder, qu'elle avait réuni des forces à Dantzig, qu'elle faisait même construire une place à Torgau, elle avait cru ne pouvoir mieux faire, après avoir offert son alliance qui n'avait pas été déclinée, que de se mettre à même d'être vraiment utile à la cause commune, le cas échéant; qu'au surplus, elle était disposée à faire tout ce qu'elle pourrait pour seconder les vues de l'empereur et adhérer à ses demandes.

Je répondis à S. M. que l'honneur qu'elle m'avait fait de me recevoir et de m'entretenir sur cet important objet était d'autant plus précieux pour moi, que je pouvais effacer toute la peine qu'avaient pu lui causer les circonstances du moment, en l'assurant que l'intention de S. M. impériale et royale n'avait jamais été de l'affliger par la déclaration que j'avais faite, qu'au contraire, j'étais chargé de dissiper tous les doutes qu'elle pouvait avoir sur les dispositions amicales de S. M. impériale et royale et sur son désir sincère de s'unir à elle d'une manière franche, solide et loyale. Mais que le vif intérêt que S. M. impériale et royale met à conserver la paix du nord exigeait impérieusement, que l'on ne fît aucune démarche qui pût donner de l'ombrage à la Russie; que lui (le roi) s'étant expliqué franchement avec cette puissance de son intention de suivre le système de la France (déclaration qui avait été très agréable à S. M. l'empereur), la cour de Pétersbourg devait supposer que les armements de la Prusse étaient faits à l'instigation de la France, et que cette circonstance était propre à exaspérer et peut-être à déterminer une guerre que S. M. l'empereur désire vivement d'éviter, et qui

est si contraire aux intérêts de la Prusse; qu'en effet il n'y
avait qu'à entendre les propos des étrangers qui traversaient
la Prusse proprement dite et la Poméranie, pour juger de
l'effet que faisaient les mesures adoptées.

Que d'un autre côté il était impossible de supposer que
la Prusse, armant sans concert avec la France, S. M. l'empereur
consentît à ouvrir une négociation avec elle, au moment où
elle se trouve inopinément armée. Le roi me dit alors qu'il
ne pouvait imaginer que S. M. impériale eût pensé un moment
qu'il eût voulu lui forcer la main ou pensé lutter contre elle.

— „Non, certainement, lui répondis-je, et aussi, suis-
je chargé d'assurer V. M. de toute l'amitié et des
dispositions favorables de mon auguste souverain;
mais cependant le public qui n'est pas informé
des affaires, traitées dans le cabinet, en aurait
jugé ainsi.“

Le roi me parla ensuite du sentiment pénible qu'il
éprouvait à trouver tant de difficultés pour gagner la
confiance de l'empereur quoiqu'il y eût constamment travaillé.
Il se plaignit des discours que tenaient les militaires dans les
places de l'Oder, même les généraux et surtout à Stettin,
tendant à annoncer l'envahissement de la Prusse, et la
déstruction de la monarchie comme imminente.

Je lui ai dit que S. M. impériale et royale n'avait jamais
révoqué en doute la franchise du caractère personnel et la
manière de penser loyale de S. M. Mais que les scandales
qui avaient eu lieu l'année 1809 et l'esprit d'opposition ouvertement prononcé contre le système français de plusieurs personnes influentes dans le gouvernement étaient des circonstances qui n'avaient pu faire moins que d'exciter une
certaine défiance.

Le roi répondit que, quant aux affaires de 1809, elles
étaient arrivées pendant son absence et dans un moment de
désorganisation auquel il avait heureusement remédié; qu'il
usait même de beaucoup de rigueur et qu'il avait fait enfermer
dernièrement à Glatz un officier qui s'était permis de composer
un mémoire sur la conduite que le gouvernement devait tenir.

Qu'il était très vrai qu'il trouvait souvent dans son conseil
des personnes qui opinaient contre le système d'union avec la

France, mais que les mêmes individus étaient disposés à l'adopter eux-mêmes avec sincérité, dès que l'on aurait un gage de la confiance de S. M. l'empereur. Ici le roi toucha légèrement, la non-restitution de Glogau et la surcharge occasionnée par la force des garnisons des places de l'Oder au delà de ce qui est porté par les conventions . . .

Je lui ai répliqué que tout allait prendre une autre marche, puisque S. M. disposée à adhérer aux demandes que j'avais faites, j'étais autorisé à l'assurer que je serais muni incessamment de pouvoirs et d'instructions pour négocier l'alliance . . .

En sortant de chez le roi, je me suis rendu chez le baron de Hardenberg qui me dit positivement que je pouvais annoncer à V. E. que les ordres étaient déjà donnés pour la cessation des travaux à Spandau et même pour faire venir à Berlin un bataillon de grenadiers qui était employé à ces travaux; qu'on allait expédier à Colberg et à Pillau les mêmes ordres et que tout rentrerait dans l'état accoutumé . . .

Après-demain on insérera dans les gazettes de Berlin un article pour le public dans le sens de ce qui aura été déclaré au comte de Lieven. Le baron de Hardenberg m'a dit qu'il m'en communiquerait la minute dans le cas où j'aurais quelques observations à faire sur les expressions [1]),

J'ai réexpédié les officiers qui étaient auprès de moi[2]), et j'ai prévenu M. le maréchal prince d'Eckmühl que d'après les assurances reçues de S. M. le roi lui même, j'avais lieu de croire que rien ne troublerait la bonne harmonie entre les deux puissances; que si contre toute attente et probabilité, le contraire arrivait, j'aurais soin de l'en informer.

J'ai beaucoup insisté auprès du baron de Hardenberg pour que les ordres qu'on allait donner soient complets, pour qu'il n'y ait aucune réticence, en le prévenant que, s'il arrivait des rapports contraires aux assurances positives qu'il me donnait, on ne pouvait calculer l'effet qu'ils pourraient produire, et que d'ailleurs, pour remplir le but de S. M. impériale et royale

---

1) Ein Exemplar der Boiſſiſchen Zeitung vom 26. September, den betreffenden Artikel enthaltend, liegt bei den Akten.

2) Sie waren ihm von den Gouverneurs von Magdeburg, Stettin, Küſtrin und dem General Friant zugeſchickt worden.

il fallait que la cessation des mesures adoptées fit effet dans le public.

Il m'assura que l'on ne négligerait rien à cet effet, en me priant de son côté d'être en garde contre les rapports qui sont souvent exagérés. En parlant à ce ministre des personnes influentes qui nous sont opposées, je lui ai dit, qu'en faisant l'alliance, il fallait songer à les éloigner et il m'a paru saisir cette idée qui est d'ailleurs, je crois, conforme à ses vues . . .

Je pense au reste, Monseigneur, que toute défiance ne sera dissipée ici que, lorsque le courrier porteur de pouvoirs et d'instructions sera arrivé, et qu'on aura vu par la nature des propositions que l'alliance est agréée par S. M. impériale et royale.

Ce sentiment que j'ai cru remarquer prouve que le désir de s'unir à la France est sincère et qu'on considère cette union comme l'ancre d'espérance de cette monarchie . . .

Troß der beruhigenden Sprache St. Marſan's durfte die preußiſche Regierung noch immer glauben, Gründe zur äußerſten Beſorgnis zu haben. Unter den bei den Akten in Paris befindlichen Originalbriefen Hardenberg's aus dieſer kritiſchen Zeit iſt der folgende ein Zeugnis dafür.

Hardenberg an St. Marſan.

25. September 1811.

*Ne serait-il pas possible, M. le Comte, que vous écriviez un mot aux commandeurs des forteresses sur l'Oder, surtout à ceux de Stettin et de Custrin pour les tranquilliser? Leurs mesures et leur langage sont comme si nous étions en pleine guerre. Je reçois des rapports l'un plus inquiétant que l'autre. Agréez etc.

Von Antwerpen aus, wo ſich der Kaiſer ſeit dem 30. September befand, ergingen ſtrenge Befehle an die Generale in Küſtrin, Glogau, Stettin, Danzig und an die Konſularbehörden in Stettin und Königsberg, die preußiſchen Abrüſtungen ſcharf zu überwachen. Desgleichen wurde St. Marſan ermahnt, auf ſeiner Hut und ſich ſeiner Verantwortlichkeit bewußt zu ſein. Alle Nachrichten, welche von verſchiedenen Seiten her einliefen, beſtätigten, daß die Abrüſtung keine vollſtändige ſei. St. Marſan ſah ſich genöthigt, weitere Reklamationen zu machen, blieb aber, was den König und Hardenberg betrifft, bei seiner alten, vertrauensvollen Ansicht.

St. Marsan an Maret.

Berlin, 9. Oktober 1811.

... Mon opinion est que les ordres ont réellement été donnés, que les intentions du roi et du ministre sont pures, mais que plusieurs subordonnés auront tâché de mettre dans l'exécution beaucoup de mauvaise volonté et de lenteur, croyant rendre un grand service à leur pays en faisant faire quelques toises de plus de retranchement et en gardant ou cachant pendant quelques jours une partie des ouvriers ... Avant que l'alliance ne soit conclue, il n'est pas à présumer que je puisse obtenir le renvoi de toutes les personnes influentes du parti antifrançais, à moins que je n'en fisse la demande formelle par de S. M. l'empereur ...

Unterhaltung mit Hardenberg. Der König hat seinen Adjutanten Thile nach Kolberg geschickt, um sich von dem Aufhören der Arbeiten zu überzeugen. Hardenberg hat einen Brief an Blücher geschrieben, um keinen Zweifel an den Absichten des Königs bei ihm bestehen zu lassen.

St. Marsan an Maret.

Berlin, 10. Oktober 1811.

Chaumette du Fossé, Konsul zu Stettin, hat gestern die Nachricht von der Fortdauer der Arbeiten bei Kolberg gebracht. St. Marsan hat einen Augenblick daran gedacht, Berlin zu verlassen und sich mit Lefebure darüber zu berathen. Er hat sich aber entschlossen zu bleiben, um erst zu untersuchen, ob die Kolberger Vorgänge auf Schwäche oder bösen Willen zurückzuführen sind. Er hat Hardenberg und Golz die empfangenen Nachrichten mitgetheilt und mit Haßfeld, der durch Fieber an's Bett gefesselt ist, konferirt. Dieser hat Hardenberg sofort geschrieben. Darauf kam Golz zu St. Marsan, um ihm zu sagen, der König habe Blücher befohlen, sich sofort in Berlin zu verantworten und Tauenzien an seine Stelle gesetzt. Eine bessere Wahl hätte nicht getroffen werden können.

(Tauenzien est) ferme, loyal, pénétré des vrais intérêts de la Prusse, antagoniste déclaré du général Blücher et des frères de la vertu, c'est lui qui dans le temps m'a remis la caricature que le prince royal lui avait confiée sur cette association ...

Si le gouvernement a la fermeté d'employer quelques mesures sévères à l'égard de ce général [Blücher], ce sera un grand coup porté à ce parti et la seule nouvelle de son rappel a déjà produit une grande impression . . .

St. Marſan an Maret.

Berlin, 16. Oktober 1811.

Nach Tauenzien's Ankunft haben alle Arbeiten in Kolberg aufgehört . . . Die preußiſche Armee iſt ganz in ihrem gewöhnlichen Stande . . .

St. Marſan an Maret.

Berlin, 20. Oktober 1811.

Der Vorſchlag der Abſendung Lefebvre's, der ſich perſönlich vom Stande der preußiſchen Bewaffnung überzeugen ſollte, iſt freudig aufgenommen worden (même avec plaisir). Hardenberg wird ihm Briefe an die Kommandanten in Pommern, Preußen, Schleſien mitgeben[1]) . . .

Le général Blücher est arrivé le 16. au soir fort tard, il est encore ici. Contre son ordinaire il se tient tranquille et ne parle pas d'affaires. Le roi l'a vu et doit l'avoir traité un peu sévèrement, au moins son fils qui est son aide de camp et qui se domine entièrement s'en est plaint à ses amis.

Blücher hat den Miniſtern erklärt, er werde ſich rechtfertigen. Hardenberg und Goltz ſind noch immer der Meinung, daß Heil Preußens hänge von ſeinem Bunde mit Frankreich ab, aber ſie fürchten, Frankreich wolle dieſen Bund nicht . . .

Maret an St. Marſan.

Amſterdam, 21. Oktober 1811.

Der Kaiſer läßt St. Marſan's Benehmen tadeln.

. . . Je ne dois point vous dissimuler qu'elle (Sa Majesté) a trouvé que vous aviez montré dans la crise, qui vient d'avoir lieu, une confiance trop absolue dans des dispositions qui n'ont point été justifiées par les faits . . . Vous croyez, Monsieur, que le roi et son ministre ont agi avec sincérité, mais qu'il n'ont point été obéi. Rien ne peut être plus contraire à

---

1) Die Depeſche St. Marſan's vom 23. Oktober und der bei den Akten befindliche Brief Hardenberg's an ihn vom 21. Oktober beweiſen, daß der König an dem Vorſchlage, in der Form, wie er gemacht war, Anſtoß nahm. Man fand den Ausweg, Lefebvre eine Reiſe „pour des affaires relatives aux conſulats" machen zu laſſen, wobei er aber mit weitgehenden Empfehlungen an die kommandirenden Generale verſehen wurde.

l'établissement de la confiance. Si le roi ne peut pas se faire obéir, comment pouvons nous compter sur lui? Comment cette certitude ne conduirait pas à penser que ce pays n'obéira que lorsqu'il sera sous les ordres des généraux de S. M.? Mais, Monsieur, il est difficile de croire que l'autorité du monarque soit à ce point méconnue. Ce serait un phénomène nouveau dans l'histoire des monarchies. L'opinion plus naturelle, beaucoup plus conforme à l'expérience que nous avons de la manière de procéder de la Prusse, est que les ordres positifs ont été accompagnés d'insinuations pour encourager à la désobéissance.

Mit Blücher wiederholt sich, was man in der Angelegenheit Schill's erfahren hat.

Il a été désavoué quand on n'avait aucun moyen d'arrêter son entreprise.

Aufzählung der fortgesetzten preußischen Rüstungen. Preußen hat die Verträge verletzt, und Se. Maj. der Kaiser wäre berechtigt, unter diesen Umständen seine Erlaubnis, über einen Bündnisvertrag zu verhandeln, zu versagen.

Mais elle veut manifester toujours d'avantage les dispositions favorables auxquelles la Prusse a jusqu'à présent si mal répondu et elle m'autorise à vous envoyer des pouvoirs et des instructions sur la négociation de l'alliance ... Si le roi de Prusse adopte enfin les mesures qui conviennent à sa situation, S. M. n'aura pas moins de sécurité sur la Prusse que si le roi de Westphalie regnait à Berlin, mais il faut que cette sincérité soit entière et que S. M. puisse être aussi tranquille sur la Prusse qu'elle l'est sur la Westphalie et la Bavière et elle ne peut l'être que si la Prusse renonce à ses vieilles illusions, si elle prend sa véritable place et si elle ne prétend à d'autres avantages qu'à ceux qu'elle peut atteindre ... La saison, les circonstances actuelles de l'Europe, notre situation avec la Russie permettent de ne rien précipiter ...

Die Instruktionen, welche hier erwähnt wurden, ergingen an St. Marsan in folgender Form:

Instructions générales pour M. le comte de Saint-Marsan (Konzept).

22 octobre 1811.

Lorsqu'à Tilsitt sa Majesté rendit à la Prusse ses états et presque toutes ses places, elle fut déterminée par cette considération que, déchue désormais et pour toujours du rang de puissance de premier ordre, la Prusse n'aurait à l'avenir d'autres intérêts que ceux de la France, ne se bercerait plus d'espérances, qui ne devaient se réaliser jamais, et substituerait aux illusions de la grandeur et à l'orgueil des grandes armées le désir de rendre son peuple heureux et de jouir, à la tête des monarchies de second ordre, de la sécurité et de l'indépendance que lui assurerait une politique sage, sans ambition et conforme à ses nouvelles destinées.

Tel paraissait être, en effet, depuis quelques années, le système de la Prusse. Nous l'avons vue exclusivement livrée aux soins de son gouvernement intérieur, chercher avec persévérance à fonder la prospérité publique sur le crédit, l'ordre et l'économie, et n'ambitionner que ces conquêtes paisibles, que les états secondaires peuvent entreprendre avec succès et sans danger, parce qu'elles n'excitent ni jalousie ni haine, et qui sont le fruit assuré d'une bonne administration.

Elle n'avait point à craindre d'être détournée par la France d'un but si digne de l'approbation de sa Majesté.

Les incertitudes qui se sont élevées tout à coup sur le maintien de la paix du continent l'ont conduite à reporter ses regards sur sa situation politique. Placée entre deux grands empires qui réunissaient de nombreuses armées à la proximité de ses frontières, elle a senti qu'elle ne pouvait conserver son existence, qu'en cherchant dans l'alliance de l'une de ces puissances la garantie et la protection qu'elle ne trouvait pas en elle-même.

Elle a alors tourné ses espérances vers la France. Sa Majesté, disposée à se rendre à ses vœux, autorise son ministre plénipotentiaire près la cour de Berlin à entrer à cet effet en négociation.

Cette négociation aura-t-elle pour objet l'accession de la Prusse à la confédération du Rhin ou la conclusion d'une alliance offensive et défensive?

Cette question est la première qui se présente à l'examen.

L'accession de la Prusse à la confédération du Rhin la mettrait, à l'égard de la France, dans des relations parfaitement d'accord avec sa situation réelle. Elle serait ainsi naturellement placée dans la catégorie des puissances secondaires qui trouvent dans la protection de la France le complément de force, dont elles ont besoin pour maintenir leur indépendance contre les efforts des puissances du premier ordre qui pourraient la menacer. Son existence serait garantie par le lien fédéral qui, en imposant à la France les obligations de puissance protectrice, lui donnerait en même temps le droit d'intervenir dans les affaires intérieures de la Prusse, droit que sa Majesté n'a pas voulu exercer jusqu'à ce jour, mais qui n'en tient pas moins à l'essence de la confédération même. On croit avoir lieu de penser que cette manière de s'unir étroitement à la France n'est pas étrangère aux désirs de la Prusse, et cet objet est le premier sur lequel il y a lieu de s'entendre dans la négociation à ouvrir.

Mais, soit que l'alliance entre la Prusse et la France doive résulter d'un acte d'accession à la confédération ou d'un traité d'alliance offensive et défensive, qui produirait les mêmes effets pour la Prusse, sans donner à l'empereur le droit de se mêler de ses affaires intérieures, l'alliance, sous quelque forme qu'elle existe, serait-elle dans l'intérêt de la France? serait-elle dans l'intérêt de la Prusse? L'examen de cette double question est essentiel, puisqu'il ne peut y avoir d'engagements durables entre deux états que lorsqu'ils sont cimentés par des intérêts réciproques.

La France, dans l'état actuel de sa puissance, de ses relations politiques, de l'établissement de ses forces militaires, est bien loin sans doute d'attacher à l'alliance un intérêt de même nature que celui de la Prusse, qui est un intérêt de conservation. La question serait donc posée d'une manière plus exacte relativement à la France, si elle l'était dans ces termes: „La France a-t-elle intérêt à ne point s'engager dans „une alliance, dont le principal but serait d'assurer et de „garantir l'existence de la Prusse?"

La France n'a aucun intérêt à ce qu'une autre maison que celle de Hohenzollern règne en Prusse, si celle-ci prend avec sincérité pour base de son système politique de ne rien faire qui soit contraire à la France. S'il en était autrement, la France n'aurait aucun motif pour s'allier avec la maison de Hohenzollern et cette alliance serait sans garantie pour la Prusse, puisque la France, qui l'aurait contractée sans intérêt, n'aurait point d'intérêt à la maintenir.

Si, au contraire, les ports de la Prusse sont fermés, si le système continental y est établi, observé comme en France, si l'alliance a pour la France, en cas de guerre avec l'Angleterre, le même résultat que si les côtes de la Prusse lui appartenaient, la France n'aura aucune raison pour désirer que ces côtes n'appartiennent pas à la maison de Hohenzollern.

Si, en cas de guerre contre une puissance du continent, les armées françaises peuvent traverser les états de la Prusse avec une entière sécurité, si elles y trouvent pour leurs opérations, pour leur subsistance des ressources, dont on n'userait toutefois qu'avec ménagement, si le système solidement établi en Prusse offre à la France les mêmes résultats que si le pays lui appartenait, elle n'aura aucune raison pour désirer que le pays n'appartienne pas à la maison de Hohenzollern. Elle aura, au contraire, intérêt à ce que la monarchie prussienne soit maintenue telle qu'elle existe et à s'engager dans une alliance, dont le principal but serait d'assurer et de garantir l'existence de la Prusse.

Voyons maintenant quel sera l'intérêt de la Prusse.

Lorsque la France aura la guerre avec l'Angleterre, l'intérêt de la Prusse sera de rester neutre et même d'être amie avec l'Angleterre.

En cas de guerre entre la France et la Russie, la Prusse aura intérêt à rester neutre et à ce que son territoire soit inviolable.

Dans ces deux suppositions, la Prusse a donc un intérêt opposé à une alliance offensive contre l'Angleterre et la Russie.

Mais ni dans l'une ni dans l'autre de ces deux suppositions elle ne peut agir selon le sens de son intérêt absolu: elle ne peut rester neutre.

Si la France a la guerre avec l'Angleterre, le système continental doit être établi sur les ports et sur les côtes de la Prusse par la Prusse ou par la France.

Si la guerre a lieu entre la France et la Russie, la situation du territoire de la Prusse est telle qu'elle ne peut éviter d'y prendre part. Les deux armées ne peuvent s'atteindre que sur son territoire ou après l'avoir traversé. Elle ne tenterait pas d'arrêter la marche de toutes les deux, elle ne pourrait s'opposer à l'une qu'en s'unissant à l'autre. La Saxe, la Poméranie, le Mecklembourg, le duché de Varsovie, le pays de Dantzig la laissent sans frontière. Il lui est impossible de se défendre en deçà ou au delà de l'Oder, et même en deçà ou au delà de la Vistule, sans appeler un secours auxiliaire.

La question n'est donc pas de savoir, si la Prusse doit vouloir rester neutre, ce serait son intérêt, mais si, ne pouvant rester neutre, elle prendra parti pour la France ou pour la Russie.

Or, cette question ne paraît pas douteuse au ministère de Berlin; elle ne l'est pas même pour la Russie, elle ne peut l'être pour aucune puissance.

En effet, au premier coup de canon, si la Prusse est l'alliée de la Russie, ou l'armée prussienne doit passer la Vistule, laissant des corps isolés à Colberg et en Silésie, et abandonnant dès lors les cinq sixièmes de la monarchie à la France, ou elle doit appeler une armée russe au camp de Spandau et fixer le théâtre de la guerre aux portes de la capitale.

L'abandon des cinq sixièmes de la monarchie sans combat serait sans doute un immense malheur. Mais tenter la lutte pour défendre Berlin serait un malheur plus grand, et cette dernière supposition, l'opinion de la Prusse même la repousse. Elle ne repousserait pas la première avec moins d'effroi. Les peuples humiliés et mécontents méconnaîtraient un gouvernement qui les aurait sacrifiés à son imprévoyance ou à ses passions. Ils l'accuseraient d'ingratitude, et, se voyant après quatre ans exposés aux mêmes désastres, tous leurs liens avec lui seraient rompus, et la France obtiendrait de la fausse politique de la Prusse le résultat immense de ne plus compter d'ennemis entre la Vistule et le Rhin.

Il n'est donc pas de l'intérêt de la Prusse de s'unir, en cas de guerre, à la Russie. Nous disons plus, il n'est pas même de l'intérêt soit politique, soit militaire de la Russie de faire cause commune avec la Prusse. Sous le point de vue politique, la Prusse est un état intermédiaire dont l'existence et la conservation importent essentiellement aux intérêts à venir de la Russie. Cette vérité n'a besoin que d'être exprimée pour être démontrée. Or, rien ne pourrait compromettre davantage l'existence de la Prusse que son alliance avec la Russie. Sous le point militaire, la Russie, engagée par une alliance à faire entrer dans ses combinaisons les intérêts de son allié, ne pourrait se dispenser de comprendre le territoire de la Prusse dans son système de guerre. Or, il n'est aucun militaire en Europe qui ne soit persuadé que, la France disposant de Dantzig et du duché de Varsovie, la Russie seule se trouvera plus forte sur un champ de bataille derrière le Niémen, qu'elle ne le serait sur la gauche de l'Oder réunie aux troupes prussiennes.

Après avoir ainsi établi que la Prusse a intérêt à s'allier avec la France et que la France n'a point d'intérêt contraire à cette alliance, il reste à examiner quels avantages la France pourrait en retirer dans le cas très hypothétique où la guerre viendrait à éclater entre elle et la Russie.

L'alliance de la Prusse avec la France est utile à la France, si la Prusse est sincère et si, dans la supposition de la guerre, elle assure à la France le concours et les avantages d'un pays ami et d'un allié fidèle.

La Prusse fournira 20000 hommes et son alliance dispensera la France de laisser 20000 hommes en Silésie: 15000 sur Colberg et 5000 sur Graudentz. À la vérité, 20000 Prussiens ne vaudraient que 10000 Saxons. Ils auront autant de discipline, de courage et d'honneur, mais on ne peut espérer que, dès la première campagne, ils soient animés du même esprit. Les 40000 hommes qu'il aurait fallu laisser en Silésie et devant les places ne seraient pas du nombre de ceux sur lesquels la force de l'armée française est fondée et que l'empereur mettrait en ligne contre les Russes. Enfin la confiance ne sera pas telle qu'on ne soit obligé, pendant quelque temps, d'avoir un corps sur l'Elbe pour observer les corps prussiens qui seront restés devant Colberg et en Silésie. Cette partie des avantages de l'alliance est affaiblie sans doute par ces considérations, mais elle offrira toujours à la France une augmentation de force réelle qui mérite d'être mise en ligne de compte.

Ce n'est pas que l'alliance avec la Prusse n'ait aussi ses désavantages. On renoncerait, en cas de guerre, aux immenses ressources que la Silésie pourrait offrir à l'armée et la France laisserait échapper l'occasion d'organiser pour jamais un état ami, fidèle et allié nécessaire sur le territoire dont elle deviendrait maîtresse et sur les ruines d'une monarchie qui s'est montrée si fréquemment disposée à faire cause commune avec nos principaux ennemis.

Cette comparaison des avantages et des désavantages de l'alliance ne laisse pas l'esprit sans incertitude.

Cependant, après de profondes réflexions, on croit pouvoir regarder comme constant:

1° Qu'il serait de l'intérêt de la Prusse d'être neutre, mais qu'elle ne peut pas l'être;

2° Que, se trouvant dans la nécessité de s'allier à une puissance, elle doit s'allier plutôt à la France qu'à la Russie;

3° Que, quant à la France, les avantages et les désavantages de l'alliance sont balancés, mais que, cependant, la balance des avantages peut pencher du côté de l'alliance, si la Prusse agit avec confiance, avec sincérité, avec abandon; si elle n'a en Silésie et devant Colberg que le nombre de forces strictement nécessaire pour ne donner aucune inquiétude à la France et si elle remplit les deux objets importants de placer ses côtes et son territoire dans la même situation que s'ils appartenaient à la France. Une alliance qui ne garantirait pas ces résultats dans toute l'étendue dont ils sont susceptibles serait inutile, dangereuse, contraire aux intérêts de la France et ne pourrait être conclue.

À mesure que les nuances se fortifient ou s'affaiblissent dans l'un ou l'autre sens, la balance change à l'avantage ou au désavantage de l'alliance. Si par exemple l'alliance avait lieu sans que la France eût les places de l'Oder; si les armées françaises ne pouvaient passer à Berlin et étaient obligées de marcher par des détours; si les réquisitions ne devaient être faites que par les autorités prussiennes qui pourraient compromettre le salut de l'armée dans des moments importants; si les commandants français, sur les lignes d'opération, devaient avoir sur leurs derrières des corps plus forts que les corps français, il deviendrait alors certain qu'il serait plus avantageux

23*

à la France d'avoir la Prusse pour ennemie dans une guerre contre la Russie que de l'avoir pour alliée à de telles conditions, car il n'y a qu'un imprudent comme Belle-Isle qui puisse s'aventurer dans un pays sans en occuper les forteresses et sous la garantie d'une puissance étrangère.

Mais les places de l'Oder sont dans nos mains et cette difficulté n'existe point. Graudentz est effacé par Modlin et surtout par Dantzig et il est indifférent à la France que la Prusse remette cette place ou la conserve. Ainsi l'occupation des places de l'Oder, qui paraissait si calamiteuse à la Prusse, est pour elle une circonstance de salut, car il faudrait qu'elle les remît pour première condition de l'alliance ou qu'elle souscrivît sa ruine en se décidant à la guerre.

Une alliance avec la Prusse n'est donc favorable pour la France qu'autant que la possession des places de l'Oder donne une entière sécurité sur les lignes d'opération, qu'à l'exception de la Silésie et de Colberg, il n'y a dans tout le pays d'autres troupes que les milices et que les gouverneurs ont pour instruction de faire tout ce qui est nécessaire pour faciliter les opérations de l'armée. Avec ces conditions, les inconvénients de l'alliance disparaissent, elle concilie tous les intérêts et elle peut produire tous les avantages dont elle est susceptible. C'est cette alliance que sa Majesté autorise à négocier et à conclure.

La Prusse étant alliée de la France, ce qui est dans l'intérêt de la France est dans l'intérêt de la Prusse. Si les corps de Silésie et de Colberg sont peu nombreux, si tout seconde l'empereur, il arrivera avec toutes ses forces et comme un torrent sur le Niémen. La lutte sera bientôt décidée, la Prusse n'aura supporté qu'un fardeau passager et le poids de la guerre pèsera tout entier sur le pays conquis.

Si, au contraire, la France est obligée de laisser de gros corps pour observer la Silésie et Colberg, l'empereur ne fera qu'en deux ou trois campagnes ce qu'il peut faire en une seule, et la prolongation de la guerre sera toute au détriment de la Prusse.

La Prusse doit avoir confiance en l'empereur, qui lui a déjà restitué ses provinces, mais il ne serait pas raisonnable d'exiger de l'empereur la même confiance en la Prusse et de vouloir qu'il fût assez imprudent pour laisser entre ses frontières et son armée des centaines de lieues d'un pays dont la conduite ne lui serait pas solidement garantie. Il ne demandera point ce que ferait la Prusse, si elle se trouvait dans la même position qu'en 1740, mais il demande que, pour son propre intérêt, la Prusse évite tout ce qui pourrait laisser sur ses sentiments la plus légère incertitude.

Sa Majesté aurait pu détruire la Prusse, elle ne l'a pas voulu. Elle n'a pas intérêt à le vouloir, si la Prusse ne sort pas de sa position naturelle. Enfin, elle ne le veut point parce qu'elle veut former un système qui mette la Prusse au premier rang des puissances de second ordre. Les avantages de ce système lui sont démontrés, et c'est pour les obtenir que sa Majesté, fermant les yeux sur toute autre considération, consent à l'alliance que la Prusse a désirée.

La Prusse veut-elle être puissance de premier ordre? Qu'elle fasse la guerre, si la guerre lui offre une seule chance pour parvenir à son but!

Veut-elle, dans l'attitude d'une puissance de second ordre, attendre les avantages que peuvent lui procurer les vicissitudes des choses humaines? Qu'elle soit calme et sincère et qu'elle se persuade bien que si, contre toutes les espérances qu'il est permis de concevoir, la guerre se déclarait en effet entre la France et la Russie, les circonstances deviendraient tellement fortes qu'une seule démarche équivoque de la part de la Prusse donnerait à la question un tout autre aspect. Elle pourrait forcer la France, pour son propre intérêt et pour le salut de la guerre, à faire ce qu'elle n'a pas fait et que, dans la situation des choses telles qu'elles doivent être, elle n'aura jamais ni l'intérêt ni la volonté de faire.

Instructions particulières pour M. le comte de Saint-Marsan. (Konzept.)

22 octobre 1811.

Les relations politiques actuelles de la France et de la Prusse sont établies par le traité de Tilsitt et la convention de Paris.

Traité de Tilsitt (9 juillet 1807).

* Art. 27. „Jusqu'au jour de l'échange des ratifications du futur traité de paix définitive entre la France et l'Angleterre, tous les pays de la domination de S. M. le Roi de Prusse seront, sans exception, fermés à la navigation et au commerce des Anglais."

„Aucune expédition ne pourra être faite des ports prussiens pour les ports britanniques, ni aucun bâtiment venant de l'Angleterre ou de ses colonies être reçu dans les dits ports."

(Articles secrets.) Art. 2. „Sa Majesté le Roi de Prusse s'engage à faire cause commune avec la France contre l'Angleterre, si, au premier décembre, l'Angleterre n'a point consenti à conclure la paix à des conditions réciproquement honorables pour les deux nations et conformes aux vrais principes du droit maritime, et alors il sera fait une convention spéciale pour régler l'exécution de la stipulation ci-dessus."

Convention de Paris (8 septembre 1808).

Art. 15. „Sa Majesté l'Empereur et Roi garantit à Sa Majesté le Roi de Prusse l'intégrité de son territoire moyennant que Sa Majesté le Roi de Prusse reste le fidèle allié de la France."

(Articles secrets,) Art. 5. „En retour de la garantie stipulée dans le traité de ce jour et comme condition de l'alliance contractée avec la France, Sa Majesté le Roi de Prusse promet de faire cause commune avec Sa Majesté l'Empereur des Français, si la guerre vient à se déclarer entre lui et l'Autriche, et, dans ce cas, de mettre à sa disposition une division de seize mille hommes, tant infanterie que cavalerie et artillerie."

La convention spéciale mentionnée par le 2e article secret du traité de Tilsitt n'a pas été conclue.

Par un acte du 1er décembre 1807 le roi de Prusse a déclaré „que, jusqu'au terme d'un accommodement général et du rétablissement de la paix définitive entre les puissances belligérantes, il n'y aura plus aucun rapport entre la Prusse et l'Angleterre."

Il résulte de ces dispositions ci-dessus:

1° Que le roi de Prusse est déjà engagé à se conformer au système continental;

2° Que l'intégrité de ses états est déjà garantie;

3° Que les deux puissances se trouvent déjà en état d'alliance.

Mais la convention spéciale qui devait régler la manière dont la Prusse ferait cause commune avec la France contre l'Angleterre n'a point encore été conclue et le cas de l'alliance qui résulte de la convention du 8. septembre 1808 n'existe plus.

C'est dans cette situation de choses que le roi de Prusse a témoigné le désir de resserrer d'une manière plus étroite et plus générale ses liens avec la France. Il a proposé une alliance offensive et défensive pour toutes les guerres qui ne seraient pas étrangères aux intérêts de sa monarchie et où la France se trouverait engagée soit en Allemagne, soit sur les confins de la Prusse, et il a présenté, comme pouvant former les conventions de cette alliance, les propositions suivantes:

1° L'intégrité de l'état actuel des possessions prussiennes serait garantie;

2° Sa Majesté assurerait à la Prusse l'assistance et les secours nécessaires toutes les fois qu'ils seraient réclamés;

3° Elle ferait entrer dans l'alliance les membres de la Confédération du Rhin et le duché de Varsovie;

4° La Prusse fournirait un corps de troupes auxiliaires dont la force serait convenue;

5° Les troupes seraient sous le commandement et les ordres d'un officier supérieur de leur nation et sous les ordres immédiats du commandant en chef de l'armée alliée;

6° Les troupes françaises qui traverseraient la Prusse marcheraient par les routes militaires stipulées conformément aux conventions existantes;

7° Sa Majesté Impériale aurait égard à la réclamation de la restitution de Glogau qui, aux termes des traités, est en ce moment dans le cas d'être évacué;

8° Pour la mise sur pied du corps auxiliaire sa Majesté accorderait au roi de Prusse une remise proportionnée de la contribution et sa cessation entière dès que la guerre éclaterait en effet.

9° L'article de la convention du 8. septembre 1808, qui empêche l'augmentation de l'armée prussienne, serait révoqué.

10° L'empereur consentirait à ce qu'une partie de la Silésie voisine des états autrichiens fût déclarée neutre, pour servir, en cas de nécessité, d'asile au roi de Prusse et à sa famille. Sa Majesté s'emploierait à cet effet partout où il serait besoin.

11° Quant à la participation de la Prusse aux avantages qui résulteraient de la guerre, en cas de succès, le roi s'en remet à la justice et à l'amitié de l'empereur.

Sa Majesté est disposée à accéder aux vœux du roi de Prusse pour l'alliance; mais elle envisage la question sous un rapport plus étendu, et elle juge convenable que la négociation à intervenir renouvelle, pour leur donner une exécution plus complète, les engagements d'une alliance contre l'Angleterre. non d'une alliance pour la guerre actuelle seulement, telle qu'elle existait, mais pour toutes les guerres à venir dans lesquelles l'Angleterre aurait pour but de faire prévaloir les principes destructeurs des droits des neutres et de la souveraineté des puissances du continent, et renouvellerait ainsi l'injuste entreprise qu'elle soutient aujourd'hui. Cette alliance doit être le premier objet, l'objet immédiat et ostensible de la négociation.

La situation actuelle des affaires à l'égard de la Russie permettant encore à sa Majesté l'espérance d'éviter la guerre et ses sentiments la portant à ne pas compromettre cet espoir, elle ne se détermine à entrer dans les arrangements d'une alliance éventuelle contre la Russie que par les motifs qui sont déjà connus de son ministre.

La partie de la négociation pour l'alliance contre l'Angleterre doit être établie sur les principes du système continental. L'obligation de fermer les ports aux vaisseaux et au commerce anglais sera renouvelée. La prohibition des marchandises anglaises et des denrées coloniales sera établie et exécutée avec encore plus d'exactitude et de sévérité qu'elle ne l'a été jusqu'à ce jour. Il sera particulièrement stipulé que les marchandises anglaises et les denrées coloniales seront repoussées de la frontière de Russie par une surveillance active et efficace.

Les dispositions relatives à ce premier objet de la négociation n'étaient pas comprises dans les premières propositions faites par le roi de Prusse; mais elles ne peuvent éprouver aucune difficulté, puisqu'elles ne feront que constater et compléter ce qui existe, et qu'elles constitueront pour ainsi dire la convention spéciale qui devait être faite pour l'exécution de l'article 2 des articles secrets du traité de Tilsitt.

Quant au second objet de la négociation, il se rapporte précisément aux propositions du roi de Prusse, et il pourra donner lieu à quelques discussions, puisque les intentions de sa Majesté diffèrent sur plusieurs points des propositions du roi. Il convient en conséquence d'entrer dans des développements plus étendus.

Les conditions désirées par le roi de Prusse se composent de onze propositions distinctes et telles qu'elles ont été établies ci-dessus.

Les deux premières, qui ont pour objet d'assurer au roi l'intégrité de ses possessions et l'assistance de sa Majesté impériale en cas de besoin, ne sont susceptibles d'aucune difficulté.

La troisième, par laquelle le roi demande l'accession à l'alliance des membres de la confédération est sans objet, puisque l'alliance avec l'empereur, comme protecteur de la confédération, assurant, en cas de nécessité, l'emploi de tous les moyens dont il peut disposer, il arriverait toujours, comme dans la guerre de Russie, si elle doit avoir lieu, que les membres de la confédération concouraient à la défense de sa cause que l'alliance aurait rendue commune. Il sera d'ailleurs facile de faire sentir à la Prusse que l'alliance de sa Majesté lui offre une garantie si puissante qu'elle n'a pas besoin de recourir à aucune autre intervention.

La quatrième et la cinquième proposition sont relatives au corps de troupes auxiliaires qui serait fourni par la Prusse. Elle désirerait que ce corps fût sous les ordres d'un officier général prussien, qui serait lui-même sous les ordres du commandant général de l'armée. Ce désir a été exprimé dans la supposition que sa Majesté exigerait que le corps auxiliaire fût d'une force assez considérable pour exister par lui-même comme corps et pour faire la guerre dans une situation indépendante.

Sa Majesté, au contraire, pour ménager la Prusse et ne pas l'entraîner dans des dépenses au-dessus de ses moyens, se contenterait d'un corps de vingt mille hommes, savoir: douze mille d'infanterie, six mille de cavalerie et deux mille d'artillerie avec cent pièces de canon. L'emploi d'un corps aussi faible ne peut être prévu d'avance. Il ne peut donner lieu à aucun engagement spécial. Il doit pouvoir être employé de la manière que les différentes circonstances de la guerre feront juger la plus favorable.

Par la sixième proposition on voudrait que l'armée française ne pût marcher que par les routes militaires qui ont été stipulées. Cet engagement apporterait des entraves aux combinaisons de la guerre. Les routes stipulées ne se prêteraient pas à toutes les opérations que les circonstances pourraient rendre nécessaires. Si la guerre a lieu et si de nouvelles routes militaires sont indispensables, l'administration de l'armée prendra, selon les circonstances et d'accord avec l'administration prussienne, des mesures qui ne peuvent être dans l'intérêt d'une des deux parties sans être en même temps dans l'intérêt de l'autre.

L'objet de la septième condition est la restitution de Glogau.

Dans la supposition de l'alliance l'occupation des places par les troupes françaises ne peut porter aucun ombrage à la Prusse. Dans la supposition de la guerre, tout ce qui peut être jugé convenable pour le succès de la guerre et la défense du pays entre dans l'intérêt de la Prusse. Il doit lui suffire que le but de l'alliance soit atteint. Toute disposition de cette nature est toujours déterminée par les opérations et les circonstances du moment et ne peut former l'objet d'un engagement pris d'avance.

La huitième et la neuvième proposition ont été faites comme l'a été la cinquième dans la supposition que le corps auxiliaire de Prusse serait un corps d'armée.

On conçoit en effet que, dans ce cas, sa Majesté aurait voulu ajouter aux moyens de la Prusse en allégeant le poids de ses engagements, mais sa Majesté étant portée à ne demander qu'un corps de vingt mille hommes pour mesurer les services qu'elle attend de la Prusse aux ressources de cette puissance et ne demandant réellement qu'une partie de l'armée que la Prusse entretient aujourd'hui, le nombre d'hommes qui prendront part à la guerre ne sera pas un nouveau fardeau pour elle et les moyens dont elle dispose ne seront pas détournés de leur emploi.

La demande de la Prusse est d'ailleurs étrangère à la négociation de l'alliance et aux avantages que s'en proposent les deux parties dans un intérêt commun.

Quant à la révocation de l'article de la convention, qui fixe la force de l'armée prussienne à 42000 hommes, il est inutile de prendre cette proposition en considération, parce que l'état militaire actuel de la Prusse suffit pour le moment et qu'on n'exige pas comme condition de l'alliance qu'elle augmente son armée.

Le roi de Prusse demande que la partie de la Silésie voisine des états autrichiens soit déclarée neutre pour servir d'asile à lui et à sa famille. C'est l'objet de la dixième proposition.

On comprend difficilement comment la Silésie pourrait être déclarée neutre. Il faudrait à cet effet le concours de toutes les puissances belligérantes et on ne peut entrevoir le moyen de procurer à la Prusse l'assentiment de la Russie.

Sa Majesté ne fera aucune difficulté de s'engager à ne pas faire entrer les troupes françaises en Silésie. Elle accède ainsi au désir du roi de Prusse en ce qui dépend d'elle. Elle ne peut prendre que les engagements qu'il est en son pouvoir de remplir.

Par sa dernière proposition, le roi s'en remet à la justice et à l'amitié de l'empereur sur les avantages qu'il pourrait obtenir si la guerre avait une heureuse issue. Sa M. I. accepte ce témoignage de la confiance de son allié.

Cet examen des conditions proposées par la Prusse a non seulement fait connaître celles qui ne peuvent être admises ou devraient être modifiées, mais on a pu voir déjà sur quelles bases S. M. pense que la négociation peut être ouverte.

Les deux projets d'articles ci-joints ont été rédigés pour présenter avec plus de clarté dans leur ensemble et dans leurs détails les conditions qui pourraient être admises.

Ces deux pièces consistent:

1° Dans un projet de traité d'alliance générale qui embrasse tous les cas où l'alliance peut avoir lieu;

2° Dans un projet de convention pour l'application de l'alliance dans le cas d'une guerre avec la Russie.

Le projet de traité se compose de plusieurs parties distinctes.

Premièrement. Les conditions générales de l'alliance offensive et défensive (art. 1 et 2).

Secondement. Les engagements réciproques pour le cas de la guerre actuelle contre l'Angleterre (art. 3, 4 et 5).

Troisièmement. Les engagements à exécuter dans le cas des guerres futures contre l'Angleterre (art. 6, 7, 8, 9 et 10).

Les dispositions de ces trois premières parties sont fondées sur des principes reconnus et déjà établis entre les deux puissances par les traités antérieurs et ne peuvent être susceptibles de discussion que quant à la forme et à la rédaction.

Quatrièmement. Les stipulations relatives au cas de guerre de l'une ou l'autre des deux puissances contre l'Autriche (art. 11).

Les dispositions de cet article ne diffèrent de celles déjà stipulées par l'article cinquième des articles secrets de la convention du 8 septembre 1808 qu'en ce que le contingent à fournir par la Prusse est porté de 16 à 24000 hommes.

Cinquièmement. Le renvoi à des conventions spéciales pour l'application de l'alliance dans le cas de guerre contre la Russie ou contre toute autre puissance (art. 12).

Sixièmement. La détermination des forces qui seront employées par sa Majesté dans tous les cas de l'alliance (art. 13), sa Majesté s'engageant à employer toutes les forces disponibles. Cet article offre un tel avantage à la Prusse qu'il doit être encore plus que les précédents à l'abri de toute discussion.

La seconde pièce jointe aux instructions a été rédigée pour l'application de l'article 12 du projet de traité au cas de guerre contre la Russie. Les détails dans lesquels on est entré dans les articles de cette convention et les instructions soit générales, soit particulières, rendent tout développement superflu.

Après avoir lu ces instructions avec attention, il ne pourra rester à M. le comte de Saint-Marsan aucune incertitude sur les intentions de sa Majesté.

Si l'empereur consent à une alliance offensive et défensive, c'est surtout pour satisfaire au vœu exprimé avec tant d'instance par le roi de Prusse. C'est aussi afin de rendre à ce prince la confiance dont il a besoin pour ne pas se jeter dans de fausses démarches qui entraîneraient inévitablement sa perte.

Si S. M. est dans la nécessité de faire la guerre, elle y suffira elle-même et elle n'a pas besoin de l'armée prussienne. Elle ne veut trouver pour la guerre d'autre avantage dans l'alliance que la sécurité de ses mouvements dans un pays ami et la facilité de nourrir ses troupes dans des provinces dont les ressources seront conservées et où l'administration ne sera point désorganisée, comme cela arriverait nécessairement dans les premiers moments de la guerre si le pays était ennemi.

Il faut donc parvenir à désabuser le cabinet prussien de cette manie militaire qui porterait le roi à transformer tous ses sujets en soldats. Il doit être facile de faire entendre aux ministres qu'un ordre de choses qui dispense d'un grand établissement militaire est le seul favorable au rétablissement du crédit et au succès d'une bonne administration.

Le but de la négociation doit être que la Prusse entre dans l'alliance avec le moins de troupes possible et qu'elle conserve toutes ses ressources afin de pourvoir le plus possible aux besoins de l'armée.

Ce dernier objet obtenu ne sera pas, à la vérité, le seul avantage que procurera l'alliance, si elle engage le roi de Prusse plus étroitement que jamais à garantir ses vastes côtes et ses frontières de terres des irruptions du commerce anglais. La Prusse est appelée par sa situation à rendre d'importants services au système continental. C'est sous ce rapport que son alliance est réellement utile à la France, et cette utilité qu'on ne peut s'empêcher de reconnaître, et qu'elle reconnaît sans doute elle-même, doit, autant que l'alliance, dissiper ses craintes sur les dispositions de sa Majesté à son égard.

M. le comte de Saint-Marsan, après avoir reçu ces instructions, fera connaître au ministre qu'il a les pouvoirs pour traiter et qu'il est prêt à entrer en négociation. Si les propositions du roi lui sont de nouveau présentées, il en fera l'objet de ses observations. Il les discutera dans l'esprit de ses instructions, il développera ensuite successivement les conditions que sa Majesté impériale croit pouvoir accorder. Il portera dans la discussion beaucoup de formes et d'égards. Il ne précipitera rien. Il laissera aux ministres prussiens tout le temps de s'expliquer, et, loin de les presser, il mettra ses soins à favoriser leur lenteur naturelle. Il rendra compte chaque jour de la situation de la négociation. Lorsqu'il sera au moment d'arriver à la conclusion, il rédigera les projets de traité et de convention qui doivent passer plusieurs fois sous les yeux de sa Majesté.

St. Marsan an Maret.

Berlin, 27. Oktober 1811.

Ausbruch der Freude darüber, daß er endlich Vollmacht zur Verhandlung des Bündnisses erhalten hat.

... Le prince royal dont j'ai déjà eu l'honneur de parler à V. E. ne partage point cette passion militaire, il assiste par obéissance aux manœuvres mais s'explique assez ouvertement que cela ne l'amuse pas. Il aime les arts, s'informe avec avidité des grand travaux que S. M. l'empereur fait exécuter dans l'empire. Il a avec cela un caractère décidé, déteste les frères de la vertu, craignant qu'ils ne lui causent la perte du trône. Le général Blücher s'étant trouvé sur son passage en sortant du théâtre, il lui a tourné le dos et a dit à quelqu'un: „Je n'aime point les généraux qui n'obéissent point à mon père" ...

St. Marsan an Maret.

Berlin, 27. Oktober 1811.

.. Prag ist der Heerd der Secte und Stein ihr Patriarch. Il est sûr que les adeptes y font de fréquents voyages, j'ignorais ceux de M. de Marwitz[1]), mais ils ne m'étonnent pas. Il y a un comte Arnheim de Boitzenburg[2]) qui y va souvent . . .

Sad, Gruner, Gneisenau, Boyen müssen entfernt werden . . .

Es hat keinen Zweck durch Heranziehung der Pariser Archivalien die peinlichen Verhandlungen über den preußisch-französischen Bündniß-vertrag in ihren verschiedenen Stadien zu verfolgen, die preußischen Gegenvorschläge zu erörtern, die späteren Weisungen Napoleons mit-zutheilen, da alles dies aus den gedruckten Werken hinlänglich bekannt ist. Auch scheint es überflüssig, die zahlreichen Berichte auszuziehen, welche dem Kaiser über den Stand der preußischen Abrüstung erstattet wurden. Am meisten Interesse bieten diejenigen von Lefebvre, der vom 23. Oktober bis Ende November seine Rundreise machte, nicht ohne sich darüber zu beklagen, daß er nicht ohne Begleitung seine Besichtigungen vornehmen dürfe. Napoleon empfieng aus allem den Eindruck, daß St. Marsan „düpirt" worden sei. Er hielt dafür, es sei wichtig ihn von seinem Posten abzurufen, möchte nun die begonnene Verhandlung zum Ziele führen oder nicht. Er gab am 14. November für alle Fälle, wenn „der Ruin Preußens" unver-meidlich werden sollte, Davoust den Befehl, einen Kriegsplan auszu-arbeiten[3]). Vielleicht ist auf dessen Umgebung ein für die französische Auffassung beachtenswerthes Altenstück zurückzuführen, das sich, freilich ohne Unterschrift, aber allem Anscheine nach nicht aus der Kanzlei der französischen Gesandtschaft zu Berlin herrührend, vorfindet[4]):

Notes sur la Prusse. Novembre 1811.

L'armée prussienne est prête à commencer la guerre, elle ne manque de rien et ne peut être surprise d'aucune manière . . .

Nach einem Ueberblick über die Rüstungen und den Bestand des preußischen Heeres:

---

1) Maret hatte ihm darüber Mittheilungen gemacht. In dem Werke „Aus dem Nachlasse F. A. L. v. d. Marwitz" findet sich nichts davon.

2) F. W. A. Graf von Arnim-Boytzenburg † 1812, s. Seeley: Life and times of Stein. Register, Pertz, 6, Beilagen S. 174.

3) Correspondance de Napoléon 22, 557. 23, 14. Es blieb in Berlin nicht unbekannt, daß St. Marsan von seinem Herrn getadelt worden sei. S. Ompteda 2, 133.

4) Es ist nicht von der Hand Lefebvre's.

Il est donc certain et constaté que depuis les premières levées de recrues aucune diminution n'a eu lieu dans l'armée. Je n'ai jamais eu une grande idée de la cavalerie prussienne. Je ne l'ai pas trouvé meilleure à présent. L'infanterie est très belle, elle est bien plus leste qu'autrefois et on dit qu'elle doit être faite aux fatigues. Je répète que j'ai été extrêmement content de l'artillerie. Le soldat est mieux traité et plus considéré qu'autrefois et je crois qu'il a généralement gagné en tenue et en esprit militaire. La majeure partie des officiers porte encore l'empreinte des temps ultérieurs à la guerre de 1806. Je ne leur accorde pas plus de considération qu'à cette époque. Je suis porté à croire que la plus grande partie de l'armée ne désire pas la guerre contre la France et qu'elle ne compte point sur des succès mais il me paraît vraisemblable que le soldat se battra bien. Quant aux affaires publiques je trouve qu'il faut distinguer en Prusse deux autorités suprêmes, l'une est le roi, l'autre le chancelier Hardenberg. Le roi dirige lui-même la partie militaire et on ne s'apperçoit pas qu'il accorde pour cet objet une confiance spéciale à qui que ce soit. Le grand chancelier dirige avec un pouvoir illimité toutes les autres branches du gouvernement. Le caractère de ces deux personnages est tout-à-fait opposé. Leur vie publique et privée diffère tellement que la confiance sans borne que le roi accorde au grand chancelier paraît un événement inconcevable. Les hommes d'affaires prétendent que le désordre qui règne dans les affaires publiques est sans exemple dans l'histoire de cette monarchie. Tout se concentre dans les bureaux du grand chancelier, les résolutions ne se donnent qu'à loisir . . .

La majeure partie de la nation craint la dissolution totale de l'état en cas de guerre contre la France, elle paraît s'attendre à une espèce d'apathie. Le soldat n'a pas de confiance dans ses généraux. Tout le monde dit et croit que le roi seul veut la guerre, qu'il veut être libre ou périr avec honneur . . . Je suis sûr qu'on a le projet d'organiser une insurrection générale. L'homme sensé qui connaît la nation sait qu'elle est trop peu susceptible d'activité et d'énergie pour être soulevée et il doit craindre les conséquences de cette mesure. Néanmoins elle sera prise et je crois qu'il faut s'y attendre.

St. Marjan blieb während dessen seiner völlig optimistischen Auffassung getreu, ohne eine Ahnung weder von dem wichtigen Vortrage Hardenberg's vom 2. November 1811 noch von den geheimen Missionen Scharnhorst's nach Rußland und Österreich zu haben.

St. Marjan an Maret.

Berlin, 10. November 1811.

Widerlegung von Berichten, denen zu Folge Blücher nicht in Ungnade gefallen sei. Er hat nur eine Audienz gehabt und der König hat ihn hart behandelt. Bei Hardenberg ist er nur zu einem kleinen Essen eingeladen worden. Er hat keine Besuche in der Stadt gemacht.

Il a paru quelques fois au spectacle, j'y étais la première fois qu'il y est venu. Non seulement il n'a pas été applaudi, mais personne n'a eu l'air d'y prendre garde. Enfin il est vrai qu'un dimanche il a traversé la rue dite des arbres, qu'il y a été remarqué et que plusieurs personnes se sont arrêtées pour le regarder ... Il porte son uniforme, mais c'est le même frac d'uniforme qu'il porte toujours. Le seul endroit où il va habituellement est le casino, espèce de club ou réunion d'honneur. Il s'y tient très tranquille et fait une petite partie de whist malgré sa passion pour le gros jeu, parce qu'il est sans argent quoiqu'on aie dit en ville qu'il a déjà fait de grosses pertes, ayant reçu une gratification du roi, anecdote qui a été vraie, il y a deux ans, la dernière fois qu'il est venu à Berlin ... L'alliance faite, comme on l'a vivement désiré, on s'y attachera sincèrement, et si le cas d'une guerre survient ou je me trompe fort ou S. M. J. et R. tirera bon parti des troupes prussiennes qui ont une tâche à laver, une ancienne réputation à rétablir, qui seront d'ailleurs animées par l'émulation en combattant à côté des troupes françaises et remplies de confiance sous un chef qu'elles admirent ...[1]).

---

1) Es mag bemerkt werden, daß selbst der mißtrauischere Lefebure in einem Berichte an Maret, (Breslau 24. November 1811) glaubt sagen zu dürfen, „L'idée d'une alliance avec la France est, pour ainsi dire, une idée nationale en Prusse, je n'ai pas trouvé un militaire bien pensant qui ne la désire sincèrement".

St. Marsan an Maret.

Berlin, 7. Dezember 1811.

Die Prinzessin Wilhelm hat Zwillinge geboren.

Le premier a été nommé Frédéric Tassilo Guillaume ...
Le choix du nom de Tassilo, fait pour le fils aîné du prince
Guillaume, est une suite des idées exaltées de la secte et de
madame la princesse Guillaume. Tassilo est le premier prince
connu de la maison Hohenzollern [sic]. On a voulu indiquer
que ce serait le sauveur du pays et qu'il le ramènerait à sa
première gloire. Le roi l'a senti, mais comme il est très bon,
il s'est contenté de dire: „Si la princesse Guillaume désire
un nom ridicule je veux qu'on y ajoute en premier lieu celui
de Frédéric" ...

St. Marsan an Maret.

Berlin, 24. Dezember 1811.

... L'avant-dernière nuit on a arrêté à Berlin un M. de
Werder, Prussien, officier d'abord au service de Prusse puis à
celui de Wurtemberg et décoré de la croix de la légion
d'honneur; il avait quitté le service et portait l'uniforme des
officiers prussiens en réforme négligeant avec affectation de
porter la décoration de la légion d'honneur. Avec lui ont été
arrêtés un M. de Schullembourg [sic] Saxon et un avocat, ce dernier doit avoir été relâché[1]). On croit généralement que les
opinions politiques des individus ont donné lieu à leur arrestation.
Je n'ai pas encore de détails positifs sur cette affaire mais je
crois savoir de bonne source que ces arrestations ont été faites
d'après un rapport du général Tauenzien sur le soupçon que
M. de Werder[2]) a cherché de se faire un parti parmi les soldats en divers régiments. M. de Werder est un homme exalté
contre les Français et connu pour un zélé frère de la vertu ...

P. S. Messieurs de Werder et de Schullembourg sont
accusés d'avoir enrôlé pour un corps franc qui devait servir
à l'occasion. M. de Werder a dit que son intention était en
cas de guerre de demander au roi la permission de le lever
et qu'en attendant il cherchait à s'assurer des hommes; il

---

1) Vgl. Ompteda 2, 159. Zichy's Depesche an Metternich, 24. Dezember
1811. W. St. A. Wie man hieraus ersieht, handelt es sich um einen Grafen
Schulenburg.

2) Der Dechiffreur liest Wrede.

sera conduit à la forteresse et on instruira son procès. Un nommé Muller a été envoyé ici enchaîné par le général Tauenzien pour le même objet ...[1])

St. Marjan an Maret.

Berlin, 30. Januar 1812.

S. M. le roi de Prusse vient de nommer M. le colonel de Knesebeck son adjudant général, c'est un excellent choix, cet officier très distingué avait quitté tout à fait le service. Quoiqu'il ait dans le temps voté pour la guerre de 1806, il était et il est en opposition de principes avec ceux qui passent pour sectaires et en particulier avec le général Scharnhorst. Je sais par des personnes avec qui il est lié que depuis longtemps il est convaincu de la nécessité de l'alliance avec la France.

J'ai parlé à V. E. d'un projet du roi de faire encore une tentative à Pétersbourg pour déterminer l'empereur Alexandre à se prêter à ce qui peut conserver la paix; il est dérivé du rapport de la conversation de S. M. J. et R. avec le baron de Krusemarck[2]), le roi a vu par ce rapport que S. M. l'empereur se déterminera à regret à la guerre, qu'elle pense que l'empereur Alexandre est trompé et qu'on ne lui présente pas les choses sous leur véritable aspect; il a donc imaginé d'envoyer à Petersbourg M. de Knesebeck, cet officier ayant joui de la confiance de l'empereur Alexandre pendant la dernière guerre, afin de lui exposer verbalement et à titre de l'amitié personnelle qui les unit les risques et les inconvénients de la guerre et l'avantage que la Russie devait trouver à suivre le système de la France, ajoutant toujours la déclaration qu'en cas de rupture le parti de la Prusse était pris et qu'elle s'unirait à la France.

Ce projet n'est certainement dicté que par le vif désir du roi de conserver la paix, désir qu'il a manifesté dans toutes les époques et qui l'a empêché dans les temps prospères de cette monarchie de prendre un parti décisif en temps et lieu.

1) Auf diese Angelegenheit bezieht sich ein „Extrait des interrogations qui ont eu lieu à la dénonciation portée contre le capitaine de cavalerie de Werder relativement à l'organisation sans autorisation d'un corps franc". Über die Angelegenheit Müller's vgl. Varnhagen: Karl Müller's Leben und kleine Schriften. Berlin 1847, S. 24 ff.

2) 17. Dezember 1812, f. Dunder S. 425, 557.

J'avais cependant cru devoir observer au baron de Hardenberg que cette mission, que je croyais dans tous les cas superflue et inutile, serait aussi hors de propos avant qu'on eût adhéré aux conditions de l'alliance, puisqu'on aurait toujours pu lui supposer un double objet en cas que l'alliance n'eût pas lieu; maintenant, comme on m'a déclaré que rien n'empêchera le roi de signer, j'ai cru ne pouvoir marquer une désapprobation du voyage de M. de Knesebeck . . .

Le comte de Lieven, ministre de la Russie a reçu très froidement la communication de ce projet et il me paraît probable que M. de Knesebeck ne sera pas bien venu à Pétersbourg . . . . . Le baron de Hardenberg a eu la complaisance de me lire en entier le rapport que M. de Krusemarck a fait au roi de la longue conversation que S. M. l'empereur a daigné avoir avec lui: le ministre ne se lassait pas d'admirer le contenu de ce rapport, il m'a assuré qu'il avait fait une grande et heureuse impression sur l'esprit du roi.

. . . J'ai pris cette occasion pour lui dire d'une manière tout à fait confidentielle que, pour éviter le risque que l'esprit du roi soit ramené à des craintes pernicieuses et à de fausses démarches, il fallait éloigner les intriguants et placer à la tête des dicastères des hommes fermes et vraiment attachés à leur pays. Il m'a paru qu'il est déterminé à y travailler. Le prince d'Hatzfeld lui a donné un mémoire à cet objet dont V. E. trouvera copie ci-jointe[1]). Le tableau que le prince y fait est, on peut dire, d'une grande vérité, à part quelques exagérations qui peuvent avoir été dictées par la manière de voir du prince, qui a été personnellement persécuté par quelques uns de ces messieurs.

Le chancelier ne goûtera pas la proposition de placer M. de Voss au ministère des finances, parce qu'il veut diriger lui-même particulièrement cette partie et que, d'ailleurs, il n'a pas perdu l'idée d'y faire nommer M. de Bulow. Il se déterminerait plutôt à placer M. de Voss au département de l'intérieur. Il désirerait beaucoup de faire nommer M. de Grawert à celui de la guerre pour détruire l'influence des aides de camp et des alentours militaires du roi, mais ce sera un

1) Vgl. Cmpteba 2, 206.

point difficile à obtenir de S. M. qui veut suivre elle-même les détails de cette partie. D'ailleurs la nomination de M. de Knesebeck rassure le chancelier et il est probable que le roi choisira M. de Grawert pour commander le contingent.

V. E. verra aisément par ce mémoire même que le prince Hatzfeldt vise au ministère des affaires étrangères. Il est possible que le roi s'y détermine malgré les obstacles que j'ai déjà indiqués à V. E. Mais je ne serais point étonné qu'on conservât M. de Goltz, malgré les inconvénients causés par un peu d'apathie naturelle et quelquefois par des indiscrétions, parce que, dans le fond, il est entièrement du système adopté par principes et par conviction, et parce que la nullité à peu près absolue dans laquelle il se renferme laisse le champ entièrement libre au chancelier. Ce dernier écrit une lettre confidentielle à V. E. sur tout ce qui vient de se passer. Je la joins ici[1]).

Mittheilung betreffend eine durch Esménard vorgenommene Fälschung diplomatischer Attenjtüde (j. b. Stelle in ber Abhandlung „Der Plan ber Vernichtung Preußens" o. S. 92—113).

J'ai informé V. E. de la démarche que le ministre de Westphalie a fait par ordre de la cour auprès d'un prince de Hesse-Philippstall[2]) qui se trouve ici avec l'uniforme russe pour lui signifier de rentrer en Westphalie; le prince a répondu qu'il renonçait volontiers à ce qu'il pouvait avoir en Westphalie, (qui se réduit à peu ou rien) et que jamais son intention n'avait été de s'y établir.

Il n'a que l'uniforme russe et n'est point au service actif de cette puissance comme son frère, il sollicitait depuis longtemps, à ce que je viens d'apprendre, du service en Prusse par la protection des princes de Hesse-Cassel et de Hesse-Hombourg qui s'y trouvent déjà, il a redoublé de sollicitations

---

1) Der beiliegende Brief Hardenberg's an Maret vom 30. Januar 1812 enthält u. a. die Worte: „C'est avec une peine infinie que je me suis aperçu que S. M. l'empereur conserve un germe de défiance contre moi. Que n'ai-je le bonheur d'être bien connu de ce grand homme. J'oserais espérer qu'il rendrait justice à ma façon d'agir et de penser. Plus on observe ses devoirs et plus, j'en suis sûr, on mérite son estime et sa confiance".

2) Ernst von Hessen-Philippsthal. Er ging nach Rußland. Vgl. über ihn Lehmann: Knesebeck und Schön S. 57 und die daselbst angeführte Literatur.

depuis la lettre du baron de Linden et il a obtenu une lieutenance colonelle dans les gardes.

Je regrette de ne l'avoir pas su à temps, j'aurais travaillé à l'éviter, parce que cela blessera S. M. le roi de Westphalie surtout que des discussions sur les déserteurs ont déja aigri les esprits.

Die von St. Marjan erwähnte Denkschrift des Fürsten Haßfeld darf hier nicht fehlen. Es wäre überflüssig sie mit einem Kommentar zu begleiten. Das Aktenstück spricht für sich selbst. Der Kopist hat mitunter die Eigennamen nicht zu entziffern gewußt, worauf beim Abdruck keine Rücksicht genommen worden ist.

Denkschrift des Fürsten Haßfeld[1]).

6. Januar 1812.

Nos relations avec la France étant sur le point d'être fixées d'une manière déterminée et une alliance étroite de système et d'intérêt devant en être la suite, il me paraît que les personnes employées dans les places marquantes du gouvernement prussien ne peuvent et ne doivent se cacher que la perte de la Prusse est inévitable, si après l'alliance signée l'on pouvait une seule fois encore vaciller dans ce système adopté par convention et par choix, et qu'il n'y a qu'un abandon total et loyal, sans regret pour le passé, sans inquiétude pour l'avenir, qui puisse faire espérer de cette alliance des résultats heureux pour la Prusse.

Je crois ne pas me tromper lorsque je mets en avant qu'aujourd'hui sa Majesté l'empereur est portée à nous accorder de la confiance, et qu'elle s'est convaincue que nous pouvons devenir vraiment utiles à ses intérêts, mais nous ne devons pas nous cacher que, par notre faute et par les faits précédents, cette confiance n'a pas à beaucoup près encore acquis le degré de consistance auquel il faut tâcher de parvenir, et que c'est surtout notre manière d'agir après la signature qui fixera son opinion à cet égard.

---

1) Die in Paris befindliche Abschrift trägt die Bezeichnung: Copie d'un projet d'organisation intérieure pour la Prusse, après la conclusion de l'alliance avec la France, donnée au chancelier d'état, baron de Hardenberg, par le prince de Hatzfeld.

Notre avenir dépend du plus ou moins de confiance que nous obtiendrons, voilà ma conviction bien prononcée; si nous la gagnons en entier, si dès ce moment nous sommes ce que nous devons être après le pas décisif que nous allons faire, les destinées de la Prusse peuvent encore devenir glorieuses, il n'existe pas un autre moyen de recouvrer une partie de l'éclat et de la grandeur qui nous environnaient autrefois et je pense que, là-dessus, tous les gens sensés, exempts de passion et de préjugés, ne peuvent avoir qu'une opinion. Cette vérité une fois établie, il est absolument nécessaire:

1º Que d'abord, après la signature des traités, tous ceux qui sont employés dans notre gouvernement, et sur lesquels l'opinion est fixée à Paris de manière à être connus par leur haine exaspérée contre la France et pour être membres de la secte fanatique, connue sous la dénomination de frères de la vertu, soient éloignés sans la moindre exception et sans délai non seulement de toute influence d'affaires, mais aussi de Berlin même, où ils ne peuvent qu'être nuisibles sous tous les rapports.

Cette mesure me paraît d'autant plus urgente, que nous devons prévoir que, si nous manquions le moment de nous faire un mérite réel de cette mesure que notre position intérieure réclame tout autant que notre position extérieure, puisque jamais ces gens ne cesseront de remuer, la demande nous en serait peut-être faite plus tard comme absolument nécessaire au système adopté, et qu'alors sa Majesté le roi serait compromise.

2º Que dans toutes les places marquantes et influentes dont il faudra composer le gouvernement prussien, après l'éloignement de ceux-ci, il n'y en ait plus une seule sur laquelle l'opinion de la France et du public se soit établie de la manière la moins douteuse, non seulement quant à leurs opinions politiques, mais aussi quant à la sagesse de leur conduite dans les factions intérieures.

Ces deux mesures, qui doivent marcher de front, prouveront plus que toute autre chose à sa Majesté impériale que la Prusse a pris son parti irrévocablement, et elles auront l'avantage de prouver aux fanatiques de tous les partis que sa Majesté le roi est déterminée enfin à faire punir sévèrement tous ceux qui seraient encore tentés d'avoir la folie de sauver la Prusse à leur manière.

Les personnes en place qui, d'après mon opinion, devraient être éloignées des affaires et de Berlin sans délai, sont:

L e g é n é r a l S c h a r n h o r s t, faisant jusqu'ici les fonctions de ministre de la guerre, que l'opinion publique et générale nomme comme l'un des chefs de la secte qui a fait tant de mal à ce pays-ci et dont les ramifications sont déjà connues dans les pays étrangers. M. de Scharnhorst s'est fait d'ailleurs connaître dans toutes les occasions par un acharnement sans bornes contre la France, et l'homme d'état qui se laisse ainsi emporter par la passion est à coup sûr incapable de conduire aucune affaire dans notre position actuelle.

L e c o n s e i l l e r d'é t a t S a c k, sur lequel je ne puis que répéter ce que je viens de dire de M. de Scharnhorst, et qui déjà, lors de l'occupation française, s'est fait connaître à tous les employés du gouvernement français d'une manière si désavantageuse que, d'après l'esclandre qui a eu lieu alors[1]), je n'ai jamais pu concevoir comment il était possible de le laisser en évidence et de lui donner la direction d'un département dans lequel il n'a pas laissé échapper une seule occasion de prouver combien peu il connaissait les intérêts politiques du roi et de la Prusse.

L e c o n s e i l l e r d'é t a t G r u n e r, directeur de la police secrète, connu pour être un membre marquant de la secte et noté pour sa haine contre la France. Son éloignement est nécessaire puisqu'il faut enfin savoir ce qui se passe, mettre fin au jacobinisme allemand qui nous tourmente depuis si longtemps, ce qui est impossible, comme les faits l'ont prouvé, tant que M. Gruner conservera sa place et qu'on lui permettra d'influencer impunément l'opinion.

L e c o l o n e l G n e i s e n a u, connu pour être un homme de tête et d'esprit, mais lié intimement avec M. de Scharnhorst et avec tout ce qu'il y a de plus marquant dans la secte, sectaire lui-même d'après l'opinion générale, fanatique dans sa haine contre la France et suspect par toutes ses liaisons. Son

---

1) S. über ben Konflift von Sad und Daru im Jahre 1808: Hassel, S. 168—171.

élcignement est d'autant plus pressant que c'est le seul dont le nom est marqué par quelques talents, et que, par là même, il est plus dangereux que les autres pour l'opinion publique, qui, aujourd'hui, ne doit pas avoir d'autre direction que celle du gouvernement.

M. de Boyen, aide de camp du roi, créature aveugle de la secte, ne se donnant pas même la peine de cacher ses opinions et sa haine contre la France; il a fait dans les derniers temps tout ce qui était en son pouvoir (voilà au moins l'opinion générale et publique) pour paralyser les ordres précis du roi et pour amener des faits qui, par leur nature, devaient immanquablement provoquer la ruine et la dissolution de ce pays.

Le conseiller d'état Stægemann, placé par M. de Stein, son ami et son protecteur. Il en a toujours suivi fidèlement les principes et la marche. Il s'est rendu suspect par quelques étourderies assez virulentes qui ont été connues à Paris, et si même depuis quelque temps il est devenu plus prudent, il est vraisemblable au moins que son opinion ne changera jamais. Sa place, à la vérité, est peu influente, mais, lorsque déjà on s'occupe à purifier le terrain, il vaut mieux faire la chose en entier. Je ne puis pas juger de ses talents, que je n'ai jamais été dans le cas d'apprécier, mais, à en juger d'après l'opinion publique, je devrais croire qu'il ne sera pas très difficile de le remplacer.

Plus tard, il y aura bien encore dans l'intérieur plusieurs éloignements nécessaires à faire, comme, par exemple, les deux directeurs de police à Francfort-sur-l'Oder et à Breslau, de même que le président Merckel à Breslau, l'un des frondeurs les plus déterminés et les plus audacieux que nous ayons dans le pays, mais cela s'arrangera bien vite, lorsque la nouvelle organisation intérieure sera fixée et que les chefs qui seront à la tête des différents départements feront la recherche des individus qui y sont employés, et lorsqu'enfin, après une connaissance plus exacte, ils pourront proposer les mesures nécessaires et propres à éloigner des affaires, même dans les postes subalternes, tous ceux qui pourraient encore être influencés par la secte.

J'en viens maintenant à notre organisation intérieure sous le rapport de l'alliance contractée avec la France et celui des changements nécessaires pour asseoir un système stable et conservateur, qui fera marcher la machine stagnante aujourd'hui dans une grande partie de ses détails, et qui puisse prouver enfin à la nation, toujours invariable dans son attachement pour le souverain et toujours prête aux sacrifices nécessaires, que, si même plusieurs anciennes institutions avaient besoin d'une espèce de régénération, il n'est cependant pas dans la volonté du roi de bouleverser tout ce qui était bon autrefois, parce que M. de Stein, dans quelques accès de sa folie, a rêvé un bonheur poétique pour la Prusse, dont les suites ont été trois fois plus funestes pour elle que tous les maux réunis de la guerre et toutes les privations qui l'ont suivie. Si la Prusse doit redevenir heureuse, il faut prouver qu'avec M. de Stein son système entier a disparu et qu'aujourd'hui les sectaires ou, pour m'exprimer d'une manière plus claire, nos jacobins allemands, joueraient un jeu trop dangereux en saisissant le brandon jeté à l'aventure pour arriver, sous le masque du patriotisme, à un but qui aujourd'hui ne peut plus être un secret pour personne.

Je n'entrerai point en détail sur les différents défauts que j'ai souvent entendu reprocher à notre administration intérieure, je crois qu'il y a tout autant de vrai que d'outré dans ces jugements et je pense que la vérité est au milieu. D'ailleurs je suis de l'opinion de ceux qui pensent que la régénération politique de la Prusse a dû précéder sa régénération intérieure, et ce n'est qu'après l'alliance que les gens calmes oseront se permettre un jugement.

La grande faute qui parait exister aujourd'hui, sur laquelle toutes les voix se réunissent et qui, par sa nature, doit entraver toute la marche du gouvernement, c'est l'augmentation vraiment incroyable et disproportionée des chefs à demi-pouvoir, connus sous le nom de conseiller d'état intime et conseiller d'état que l'on a placés, avec des appointements énormes, au moment de notre plus grande détresse financière, qui, à leur tour, ont fait augmenter d'une manière tout aussi énorme les employés subalternes, pour la plupart créatures de leurs opinions politiques et qui, marchant tous d'après leurs idées

personnelles, n'ont presque aucune responsabilité, parce que
le chancelier d'état, baron de Hardenberg, le seul qui puisse
les surveiller, est constamment occupé par des objets plus importants et ne peut impossiblement suffire à une besogne qui
surpasse les forces humaines.

La Prusse, dès les plus beaux jours de sa gloire, n'avait
que cinq ministres avec le nombre proportionné des subordonnés
et tout prospérait; les temps étaient autres, à la vérité, mais
les pouvoirs étaient fixés, les états financiers de chaque département étaient précis et ne pouvaient être dépassés ni pour
la recette ni pour la dépense, et, si, alors comme aujourd'hui,
il avait existé un chancelier d'état au lieu des secrétaires du
cabinet qui étaient une monstruosité politique depuis la mort
de Frédéric II, je crois que nulle autre organisation n'eût pu
mieux convenir à la Prusse que celle-là. Dans notre position
actuelle, où la force du gouvernement doit être beaucoup plus
concentrée, parce qu'il existe des factions et des fanatiques
dangereux qui peuvent nous perdre par une seule imprudence,
dans ce moment où il est urgent que le système politique du
roi soit soutenu par tous les ministres auxquels il daigne
accorder sa confiance, cette organisation est encore la seule
qui nous convienne, la seule qui pourra faire prospérer le
système que nous venons d'adopter, la seule qui puisse donner
à tous les actes du gouvernement l'énergie dont il a besoin
après une longue époque d'impunité et de désordre. Le
chancelier d'état doit être, d'après la nature de son emploi,
le chef et le surveillant de tous les ministres, avec lesquels
il doit discuter et préparer tous les grands intérêts de l'état
à soumettre à la sanction du roi, et ce n'est qu'ainsi que le
secret couvrira enfin les opérations du gouvernement. Mais
il me parait que le chancelier d'état ne devrait point se mêler
des détails des différents ministères, il ne faut point que les
subordonnés des départements puissent communiquer avec le
chancelier d'état par un autre canal que celui de leurs chefs,
il faut que les ministres aient un grand pouvoir et une grande
responsabilité; sans cela, il ne peut exister que confusion et
désordre, et sans le pouvoir nécessaire pour opérer le bien,
aucun homme de talent et de tête ne se résoudra à accepter
un ministère quelconque. En un mot, il faut que le nouveau

ministère, que je vais proposer comme une simple idée à moi.
soit composé de gens entièrement dévoués au système que
sa Majesté le roi va adopter à présent, qu'ils soient personnellement attachés au chancelier d'état qu'ils doivent épauler
de tout leur pouvoir dans les mesures concertées, qu'ils aient
pour eux l'assentiment de la France et l'opinion du public.
et que surtout leurs possessions dans le royaume les attachent
par leur propre intérêt au bonheur de ce pays.

D'après mon opinion, le gouvernement devrait être
composé:

Du chancelier d'état, baron de Hardenberg, chef de tous
les départements;

Du ministre des affaires étrangères;

Du ministre de l'intérieur;

Du ministre des finances;

Du ministre de la guerre;

Du ministre de la justice.

Si j'avais un conseil à donner, je proposerais:

Pour ministre des finances l'ancien ministre d'état,
baron de Voss, le seul homme ici que je crois capable de
remplir dignement cette place. Il a pour lui l'opinion de la
France et celle du public, il est grand travailleur avec une grande
routine d'affaires, il est attaché à ce pays par la grande fortune qu'il possède, il a donné dans plusieurs occasions des
preuves de dévouement, et j'ajouterai que la voix publique
l'appelle depuis longtemps à ce poste. Le chancelier d'état
croit qu'il trouvera en lui un antagoniste à son système, sur
l'attachement duquel il ne pourra jamais compter, et il se
trompe. Le chancelier d'état ne peut pas douter de ma sincère
amitié pour lui, je lui en ai donné des preuves trop réelles.
et je réponds de M. de Voss et de ses sentiments pour le
chancelier d'état comme des miens. Il y a, à la vérité, plusieurs choses dans l'arrangement actuel de l'administration
actuelle que M. de Voss désapprouve, je partage ce sentiment
avec lui et je n'ai jamais caché, là-dessus, mon opinion. Que
le chancelier d'état et M. de Voss se voient une seule fois en
ma présence, qu'ils s'expliquent avec cette franchise loyale
qui les caractérise tous les deux. comme des hommes qui, tous

deux, veulent le bien de la patrie, et ils s'entendront bientôt, j'en suis bien convaincu.

Le département des affaires étrangères se trouve aujourd'hui dans les mains du comte de Goltz, qui est vraiment le plus honnête des hommes et qui a des principes excellents.

Cependant, si les choses doivent marcher selon le nouveau système que l'on vient d'adopter, avec cette vigueur et ce secret qui deviennent absolument nécessaires, ce département ne peut pas, à ce qu'il me paraît, rester dans les mains du comte de Goltz, qui a la faiblesse de ne savoir absolument rien cacher à personne et surtout à sa femme, et est au surplus d'une apathie qu'aucun événement ne peut émouvoir, et depuis son dernier voyage, entrepris dans un des moments les plus décisifs, il a perdu la considération dans le public[1]).

Si j'avais un conseil à donner, je nommerais le comte de Goltz qui, d'ailleurs, n'a pas démérité, ministre à Vienne. J'en rappellerais M. de Humboldt que l'intrigue et la secte y ont placé, d'autant plus qu'il ne sera jamais par conviction dans le nouveau système. Je rappellerais de Pétersbourg M. de Schladen, qui a intrigué dans tout ce qui s'est fait à Kœnigsberg dans le temps où l'on travaillait à entraîner le roi dans une nouvelle guerre contre la France, et je le rappellerais avec d'autant plus de raison qu'il a demandé tout à l'heure un congé dans un moment où, avec un peu de tact, il n'aurait jamais dû en concevoir l'idée.

M. de Humboldt, si toutefois l'on trouve nécessaire de le conserver, pourrait alors être nommé à Pétersbourg, où désormais nous n'aurons pas des objets d'un grand intérêt à traiter. Je ne propose pas l'homme qu'il faudrait mettre à la place du comte de Goltz, parce que, pour le moment au moins, je ne sais pas trouver celui qui a les qualités requises pour ce ministère. Je pense qu'il serait bon de donner à celui que l'on nommera à la place du comte de Goltz la direction de la police secrète non seulement à Berlin, mais aussi dans l'intérieur du royaume.

Pour ministre de l'intérieur je proposerais le conseiller d'état intime Schuckmann, qui est un homme ferme avec

---

1) Anfpielung auf die Verhandlungen von Erfurt 1808.

d'excellents principes; il est bon travailleur, il a du talent, il connaît le pays parfaitement, il sert depuis longtemps, il doit une grande partie de sa carrière au chancelier d'état, qui pourra compter sur lui à toute épreuve.

Le ministère de la justice est dans les mains de M. de Kircheisen, qui est un homme d'une grande probité, étranger aux sectes et à l'intrigue; il a le défaut d'être faible, mais, à coup sûr, il ne gâtera rien.

Le ministre de la guerre doit être un homme très ferme. capable d'en imposer au mauvais esprit qui a gagné les jeunes officiers et de rétablir cette discipline sévère sans laquelle il n'existe pas d'armée. Il faut que ses principes politiques pour le système actuel soient bien constatés, il faut qu'il soit connu comme tel en France et dans le public, et personne ne réunit à un plus haut degré toutes ces qualités que le lieutenant général de Grawert, gouverneur en Silésie, qui jouit d'une très grande considération méritée dans l'étranger et dans l'armée.

Ce n'est qu'à la hâte que j'ai tracé ce petit aperçu sur notre position extérieure et intérieure; je ne sais si je me suis trompé dans mes aperçus, mais ma conviction intime est qu'un ministère composé de cette manière peut seul nous valoir la confiance entière de la France, rétablir enfin le calme dans notre intérieur.

C'est au baron de Hardenberg, à l'ami qui m'a vu le même dans toutes les occasions et qui doit être convaincu de mon attachement, que je confie ces pensées qui ne doivent être que pour lui; il sait que, depuis la paix de Tilsitt, j'ai poursuivi sans relâche le but que je croyais seul capable de sauver mon pays, il sait que j'ai dit hautement mes opinions, malgré les persécutions inouïes que l'on m'a fait éprouver, et, dans ma position, j'ai au moins la présomption qu'aucun autre intérêt secondaire ne peut influer mes opinions.

Berlin, le 6 janvier 1812.

Signé: Le prince de Hatzfeld.

———

Je mehr St. Marsan über den Lauf, den die Dinge nahmen, erfreut war, desto deutlicher spiegeln seine Depeschen vom Ende Februar die Aufregung wider, welche die von Napoleon befohlenen militärischen Maßregeln in der Umgebung des Königs hervorriefen. Preußen sollte sich den härtesten Bedingungen unterwerfen. Noch wußte man nicht, daß Krusemarck in Erwägung der Nothlage seines Staates, ohne eine Bevollmächtigung abzuwarten, am 24. Februar den Vertrag in der verlangten Form unterzeichnet habe, als sich am 28. und 29. Februar die Nachricht vom Einrücken französischer Kolonnen auf preußisches Gebiet (Demmin, Anklam, Swinemünde) verbreitete. Maret hatte St. Marsan schon am 12. Februar wissen lassen, daß der Kaiser sich wegen Bruches der Kontinentalsperre über Preußen beklage und hatte Anklam besonders als Sammelplatz von Kolonialwaaren genannt. Nachdem diesen ohne nennenswerthen Erfolg nachgeforscht worden war, zogen jene Kolonnen wieder ab. Aber die Nachricht vom Aufbruch der Division Gubin von Magdeburg, die man am 2. März in Berlin erhielt, steigerte die Krisis wieder auf's höchste (s. Dunder S. 442). Den folgenden Tag konnte St. Marsan über ihre Lösung berichten.

St. Marsan an Maret.

Berlin, 3. März 1813.

Hier à 5 heures après midi j'ai reçu les dépêches de V. E. du 24. du mois dernier avec les copies des traités et conventions signées à Paris le 24 février par V. E. et M. M. de Krusemarck et de Beguelin. Le tout a été reçu içi avec la plus grande satisfaction ... Le moment pressait extrêmement ... V. E. aura vu par ma dépêche du 29. du mois dernier la sensation qu'avait faite ici l'occupation d'Anclam et de Demmin ainsi que de Swinemünde. Elle a été assez forte dans le public, plusieurs partisans de l'alliance en étaient altérés et nos ennemis ainsi que la légation de la Russie n'ont pas manqué de déployer la plus grande activité pour faire changer le système adopté par le roi. Ils ont été renforcés par l'arrivée du général Blücher qui, sous prétexte de n'être pas en sûreté à Stargard, est accouru probablement pour profiter des circonstances .. Mais S. M. était disposée avant l'arrivée du courier à le faire repartir de suite; heureusement la contenance du roi et du ministère a été parfaite .. Il y avait ce même jour une fête chez la princesse Radziwill. Le roi y a paru très gai et a même affecté de venir droit à moi

et de m'entretenir avec sa bonté et son affabilité ordinaire.
Le ministre de Russie, s'étant permis de faire des représen-
tations tout à fait étrangères au comte de Goltz et de lui dire
que les mauvaises intentions de la France étaient manifestes
et que la Prusse devait prendre un parti violent, le comte de
Goltz lui répondit que ces discours ne pouvaient être que de
son cru et qu'il était persuadé qu'ils étaient directement
opposés à ses instructions . . .

Hier matin arrive la nouvelle que Swinemunde a été
évacuée par les troupes françaises et un rapport portant que
le maximum des denrées coloniales qu'on y avait trouvées se
réduisait à moins de 200 livres de café et à quelques bou-
teilles de rhum. Ces notions avaient causé beaucoup de plaisir,
lorsqu'à 4 heures est arrivé l'avis qu'une colonne de 15 mille
hommes, commandée par le général Gudin, entrait dans les
états prussiens par la route de Magdebourg à Stettin. L'inquiétude fut de nouveau à son comble. Le baron de Hardenberg
et le comte de Goltz arrivèrent chez moi pour m'en informer,
me demander des renseignements . . . Quoique sans avis ni
notions d'aucune sorte j'ai cependant tâché de leur démontrer
que la distance de Paris d'un côté et la célérité avec laquelle
de l'autre les ordres militaires étaient transmis pourraient
seuls être la cause de l'incertitude où nous étions encore des
événements mais qu'il était impossible de supposer à S. M. I.
et R. des intentions hostiles . . et que sans doute l'arrivée du
courier était imminente. Il est en effet arrivé pendant que
cette discussion avait lieu. Les ministres sortirent de chez
moi pour retourner chez le roi et dix minutes après S. M.
m'envoya elle même par un de ses aides de camp les dépêches
de V. E. . . . Le moment de crise où le courier est arrivé,
la circonstance que c'était au sortir d'un grand diner chez
le roi et la joie même que S. M. en a éprouvé sont autant
de motifs qui ont fait que la nouvelle s'est répandue subitement
dans la ville. Cependant nous sommes d'accord avec les
ministres qu'on n'en parlera que sous les rapports d'arrangement particulier qui a réglé avantageusement ce qui concerne
les contributions et resserre les liens d'amitié entre les deux
puissances . . Au reste personne ne doute qu'une alliance réelle
ne soit conclue, mais on en ignore les conditions et l'esprit. . .

Der preußisch-französische Vertrag war endlich geschlossen und ward ratificirt (5. März). Die Absicht, welche Napoleon früher kundgethan hatte (s. o. S. 367), nachdem dies Ziel erreicht sei, St. Marsan abzuberufen wurde nicht ausgeführt[1]). St. Marsan blieb auf seinem Posten, vom König durch das Geschenk einer mit seinem Bilde und Brillanten geschmückten Dose geehrt, von Hardenberg durch einen schmeichelhaften Brief erfreut und wußte, so sanguinisch wie jemals, nur Gutes zu melden.

St. Marsan an Maret.

Berlin, 6. März 1812.

Grawert wird das Kommando des preußischen Kontingentes erhalten. Hardenberg will den Fürsten Haßfeld als Generalkommissär mit dem Titel Staatsminister anstellen zur Ausführung dessen, was sich auf die vertrags-mäßige Verpflegung der Truppen bezieht. Haßfeld will nur annehmen unter Billigung des Kaisers.

Le peuple et on peut dire la très grande majorité des individus témoignent la plus grande satisfaction que le salut du pays est dû à l'union avec la France. J'ai même quelques données qui prouvent que le militaire se passionne à cette occasion et voit de nouveau s'ouvrir devant lui une carrière de gloire. Ce n'est pas que les individus très prononcés aient changé d'opinion, quatre capitaines ont écrit au roi pour de-mander leur démission. Le roi a écrit en marge ces mots: „Accordé avec plaisir.“ Ce sont deux frères comtes de Dohna, dont un est le beaufils du général Scharnhorst, un M. de Roeder et un M. de Gröben; ils étaient connus par leurs opinions[2]). La retraite de M. de Scharnhorst, de M. Boyen et de M. Gneisenau est prochaine. Le chancelier attend la réponse re-lative à M. de Bülow pour faire d'autres changements. En revanche plusieurs officiers qui sont hors de service viennent d'en demander au roi . . .

---

1) „Le ministre de France à Berlin, le comte de St. Marsan, est un homme sur lequel on peut compter“. Napoleon an den Fürsten von Neuf-chatel, 23. April 1812. Corresp. de Nap. 23, 383. Der ganze Brief beweist übrigens, daß Napoleon Preußen keineswegs traute. Er sagt u. a.: „La meilleure manière d'assurer la tranquillité de la Prusse, c'est de la mettre dans l'impuissance de faire un mouvement, au cas qu'une descente vint à avoir lieu ou que nous perdissions une bataille“.

2) Vgl. zur Ergänzung und Berichtigung M. Lehmann: Knesebeck und Schön S. 44—75.

St. Marſan an Maret.

Berlin, 10. März 1812.

... Le vieux général Blücher se retirera en Silésie. Il
a fait une sorte d'amende honorable de ses opinions en disant
au chancelier qu'il espérait bien qu'on ne lui supposait pas le
mauvais esprit de désapprouver le parti que prenait le roi.
que s'il était en ce moment en activité, il se battrait pour la
cause de la France avec le plus grand zèle et que tout son
voeu était que les troupes prussiennes se couvrissent de gloire,
si la guerre a lieu [1]). Il a tenu le même langage au casino
à l'occasion des démissions dont j'ai parlé à V. E. et en disant
qu'il avait envoyé une estafette à son fils pour lui dire qu'il
espérait, qu'il ne suivrait point le mauvais exemple et qu'il
continuerait à servir fidèlement et avec honneur ...

St. Marſan an Maret.

Berlin, 14. März 1812.

... L'esprit public se manifeste tous les jours davantage
en faveur du système que le roi vient d'adopter. La satisfaction qu'en montre S. M., la sécurité et la tranquillité que
cette nouvelle a répandue dans le public font taire le dépit
que quelques têtes exaltées ont pu en concevoir et parmi les
militaires c'est à qui briguera l'honneur de faire parti au
contingent [2]). Le colonel de Knesebeck est en route pour
revenir de Pétersbourg à Berlin. Il n'a point fait de rapports
par écrit et s'est réservé de rendre compte verbalement de sa
mission ...

St. Marſan an Maret.

Berlin, 24. März 1812.

... Les démissions des militaires qu'on annonçait devoir
être si nombreuses se sont réduites à 4 ou 5, j'en ai nommé

---

1) Dies widerspricht der gewöhnlichen, unzweifelhaft zuverläſſigeren Über-
lieferung durchaus, ſ. z. B. Allgemeine Deutſche Biographie 2, 730.
2) Vgl. Minerva 1812. Band 3, S. 439: „Unſere Krieger haben jetzt
Gelegenheit, unter Anführung des größten Helden an den Ufern der
Düna etc. wieder ihren Heldenmuth zu erhärten". Man darf auch ſolche
Ausſprüche, ſo wenig ſie ſich mit dem allgemeinen Urtheil decken, nicht ganz
überſehen.

les individus à V. E. D'ailleurs l'armée montre un très bon esprit; 17 officiers des gardes à pied et plusieurs des dragons de la garde, gardes du corps etc. ont demandé à servir comme volontaires au contingent. Le roi l'a accordé à quelques-uns, entre autres au comte de Brandebourg, fils naturel du feu roi, capitaine des gardes du corps. Le jeune prince Frédéric. fils de feu le prince Louis de Prusse, frère du roi, . . a écrit au roi pour lui demander de faire la campagne. Je crois que S. M. le lui a refusé à cause de son jeune âge. Il a à peine 17 ans. C'est un prince qui promet beaucoup . . .

St. Marsan an Maret.

Berlin, 31. März 1812.

. . . Le projet est toujours de nommer le prince de Hatzfeld ministre d'état et commissaire royal au quartier général.. Dès que le gouvernement prussien aura reçu une réponse au sujet de M. de Bülow la nouvelle organisation du ministère aura lieu. M. de Schuckmann aura l'intérieur, le prince de Wittgenstein le ministère de la police qui sera de nouvelle création pour ce pays. Je puis assurer V. E. que M. de Wittgenstein est un des plus zélés partisans du système de l'union avec la France, j'en ai eu les preuves les plus convaincantes et il est l'intime ami du chancelier et du prince de Hatzfeld. Il est très attaché au roi et à sa patrie dont il sait discerner les vrais intérêts. En général le peu de têtes vraiment exaltées se cachent, quelques individus disparaissent et plusieurs qui passaient pour être très anti-français prennent déjà une toute autre contenance . . .

Im April passirte Graf Narbonne, Napoleons Adjutant, Berlin. Ein von ihm an Maret gerichtetes Schreiben enthält charakteristische Urtheile.

Narbonne an Maret.

Berlin, 24. April 1812.

M. le duc,

Arrivé ici depuis dix jours je n'ai pas encore eu l'honneur de vous écrire parce que j'ai donné tout mon temps à accueillir et à mettre en ordre différents matériaux etc. . . .

Aussi ai-je trouvé tout précisément comme V. E. me l'a annoncé. Le roi bien convaincu de sa position et fort entretenu dans cette idée par M. de Hardenberg. La famille royale, qui du reste a on ne saurait moins d'influence, n'osant pas précisément tout-à-fait chanter la palinodie mais bien moins encore rien faire ou rien dire qui indique la moindre opposition. La seule que l'on peut supposer est d'un prince très insignifiant, le prince Auguste, fils du vieux prince Ferdinand qui est allé à son commandement en Silésie. Les anciens fanfarons se taisent ou parlent si bas qu'il n'y a pas occasion de leur donner ou de leur faire donner une leçon. La bourgeoisie plus sage, et la populace plus apathique que partout, a l'air de s'appercevoir avec reconnaissance de l'excellente discipline que fait observer le duc de Reggio et de la simplicité et du désintéressement qu'il met dans toutes ses relations. Je l'ai rassuré sur le véritable désespoir où il est d'être servi par la maison du roi, et M. de St. Marsan et moi avons cru qu'il ne pouvait se refuser à se laisser traiter à Berlin sans avoir l'air de choquer le roi, comme sont traités à Paris les rois et autres grands personnages. Comme il n'a été question pour moi que de faire ma dépense au cabaret, V. E. voit que j'ai été plus à mon aise pour refuser ce pourboire, ce que j'ai fait le plus poliment que possible.

Au reste, M. le duc, je prendrai la liberté de vous répéter ce que tout bon serviteur de l'empereur a besoin de lui faire arriver: c'est que, s'il lui est véritablement indispensable de faire fournir par la Prusse tout ce à quoi elle est engagée, ce ne peut être qu'en lui procurant les moyens[1]) de le tirer de ses voisins . . . .

Ende Mai 1812 erfolgte die Fürstenzusammenkunft in Dresden, zu der sich auch Friedrich Wilhelm III. begab. Graf St. Marsan eilte gleichfalls dorthin zu seinem Herrn. Am 1. Juni wieder nach Berlin zurückgekehrt, wußte er nicht genug von den Schwierigkeiten zu berichten, gegen welche Hardenberg anzukämpfen habe. Er fand

---

1) Ms. le moyen.

ihren tiefſten Grund in der traurigen Finanzlage des preußiſchen Staates, einer Folge der Opfer, die von dieſem Staate gefordert würden. Auf Hardenberg glaubte er unbedingt rechnen zu dürfen, und dieſer verſtand ſich fortgeſetzt vortrefflich darauf, ihm ſcheinbar ſein ganzes Vertrauen zu ſchenken.

St. Marſan an Maret.

Berlin, 17. Juni 1812.

.. Les communications que M. le baron de Hardenberg a faites à la légation autrichienne sont relatives aux individus mécontents qui, au moment de la conclusion de l'alliance, ont quitté la Prusse et se sont retirés à Prague et autres parties des états autrichiens. Quelques-uns des plus marquants, comme M. de Gneisenau et Chazot, sont passés en Russie mais d'autres sont restés à Prague. Entre autres M. de Gruner, ancien directeur de la police à Berlin, qui est une des têtes les plus montées. Le comte de Metternich a paru inquiet sur les menées de cette secte et a prié à Dresde le baron de Hardenberg de lui communiquer les renseignements qu'il pouvait avoir sur cet objet. M. de Hardenberg lui a donc donné connaissance d'une lettre que M. de Gruner lui a adressée de Prague qui doit être d'un style désapprobateur tout-à-fait particulier et dans laquelle il lui dit, que l'empereur d'Autriche a été reçu très froidement à Prague à raison des nouvelles liaisons contractées avec la France[1] ..

---

1) Vgl. Zichy's Depeſche an Wetternich 14. Juni 1812 W. St. A. „Je dois sous le sceau du plus profond secret appeler encore une fois, M. le comte, votre attention très particulière sur le sieur Gruner qui se trouve suivant les notions récentes encore à Prague. J'ai su que cet individu a fait un rapport sur l'esprit public de cette capitale qui n'est nullement avantageux, et j'ose dire pour l'honneur des habitants, exagéré. Il dit par exemple que l'empereur notre auguste maitre à son premier passage a été très froidement reçu, que la généralité est très mécontente des mesures actuelles du gouvernement, qu'on n'attend que le moment pour faire éclater cette désapprobation et qu'aux premiers revers que les armées françaises éprouveront, elle se manifesterait d'une manière prononcée. Il est fortement à présumer que le départ de M. de Stein (nach Rußland) ne portera aucune interruption aux rapports et peut-être à un plan médité du sieur Gruner qui réunit toute l'intelligence et les moyens pour l'exécution. V. E. sentira donc, combien il est important de ne pas perdre de vue un instant l'homme en question et c'est à sa sagesse d'aviser aux moyens les plus propres".

Die Intriguen gegen Hardenberg dauern fort. Es laufen anonyme gegen ihn gerichtete Briefe u. a. einer, unterzeichnet „un colonel français“, beim König ein. Der Zustand der Finanzen bietet die Handhabe. Man beschuldigt Beguelin leichtfertiger Weise die Konvention unterzeichnet zu haben. Gneisenau hat eine Art Abschiedsbrief von Prag aus an Hardenberg geschrieben, in dem er ihn warnt, die Beguelins und Jordan, der ihm als Generalsekretär dient, von sich zu entfernen. Als aber Gneisenau noch im Dienste war, hat er die Gesellschaft von Madame Beguelin eifrig besucht und, wie es scheint, durch sie Einfluß auf ihren Mann gewinnen wollen[1] . .

St. Marsan an Maret.

Berlin, 20. Juni 1812.

Unterhaltung mit Hardenberg über die Schwierigkeit der Finanzlage. Anspruchsvolles Benehmen des Fürsten Haßfeld. Er will, daß die zur Erhebung der Vermögens- und Einkommensteuer bestimmte Kommission die gesammte Finanzverwaltung erhalten soll. Haßfeld, obwohl Freund des Kanzlers, läßt sich mitunter verführen. Die russische Gesandtschaft und ihre Anhänger haben sich seiner Frau bemächtigt.

Ni elle ni le prince sont insensibles à tout ce qui touche l'intérêt et la fortune et on se sert de la circonstance et du désir que l'on voit que le prince a d'avoir, une place importante dans le ministère, pour lui faire faire de fausses démarches dont il n'entrevoit pas les conséquences. Cela est allé au point qu'il a demandé qu'on lui donne une terre au moins de la valeur de 70 mille écus pour le dédommager des pertes qu'il a pu essuyer dans l'administration de ses affaires en ne s'en occupant pas exclusivement depuis quelques mois. Le prince a 150 mille écus de rente sans dettes, on lui a payé tous ses frais, on lui a donné l'aigle noir. Si dans ce

Die Angelegenheit der Überwachung und Verhaftung Justus Gruner's, sowie der Wegnahme seiner Papiere, auf die im Folgenden mehrfach angespielt wird, bedarf trotz allem, was darüber geschrieben worden, noch der Aufklärung, vgl. das Vorwort.

1) Eine Veröffentlichung der u. a. von H. Delbrück benutzten Memoiren der Frau von Beguelin wäre sehr erwünscht. In St. Marsan's Berichten, soweit sie sich mit ihr beschäftigen, scheint wieder Wahres und Falsches gemischt zu sein. Ich wage nicht zu entscheiden, ob in seinen Worten eine Beziehung auf Gneisenau's Brief an Hardenberg vom 2. April 1812 (Pertz 2, 282) zu finden ist, der aber aus Breslau datirt. In der allgemeinen deutschen Biographie fehlt leider ein Artikel über den Staatsrath Beguelin, der den finanziellen Vertrag vom 24. Februar 1812 abgeschlossen hatte, während daselbst 14, 506 über den Staatsrath J. L. Jordan vortrefflich Auskunft gegeben wird.

moment de détresse on lui faisait un cadeau de cette nature, il n'y aurait qu'un cri et c'est précisément ce que les malveillants demandent. Au reste toutes ces intrigues disparaîtront, si on continue à employer de la fermeté et lorsque des événements qui ne sont pas douteux auront dérouté les faiseurs qui se remuent dans ce moment avec ardeur comme dans toutes les circonstances importantes où il y a de grandes destinées en suspens . . .

St. Marsan an Maret.

Berlin, 3. Juli 1812.

Je größer die Schwierigkeiten sind, mit denen Hardenberg zu kämpfen hat, besto nothwendiger ist es, daß der Kaiser die preußische Regierung, deren Mittel ganz erschöpft sind, unterstütze.

Il est de sa justice et de son intérêt de ne pas laisser tomber un état qui n'aspire que d'être son plus fidèle allié et de l'aider à prévenir les suites funestes qui naîtraient du désespoir . . .

St. Marsan an Maret.

Berlin, 5. August 1812.

Prag ist noch immer der Heerd „der Secte". Gruner streut von dort Geld aus.

Le chancelier croit qu'il le tient de la Russie. Ce ministre m'a dit qu'il en faisait prévenir M. le comte de Metternich.

St. Marsan an Maret.

Berlin, 20. August 1812.

Bülow ist sehr eifrig und vom besten Geiste beseelt[1]. St. M. legt die Abschrift eines Briefes von Bülow an Metternich bei, in dem er diesem die Verhaftung und Auslieferung Gruner's vorschlägt . . .

St. Marsan an Maret.

Berlin, 1. September 1812.

. . . Le baron de Hardenberg m'a fait voir la lettre qu'il a reçue du comte de Metternich. Il lui dit que M. Gruner[2] et son valet de chambre André avaient été arrêtés à Prague,

---

1) Geh. Staatsrath von Bülow, Chef der höheren Polizei. Die von St. Marsan erwähnte Kopie seines Briefes fehlt.

2) Ms. Grünner. Die Verhaftung erfolgte den 22. August.

qu'on avait saisi beaucoup de papiers et de fonds chez eux, qu'il avait ordonné que tout fut transporté à Vienne et que S. M. l'empereur avait commandé l'arrestation de toutes les personnes, indiquées comme complices du sieur Gruner, qui se trouveraient dans ses états. Le comte de Metternich garde encore à Vienne la personne de confiance qui lui a été envoyé, pour cet objet de Berlin et la renverra pour porter les notions qu'on pourra tirer de la visite des papiers du sieur Gruner...

St. Marsan an Maret.

Berlin, 14. Oktober 1812.

Die Regierung hat noch keine Nachricht über die Prüfung der Papiere Gruner's. Auf demselben Wege, der zu seiner Verhaftung geführt hat, ist man noch mehreren auf die Spur gekommen. Man hat entdeckt, daß die russische Gesandtschaft mit Gruner und Konsorten in Zusammenhang stand, um die öffentliche Meinung aufzuregen.

St. Marsan an Maret.

Berlin, 31. Oktober 1812.

Metternich hat an Hardenberg geschrieben, die Papiere Gruner's seien noch in der Hand des Kaisers. Man verfolge die Sache, Gruner werde auf eine Festung gebracht werden. Mit Gruner's Verhaftung ist der Faden der Intriguen durchgeschnitten. Ohne fremdes Geld sind sie unmöglich[1]).

---

1) Gruner wurde nach Peterwardein verbracht. Ich finde in den De-peschen Zichy's an Metternich Berlin, 2. Nov. 1812 (W. St. A.) noch folgende auf ihn bezügliche Stelle: .. „Le baron de Hardenberg vient de me donner une très grande preuve de sa franchise et de la plus noble confiance, en me prévenant que M. Gruner, chargé alors du département de la police secrète, a su lui procurer quelques mois après mon arrivée à Berlin le chiffre que j'avais apporté de Vienne et que j'avais remis au comte de Bombelles qui, pour le conserver, le renfermait dans un armoire à double serrure, fait exprès à cet usage et placé dans la chancellerie de la mission dont on ferme régulièrement la porte, du moment que le travail était fini. J'ignore les moyens qu'il a su employer pour effectuer un coup qui suppose une dextérité très subtile, mais le fait est certain, ayant vu le contexte verbal de plusieurs dépêches adressées à V. E. depuis cette époque". Metternich sah den Beweggrund für diese „merkwürdige Mittheilung" darin, daß Hardenberg den Grafen Golz, der jene Chiffre ohne Zweifel auch kenne, von der Kenntnis seiner geheimen Verhandlungen mit Österreich ausgeschlossen zu sehen wünsche (Metternich an Zichy, Wien, 26. Nov. 1812. W. St. A.). Über Metternich's dem französischen Gesandten Otto gemachte Mittheilungen, die aus Gruner'schen Papieren geschöpft waren, s. Bignon (Paris 1845) 11, 194. 195.

St. Marſan an Maret.

Berlin, 2. November 1812.

. . Quant à ce qui concerne le pays, la marche du gouvernement, les intentions et la loyauté particulière du roi et du chancelier sont . . connus . . . Il n'y aurait qu'un seul cas à craindre, ce serait celui où l'armée française essuyerait des revers et où les pays voisins donneraient l'exemple de l'insurrection. La population prussienne, excitée par quelques chefs, s'unirait au mouvement général . . .

St. Marſan an Maret.

Berlin, 20. November 1812.

Es giebt zwar viele ſchlecht geſinnte Individuen, ſie haben aber keinen Einfluß.

Le caractère du roi et de son ministre est tel que, dans la supposition même où les armées de S. M. l'empereur auraient subi des revers, je n'aurais pas craint de les voir changer de système, j'aurais plutôt redouté des insurrections populaires, dirigées contre le gouvernement même . . .

St. Marſan an Maret.

Berlin, 27. November 1812.

Hardenberg hat ihm eine Denkſchrift von Lüttwiß „président de la régence de la Silésie" mitgetheilt, in welcher dem König vorgeſchlagen wird ſein Syſtem zu ändern. L. hat ſich in gleichem Sinn an Kalkreuth gewandt; dieſer hat, ohne ſeinen Namen zu nennen, die Sache Wittgenſtein angezeigt. Der König hat befohlen L. nach Berlin zu bringen, wo er eine Zeit lang gefangen gehalten werden ſoll.

St. Marſan an Maret.

Berlin, 3. Dezember 1812.

Lüttwiß iſt in Berlin in Haft, Staatsrath von Bülow ſoll ihn inquiriren. Die Polizei wendet alle Mühe an allarmirenden Gerüchten entgegenzutreten. Hardenberg hat St. Marſan gebeten, ihm mitzutheilen, wenn ihm derartiges zu Ohren käme.

St. Marſan an Maret.

Berlin, 7. Dezember 1812.

Lüttwiß' Verhaftung hat einen guten Eindruck gemacht. St. Marſan iſt das einzige Mitglied des diplomatiſchen Korps, das Hardenberg ſieht.

Je le trouve toujours aussi confidentiel et aussi sincère que par le passé et il est d'un caractère tel qu'il dissimulerait

difficilement des projets de changement du système politique.
La masse de la nation n'a point changé d'opinion sur les véritables intérêts du pays, mais il n'est pas douteux qu'elle est
dans un état de pénurie et de souffrance et que le gouvernement même est toujours à la veille de suspendre ses payements.
On ne manquera pas de nous imputer cet état des choses et
les malveillants en profitent pour nourrir la disposition qu'il
y aurait à faire naître des mouvements, si nous venions à
essuyer des revers. Quelques marques publics de bienveillance
et d'intérêt pour ce pays de la part de S. M. l'empereur,
quelque démonstration qui prouverait de la confiance et de
la satisfaction pour la conduite tenue pendant la campagne
feraient, je crois, un très grand effet dans l'opinion générale
et rendraient absolument nulles les menées de quelques intriguants . .

Es wäre gut die Verwundeten nicht durch Berlin und andere große
Städte zu führen, weil sie nur von ihren Leiden sprechen und so die öffentliche Meinung beunruhigen.

St. Marsan an Maret.

Berlin, 8. Dezember 1812.

Dem Ministerium sind endlich Papiere, die bei Gruner gefunden worden,
mitgetheilt[1]. Nach den Mittheilungen Hardenberg's ist das Wesentliche eine
Liste der preußischen Anhänger Gruner's Die Namen der Österreicher sind
nicht genannt, Jichy hatte nur Auftrag zu sagen, daß mehrere Verhaftungen
in Österreich vorgenommen worden seien.

(Hardenberg) a ajouté que la cour de Prusse a fait à
Vienne des démarches indirectes en faveur du sieur Gruner . .
Comme ces papiers ne font que d'arriver je n'ai pu avoir
encore d'autres détails . . .

St. Marsan an Maret.

Berlin, 9. Dezember 1812.

. . . . Je crois de mon devoir de ne point . . cacher que,
si S. M. l'empereur témoigne au gouvernement prussien de la
confiance suivie, tout ce que l'on fait maintenant par principe
de fidélité à l'alliance et parce que le roi et son ministère y

---

1) „des papiers trouvés chez le sieur Gruner". Zuerst scheint in der
Depesche gestanden zu haben: „les papiers".

sont portés par caractère, on le ferait d'abondance et de grand
coeur d'autant plus que la grande majorité de la nation serait
entraînée dans les mêmes sentiments. Je dois encore observer
que, quand je parle des bonnes dispositions du gouvernement,
c'est du gouvernement seul que je parle. Quant aux autres
individus qui composent la nation, un petit nombre nous est
entièrement opposé, cabale et intrigue sans cesse contre le
chancelier (ce qui est une preuve de la fermeté des principes
de ce ministre) et saisit toutes les occasions pour tourner contre
nous tous les événements, débite de fausses nouvelles etc.
Mais le grand nombre est convaincu que l'alliance avec la
France est dans le véritable intérêt de la Prusse. Cependant
on est accablé par le poids des malheurs de toute espèce et
on n'entrevoit jusqu'ici aucun soulagement ... C'est pourquoi,
si nous avions essuyé des revers, il était probable que le grand
nombre aurait été entraîné aussi et que le gouvernement
n'aurait pas eu assez de forces pour lui résister, mais dès
que cette partie de la nation ne pourra plus douter que la
France est véritablement amie de la Prusse, elle sera l'appui
du gouvernement et le pays suivra fidèlement le système politique qu'il a adopté et qu'il sent convenir véritablement à son
intérêt . . .

A Berlin le cercle des clabaudeurs n'est pas grand, il serait
à désirer qu'ils ne trouvassent point une espèce de point de
ralliement chez les ministres d'Autriche et de Suède qui au
reste ne tiennent point maison, mais qui voient beaucoup en
particulier ce qu'on pourrait appeler les mécontents. La présence de M. le maréchal[1]), celle de plusieurs généraux, d'un
état major, d'une garnison et d'une administration supérieure
française me met dans le cas de pouvoir réunir chez moi autant
que possible les deux nations et le corps diplomatique. Cela
se passe on ne peut mieux. Quand on danse, j'invite les
jeunes officiers des gardes qui sont en garnison à Potsdam . .

St. Marjan an Maret.

Berlin, 10. Dezember 1812.

. . L'objet auquel s'appliquent plus particulièrement nos
ennemis en ce moment est celui de discréditer le chancelier

1) Augereau, Herzog von Castiglione.

dans le public et, s'il est possible, dans l'esprit du roi sous le rapport de l'administration intérieure et même sous celui de sa conduite morale . . Sur le second objet on fait grand bruit d'une prétendue liaison du chancelier avec madame de Béguelin[1]), et il est peut-être singulier que l'on fasse une pareille observation dans un pays où l'on peut dire qu'en général les moeurs régulières sont à peu près inconnnes . . .

Bei den letzten Auszügen aus St. Marsan's Depeschen sind alle Hindeutungen auf den unglücklichen Verlauf des russischen Feldzuges, aus denen sich nichts Neues für unsere Kenntnis der Dinge gewinnen ließe, übergangen worden. Am 15. Dezember 1812 erfuhr der Gesandte Napoleons durch Hardenberg, die Postdirektion von Glogau habe ihn von der Durchfahrt des Kaisers benachrichtigt. Noch denselben Tag langte der bekannte, aus Dresden datirte, an Friedrich Wilhelm III. gerichtete Brief Napoleons an. St. Marsan erhielt sofort Gelegenheit, den Staatskanzler wie den König zu sprechen, und man weiß, daß er, ohne den sich vorbereitenden Umschwung der preußischen Politik zu ahnen, mit dem Ergebnis dieser Unterhaltungen sehr zufrieden war[2]). Aus den Berichten, die er in der nächsten Zeit an Napoleon selbst sandte, seien einige charakteristische Äußerungen hervorgehoben:

St. Marsan an Napoleon.
Berlin, 17. Dezember 1812.

. . (Le roi) franc, loyal et d'une probité scrupuleuse . . . (Le baron de Hardenberg) aussi d'un caractère probe et loyal et qui met beaucoup d'amour propre à ne pas passer pour une tête légère en politique est d'ailleurs trop clairvoyant pour ne pas s'apercevoir, que, si la Prusse changeait de système, elle commencerait par être écrasée par la France . . . Ce ministre pense d'un autre côté, qu'à l'époque où V. M. I. et R. pourra donner une paix stable et solide à l'Europe, la Prusse, qui aura suivi fidèlement son système, lui semblera propre à

---

1) S. o. S. 390 vgl. Ompteda 2, 271. „Celui-ci (le chancelier) n'écoute plus que les Ancillon, les Béguelin (dont la femme a entièrement captivé son coeur" etc.

2) S. Lefebvre 5, 185. Dunker S. 453.

former une alliée constante de la France et une barrière du nord et qu'elle assignera à ce pays, non la place militaire qu'il a occupée et qui était exagérée, mais le rang qu'il avait dans l'ordre politique pour l'équilibre de l'Europe. Je sais même qu'il va jusqu'à penser, que, si la Pologne n'est pas constituée assez fortement pour assurer son existence elle-même, l'opinion pourrait naître à V. M., non de réunir la Pologne à la Prusse, mais de faire le roi de Prusse roi de Pologne pour rendre la barrière formidable par la réunion des côtes et des pays de l'intérieur.

Die Masse der Nation hat die Verbindung mit Frankreich immer als Rettung Preußens betrachtet. In diesem Augenblick nutzt die kleine aber thätige antifranzösische Partei die Leiden des Landes aus. Doch hat Gruner's Verhaftung die Fäden durchgeschnitten.

Si le roi et le ministère auraient balancé, il n'y a pas de doute qu'on aurait réussi à monter ici étrangement les esprits, mais à mesure que cette partie intéressante de la nation se convaincra que V. M. I. et R. a de la confiance et de l'amitié pour le roi, elle verra toujours avec plaisir le gouvernement suivre le système adopté, pourvu que de notre côté nous mettions du soin à ne point aggraver sa situation . . .

St. Marsan an Napoleon.

Berlin, 19. Dezember 1812.

. . Les propos de toutes espèces continuent à Berlin, ils sont en partie nourris par les individus français blessés qui passent ici, les malveillants s'agitent, mais tout se réduit à peu près à des propos de salons et surtout de quelques femmes. Le gouvernement est surveillant. De mon côté je ne néglige rien pour savoir tout ce qui se dit. Je réunis chez moi plus de monde que les autres années et de tous les partis; au reste le roi et le ministère tiennent exactement et publiquement une conduite telle que je puis le désirer . . . V. M. aura peut-être présent à la mémoire que, lorsque la Prusse (avant la conclusion de l'alliance) armait de toutes parts on établit une espèce de milice ou dépôt général de l'armée de toute la Prusse, qu'on exerçait ces recrues, appelées Krumpers, et qu'on les renvoyait ensuite chez eux. Après l'alliance il n'en fut plus question, mais V. M. a reçu souvent des rapports

sur l'existence de ces Krumpers et j'ai été dans le cas
d'observer alors qu'il était impossible que ces individus n'exis-
tassent point dans leurs foyers mais qu'ils n'étaient ni réunis
ni armés. Maintenant qu'il s'agit d'augmenter le contingent..
je sais que le projet du roi est de se servir de ces mêmes
Krumpers qui se trouvent dans la partie de la Prusse au delà
de la Vistule et dont le nombre peut se monter à 5 à 6000
hommes pour les incorporer de suite dans les compagnies des
corps qui forment le contingent.... Je ne connais pas encore
ce plan officiellement, mais je ne suis pas moins sûr que c'est
celui qu'on a adopté..

––––––

Ich übergehe, was sich über die Durchreise Maret's des Herzogs
von Bassano, über die Ankunft des Grafen Narbonne, über das Verhalten der österreichischen Gesandtschaft u. a. m. aus dieser Zeit in
St. Marsan's Berichten findet, um etwas länger bei den Mittheilungen zu verweilen, die sich auf die Schicksale des 10. Korps
und insbesondere auf die entscheidende That York's beziehen. Es
wird das bisher Bekannte in erwünschter Weise ergänzen. Noch am
2. Januar 1813, als eine Stafette von Berthier mit einem für Friedrich
Wilhelm III. bestimmten Briefe Maret's bei St. Marsan angelangt
war, sah er die Dinge sehr rosig an. Er hielt sich überzeugt davon,
daß die Vorhut des 10. Korps nach einem Siege in Tilsit einge-
zogen sei. Am 4. Januar hatte er unglücklichere Kunde zu geben.
Hardenberg hatte ihm wenigstens einen Theil der Nachrichten anvertraut, die der Major Graf Hendel vom Korps des Generals von
York mitgebracht hatte. Noch an eben diesem vierten Januar wurde
ihm die Konvention von Tauroggen bekannt. Seine ersten Mel-
dungen mögen hier wortgetreu folgen:

St. Marsan an Maret.

Berlin, 4. Januar 1813.

Un aide de camp de M. le duc de Tarente m'arrive ex-
pédié par M. le prince de Neufchâtel. Il m'apporte la dépêche
ci-jointe du major général avec les deux pièces qui l'accom-
pagnent. Le tout m'est parvenu au moment où je dinais chez
M. le maréchal duc de Castiglione avec le baron de Hardenberg, le comte de Narbonne et le prince de Hatzfeld. Le baron

de Hardenberg a paru atterré[1]) de la communication de cette affaire. M. le maréchal, M. de Narbonne et moi avons épuisé la matière. Le baron de Hardenberg a abordé dans notre sens ainsi que le prince Hatzfeld. Il s'est rendu sur le champ chez le roi qui vient de rentrer en ville. Il propose de destituer le général York, le faire arrêter, s'il est possible, de donner le commandement au général Kleist, de rappeler les troupes, quoiqu'il soit peu probable qu'on puisse les retirer, et de leur enjoindre de se rendre sous les ordres du roi de Naples, d'adresser le tout à ce prince, de publier à l'armée française à Potsdam, en Silésie, dans les gazettes un ordre du jour . . enfin d'envoyer le prince Hatzfeld à Paris porter à S. M. l'empereur l'expression des sentiments du roi . . . Je ne me permets encore aucun jugement sur cette affaire, je suis porté à croire qu'elle n'est que le fruit des intrigues de la secte désorganisatrice de l'Allemagne. Je trouve cependant inexplicable que le comte Henckel, aide de camp du roi, arrivé avant-hier ne sût rien de la détermination du général York. Cela même paraît impossible. Il est à remarquer que cet aide de camp ne s'est point présenté chez le baron de Hardenberg[2]). Les déterminations du roi que je pourrai apprendre encore le soir régleront l'opinion que l'on doit prendre de tout ce qui se passe . . .

St. Marjan schrieb noch am gleichen Tage in entsprechender Weise jenen Brief an Berthier, den man bei Fain: Manuscrit de 1813. 1,203 abgedruckt findet. Eben dort ist bereits ihrem wesentlichen Inhalt nach die an Maret gerichtete Depesche vom 5. Januar 1813 veröffentlicht, in der auf das Zeugnis Hardenbergs hin bekanntlich das Wort des Königs vertrauensvoll angeführt wird: „Il y a de quoi prendre une attaque d'apoplexie." Der Depesche sind noch zwei Nachschriften zugefügt, die bei Fain fehlen:

St. Marjan an Maret.

Berlin, 5. Januar 1813.

1. P. S. J'apprends que le comte Henckel avait apporté quelques lettres particulières qui ont donné lieu à Potsdam à

---

1) darüber mit Bleistift: indigné.

1) S. dagegen Hendel von Donnersmarck: Erinnerungen aus meinem Leben 1846 S. 174.

des bruits sur une capitulation que ferait le général York, qu'en conséquence le roi avait défendu hier à l'ordre d'en parler et fait déclarer qu'on ne devait donner de nouvelles du contingent que celles officielles qui sortaient de la chancellerie. La mission du comte Henckel n'est pas claire encore à mes yeux. V. E. sait d'ailleurs que j'ai eu souvent l'honneur de lui faire observer que surtout en ce moment on ne pouvait guère compter que sur le roi et son ministère.

Ein Offizier von York's Korps [Major von Thile] hat die Kapitulation überbracht. . .

2. P. S. Le roi a envoyé chez moi demander mon avis, s'il doit ou non accepter la condition des deux mois; je me suis réservé de consulter M. le maréchal et M. de Narbonne mais mon avis est qu'il laisse la décision à S. M. le roi de Naples.

Auf diesen Punkt bezieht sich eine Notiz aus der folgenden Depesche St. Marjan's.

St. Marjan an Maret.

Berlin, 5. Januar 1813.

. . . Je dois recueillir ici un mot précieux que le roi m'a dit: „Non seulement l'avis du comte St. Marsan est bon à suivre, mais c'est même une chose de droit que le roi de Naples soit l'arbitre de cette affaire, car mon contingent appartient à l'empereur et c'est par conséquent au général en chef de l'armée française à décider" etc. . . .

Aus den in der Correspondance inédite de Napoléon 7,455 und bei Fain a. a. O. 1, 207—215 abgedruckten Depeschen St. Marjan's weiß man, daß dieser Diplomat in seinem Vertrauen auf die preußische Regierung auch jetzt noch nicht wankend wurde. Selbst eine Verbindung zwischen der französischen und preußischen Herrscherfamilie hielt er unter Umständen für möglich. Die folgenden Auszüge seiner Berichte dienen zur Ergänzung:

St. Marjan an Maret.

Berlin, 7. Januar 1813.

. . . Il est impossible de mettre plus de loyauté et plus d'exactitude à remplir ses obligations qu'on n'en met ici. Une idée se présente naturellement dans l'état des choses. C'est celle de savoir si aujourd'hui il ne serait pas possible que la ligne de la Vistule vint à être forcée . . . Déjà plusieurs personnes disaient hier en ville que la cour pensait à aller en Silésie. Il me paraissait important de savoir quelles étaient les idées du ministère, ce cas arrivant, et en causant de confiance avec le chancelier et en lui faisant le détail des mesures énergiques et rigoureuses que le génie de l'empereur et la force de l'empire doivent nécessairement donner aux armées françaises, le chancelier est venu à examiner lui-même toutes les chances possibles dans les premiers moments. Il m'a dit, que le roi ne pensait pas que les Russes se crussent assez forts pour s'avancer beaucoup dans ses états, que, si cependant ils parvenaient jusqu'à la Vistule et que l'armée française se repliait sur l'Oder il pouvait devenir inconvénient que le roi et la famille royale restassent à Berlin, qu'en ce cas l'idée du roi serait d'aller à Breslau et d'inviter le corps diplomatique à le suivre . . .

Da Frankreich die Neutralität des größten Theiles von Schlesien anerkannt hätte, so müsse Rußland ein gleiches thun.

Que cependant on ne ferait aucune démarche ni demande en ce genre sans l'aveu et le consentiment de l'empereur . . .

St. Marsan an Maret.

Berlin, 9. Januar 1813.

. . . Le gouvernement prussien est très inquiet sur les dispositions des habitants de la Prusse orientale vis-à-vis son souverain même. Il craint que les Russes ne cherchent à se les attacher et il croit avoir une notion de bonne source qui viendrait à l'appui de cette opinion, savoir que la Russie aurait fait entendre à la cour de Vienne qu'elle serait disposée de rendre à la Porte ottomane ses dernières acquisitions, si l'on ne s'oppose point à ce qu'elle étende ses possessions jusqu'à la Vistule . . .

St. Marsan an Maret.

Berlin, 15. Januar 1813.

. . . Si S. M. l'empereur juge à propos de montrer de la confiance à ce gouvernement je suis convaincu que cela seul suffira pour combattre victorieusement les propositions qui pouvaient être faites par l'Angleterre et la Russie, de même que des ménagements dans les sacrifices à exiger, un peu d'argent destiné à la formation des magazins et la discipline maintenue parmi le soldat préviendraient toute explosion de la part des habitants . . .

St. Marsan an Maret.

Berlin, 17. Januar 1813.

. . . On a oublié de communiquer soit au gouvernement prussien, soit à moi les déterminations de S. M. le roi de Naples relatives à la cassation du général d'York. Ainsi que je l'ai mandé à V. E. le roi a suspendu toute publication à ce sujet pour se conformer exactement à ce que S. M. le roi de Naples aurait fait publier à l'armée. Cependant je vais proposer aujourd'hui au baron de Hardenberg de faire une publication en termes généraux seulement pour faire connaître officiellement l'indignation du roi en ajoutant que S. M. a remis l'affaire entre les mains du roi de Naples, car il me paraît convenable que les feuilles du pays contiennent un article à ce sujet émané du gouvernement même, avant qu'elles rapportent ou au même temps qu'elles rapporteront ceux des feuilles étrangères.

P. S. Je sors de chez le baron de Hardenberg. Il a adopté de faire une publication sur l'affaire du général d'York sans attendre des lettres ultérieures du grand quartier général . . .

St. Marsan an Maret.

Berlin, 18. Januar 1813.

Gestern Abend ist der Moniteur mit den Artikeln über York eingetroffen. St. Marsan hat ihn an Hardenberg geschickt, der gerade beim König in Potsdam war. Der König wird sich in wenig Tagen nach Breslau begeben und St. Marsan wie Zichy ausdrücklich einladen, ihm dorthin zu folgen. . .

Hier il y a eu en ville une petite rixe entre des soldats et des bourgeois, comme il y en a quelquefois mais elle n'a eu aucune suite. Le hasard a voulu que dans le même moment 2 ou 3 bataillons sortissent de la ville pour être inspectés, on ne sait si c'est par exagération ou par malveillance, mais la nouvelle arriva à Potsdam que Berlin était en pleine insurrection, que toute la garnison était sous les armes et que des troupes étaient en marche pour Potsdam dans la vue d'aller se saisir de la personne du roi. La ville de Potsdam fut en alarme, les bourgeois offrirent au roi de le défendre, mais le calme de S. M. qui ne prêta heureusement aucune foi aux bruits qui se répandaient ramena de suite la tranquillité[1]) . . .

Am 22. Januar, einige Tage früher als St. Marſan erwartet hatte[2]), erfolgte die Abreiſe des Königs nach Breslau. Am 27. Januar begab ſich auch St. Marſan dorthin, indem er den Geſandtſchaftsſekretär Lefebvre in Berlin zurückließ. Ich übergehe die Depeſchen dieſes Berichterſtatters, den am 28. Februar ein Piquet Koſaden gefangen nahm, obwohl ſie intereſſante Ergänzungen der angeführten Arbeit von Haſſel enthalten. Was den Grafen St. Marſan betrifft, ſo trat ihm nun endlich der Gedanke an die Möglichkeit eines Wechſels des politiſchen Syſtems Preußens näher. Die Aufregung der Geiſter in Breslau — er nennt die Stadt einmal einen „volcan enflammé“, — die fortgeſetzt betriebenen großartigen Rüſtungen, die Sendung des Oberſten Knejebeck in's ruſſiſche Hauptquartier: alles dies erfüllte ihn mit Mißtrauen. Doch wollte er noch immer die Hoffnung nicht gänzlich aufgeben.

St. Marſan an Maret.

Breslau, 9. Februar 1813.

. . . Je suis bien persuadé qu'elle (la Prusse) se livrerait entièrement au système d'alliance avec la France . . . mais tant qu'il reste le doute et la crainte d'être sacrifié ou détruit par la France on tiendra le pied en deux étriers . . . Quelque soit la disposition des esprits dans ce pays, je crois également que tout changerait encore . . . Au reste cette disposition des esprits est bien pire à notre égard à Breslau qu'à Berlin. Le séjour que le sieur Gruner y a fait, celui qu'y fait encore

---

1) S. o. S. 197. Vgl. Ranke: Hardenberg 3, 269 nach Ompteda 3, 344 bis 346 und Haſſel: Der Abzug der Franzoſen aus der Mark (Zeitſchrift für preußiſche Geſchichte 1875. Bd. 12. S. 208), deſſen kritiſche Bemerkungen durch St. Marſan beſtätigt werden. S. deſſen weitere Aufklärungen (15. Februar 1813) bei Jain 1, 235 und unten zum 8. März 1813.

2) St. Marſan an Maret, 22. Januar 1813: Der König werde wohl den 24. oder 25. reiſen.

le général Blücher et généralement toutes les têtes chaudes qu'on avait éloignées de Berlin ont influé beaucoup surtout sur les premières classes de la société . . .

Am 13. Februar hatte St. Marsan eine ernste Unterredung mit Hardenberg. Er warf dem Staatskanzler vor, Breslau habe ihn ganz umgewandelt und seine ganze Politik verändert. Dieser erwiderte, der König sähe ein, daß die Allianz mit Frankreich seinem Lande keinen Vortheil bringe, nur Druck und Knechtschaft sei die Folge[1]). St. Marsan schloß daraus, daß man sich unabhängig machen wolle. Aber zwei Tage darauf, als ihm Hardenberg „zwanzig Mal zuschwor, das System habe sich nicht verändert", glaubte er versichern zu können, es werde „sehr leicht sein, den König auf dem bisher befolgten Wege festzuhalten", wenn sich der Kaiser nur entschließen könne, etwas „für Preußen zu thun"[2]). Bald darauf wußte er zu melden, daß ihn der König und die Prinzen auf einem Balle mit Aufmerksamkeiten überhäuft hätten, was in der Gesellschaft mit Erstaunen bemerkt worden sei[3]). Die Ankunft Stein's erfüllte ihn jedoch mit der größten Besorgniß. Die folgenden Auszüge seiner Depeschen spiegeln diese wider, beweisen aber zugleich, daß er auch jetzt noch in unbegreiflicher Verblendung den König und den Kanzler von der „Partei", von der „Sekte" halb wider ihren Willen mit fortgerissen wähnte.

St. Marsan an Maret.

Breslau, 26. Februar 1813.

Gestern Abend sind zwei russische Bevollmächtigte angekommen. Der eine ist der Freiherr von Anstett[4]).

L'autre est le célèbre Stein. Il n'est pas sorti de l'auberge où il est tombé malade. On voudrait cacher sa venue, mais

---

1) St. Marsan an Maret, 13. Februar 1813, vgl. Onken: Oesterreich und Preußen im Befreiungskriege 1, 175, wonach Hardenberg gegenüber Zichy für gut hielt, zu behaupten, daß er sich durch die Hitze des Gespräches habe hinreißen lassen.

2) „il sera très facile en ce cas de retenir le roi dans la ligne qu'il a suivie jusqu'ici." St. Marsan an Maret, 15. Februar 1813, abgedruckt Corresp. inédite 7, 458—463 und Fain 1, 231—236.

3) St. Marsan an Maret, 21. Februar 1813.

4) Anstett allein war bevollmächtigt, über den Allianzvertrag zu verhandeln.

je crois en être sûr. J'ai laissé passer la journée pour voir si
M. de Hardenberg me ferait dire quelque chose. Il ne m'a
rien fait savoir. Je lui demande un entretien pour lui
demander, une explication sur une conduite aussi extraordinaire . . .

St. Marſan an Maret.

Breſlau, 27. Februar 1813.

J'ai à peu près la certitude que M. de Stein est ici malgré
qu'on ait fait l'impossible pour me le cacher . . .

St. Marſan an Maret.

Breſlau, 27. Februar 1813.

Bericht über eine lange Konferenz mit Harbenberg. Es iſt kein Zweifel mehr,
daß ſich Preußen von der franzöſiſchen Allianz losmachen wird. St. Marſan
hat zu H. geſagt: „L'histoire vous taxera d'imprudence." H. war ſehr verlegen „sur le compte de M. de Stein".

St. Marſan an Maret.

Breſlau, 2. März 1813.

. . . M. de Stein est encore ici, il a été très malade
d'une goutte remontée, a demandé quatre médecins et n'a vu
encore que le général Blücher. On prétend qu'il dit beaucoup
de mal de l'empereur Alexandre.

Die Verhandlung iſt Anſtett anvertraut. Über den König, vorausgeſetzt,
daß Napoleon ſich entſchlöſſe, etwas für ihn zu thun:

Je suis bien loin de croire à l'impossibilité de le retenir
encore dans notre système . . .

P. S. . . . M. de Stein est très mal. On désespère
presque de lui. Sa maladie est devenue une fièvre nerveuse
maligne[1]) . . .

---

1) Dunder a. a. O. S. 498 hat bereits die Erzählung von Pertz, wonach
Stein beim Schloſſe vorgefahren ſei, mit dem König ein Geſpräch gehabt
habe u. ſ. w. als nicht ſtichhaltig nachgewieſen. Pertz giebt als Quelle mündliche Mittheilung Boyen's an. Auf dieſen geht auch wohl zurück (Pertz: Stein,
3, 303), St. Marſan habe ſich im Hauſe eines Schneiders, Stein's Wohnung
gegenüber eingemiethet, um zu ſehen, wer ihn beſuche. Woher Lefebvre 5, 266
ſeinen romanhaften Bericht über Stein's und des Königs Unterhaltung hat
bleibt dunkel. Friedrich Wilhelm III. ſchreibt ausdrücklich an Kaiſer Alexander
(27. Februar): „Den Baron Stein habe ich noch nicht ſehen können" (Dunder
a. a. O. S. 493, Onden 1, 253), womit ſich auch die Notiz in Ompteda's
Tagebuch (Ompteda 3, 33) erledigt (vgl. daſelbſt auch S. 41).

St. Marſan an Maret.

Breslau, 4. März 1813.

... La prochaine levée d'un ban et arrière-ban, qui finira par arracher le dernier homme à l'agriculture et aux métiers, semble annoncer une volonté déterminée de défendre la Prusse plutôt que de s'avancer dans le pays étranger. L'armée proprement dite sera ainsi, que je l'ai déjà dénoncé, en Silésie seulement de 50 à 60000 hommes. Son organisation est bonne mais la moitié entière est formée de recrues du jour. Quant à cette multitude d'enfants qui forment ce qu'on appelle détachements de chasseurs, attachés à chaque bataillon, c'est l'idée la plus pitoyable qui ait jamais existé; il faudrait deux ans pour donner de la consistance à cette institution et c'est d'ailleurs un système fondé sur l'insubordination. Quoique la plupart soient forcés on les appelle volontaires, quoique la plupart pauvres ils sont supposés être armés et habillés à leurs dépens, on leur promet de les traiter comme des officiers, de les placer, de leur donner des rangs, et il s'agit cependant de plusieurs milliers. Au reste il n'y a toujours jusqu'ici que la voix publique qui annonce un changement de système ...
Ce n'est point des idées libérales, mais presque des maximes révolutionnaires que l'on met en avant pour cajoler le peuple. Si l'on se déclare contre nous et qu'on aie quelques succès, la nation, abimée par toutes sortes de charges et qui aura été accoutumée à faire plier le roi à ses volontés, pourrait bien se porter à des démarches violentes et les suites de l'état d'orgasme où elle se trouve sont incalculables. Par contre à la première défaite tout disparaîtrait comme à Jéna, il ne resterait que la misère générale, encore accrue par la suspension de tout travail et de toute industrie et la haine générale porterait contre le roi et contre le gouvernement ...

St. Marſan an Maret.

Breslau, 8. März 1813.

... M. de Stein est encore très malade mais en voie de guérison ... Le chancelier est entraîné du moment qu'il a cédé au parti qui dans le fonds le déteste, il ne dispute plus une once de terrain, il en sera bientôt la victime quoiqu'il ne s'en persuade point. Je ne doute pas que sous peu

M. M. de Beyme, Schladen, Nagler, Merckel[1]) arriveront au ministère et en éloigneront le chancelier et le comte de Goltz. Je crois m'être assuré que celui qui a décidé le roi de changer de système c'est le général de Scharnhorst. Le roi à son départ de Berlin suivait encore de très bonne foi celui qu'il avait adopté, mais . . il était alarmé par l'avis qu'on lui avait donné qu'il devait être enlevé. Cet avis lui est parvenu par un M. de Sandt, Westphalien renvoyé du service de Westphalie, dont le gouvernement militaire français à Berlin se servait, à ce qu'on m'a dit, pour avoir des nouvelles et qui doit avoir été ensuite arrêté par les Russes dans les environs de Posen et envoyé en Sibérie . . .

In Breslau empfing der König den Bericht Krusemarck's, der ihm keine Hoffnung ließ, Hilfe von Napoleon zu erhalten. Zugleich machte der Kaiser Alexander ihm Anträge. Alles dies hat Scharnhorst benutzt . . .

St. Marsan an Maret.

Breslau, 11. März 1813.

. . . M. Stein guérit et travaille déjà . . . On est trop avancé pour reculer et l'opinion publique est trop influente sur les opérations du cabinet pour qu'on puisse songer à modérer même le nouveau système adopté. Quoique cette opinion publique . . ne soit pas profondément établie et qu'elle sera sans doute détruite par le moindre de nos succès . . .

St. Marsan an Maret.

Breslau, 12. März 1813.

Die Kunde von der bevorstehenden Ankunft des Kaisers Alexander verbreitet sich. Gespräch darüber mit Zichy, der sich verständig (raisonnable) äußert . . .

Du moment qu'on se sera déclaré, on ne négligera rien ici pour tâcher d'allumer l'incendie dans toute l'Allemagne. Les esprits les plus exaltés étant ceux qui ont donné le mouvement et amené le nouvel ordre des choses auront la direction générale des affaires, toutes les personnes un peu calmes seront bientôt éloignées et il est à croire que le régime

---

1) Hdschr. „Maerlen". Ohne Zweifel ist der Oberpräsident von Schlesien gemeint.

intérieur sera tout aussi bouleversé que vient de l'être la politique extérieure . . .

Am 15. März zog der Czar in Breslau ein. Man war so aufmerksam, eine Wache vor das Haus des Grafen St. Marsan zu stellen, ebenso wie vor die Wohnung des bairischen und des sächsischen Gesandten, da sie sich an der Illumination nicht betheiligten, um sie vor Demonstrationen des Volkes zu schützen [1]). Auch sonst hatte sich St. Marsan persönlich über keine Unannehmlichkeit zu beklagen. Hardenberg bewahrte, wie er hervorhob, ihm gegenüber die Formen der Höflichkeit. Kaiser Alexander gab Befehl, daß St. Marsan's Sohn, der während des letzten Feldzuges gefangen worden war, in Freiheit gesetzt würde [2]). Aber die Note des Staatskanzlers vom 16. März war nach dem zutreffenden Ausdruck St. Marsan's „eine Kriegs= erklärung in aller Form" [3]). Er blieb jedoch noch über eine Woche, ein unfreiwilliger Zeuge der heroischen Volkserhebung, die Befehle seines Kaisers erwartend. Seine letzte Depesche aus Breslau, un= mittelbar vor dem Empfang seiner Pässe geschrieben, datirt vom 27. März.

St. Marsan an Maret.

Breslau, 27. März 1813.

. . . J'ose me flatter d'avoir rempli les intentions de S. M. et d'avoir poursuivi la ligne que me prescrivait mon devoir en ne quittant Breslau sans ordres de S. M. l'empereur que lorsque ce gouvernement l'a exigé. Il m'a fallu employer beaucoup de modération et de patience pour rester ici spectateur tran- quille de tout ce qui s'est passé; je dois cependant répéter que soit le gouvernement que les particuliers m'ont toujours témoigné toutes sortes d'égards . . .

Noch ungewiß, ob er über Mainz oder Straßburg reisen sollte, machte Graf St. Marsan kurze Zeit in Prag Halt [4]) und nahm Gelegenheit, von hier aus noch einige Berichte an seinen Vorgesetzten

---

1) St. Marsan an Maret, 17. März 1813.
2) St. Marsan an Maret, 18. März 1813.
3) St. Marsan an Maret, 17. März 1813, abgedruckt bei Fain 1, 241.
4) Seine erste Depesche aus Prag datirt vom 1. April.

gelangen zu lassen, die wenigstens bruchstückweise mitgetheilt zu werden verdienen.

St. Marsan an Maret.

Prag, 3. April 1813.

. . . Il me paraît qu'en général on est persuadé ici que la cour de Vienne ne changera pas de système, mais l'opinion publique ne nous est point favorable. Le prince Wittgenstein que j'ai vu dans les derniers moments de mon séjour à Breslau a demandé la démission du chef de la haute police; je lui dois la justice qu'il n'a jamais partagé l'opinion des personnes qui ont entraîné le gouvernement prussien. M. de Stein l'a dénoncé comme un homme dangereux et l'empereur Alexandre ne lui a pas adressé la parole quoique par sa charge de grand chambellan il ait été dans le cas de lui présenter la cour et la ville[1]). Je lui ai demandé si on ne faisait pas de sérieuses réflexions sur les chances qui pouvaient se présenter. Il m'a répondu: „Le roi est le seul qui en fait. Le chancelier avec qui j'ai dîné, avant de partir, chez le comte de Zichy me paraissait bien inquiet et même pénétré de l'état des choses mais il est entraîné de manière qu'il poussera les mesures à l'excès et se perdra même par-là" . . .

St. Marsan an Maret.

Prag, 10. April 1813.

. . . La retraite de la grande armée avait déjà monté les esprits, la défection du général York donna le plus grand courage et énergie aux sectaires et aux factions. On mit tout en mouvement pour augmenter la méfiance à laquelle le roi avait toujours été porté . . . S. M. tenait bon encore et je suis convaincu qu'elle était complétement de bonne foi à l'époque de l'audience de congé qu'elle donna au prince de Hatzfeld . . Arrivé à Breslau il fut entièrement entouré des têtes exaltées et surtout maîtrisé par le général Scharnhorst pour lequel il a toujours eu un faible. Le rapport du baron de Krusemarck du 17. janvier détruisit tout espoir de rien obtenir de la

---

1) Diese Mittheilungen St. Marsan's können dazu dienen, Wittgenstein's Brief an Schön vom 11. April 1813 (Aus Schön's Papieren 4, 109) zu erklären.

France et enfin ma déclaration formelle, que S. M. l'empereur ne consentirait qu'on négocie avec la Russie la neutralité de Silésie, donna gain de cause à tous nos ennemis, et du moment où le roi et son ministre (qui avaient dans le fonds toujours soutenu les espérances de ce parti et même augmenté ses moyens en menageant les individus qui le composent) prêtèrent décidément l'oreille à leurs plans et les admirent dans le conseil, il ne purent plus être les maîtres et durent nécessairement être entraînés sans possibilité de mettre le moindre frein à un mouvement, donné par des factieux qui sont soutenus par l'opinion publique et qui sont forts de la faiblesse du roi ... Tout principe ordinaire de politique et toute règle de prudence sont mises de côté, aussi on peut dire que ce n'est ni l'empereur Alexandre ni le roi de Prusse qui font la guerre en ce moment, c'est les Stein, les Blücher, les Scharnhorst, les Tettenborn etc. etc. et une foule de factieux et d'ambitieux dont les propres souverains seraient les premières victimes, s'ils venaient malheureusement à avoir des succès. Une bataille gagnée détruira toute l'effervescence que ces messieurs ont réussi à faire naître. Si contre toute probabilité nous éprouvions des revers on verrait l'Allemagne plongée dans l'état où s'est trouvée la France 1793 avec les nuances occasionnées par la différence du caractère national ...

Mit biefen für feine Auffaffungsweife höchft bezeichnenden Sätzen fchloffen bie Berichte bes Grafen St. Marfan ab. Ten folgenben Tag melbete er, baß er fich fofort nach Paris begeben werbe, wo ihn ber Gang ber Ereigniffe balb belehren konnte, baß er ein fehr fchlechter Prophet gewefen war.

Pierer'fche Hofbuchdruckerei. Stephan Geibel & Co. in Altenburg.